国家社科资金资助项目“‘三州’地区高中普及攻坚与普职协调发展研究”（18BMZ076）阶段性研究成果

海南师范大学 2019 年度博士 / 教授科研启动基金项目“中职、普高教育资源地区差异研究”（海南省“515 人才工程”第二层次人选学校配套项目）最终研究成果

中职、普高教育资源地区差异研究

沈有禄　著

人民出版社

·目　录·

前　言

高中阶段教育作为承上启下的一个重要阶段的教育，对提升我国国民素质及为中国制造培养更多合格的中等职业技能人才，以及在扶贫、减贫方面具有重要的战略意义。当下正处于高中阶段教育的普及攻坚阶段，要确保各地在2020年实现高中阶段教育的全面普及，就需要研究各地在高中阶段教育的资源配置状况，以发现问题并及时采取有针对性的政策推进措施，加快普及进度和提高高中阶段教育质量。

本书以高中阶段教育的中等职业学校及普通高中的教育资源配置差异为主要研究内容。具体选择了财力、人力、物力资源配置在空间单元上的省际及地区间的差异情况，在时间序列上选取了2007—2016这十年间的相关数据，既从横向比较省际间及地区间的配置差异，也从时间维度纵向比较其配置差异的变化情况，以期反应最近年份的资源配置状况。在具体的财力资源方面又细分为总教育经费的来源及构成比例、各类生均经费及其比例状况，分别对其进行了省际间及地区间在2007—2016年这十年间的配置现状及其差异描述分析。在人力资源配置差异方面，主要分析了中等职业学校及普通高中的生师比、教师的学历、职称构成情况及各类教师总量相对于学生的配置状况在这十年间的省际间及地区间的配置差异情况。在物力资源配置差异方面，具体分析了中等职业学校及普通高中的生均图书册数、每百名学生拥有教学用计算机台数、生均固定资产总值在这十年间的省际间及地区间的配置差异情况。

研究发现:(1)高中阶段教育总教育经费相对于其所负担的学生数量来说是不足的,而中等职业学校的经费相对于普通高中来说更显得不足。高中阶段教育的经费投入过于依靠政府财政投入,多元投入体制建设效果不明显。全国中职生均教育经费始终比同期普通高中的生均教育经费要低,中职教育经费投入相对普高来说严重不足。中职及普高的各类生均经费基本呈现出中部塌陷态势,京津沪远高于其他地区,且与其他地区差距在增大。(2)中职还存在较大比例的兼职教师,教师编制不足亟待弥补。在高中阶段教育每个教师能服务的最少学生数、教师职称及学历构成上,京津沪三个直辖市都远优于其他地区,基本上呈现出从京津沪、东部、中部、西部自东向西梯度递减的态势(中职除中级职称教师比例中部大于东部外,普高除女专任教师比例西部大于中部、高级职称专任教师比例中部大于东部外)。中等职业学校的教师队伍在数量、质量以及生均占有量上均不如普通高中的,亟待弥补中职教师的数量,提升其质量水平。(3)在物力资源配置方面,除每百名学生拥有教学用计算机台数配置上中职比普高强以外,生均图书册数及生均固定资产总值的配置上,中职学校均低于普通高中,且差距呈增加趋势,这与中职教育的资本密集型投入要求是不相符的。普通高中生均图书册数、每百名学生拥有教学用计算机台数及生均固定资产总值的配置均存在“中部塌陷”现象;中等职业学校前述三项指标西部均最低,京津沪三市始终是最大的,远远高于其他地区,且京津沪与其他地区间的差距在迅速扩大。

根据上述问题,本书提出了相应的对策建议,更有效、更科学地配置各类资源以促进各地中职与普高在资源投入上的均衡配置与短板弥补,加快普及高质量的高中阶段教育,以满足人民群众对良好高中教育的诉求。

为了研究教育资源的区域差异,本书把全国31个省(区、市)划分为四类地区,把北京、天津、上海三个直辖市(以下简称"京津沪三市")单独划为一极(因其各项指标值基本上均明显大于其他地区),把河北、辽宁、江苏、浙江、福建、山东、广东、海南划为东部地区(东部八省),把吉林、黑龙江、山西、安徽、江西、河南、湖北、湖南划为中部地区(中部八省),把内蒙古、广西、重庆、四川、贵州、云南、西藏、陕西、甘肃、青海、宁夏、新疆划为西部地区[西部十二省(区、市)]。这种划分与传统的东中部划分稍微有点区别,把一般意义上东部的吉林、黑龙江划入了中部,这样中部就从一般意义的6个省份增加为8个省份。

第一章　新任务：高中教育普及、免费及投入保障

我国高中阶段教育（含普通高中及中等职业学校）在教育中的基础性、正外部性越来越强，在提高人口素质、解决用工荒、提升“中国制造”品质、减贫与维护社会稳定等方面具有重要意义，随着我国财政支出能力水平的逐步提升，普及高中阶段教育也成为可能。党中央国务院先后在多项政策文件中提出“在发达地区要率先普及高中教育（1998 年）”、“基本普及高中教育（2003 年）”、“普及高中教育（2010 年）”。不少地方已经在其发展规划中提出了普及高中教育的时间表与路径，各地也在普及进程中的免费方面也做了不少努力，尤其是对中等职业教育的免费与资助方面取得了显著成效。如何正确理解普及与免费的关系、内容及其实现路径，是推进高中普及亟待解决的认识问题。当前在普及与免费中存在投入不足、分配不均、主体单一、成本分担不合理、中西部及农村、民族地区缺口大等诸多问题，如何在推进高中教育普及、免费进程中更好地建立起投入保障机制，是高中教育普及的重大理论与现实问题①。

高中阶段教育（简称“高中教育”）包括普通高中、成人高中、

① 沈有禄：《我国高中阶段教育普及与投入保障机制探析》，《教育与经济》2017 年第 5 期。

中等职业学校，而中等职业学校又包括普通中等专业学校、职业高中、技工学校和成人中等专业学校。由于成人高中在校生数极少，仅占 0.16%（2015 年数据）①，故可以将高中阶段教育认为由普通高中及中等职业学校组成的中等教育。

对于“高中教育普及”目前学者鲜有严格的学术界定，主要有日本学者藤田英典借用美国学者马丁·特罗（Martin Trow）的关于高等教育发展的精英、大众、普及三阶段中普及的毛入学率来界定普及化②。但以高等教育 50%的入学率标准来界定高中教育普及化显然是不太合理的，毕竟高中教育学龄人口基数比较大。《国家中长期教育改革和发展规划纲要（2010—2020 年）》中明确指出“到 2015 年高中阶段教育毛入学率要达到 85%，到 2020 年达到 90%。”③因此我们可以认为在国家政策层面界定的“普及”即为毛入学率超过 90%即可达到普及（全面普及）阶段，毛入学率在 85%—90%之间即为基本普及。

第一节　当前普及高中教育的重要意义及其必要性与可行性

一、当前普及高中教育的重要意义

高中教育作为义务教育与高等教育的中间衔接阶段是我国整

---

① 教育部：《2015 年全国教育事业发展统计公报》，见 http://www.moe.gov.cn/srcsite/A03/s180/moe_633/201607/t20160706_270976.html，2019 年 11 月 27 日。

② 张德伟、刘彦尊：《试论中等职业教育在高中教育普及化进程中的作用——国际比较视阈中的考察》，《西南大学学报（社会科学版）》2009 年第 5 期。

③ 教育部：《国家中长期教育改革和发展规划纲要（2010—2020 年）》，《中国教育报》2010 年 7 月 30 日。

个教育体系的构成部分，具有承上启下的重要作用。当前普及高中教育具有如下重要意义。

首先，普及高中是保障公民基本受教育权利的持续获得、能延长受教育年限，提升国民教育素质，为我国产业升级、"中国制造"品质的提升提供大量接受中等普通教育与职业技术教育的劳动力储备人才，在一定程度上缓解了现在制造业中的"用工荒"问题。如杨银付认为普及高中教育保障了人民群众的受教育权和发展权，对经济结构调整、产业结构转型升级提供高素质的劳动力储备等具有重要战略意义①。

其次，普及高中教育还具有重要的减贫效应、缩小收入差距，尤其是对贫困生的免除学费与生活资助，一方面减轻了这些家庭的受教育成本，另一方面也间接地提升了农村学生及城市贫困学生潜在的中等教育投资收益率，有利于实现社会公平。如徐力群认为普及高中教育是消除大规模贫困人口发生、阻断贫困代际循环的最优途径②，梅洁的研究发现广西农村高中教育普及率每提高 1%，城乡收入差距减少 2.65%，即农村高中教育普及水平对缩小城乡差距有显著影响③。在推进教育脱贫、精准扶贫背景下加快民族、贫困地区高中普及进程能为精准扶贫提供造血机制、对防止返贫与阻断贫困代际传递具有重要作用④。而胡茂波等则认为

---

① 柴葳、高靓、赵秀红、万玉凤、柯进：《"普及高中阶段教育"意味着什么?》，《中国教育报》2015 年 10 月 31 日。

② 徐力群：《普及高中教育是消除大规模贫困人口发生的最优途径》，《中国党政干部论坛》2016 年第 5 期。

③ 梅洁：《广西农村高中阶段教育普及水平对城乡收入差距的影响》，《高等函授学报（哲学社会科学版）》2009 年第 5 期。

④ 沈有禄：《普及高中阶段教育，为精准扶贫提供造血机制》，《光明日报》2018 年 1 月 20 日。

中职教育免费有助于消除不利因素对农村经济和谐发展的影响，有助于实现社会公平①。

再次，大力推进少数民族地区、边疆地区、集中连片贫困地区高中教育的普及与免费，对提升当地青少年的人力资本具有重要的战略价值，他们文化知识与技能的提升，有助于他们识别正确的宗教观念与避免极端宗教思想与行为的影响，积极投身和谐社会的建设，增强社会向心力与提升民族团结与和睦，也能在一定程度上遏制青少年犯罪，从而促进当地经济发展与社会稳定。如高鹏认为普及高中教育对推动贫困边疆民族地区的经济社会发展、巩固国防、促进民族团结具有极其重要的作用②，又如王喜娟认为，民族地区普及高中教育既改善了少数民族等弱势群体的不平等受教育状况，也缓解了他们消极的社会心理，有助于提升少数民族学生的受教育机会与增进学生间的团结③。另外，邓钲凡认为，普及高中教育有助于防止未成年人成为社会闲散人员，减少青少年犯罪的机会，切断未成年人犯罪低龄化的源头④。

此外，普及高中教育能更大范围内促进不同地区间、民族间受教育机会的平等，提升青少年的文化层次及社会的适应能力，尤其是对具有智障等残疾的特殊儿童的高中普及与免费教育对他们而言更具有重要意义。除了对农村地区、贫困地区儿童的普及与免费高中教育在某种程度上是对他们不利地位的一种补偿，具有重

① 胡茂波、朱丽红：《农村经济发展视野下中职教育免费的法理依据》，《职业技术教育》2011 年第 1 期。

② 高鹏：《民族地区期盼高中教育免费》，《中国民族报》2013 年 1 月 8 日。

③ 王喜娟：《美国高中教育普及化的进程及影响因素简析》，《外国教育研究》2010 年第 11 期。

④ 邓钲凡：《普及高中教育，遏制未成年人犯罪低龄化——未成年人犯罪低龄化问题探寻》，《山东省团校学报》2011 年第 1 期。

要的经济、文化与社会及政治价值外,而对残障学生的普及与免费高中教育,这是弥补他们发展水平低下、升学无门、就业无路的重要助力工程,使他们有基本的能力融入社会生活,自食其力①。而对高中教育的免费,照顾穷人及困难群体使他们获得基本的生活能力并在一定程度上提高他们的收入水平是任何政府都应尽的义务,而免费高中教育无疑是在积极地践行着"穷人教育学",是政府应有的责任和卓识②,也是提升我国教育总体发展水平,与全面建成小康社会的必然要求,对于实现中华民族伟大复兴的中国梦具有重大意义③。

二、当前普及高中教育的必要性与可行性

基于上述重要意义,当前我国推进高中普及教育,加快免费进程,为实现"十三五"国民经济与教育发展目标,实现全面建成小康社会,实现高中教育的普及与免费是其重要现实任务之一,是当下亟待解决的重大社会民生事项,具有急切的必要性。而由于高中教育在整个教育体系中基础性、战略性位置越来越重要,以及随着中国制造的升级换代以及"中国制造 2025"需要越来越多的中高级职业技术人才,普通高中及中职教育的正外溢性越来越强,高中教育对社会经济效益日益增强,因此政府有必要加快进程为民众提供免费的高中教育这一公共产品。

---

① 于素红:《上海市普及智力障碍儿童高中阶段教育的必要性与可行性》,《中国特殊教育》2009 年第 12 期。

② 吴杭民:《免费高中教育是践行"穷人教育学"》,《中国改革报》2008 年 7 月 30 日。

③ 张力:《促进城乡义务教育均衡发展,加快普及农村高中阶段教育》,《人民教育》2009 年第 1 期。

而我国义务教育普及质量的提高，以及国家公共教育经费投入的持续增加，社会经济持续平稳增长，为实现普及高中教育这一重大教育发展战略提供了坚实的经济基础。从实践基础、国际经验和财政性经费的保障能力来看，自 2012 年我国公共教育经费占 GDP 比重超过 4%，并持续保持在这一水平以上，2015 年达到 4.26%，因此，全面实现高中普及教育，并逐步分类推进高中教育免费，是切实可行的①。另外，在政府的执政及服务理念的转变下，越来越重视国民对普通基本民生项目及基本公共产品满足的需要，也在通过各种措施，持续从中央、国务院、各部委、地方各级政府在政策支持上及配套经费上都给予了积极保障，并加大投入力度，因此对预见未来一段时间内实现高中教育免费是应有信心的。

第二节　我国高中教育普及、免费的政策演进及各地推进进程

一、我国高中教育普及、免费的政策演进

国家对高中教育普及的政策演进历史大致如下。1998 年制定的《面向二十一世纪教育振兴行动计划》指出“到 2010 年，城市和经济发达地区有步骤地普及高中阶段教育②，”2003 年党的十六大首次提出“基本普及高中阶段教育”③，2007 年党的十七大指出要“加

① 杨小敏、杜育红、赵佳音：《国家免费基础教育向高中阶段延伸的前瞻研究》，《中国教育学刊》2015 年第 11 期。

② 教育部：《面向 21 世纪教育振兴行动计划》，见 http://www.moe.gov.cn/jyb_sjzl/moe_177/tnull_2487.html，2019 年 11 月 27 日。

③ 江泽民：《全面建设小康社会，开创中国特色社会主义事业新局面——江泽民同志代表第十五届中央委员会向大会作的报告摘登》，《人民日报（海外版）》2002 年 11 月 9 日。

快普及高中阶段教育,大力发展职业教育”①,2008年《中共中央关于推进农村改革发展若干重大问题的决定》提出,“加快普及农村高中阶段教育,重点加快发展农村中等职业教育并逐步实行免费②。”2009年提出“对中等职业学校农村家庭经济困难学生和涉农专业学生实行免费③。”在2010年颁布的《国家中长期教育改革和发展规划纲要(2010—2020年)》提出了基本普及与全面普及的时间点及目标值(即到2015年实现基本普及,毛入学率达到85%,2020年全面普及,毛入学率达到90%及以上),并对普职结构规定其在校生及招生规模保持大体相当(即1∶1)④。再到2015年党的十八届五中全会进一步提出要“逐步分类推进中等职业教育免除学杂费,率先从建档立卡的家庭经济困难学生实施普通高中免除学杂费⑤。”可见,从“率先普及”到“基本普及”,从“普及”到“免费”,目标范围逐步扩大,对实现的步骤、路径都有了详细的规划,体现了党中央、国务院对加快高中教育普及与免费的高度重视和决心⑥。

---

① 胡锦涛:《高举中国特色社会主义伟大旗帜,为夺取全面建设小康社会新胜利而奋斗——在中国共产党第十七次全国代表大会上的报告》,《人民日报》2007年10月25日。

② 中国共产党第十七届中央委员会:《中共中央关于推进农村改革发展若干重大问题决定》,见 http://www.gov.cn/jrzg/2008-10/19/content_1125094.htm,2019年11月27日。

③ 中共中央、国务院:《中共中央国务院关于2009年促进农业稳定发展农民持续增收的若干意见》,《人民日报》2009年2月2日。

④ 教育部:《国家中长期教育改革和发展规划纲要(2010—2020年)》,《中国教育报》2010年7月30日。

⑤ 中国共产党第十八届中央委员会:《中共中央关于制定国民经济和社会发展第十三个五年规划的建议》,见 http://news.cnr.cn/native/gd/20151103/t20151103_520379989.shtml,2019年11月27日。

⑥ 刘欢、刘斐、曹国广:《中国将历史性实现“普及高中阶段教育”》,《中国德育》2015年第21期。

二、各地高中教育普及、免费的进程

对于普及进程是各地“十二五”发展规划中提出了要到2015年实现基本普及,“十三五”发展规划中提出到2020年实现全面普及。对于免费进程总体上是首先从发达地区的部分县市开始,再到对边疆、民族地区的免费加速实施,再到部分省份提出在全省范围内免费,先农村及涉农专业、贫困家庭学生免学费,再到免学费并提供生活补助,从中职的大范围到普高的小范围的一种脉络。各地实施进程简介如下。

如2003年下半年,浙江省对享受最低生活保障待遇、依法由社会福利机构监护、革命烈士、列入农村五保供养家庭的子女实行免费接受高中段教育,免费项目为学费和代管费①。2007年秋季,陕西吴起县对高中实施免费,并全部宿制,对普通高中生免除学费、住宿费、信息技术教育费、课本费和冬季取暖费②。2010年中央财政支持少数民族地区职业教育发展,资助内地办的西藏、新疆中职班以及之前就开始办的西藏、新疆高中班,对这些学生免除学费并提供生活补助及交通补贴③。2011年内蒙古对普通高中蒙古语授课所有学生、中等职业学校所有学生及普通高中汉语授课家庭经济困难学生免学费并免费提供教科书④。2011秋季,新疆阿勒泰地区实施高中阶段免费教育⑤。2011年秋,西藏全面实行高

---

① 黄成:《浙江四类学生可免费读到高中》,《农村百事通》2004年第2期。

② 通采:《陕西吴起县全民享免费教育:从幼儿园到高中全免费,45岁以下农民免费培训技能》,《中国财经报》2010年6月29日。

③ 杨亮:《中职学校90%学生享受免学费政策》,《光明日报》2013年8月20日。

④ 景如月、刘军:《内蒙古今年全面实现高中阶段免费教育》,《中国青年报》2012年1月6日。

⑤ 赵春晖:《新疆阿勒泰7000余名学生免费上高中》,《畜牧兽医科技信息》2012年第1期。

中阶段免费教育，免除学费、住宿费、教科书费和杂费等一切费用①。2012 年秋，四川省对中等职业教育全面免除学费，成为全国率先实行中职全免费的省份②。

目前我国中等职业教育免费已达到 90%，“十三五”期间将逐步推进中等职业教育免费，普通高中率先对建档立卡的家庭困难学生免除学杂费，而目前宣布高中免费的还主要是欠发达地区，这为当地贫困家庭脱贫打下了坚实基础③。截至 2016 年底，全国已有 22 个省份实现中职学生全部免学费，有 16 个省份专门针对建档立卡学生制定了资助政策④。

就全国的普及进程而言，2015 年有 28 个省份的高中教育毛入学率是高于（或等于）全国平均水平 87%的，只有贵州 86.1%、云南 80.10%、西藏 73.37%低于全国平均水平，云南、西藏未如期实现基本普及目标，有 21 个省份实现了全面普及（毛入学率≥90%）。而中西部的陕西 96.40%、湖北 96.20%、内蒙古 93.42%、山西 93.40%、重庆 93.09%、安徽 92%、甘肃 92%、河南 90.30%、湖南 90.00%、青海 90%，不仅完成了基本普及，还提前实现了全面普及⑤。但

---

① 虞典墨：《西藏今秋实行高中免费教育：每学年增加投入 5056 万，6 万多学生受益》，《中国教育报》2011 年 8 月 26 日。

② 李晓东、危兆盖：《四川率先实行“中职全免费”》，《光明日报》2012 年 12 月 4 日。

③ 韩洁、刘奕湛：《袁贵仁：“十三五”期间我国仍维持九年免费义务教育》，见 http://www.moe.gov.cn/jyb_xwfb/moe_2082/zl_2016n/2016_zl15/201603/t20160311_232988.html，2019 年 11 月 27 日。

④ 教育部：《新闻发布会散发材料——2016 年中国学生资助发展报告》，见 http://www.moe.gov.cn/jyb_xwfb/xw_fbh/moe_2069/xwfbh_2017n/xwfb_170228/170228_sfcl/201702/t20170228_297543.html，2019 年 11 月 27 日。

⑤ 各地 2015 年高中阶段教育毛入学率参见各地的《“十三五”教育改革和发展规划》、《教育事业发展统计公报》、《政府工作报告》、《国民经济和社会发展统计公报》、教育厅网站信息公开或教育工作会议中公开的高中阶段教育毛入学率的数据。

是，高中阶段教育的普职结构比例离国家规定的政策目标相去甚远，中等职业教育在校生仅占高中阶段教育在校生总数的41.0%，招生数仅占43.0%①。

第三节　高中教育普及与免费的关系、内容及其路径

一、高中教育普及与免费的关系

普及是指毛入学率的逐步提高，达到基本普及，甚至全面普及，是指接受高中教育的人数占同龄人口比例的数量问题，是受教育机会扩大的规模问题；而免费是指免除学费、课本费、住宿费、杂费等与教育成本（支出）有关的费用问题，即有关高中教育成本的分担是政府出多大比例的问题，一般意义上的免费并不意味着政府全部承担培养成本，只有当高中教育被纳入义务教育范围时才是由政府公共支出来全部买单，否则普通意义上的免费仍然意味着家庭仍需支付部分上学费用。

而有舆论常将高中普及与延长义务教育联系在一起，通常义务教育是政府应为其所有适龄儿童提供的不带任何入学附加条件的基本公共品，是公民基本受教育权利实现的主要体现，具有强制性、义务性、公平性，既是政府法定的投入责任，又是受教育者依法应履行的义务。而目前我国政府财政支出能力还不足以将高中教

① 教育部：《2015 年全国教育事业发展统计公报》，见 http://www.moe.gov.cn/srcsite/A03/s180/moe_633/201607/t20160706_270976.html，2019 年 11 月 27 日。

育纳入义务教育范围①。如有学者认为普及高中阶段教育不等于实行高中义务教育,更不等于实行免费教育,免费可以作为推进普及中的一种吸引与资助手段从而加速普及的实施进度②。就普及与义务(免费)的先后关系而言,史宁中认为普及高中阶段教育是实行十二年义务教育的基础,即先普及后义务,免费则是可以在普及的过程中根据各地实际情况逐步推进,可以是先农村后城市、先贫困学生后全体学生、先中职后普高等策略展开③。

二、高中教育普及与免费的内容

就普及的内容而言,主要涉及普及中普高与中职的先后及比例问题,普及的规模与质量问题,普及的效益与进程问题,普及中的资源供给主体与保障问题,以及普及中的效率与公平问题等。

普及中究竟是普高还是中职先行,就目前而言,我们离政策目标规定的普职比例大体相当已有较大差距,中职处于明显弱势地位,因此当前补齐中职这个短板应是努力的重点方向。教育部副部长刘利民认为随着产业升级及用工荒的不断加剧,以及中职招生及在校生比例逐年下降的情况下,当前应坚持普职构成比例大体相当不动摇,更加旗帜鲜明地将发展中等职业教育作为普及高中教育的重点,否则中职在校生及招生规模会很快下降到高中教育的40%以下④。因此,需要有效整合高中教育资源,优化调整高

---

① 熊丙奇:《普及高中阶段教育并非延长义务教育》,《中国教育报》2015年11月3日。

② 崔梦恬:《普及高中阶段教育的理性思考》,《教育导刊》2016年第21期。

③ 史宁中:《普及高中阶段教育,为十二年义务教育奠基》,《教育研究》2008年第5期。

④ 刘利民:《普及高中教育首先应该做什么?》,《光明日报》2015年11月17日。

中教育学校布局，把高中阶段教育增量主要用于发展中等职业教育①。

在普及的规模与质量上，我们既要加快推进普及的进程，但必须明确，普及不仅仅是为了达到受教育机会的数量规模的简单扩大，而是要提升质量，需要办好每一所学校，为学生提供高质量的高中教育。如有官员认为中西部省份、集中连片贫困地区、边境地区的高中普及，数量扩张仍然是主要问题，而发达地区及已经实现普及目标的地区则提升质量是重点，故从整体来讲提高质量是主要矛盾，从局部来讲普及是主要矛盾②。

在普及的效益与进程上，普及显然在提升公民素质、促进社会稳定、缩减贫困与收入差距等诸多方面具有重大效益，形成两者之间的良性互动循环，尤其是贫困地区及民族地区会更充分地发挥普及高中教育的诸多效益而加速其普及进程，发达地区则在普及中实现质量的不断提升。

在普及中的资源供给主体与保障上，首先是要解决好办学体制与投入保障机制问题，充分发挥政府和市场两个方面的积极性③。政府始终是最主要的提供方，而且提供的份额会随着普及的速度而逐渐扩大，但这并不等于就不允许非政府力量的介入，而应在未纳入义务教育范围时允许部分私立高中的存在，满足部分学生的择校需要或弥补学位数量的不足，也对提升公办高中的质

① 刘显泽：《以发展中职为重点普及高中阶段教育》，《云南教育视界》2015 年第 12 期。

② 齐林泉：《如何有质量高水平地普及高中教育》，《中国教育报》2016 年 3 月 17 日。

③ 石中英：《以问题为抓手推动高中阶段教育普及》，《中国教育报》2015 年 11 月 6 日。

量与效率具有重要的鲶鱼效应。此外,在投入保障上不仅仅是经费持续投入的问题,更重要的是要保障各学科师资力量的充足供给与教师专业素养的不断提升。

此外,还涉及资源投入与使用的效率与公平问题,如何在保障投入充足的情况下,兼顾公平性,既要保障贫困地区、民族地区、特定人群子女的特殊补偿需要,也要充分发挥资源的配置效率,把有限投入用到产生效益最大地方及用途上,这也是具有全局影响意义的重大问题。

而就免费的内容而言,主要涉及免费与收费的关系,免费的范围与进程问题,免费与减贫和社会稳定问题等。当前高中还未纳入义务教育,必然涉及收费的问题,那么对普高与中职及其不同质量的学校(如示范学校与非示范学校)怎样收费及其标准如何确定就成了当前面临的一个关键性问题①。而免费的范围大小与进程也是各地需要因地制宜、统筹考虑,是仅对中职免费,还是扩展至普高,是只对农村学生、贫困学生、少数民族学生免费,还是对全体学生免费,仅仅是免除与教育成本相关的学费、杂费,还是免除与生活成本相关的住宿费并提供生活补助等,各地都要根据其经济基础等因素加以通盘考虑。此外,当前我国正处于扶贫攻坚阶段,部分少数民族地区社会不稳定因素依然存在,为了在2020年前实现全面脱贫以及保持边疆、民族地区的社会安定团结,也需要将高中免费作为减贫与维稳的软性手段,持续扩大推进。

三、高中教育普及与免费的路径

高中普及与免费的路径主要是通过何种教育类型来实现普及

---

① 朱益明:《论我国普及高中阶段教育的认识问题》,《基础教育》2014年第4期。

的问题,也就是高中的多元化办学问题,以及普及与免费的地区、对象的安排与资源投入的优先分配问题。

当前,普高是为高等教育培养学生的学术性教育,中职是为成绩较差及农村与贫困学生培养职业技能的职前教育,这种二元分轨状况,在一定程度上限制了那些在初中毕业时还没有完全做好分流与选择准备的学生再次选择与发展的机会。而综合高中一改过去普职二元分轨为课程分流与校内分流,满足了学生学术性升学准备与职业兴趣及技能培养的多样化、个性化需求①。因此,融普教与职教为一体的综合高中是新时期高中教育改革与发展的总体趋势,拓宽了普高与中职相互流动的渠道②,为学生提供了弹性选择机会,是普及高中阶段教育的最佳选择③。因此,“普通高中+职业高中+综合高中”应当成为我国今后一段时期高中普及的必要路径选择,要以战略眼光和科学态度加快综合高中建设④。此外,面对当前普高及中职“千校一面”的同质化办学状况,有必要通过特色化学校发展来解决。只有在普及进程中逐步形成自身的办学优势与特色,才能提供多样性、有质量的普及教育⑤。可以借鉴意大利的普通高中、师范高中、技术高中、艺术高中、职业高中

① 李录琴、常宝宁:《我国综合高中发展的价值、态势与路径》,《当代教育科学》2015 年第 12 期。

② 刘丽群、彭李:《普职融通:我国高中阶段教育改革与发展的整体趋向》,《湖南师范大学教育科学学报》2013 年第 5 期。

③ 马庆发:《综合高级中学:普及高中阶段教育的最佳选择》,《上海教育科研》1998 年第 10 期。

④ 张德伟、刘彦尊:《试论中等职业教育在高中教育普及化进程中的作用——国际比较视阈中的考察》,《西南大学学报(社会科学版)》2009 年第 5 期。

⑤ 张力:《“十三五”时期教育改革发展宏观政策方向解读》,《中国高等教育》2016 年第 1 期。

等不同类型学校来展开①。

在普及与免费的地区及对象安排上,各地均有其规划,发达地区较容易实现,在中西部地区,在普及的同时,中职的免费首先是从农村贫困家庭及涉农专业学生开始,普高的免费首先是从边疆及少数民族地区及贫困家庭开始。即普及的重点和难点在农村、贫困家庭及少数民族地区,必须遵循“分区规划,分类指导”的原则②。在资源投入(尤其是中央的投入)上,刘利民认为普及过程中应进一步支持中西部贫困地区、民族地区,推动健全普通高中经费投入机制,进一步做好家庭经济困难学生建档立卡工作③。

第四节　我国高中教育普及、免费中的投入及其保障问题

一、我国高中教育普及与免费中的投入问题

实现高中教育普及与免费,最重要的是投入保障问题。投入上目前主要存在以下问题。

首先,公共财政经费总量投入不足,缺乏刚性约束,且区域、城乡间配置不均衡。如薛海平等人的研究指出“十二五”期间我国普通高中面临着财政性教育经费投入不足且日益不均衡,民间投资乏力,普通高中“以县为主”的财政体制既不能保障充足的经

① 张秋杰:《浅论未来十年我国高中教育发展路径——基于十二省市〈教育规划纲要〉文本分析》,《吉林省教育学院学报》2012 年第 2 期。

② 普及高中阶段教育工程研究课题组:《关于实施普及高中阶段教育工程的若干思考》,《辽宁教育研究》2004 年第 6 期。

③ 刘利民:《普及高中教育首先应该做什么?》,《光明日报》2015 年 11 月 17 日。

费,也解决不了各县市间的发展差异①。由于普通高中教育经费的投入缺乏专门性的法律保障以及投入主体过低,影响和制约了普通高中教育的健康发展②。

其次,在生均经费上,全国还没有统一的生均拨款标准,存在"中部塌陷"现象。如赵韩认为"目前,国家没有制定普通高中生均拨款标准,一些省份普通高中学费也是十多年前的标准,经费的缺乏严重制约着普通高中教育的发展。"③而"以县为主"的普通高中教育经费投入体制,以及中部省份在校生基数庞大,导致"中部塌陷"现象。而各地经济发展差距及政府的投资偏好导致投入的地域差距比较明显,据董俊燕等的研究发现地方经济发展水平越高,政府的生均投入就越高;地方财政支出越偏好教育,则政府生均投入越高;高中的学生规模越大,政府的生均投入越低④。

再次,在投入主体上,投资渠道单一,政府与个人承担了绝大部分责任,而企业和社会组织分担不足,民间缺乏投资高中教育的意愿,而单由政府分担则造成地区和城乡比例不均,且可持续发展保障体制机制尚不健全⑤。

此外,还存在由于投入不足衍生出的如师资短缺、质量不高,以及课程建设滞后、设备老旧与不足等问题。在教师总量上,如在

---

① 薛海平、唐一鹏:《我国普通高中教育经费投入:现状、问题与建议》,《教育学报》2016 年第 4 期。

② 刘建民、刘建发、吴金光:《强化普通高中教育经费政府投入责任的路径探讨》,《教育研究》2012 年第 9 期。

③ 黄欢:《加快普及高中教育》,《江淮时报》2016 年 3 月 4 日。

④ 董俊燕、刘泽云:《普通高中政府生均投入影响因素研究——基于省级面板数据的实证分析》,《教育与经济》2014 年第 3 期。

⑤ 李楠:《我国高中教育普及化进程中教育成本分担问题研究》,河南大学 2011 年硕士学位论文,第 5—6 页。

中西部某些地区如果中职按标准生师比来配置教师,则还缺一半的教师①。而由于编制及投入上的掣肘,中职学校的生师比达 20 多,有的甚至 30 多,大班教学进一步制约了中职教育的发展质量。普通高中也同样面临教师缺编的情况,尤其缺音、体、美、科学等学科的教师。正是投入不足使得学校课程开设缺乏多样性、创新性,有的中职学校甚至基本的实训设备都缺乏,如此种种造成中职及普高的质量提升缓慢。

二、我国高中教育普及与免费的投入保障问题

针对财政投入不足及缺乏刚性约束问题,应通过立法的形式建立稳定长效的高中教育经费投入保障机制。当前应借普及高中之势,促进“高中教育法”的制定,明确高中普及与免费的经费来源和使用②,明确国家投入主体的地位,依法规范国家主体的投入行为③,将高中教育纳入基本公共服务体系和公共财政保障范围,将其财政投入列入一级指标④,此外,还应建立职业教育经费投入增长机制,以确保职教经费投入等同于普教甚至超过普教以保障中职的发展⑤。

针对投入主体单一的问题,应完善成本分担制度,建立“以政

① 蒋夫尔:《学生数量大幅增加,教师编制数量却常年不变——“缺编”成西部普及高中拦路虎》,《中国教育报》2016 年 8 月 12 日。

② 陈思:《河南省普通高中教育经费投入保障机制研究》,《经济研究导刊》2012 年第 34 期。

③ 王媛博:《我国现行普通高中国家投入问题探究》,东北师范大学 2008 年硕士学位论文,第 1 页。

④ 魏海政:《山东将督导评估中职教育,财政投入列入一级指标》,《中国教育报》2014 年 1 月 4 日。

⑤ 姜大源:《职业教育投入须“刚柔并举”》,《中国文化报》2009 年 3 月 3 日。

府投入为主、多元参与”的高中教育投入机制，要采取措施充分调动社会投入的积极性，引导企业、民间资金、个人及捐赠等投入中职，以缓解我国中职学校办学经费的不足①；同时，应积极引导企业对中职办学经费的投入与培养过程的参与，借鉴 OECD 国家政府对高中教育的财政投入普遍远高于个人投入的做法，减轻普及高中教育中的个人负担②。此外，对民办高中阶段教育也应给予经费资助与税收优惠，政府可以分阶段、分地区、分对象购买民办高中教育学位。

针对政府财政投入主体过低、分配不均的问题，应明确各级政府责任，确保财政公平。为此，可建立“分地区、分级负责”的财政管理体制，把全国按区域分为“东部、中部、西部”三类地区，重新划分各级政府在高中教育中的财政责任，使每一级政府所拥有的财权与事权相对称，保证高中教育财政公平③；对中西部经济欠发达地区，以省级政府为主承担高中经费责任，均衡省内各县市间、城乡间的发展差异，而中央政府则承担均衡省际财政能力的责任④。

此外，王善迈等估测了 2010—2020 年全国及各地区在普及高中情况下各类条件需求总量，并对各地区进行了供需差异分析⑤。

---

① 谯健、王迎新：《中职经费投入要调动社会投入的积极性》，《现代教育》2012年第 5—6 期。

② 覃利春、沈百福：《OECD 成员国普通高中财政投入及其启示》，《教育发展研究》2011 年第 7 期。

③ 邱小健：《我国中等职业教育财政公平问题研究——兼论中职教育免费政策及其改进》，《职教论坛》2011 年第 6 期。

④ 刘建民、刘建发、吴金光：《强化普通高中教育经费政府投入责任的路径探讨》，《教育研究》2012 年第 9 期。

⑤ 王善迈、孙志军：《普及高中阶段教育保障条件研究》，知识产权出版社 2015年版，第 2 页。

而针对中西部地区、民族地区、农村地区的投入不足问题,应加大中央投入力度,并建立规范的财政转移支付制度,提高补助标准并尽快确定生均经费拨款标准。为此,国家应尽快建立高中教育经费保障机制,同时国家设立专项经费,加大中西部地区高中教育普及攻坚,化解高中学校债务,改善学校办学条件,增加对民族地区、集中连片贫困地区学生的资助力度,通过中央及地方联动的转移支付制度加快中西部地区高中普及与免费进程,让更多学生受惠①。

第五节　小　　结

就目前已有的研究总的来说,缺乏系统性与整合性及实证研究相对不足。对高中教育普及的意义研究较为丰富,对高中教育普及普通高中与中等职业学校之间的结构比例失衡,如何在应然与实然中实现均衡以及借鉴可行方案的研究较少;对普及的路径的探讨有待进一步深入,对多样化高中及综合高中的内涵、课程、评价等的研究有待跟上,对普高与中职谁先谁后,以及如何在均衡普及与提高、公平与效率、规模与效益中找到合理、科学的普及与免费路径有待挖掘;对高中教育免费的内容、形式以及由免费引起的投入分担问题的研究不足,且缺乏实证性、比较的研究;对高中教育免费后各方经费应该怎么投入以确保免费进程能持续推进,并逐步纳入义务教育范畴,在经费投入及其保障方面的研究有待系统化、科学化及可操作化,以提出更具现实可行的策略是今后研

① 齐林泉:《如何有质量高水平地普及高中教育》,《中国教育报》2016 年 3 月 17 日。

究的重要努力方向。

总之,我们认为,实现高中教育全面普及是指日可待的事情,在普及后,如何在学前教育与高中教育的权衡中,谁优先被纳入义务教育范畴,以现实的经济成本及各种社会经济、政治效益而言,高中阶段教育应优先纳入义务教育。而纳入义务教育前随着免费的项目及面的扩展,在有限的资源投入下,免费重点仍然在农村、在贫困家庭、民族及边疆地区以及集中连片贫困地区的学生,由中职的全面免费逐步演进到对普高的贫困及特殊地区家庭学生的免费。高中普及与免费的投入责任仍然重在政府,尤其是省级政府与中央政府的转移支付与均衡责任是应在满足投入充足性需求后重点保障资源优先分配方向。此外,要把高中教育的普及与免费及普职比例结构相当的政策与国家减贫、提升中国制造品质、实现产业升级、解决用工荒、全面实现小康社会的大环境相统一起来,摆在优先的、基础性的战略高度来统筹规划与推进。而对中职、普高教育资源配置存在的地区差异问题,需要各级政府高度加以重视,努力缩小地区差异,从资源配置公平这个条件基础来促进高中阶段教育的高水平发展,不断满足人民群众对更高质量的高中阶段教育的需求。

第二章　中等职业学校教育经费地区差异分析

全国中等职业学校总教育经费投入在2007—2016年这十年间增长了1.6倍，至2016年达到2173亿元，财政性教育经费投入增长了近3.8倍，达到近1891亿元。中职总教育经费支出占全国总教育经费支出的比例下降到5.8%，而中职财政性经费支出占全国财政性教育经费支出的比例却呈增加趋势，但徘徊在6.3%左右，增长不明显。中职教育经费最主要的收入来源为政府财政性投入，从60.13%增长到87.67%，第二大收入来源事业收入所占比例从34.70%下降到8.79%，事业收入中学杂费所占总收入比例从28.19%下降到5.03%，其他收入比例都较低且呈下降趋势。中职生均经费、生均预算内经费、生均公用经费、生均基建经费、生均固定资产总值都呈增加趋势，生均学杂费呈下降趋势，生均助学金先升后降总体增长不太显著。各类生均经费基本呈现出"中部塌陷"态势，京津沪远高于其他地区。生均预算内经费占总生均经费的比例从48.56%逐年增加88.07%，生均公用经费占生均事业经费的比例较高(45%左右)、学校一般运转能得到有效保障。全国中职各类生均经费的差异情况大小依次是，生均基建经费差异异常大，生均公用经费及生均助学金的差异也非常大，生均预算内经费及总生均经费的差异也相当大，生均学杂费及生均固定资产总值的差异也比较大。

第一节 引 言

一、中等职业学校教育经费地区差异的研究回顾

对中等职业(学校)教育经费投入及其分配的地区差异的研究主要集中在对中职教育经费投入的总量充足性与否及经费来源即各投入主体的构成比例及其变化趋势的研究,以及对各类生均经费的地区配置差异及其变化趋势的研究。就投入的总量而言,多数研究者认为中职教育经费投入总量不足,理由是拿中职教育经费投入的比例与普通高中或其他的如高等教育、普通中学、普通小学等的投入比例来论证,认为只要比其他阶段或类型的教育的经费投入比例低就认为中职教育经费投入不足,这种论证是有缺陷的,因为这样的比较没有任何意义,就是基于学生比例来比较各层级教育的经费投入比例意义也不大,因不同层级教育的生均成本大不相同;另外职业教育与普通教育对经费投入的需求也不同,尽管对职业教育投入的需求要多一些。基于教育的类型来说明中职教育的投入不足,比较有说服性的是拿中职教育与普通高中教育两类同阶段不同性质类型的教育的经费投入来比较,但也不能简单地认为中职经费的投入比例比普通高中的投入比例较低就认为中职教育的投入不足,这还要考虑中职与普通高中的学生基数(在校生数),然后才是两种不同性质类型的教育对经费投入的需求的不同,这样综合的论证中职教育经费是否充足更具有说服性。从职业教育与普通教育的经费投入比较来看,国际上的普遍经验和做法,是使职业教育的优先权反映在学生的单位成本上。在发达国家,以法国巴黎

学区为例，职业高中的生均成本是普通高中的3倍左右，在发展中国家，以马来西亚为例，职业学校学生的单位成本是普通学校学生的4倍，职业教育的培养成本远高于普通教育这一判断已基本得到公认①。而发达国家对教育成本的研究表明，职业教育的办学成本是普通教育成本的2.64倍，即职业教育需要更大的投入②。从职业教育与普通教育办学成本及学生基数结合起来计算中职教育经费投入的充足性与否才具有更强的说服力。对中职教育经费投入的来源结构的研究来看，多数研究从中职财政性教育投入的总量及其增减变化趋势，以及其他渠道的如民办学校中举办者投入、社会捐赠收入、事业收入以及事业收入中的学杂费、其他收入的总量及其变化趋势来看，多数结论认为中职财政性投入比例偏低，多渠道投入不明显，民间投入不足，张万朋③、冉云芳④、闫志利⑤等的研究得出如上结论；其他渠道的投入不足且有下降趋势⑥，对学杂费收入的比例在数据分析上，基于2007年之前呈增加趋势，之后呈下降趋势⑦。在总量上，还有从教育法中对教育经

① 张晨、郭文富：《职业教育经费投入水平的地区差异分析》，《职教论坛》2011年第25期。

② 冉云芳：《我国中职教育经费探析：总量不足与结构性失衡》，《教育与经济》2011年第3期。

③ 张万朋：《对我国中等职业教育经费现状的分析及相关思考》，《清华大学教育研究》2010年第2期。

④ 冉云芳：《我国中职教育经费探析：总量不足与结构性失衡》，《教育与经济》2011年第3期。

⑤ 闫志利、蔡云凤：《关于建立中等职业教育经费稳定投入机制研究》，《改革与开放》2014年第17期。

⑥ 李宁、林婷：《教育公平视域下中职经费投入的问题与对策析》，《职教通讯》2015年第7期。

⑦ 冉云芳：《我国中职教育经费探析：总量不足与结构性失衡》，《教育与经济》2011年第3期。

费投入的“三个增长”的要求来看，有研究认为中职教育经费投入还没有达到“三个增长”的要求，预算内教育经费占全国财政支出的比例在逐年下降①。

在对不同类型的中等职业学校及其各类生均经费的地区配置差异的研究而言，多集中在各类生均经费的东中西部或省际间的以变异系数（差异系数）为衡量的差异分析，结论多偏向于生均经费较低、生均公用经费偏低，生均经费上存在“中部塌陷”现象，东部地区明显要高于中西部地区，区域内差异东部地区比中西部地区较大，但是东部地区的整体投入明显大于中西部地区。如沈有禄②、邵亚萍③、朱洁④等的研究多得出上述结论。就各地地方财政对中等职业教育经费的投入贡献度而言，沈有禄的研究发现，在2007年中等职业教育各类学校生均预算内教育经费指数值最大地区，一般一名中职生需要花费一个人的财政支出及以上水平的经费才能保障学校办学水平，最低地区也需要花费0.5人的财政支出水平以上的经费，预算内生均经费各项的指数值高于全国平均水平值的地区在半数以上⑤。但是对判断生均经费地区配置差异大小（或明显与否）的标准却没有明显的说明或深入研究。目前可以参考的有教育部印发的《县域义务教育均衡发展督导

① 赵永辉、高金岭：《我国中等职业教育经费投入分析》，《教育与经济》2009年第2期。

② 沈有禄：《各地中等职业教育生均经费配置差异分析》，《职教通讯》2010年第11期。

③ 邵亚萍、沈亚强：《我国中等职业教育经费投入分析及思考》，《职教通讯》2015年第7期。

④ 朱洁：《我国中等职业教育经费投入的地区差异分析》，《科技风》2017年第19期。

⑤ 沈有禄：《全国中等职业教育生均经费配置差异及地方财政投入贡献》，《职业技术教育》2010年第15期。

评估暂行办法》（教督〔2012〕3号）中对8项核心指标的差异系数的要求，小学和初中的差异系数分别小于或等于0.65和0.55的县，方可通过义务教育发展基本均衡县的评估认定。如果以这个标准为参考，选择与中等职业学校在学段上比较接近的初中的差异系数指标来要求的话，则我们可以认为中职生均经费的差异系数在0.55及以下的可以认为差异水平一般（接近均衡的标准），差异系数在0.55—0.80之间的为比较大，差异系数在0.80—1.00之间的为非常大，差异系数在1.00以上的为异常大，差异系数在0.20—0.55之间的为比较小，差异系数在0.20以下的为非常小。尽管这样可以有个初步标准，但也不够精确与科学。

二、本章研究内容

本章将对全国31个省（区、市）在2007—2016年这十年间的中职教育经费投入的总量及其结构来源与各类生均经费的跨这十年间的变化进行分析，对生均经费部分还按省际间及地区间（比传统的东中西部多划分一个京津沪三市单独为一极，因其各项指标值远远高于其他地区）的差异变化分析，具体差异指标有极差、极差率、标准差、变异系数。考虑到近年来对中职教育的免费及资助情况，在分析各类生均经费时特别增加了对生均助学金及生均学杂费的变化趋势的分析；另外，对于事业经费中公用经费所占的比例也进行分析（公用经费尽管对于保障中职学校的正常运转很重要，但其比例过高会挤占教师的工资福利支出，影响教师的工作积极性）；此外，还对中职学校的生均基建经费进行分析，以发现中职在基建投入上的储备情况。

第二节　2007—2016 年中等职业学校教育经费总量与构成分析

一、2007—2016 年中等职业学校教育经费投入总量及增长比例分析

（一）2007—2016 年中等职业学校教育经费投入总量变化情况

表 2-1 显示了 2007—2016 年这十年间全国中等职业学校教育经费投入（支出）及其所占比例与年增长比例等的变化情况。

由表 2-1 可知，全国中等职业学校从 2007 年的 11837 所逐年减少到 2016 年的 8367 所，十年减少了 29.31%；中等职业学校在校生从 2007 年的 19870065 人逐年增加到 2010 年的 22384976 人，再逐年下降到 2016 年的 15990127 人，十年共减少了 19.53%；全国中等职业学校教育经费支出从 2007 年的 835.57 亿元，逐年增加到 2013 年的 1948.75 亿元，2014 年有所下降，之后又逐年增加到 2016 年的 2173.07 亿元，十年共增加了 160.07%；全国中等职业学校财政性教育经费支出从 2007 年的 394.29 亿元逐年增加到 2016 年的 1890.83 亿元，共增加了 379.55%。中职学校教职工年均工资福利支出从 2007 年的 40862 元逐年增加到 2016 年的 131045 元，十年间共增长了 220.70%，除 2014 年外其余年份年增长率均在两位数以上，其中 2007 年增幅最高，达 64.79%，其次是 2015 年增幅达 22.96%。

（二）2007—2016 年中等职业学校教育经费支出所占比例变化情况

由表 2-1 可知，全国中等职业学校教育经费支出占全国总教

表 2-1　2007—2016 年全国中等职业学校学校数、教育经费支出数、教育经费支出所占比例数变化情况表

年份	2007	2008	2009	2010	2011	2012	2013	2014	2015	2016	十年增加
学校数	11837	11744	11324	10864	10169	9762	9380	9060	8657	8367	-29.31
在校学生数	19870065	20870873	21951663	22384976	22053300	21136871	19229706	17552823	16567024	15990127	-19.53
中职学校教育经费支出	83557468	104140548	118857666	133278195	157771302	182495330	194875223	186267755	208846414	217307373	160.07
中职学校财政性经费支出	39429367	52519677	63128596	73902384	91967213	114486965	125719118	159297881	180557189	189083275	379.55
全国教育经费支出	1166839131	1398566206	1592340266	1879613241	2308578403	2763335051	2943065881	3101784193	3449738551	3744469207	220.91
全国财政性教育经费支出	661012017	830345571	975721523	1149577744	1488463241	1868761624	1975949849	2467605319	2781172837	3010682609	355.47
全国财政收入	5132178000	6133035000	6851830000	8310151000	10387443000	11725352000	12920964000	14037003000	15226923000	15960500000	210.99
中职教职工年均工资福利	40862	45844	51578	57722	67453	78394	88050	94555	116262	131045	220.70
中职总经费占全国教育经费支出比例	7.16	7.45	7.46	7.09	6.83	6.60	6.62	6.01	6.05	5.80	-18.99

续表

年份	2007	2008	2009	2010	2011	2012	2013	2014	2015	2016	十年增加
中职财政性经费占全国财政性教育经费支出比例	5. 97	6. 33	6. 47	6. 43	6. 18	6. 13	6. 36	6. 46	6. 49	6. 28	5. 19
中职总经费支出年增长比例	45. 84	24. 63	14. 13	12. 13	18. 38	15. 67	6. 78	-4. 42	12. 12	4. 05	-91. 16
全国总经费支出年增长比例	34. 29	19. 86	13. 86	18. 04	22. 82	19. 70	6. 50	5. 39	11. 22	8. 54	-75. 09
中职财政性经费年增长比例	38. 37	33. 20	20. 20	17. 07	24. 44	24. 49	9. 81	26. 71	13. 35	4. 72	-87. 70
全国财政性经费年增长比例	28. 83	25. 62	17. 51	17. 82	29. 48	25. 55	5. 74	24. 88	12. 71	8. 25	-71. 38
全国财政收入年增长比例	32. 41	19. 50	11. 72	21. 28	25. 00	12. 88	10. 20	8. 64	8. 48	4. 82	-85. 13

注:表中学校数单位为“所”,学生数单位为“人”,比例和十年增加单位为“%”,各种经费收入及支出数单位为“千元”,工资福利单位为“元”。全国财政性教育经费支出在 2014 年及以后的统计口径为“各级各类教育机构财政补贴支出”,之前的统计口径为“各级各类教育机构公共财政预算教育事业费和基本建设支出”之和。

资料来源:根据 2008—2017 年的《中国教育经费统计年鉴》中的原始数据及其析出值整理而得。

育经费支出的比例从 2007 年的 7.16%逐年增加到 2009 年的 7.46%，之后基本逐年下降到 2016 年的 5.80%（2013、2015 年略有回升，但整体呈下降趋势）。全国中等职业学校财政性教育经费支出占全国财政性教育经费支出的比例从 2007 年的 5.97%逐年增加到 2009 年的 6.47%，之后有降有升，基本稳定在 6.30%上下，2015 年达到最高值 6.49%，到 2016 年为 6.28%。中等职业学校教育经费支出各年增长率除 2013 年为 6.78%、2014 年为-4.42%（下降）、2016 年为 4.05%外，其余各年均保持在两位数以上，其中 2007 年最大为 45.84%，之后各年增长率有所放慢，至 2016 年增幅低于全国总教育经费支出的增长率 8.54%，除 2010—2012 年、2014 年及 2016 年低于全国总教育经费支出的增长率外，其余年份中等职业学校教育经费支出年增长率均高于全国总教育经费支出的年增幅。中等职业学校财政性教育经费支出各年增长率除 2013 年及 2016 年为个位数外，其余年份增长率均超过两位数，其中 2007 年增幅最大为 38.37%，2016 年增幅最小仅为 4.72%；全国中等职业学校财政性教育经费支出各年增长率除 2010—2012 年及 2016 年外，其年增长率均高于全国财政性教育经费支出的增幅。全国财政性教育经费支出年增长率除 2007 年、2010 年、2013 年外，其余年份均高于全国财政收入的年增长率。2007 年中职学生占全国除特殊教育、学前教育及工读学校外学生总数的 8.405%，2016 年为 7.334%；2007 年中职经费占全国除特殊教育、学前教育及工读学校外总经费数的 7.732%，2016 年为 6.619%。

可见，全国中等职业学校总教育经费支出虽然呈增加趋势，但其所占全国总教育经费支出的比例却在下降，从 2007 年的 7.16%降至 2016 年的 5.80%；虽然中等职业学校总的财政性教育经费支出基本呈逐年增加趋势，但其所占全国总财政性教育经费支出的比例却始终徘徊在6.3%左右，增长不明显。中职经费占全国经费的比例比其学生数占全国学生数的比例低不到1个百分点。

二、2007—2016年中等职业学校教育经费收入来源及增长比例分析

（一）2007—2016年中等职业学校教育经费收入来源明细变化情况

表2-2反映了2007—2016年这十年间全国中等职业学校教育经费收入来源明细及其所占比例的变化情况。

由表2-2可知，全国中等职业学校教育经费总收入从2007年的851.80亿元逐年增加（2014年略有所下降）到2016年的2222.90亿元，十年间共增长了160.97%，除2013—2014年、2016年增长率为个位数（含下降）外，其余年份增幅均达两位数以上，其中2007年增长率最高达30.69%，2016年增长率最小为3.98%。财政性经费收入从2007年的512.20亿元逐年增长（2014年略有所下降）到2016年的1948.73亿元，十年间共增长了280.47%，除2014年、2016年增幅为个位数外（含下降），其余年份增幅均达两位数以上，其中2007年增长率最高到39.40%，2016年增幅最小为4.73%。学杂费收入从2007年的240.10亿元逐年增长到2009年的277.82亿元，之后逐年下降到2016年的111.90亿元，十年间共下降了53.39%。民办学校举办者投入维持在5.42—12.90亿元之间，2016年为7.93亿元，十年间增长了7.86%。捐赠收入在1.45—3.89亿元之间，2016年为1.795亿元，十年间下降了37.90%。事业收入在2009年前呈逐年增加，之后逐年下降到2014年，之后又逐年回升，到2016年为195.32亿元，十年间下降了33.92%。其他收入在32.02—71.07亿元之间，

表 2-2　2007—2016 年全国中等职业学校教育经费收入来源明细及其所占比例变化情况表

年份	2007	2008	2009	2010	2011	2012	2013	2014	2015	2016	十年增加
总经费	85179826	104924351	119886746	135730990	163850301	190930756	199786913	190651999	213780101	222289874	160.97
财政性经费	51219569	68227144	81418480	96828258	125906437	155990852	171900418	164733251	186068412	194873288	280.47
民办学校中举办者投入	735634	947535	1278707	1290231	1286876	1057577	887614	542443	840017	793485	7.86
捐赠收入	289087	305978	389497	255148	247650	145285	424840	207246	274052	179512	-37.90
事业收入	29560309	32241208	33515436	33200220	32266003	29527370	21222092	19293930	19490436	19532470	-33.92
事业收入中学杂费	24010105	26236444	27781559	27655768	26683838	23749314	15288247	12368344	11362551	11190075	-53.39
其他教育经费	3375227	3202486	3284626	4157133	4143335	4209672	5351949	5875129	7107184	6911118	104.76
总经费比例	100.00	100.00	100.00	100.00	100.00	100.00	100.00	100.00	100.00	100.00	0.00
财政性经费比例	60.13	65.03	67.91	71.34	76.84	81.70	86.04	86.41	87.04	87.67	45.80
民办学校中举办者投入比例	0.86	0.90	1.07	0.95	0.79	0.55	0.44	0.28	0.39	0.36	-58.14
捐赠收入比例	0.34	0.29	0.32	0.19	0.15	0.08	0.21	0.11	0.13	0.08	-76.47
事业收入比例	34.70	30.73	27.96	24.46	19.69	15.46	10.62	10.12	9.12	8.79	-74.67
事业收入中学杂费比例	28.19	25.01	23.17	20.38	16.29	12.44	7.65	6.49	5.32	5.03	-82.16
其他教育经费比例	3.96	3.05	2.74	3.06	2.53	2.20	2.68	3.08	3.32	3.11	-21.46

注：表中十年增加及比例单位为“%”，经费数单位为“千元”。

资料来源：根据 2008—2017 年的《中国教育经费统计年鉴》中的原始数据及其析出值整理而得。

2015 年最高,2016 年为 69.11 亿元,十年间增长了 104.76%。

（二）2007—2016 年中等职业学校教育经费收入来源所占比例变化情况

由表 2-2 可知,全国中等职业学校教育经费收入中财政性经费所占比例从 2007 年的 60.13%逐年增加到 2016 年的 87.67%,增加了 27.54 个百分点,增长 45.80%;该比例在 2012 年及以后高于全国财政性经费占总教育经费的比例,2011 年及以前小于这个比例。民办学校中举办者投入占总经费收入的比例从 2007 年的 0.86%下降到 2016 年的 0.36%,减少了 0.50 个百分点,下降了 58.14%。捐赠收入占总经费收入的比例从 2007 年的 0.34%下降到 2016 年的 0.08%,减少了 0.26 个百分点,下降了 76.47%;该比例始终低于全国捐赠收入占总教育经费的比例。事业收入占总经费收入的比例从 2007 年的 34.70%逐年下降到 2016 年的 8.79%,减小了 25.91 个百分点,下降了 74.67%;该比例在 2012 年及以后低于全国事业收入占总教育经费的比例,2011 年及之前大于。事业收入中学杂费占总经费收入的比例从 2007 年的 28.19%逐年下降到 2016 年的 5.03%,减小了 23.16 个百分点,下降了 82.16%;该比例在 2013 年及以后低于全国学杂费收入占总教育经费的比例,2012 年及之前大于。其他收入占总经费收入的比例维持在 3%上下,从 2007 年的 3.96%下降到 2016 年的 3.11%,减少了 0.85 个百分点,下降了 21.46%;该比例在 2013 年及以后高于全国其他收入占总教育经费的比例,2012 年及之前小于。

可见,全国中等职业学校教育经费收入的最主要来源是政府财政性经费,且呈逐年增加趋势,其所占比例从 60.13%增加到了 87.67%;中等职业学校教育经费收入的第二大来源为事业收入,但其比例从近三成五逐年下降至不到九个百分点。民办学校中举办者投入、捐赠收入、事业收入、事业收入中学杂费、其他收入都呈下降趋势，其中学杂费下降达 82.16%，学杂费占总收入的比例从近三成下降到仅占五个百分点。

第三节　2007—2016 年中等职业学校生均教育经费地区差异分析

一、2007—2016 年中等职业学校总生均教育经费地区差异分析

（一）2007—2016 年全国中等职业学校总生均教育经费的总量分析

表 2-3 显示了全国中等职业学校总生均教育经费在 2007—2016 年这十年间的变化情况。

由表 2-3 可知，全国中等职业学校总生均教育经费从 2007—2016 年的变化趋势为 4549 元↗（表示“增加到”，下同）5488 元↗5863 元↗6430 元↗7885 元↗9532 元↗11341 元↗11562 元↗13597 元↗14860 元，这 10 年间总生均教育经费增加了 10311 元，共增加了 226.67%，其中 2008 年、2011 年、2012 年的年增长率超过 20%。这 10 年间全国中等职业学校总生均教育经费增加幅度高于全国均值的省份有 22 个，增幅大于 500%的省份有 1 个，大于 400%的有 4 个，大于 300%的有 11 个，增幅在 200%—300%之间的省份有 15 个，低于 200%的有 5 个。这 10 年间中等职业学校总生均教育经费高于各年全国均值的省份数从 2007—2016 年的变化趋势为 17↗18↘（表示“下降到”，下同）17↘16→16→16→16↗19→19→19，即这十年间始终有超过一半以上的省份的总生均教育经费要高于全国均值，截至 2016 年仍有 19 个省份的要高于全

表 2-3　2007—2016 年全国中等职业学校总生均教育经费变化情况表

年份	2007		2008	2009	2010	2011	2012	2013	2014	2015	2016		2016 比 2007 增加	
	经费数	排名	经费数	经费数	经费数	经费数	经费数	经费数	经费数	经费数	经费数	排名	增加比例	排名
高于全国均值省份数	17		18	17	16	16	16	16	19	19	19		22	
全国	4549		5488	5863	6430	7885	9532	11341	11562	13597	14860		226. 67	
北京	15154	2	16485	18952	18302	21484	22615	26505	38467	62273	64430	1	325. 17	-1
天津	7120	4	8569	10753	15976	17214	18469	25537	23848	22768	21423	8	200. 88	4
河北	3770	22	4611	4681	5028	5745	7209	8538	9478	12935	13413	23	255. 78	1
山西	4029	20	5748	5218	6355	8147	9092	10397	10490	13366	14647	21	263. 54	1
内蒙古	4869	14	6454	6340	9415	11488	13288	20687	16194	20101	21357	9	338. 63	-5
辽宁	6026	7	7513	9242	9545	13360	14277	18970	16261	19414	20525	10	240. 61	3
吉林	5680	8	6845	6002	7486	9614	13108	17058	21377	25777	29620	4	421. 48	-4
黑龙江	4858	15	4696	4356	5172	7722	10150	11892	13436	16247	17010	12	250. 14	-3
上海	17747	1	20767	21198	23819	29058	33406	41063	47494	54704	56346	2	217. 50	1
江苏	5458	11	7099	7678	8668	12685	16241	18714	19850	21434	22130	6	305. 46	-5
浙江	8324	3	9677	10366	10557	11994	14741	17862	23900	26198	27741	5	233. 27	2

续表

年份	2007		2008	2009	2010	2011	2012	2013	2014	2015	2016		2016比2007增加	
	经费数	排名	经费数	经费数	经费数	经费数	经费数	经费数	经费数	经费数	经费数	排名	增加比例	排名
安徽	2716	28	3575	4240	5032	6111	7377	7815	7453	8687	9969	28	267.05	0
福建	4691	17	5982	5878	5944	6388	7848	8756	11996	14214	16679	16	255.55	-1
江西	2276	31	3128	3010	3414	4910	5527	6998	7953	10170	11795	25	418.23	-6
山东	4722	16	5747	6644	7520	9335	11520	13286	16550	20532	21593	7	357.29	-9
河南	2871	27	3171	3545	4156	5375	6423	7795	7897	8346	9069	30	215.88	3
湖北	2714	29	2888	3311	4359	5393	8678	11048	12701	14726	16770	14	517.91	-15
湖南	3402	25	4533	4839	5026	5633	7664	9398	8397	10663	11328	26	232.98	1
广东	6433	6	7417	7601	6518	7649	8173	9416	11482	14478	16683	15	159.33	9
广西	3450	24	4638	5264	5277	5160	4853	5146	5163	6593	7610	31	120.58	7
海南	6774	5	7678	7811	9418	9773	11342	11489	13255	14112	14719	20	117.29	15
重庆	4250	19	4698	5666	7326	8670	12507	14252	12450	13498	15164	19	256.80	0
四川	3595	23	4611	5198	5617	6061	7492	8271	7383	8726	9585	29	166.62	6
贵州	2387	30	3021	3099	3745	4876	7233	9262	7379	8127	10233	27	328.70	-3
云南	5394	12	6033	6440	6101	8824	9816	11646	10371	11763	14098	22	161.36	10

续表

年份	2007		2008	2009	2010	2011	2012	2013	2014	2015	2016		2016 比 2007 增加	
	经费数	排名	经费数	经费数	经费数	经费数	经费数	经费数	经费数	经费数	经费数	排名	增加比例	排名
西藏	5638	9	6216	7965	7904	12631	20823	32132	32851	42059	31598	3	460. 45	-6
陕西	2893	26	4286	4633	4764	6237	7451	8001	8465	10015	12083	24	317. 66	-2
甘肃	4430	18	5493	6155	6713	7405	8580	9849	12435	15000	15640	18	253. 05	0
青海	5029	13	5362	6412	8121	10688	11307	15227	13874	14121	16001	17	218. 17	4
宁夏	3908	21	5878	5153	5727	6167	7427	10154	11584	14860	16877	13	331. 86	-8
新疆	5500	10	6218	7383	8535	11123	13363	17228	17243	17234	19371	11	252. 20	1
标准差	3318		3686	4013	4390	5252	5956	8043	9555	12810	12401		273. 75	
变异系数	0. 729		0. 672	0. 684	0. 683	0. 666	0. 625	0. 709	0. 826	0. 942	0. 835		14. 54	
极大值	17747		20767	21198	23819	29058	33406	41063	47494	62273	64430		263. 05	
极小值	2276		2888	3010	3414	4876	4853	5146	5163	6593	7610		234. 36	
极差	15471		17879	18188	20404	24182	28553	35917	42331	55680	56820		267. 27	
极差率	7. 80		7. 19	7. 04	6. 98	5. 96	6. 88	7. 98	9. 20	9. 45	8. 47		8. 59	
京津沪三市	13944		15788	17516	19737	23119	25381	31648	37927	47082	46857		236. 04	

续表

年份	2007		2008	2009	2010	2011	2012	2013	2014	2015	2016		2016 比 2007 增加	
	经费数	排名	经费数	经费数	经费数	经费数	经费数	经费数	经费数	经费数	经费数	排名	增加比例	排名
东部八省	5487		6666	7170	7377	9098	10876	12800	15095	18015	19367		252.96	
中部八省	3161		3828	4040	4780	6065	7646	9109	9335	11034	12250		287.54	
西部十二省(区、市)	3874		4877	5402	6012	7100	8420	10017	9307	10755	12299		217.48	
普高生均经费	5421		6170	6968	7929	9682	11543	12629	13210	14737	16258		199.91	
中职比普高高	-872		-682	-1105	-1499	-1797	-2011	-1288	-1648	-1140	-1398		26.76	

注:①增加比例的单位为“%”,经费数单位为“元”,极差率及变异系数无单位。

②由于《中国教育统计年鉴》中的分地区中等职业学校学生数为不含技工学校的学生数,为保持一致,故在利用《中国教育经费统计年鉴》中的各类总教育经费数来计算各地区中等职业学校的各类生均教育经费时剔除了技工学校的总教育经费数,只计算了中等专业学校+职业高中合计的各类生均教育经费,即下文中的中等职业学校的各类生均教育经费的分析时数据为不含技工学校的数据,下同。而在前面表1、表2的总经费统计时则是包括技工学校在内的所有各类型中等职业学校的经费总和的数据。

资料来源:根据2008—2017年《中国教育经费统计年鉴》、2007—2016年《中国教育统计年鉴》中的中等职业学校的经费数、学生数的原始数据计算整理而得。

国平均水平。中等职业学校在这十年间的总生均教育经费始终要低于同期普通高中的总生均教育经费，从 2007 年的低 872 元逐年增加至 2012 年的低 2011 元，2013 年及以后才低的水平下降至 2016 年低 1398 元。

（二）2007—2016 年全国中等职业学校总生均教育经费的极值与位次变化分析

1. 中等职业学校总生均教育经费的极值分析

由表 2-3 排序可知，全国中等职业学校总生均教育经费 2016 年最多的 5 个省份为北京 64430 元、上海 56346 元、西藏 31598 元、吉林 29620 元、浙江 27741 元，最少的 5 个省份为贵州 10233 元、安徽 9969 元、四川 9585 元、河南 9069 元、广西 7610 元，大于 5 万元的省份有 2 个，大于 3 万元的有 3 个，大于 2 万元的有 10 个，在 1.5 万—2 万元之间的有 9 个，小于 1.5 万元的有 12 个，小于 1 万元的有 4 个。

这 10 年间全国中等职业学校总生均教育经费增加幅度最大的 5 个省份为湖北 517.91%、西藏 460.45%、吉林 421.48%、江西 418.23%、山东 357.29%，增幅最小的 5 个省份为四川 166.62%、云南 161.36%、广东 159.33%、广西 120.58%、海南 117.29%。这 10 年间，上海、北京、西藏、浙江、天津、辽宁是全国中等职业学校总生均教育经费最大的省份，贵州、安徽、河南、湖北、四川、江西、广西是最小的省份，其中上海、北京始终为最大两地（2013 年西藏为第二大），广西在 2012—2016 年间始终为最小，江西有 3 年、湖北有 1 年为最小，贵州有 6 年为第二小，江西有 3 年、河南有 1 年为第二小。

由表 2-3 可知，全国中等职业学校总生均教育经费的极大值从 2007 年的 17747 元逐年增加到 2016 年的 64430 元，增加了 263.05%，极小值从 2276 元基本逐年增加到 7610 元，增加了

234.36%，极差从15471元逐年增加到56820元，增加了267.27%，极差率从7.80上升到8.47(2011年前逐年下降，之后又回升)，增加了8.59%，即极大值及极小值都在增大，其绝对差距与相对差距都在扩大。

2. 中等职业学校总生均教育经费的位次变化分析

这10年间全国中等职业学校总生均教育经费的排名位次没有变化的为甘肃、重庆、安徽，分别位居第18、19、28位；排名位次后移的省份有15个，后移大于等于4位的有7个，青海、天津均后移了4位，四川、广西分别后移了6、7位，广东从2007年的第6位后移到了2016年的第15位、后移了9位，云南从第12位后移到了第22位、后移了10位，海南从第5位后移到了第20位、后移了15位，后移的位次越多说明这些省份在增加中等职业学校总生均教育经费上的工作成效越不够显著，从而迅速地跌落了其中等职业学校总生均教育经费的相对排位。有13个省份的位次在前移，前移大于等于4位的省份有8个，其中吉林前移了4位，内蒙古、江苏均前移了5位，江西、西藏均前移了6位，宁夏从2007年的第21位前移到了2016年的第13位、前移了8位，山东从第16位前移到了第7位、前移了9位，湖北从第29位前移到了第14位、前移了15位，前移的位次越多说明这些省份在增加中等职业学校总生均教育经费数量上的工作成效越显著，迅速提升了其中等职业学校总生均教育经费。

(三) 2007—2016年全国中等职业学校总生均教育经费的地区差异分析

由表2-3的相关数据可作出图2-1，图2-1反映了全国中等职业学校生均教育经费的地区差异情况。由图2-1可知，京津沪三市生均教育经费始终是最大的，其次是东部八省，再次是西部十

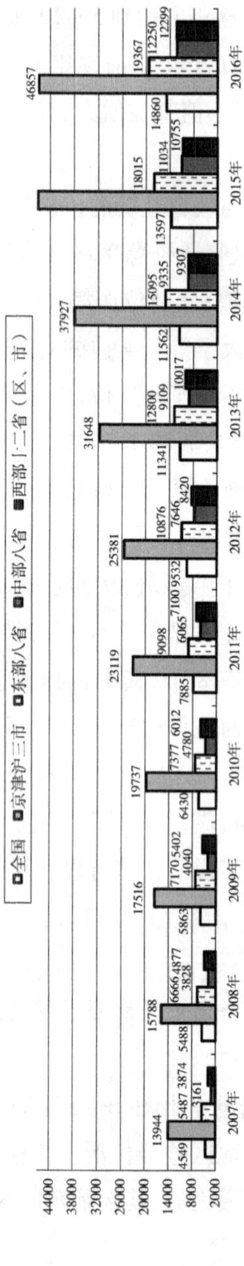

图 2–1　中等职业学校总生均教育经费地区差异图（单位：元）

注：每组柱状从左到右分别代表全国、京津沪三市、东部八省、中部八省、西部十二省（区、市）的统计数据。

二省(区、市),略低于全国均值,中部八省始终是最低的(2015 年西部十二省(区、市)为最低除外),京津沪明显高于其他地区(是东部的 2.33—2.68 倍、是西部的 3.01—4.38 倍、是中部的 3.32—4.41 倍),西部是中部的 0.97—1.34 倍,截至 2016 年京津沪是东部八省的 2.42 倍、是西部十二省(区、市)的 3.81 倍、是中部八省的 3.83 倍;即全国中等职业学校总生均教育经费呈现出中部塌陷现象,京津沪远高于其他地区。如中等职业学校总生均教育经费京津沪三市 2007 年为 13944 元、中部八省为 3161 元,相差 3.41 倍;京津沪三市 2016 年为 46857 元、中部八省为 12250 元,相差 2.83 倍,差距相对悬殊。各地均呈逐年增加趋势,中部八省的增幅最大(2.88 倍),东部八省次之(2.53 倍),西部十二省(区、市)增幅最小(2.17 倍),全国平均增加 2.27 倍。

由表 2-3 可知,反映全国中等职业学校总生均教育经费各省份与全国均值的离差情况的标准差在 2007—2016 年的变化趋势是 3318 元↗3686 元↗4013 元↗4390 元↗5252 元↗5956 元↗8043 元↗9555 元↗12810 元↘12401 元,累计增加了 273.75%。反映各省份与全国均值间的差异情况的变异系数在 2007—2016 年的变化趋势是 0.729↘0.672↗0.684↘0.683↘0.666↘0.625↗0.709↗0.826↗0.942↘0.835,这 10 年间增加了 14.54%,差异水平相当高。

二、2007—2016 年中等职业学校生均预算内教育经费地区差异分析

(一) 2007—2016 年全国中等职业学校生均预算内教育经费的总量分析

表 2-4 显示了 2007—2016 年这十年间全国中等职业学校生均预算内教育经费的变化情况。

表 2-4　2007—2016 年全国中等职业学校生均预算内教育经费变化情况表

年份	2007		2008	2009	2010	2011	2012	2013	2014	2015	2016		2016 比 2007 增加	
	经费数	排名	经费数	经费数	经费数	经费数	经费数	经费数	经费数	经费数	经费数	排名	增加比例	排名
高于全国均值省份数		19		20	19	18	18	17	17	19	19	19		17
全国	2209		2820	3146	3613	4671	6032	7359	10035	11926	13088		492.49	
北京	8861	2	10010	11190	11381	12327	12849	14880	34792	56493	58684	1	562.27	-1
天津	4395	5	5355	6692	10562	10075	12851	16928	21467	20937	19563	8	345.12	3
河北	1844	22	2516	2614	2983	3702	4887	6187	8209	11694	12151	22	558.95	0
山西	2306	18	3416	3037	3925	5301	6907	8207	9303	12304	13531	18	486.77	0
内蒙古	3110	9	4184	4320	6400	7793	9602	10729	14896	18801	18714	9	501.74	0
辽宁	3082	10	3879	5837	5572	8190	9129	11134	14375	17412	18352	10	495.46	0
吉林	3116	8	3989	3675	5310	6742	9354	12174	20022	24187	27321	4	776.80	-4
黑龙江	3040	11	3201	3347	3723	4955	7945	9581	11869	14633	15530	12	410.86	1
上海	9151	1	9961	10350	12139	14809	16006	21797	41871	47888	50997	2	457.28	1
江苏	2099	20	3027	3472	4220	6339	8768	10626	16979	18928	19754	7	841.11	-13
浙江	3611	6	4524	4713	5250	6390	8302	11225	20609	22538	24441	5	576.85	-1

续表

年份	2007		2008	2009	2010	2011	2012	2013	2014	2015	2016		2016比2007增加	
	经费数	排名	经费数	经费数	经费数	经费数	经费数	经费数	经费数	经费数	经费数	排名	增加比例	排名
安徽	1151	29	1497	1767	2164	2872	4069	4496	6340	7249	8273	27	618.77	-2
福建	2304	19	2979	3171	3241	3552	4344	5506	11018	13097	15490	13	572.31	-6
江西	1019	31	1587	1648	1868	3383	3872	5196	6544	8479	9828	25	864.47	-6
山东	2341	17	2983	3423	4246	5553	7427	8787	15291	18749	20011	6	754.81	-11
河南	1589	24	1785	2070	2491	3531	4308	5215	6850	7187	7947	29	400.13	5
湖北	1057	30	1238	1621	2206	3011	4992	6574	10444	12892	14776	15	1297.92	-15
湖南	1196	28	2017	2091	2461	2803	4888	6263	6604	8756	9260	26	674.25	-2
广东	2891	12	3502	3868	3395	4081	4672	5890	9889	12971	14996	14	418.71	2
广西	1865	21	2587	3085	3131	3509	3154	3468	4385	5908	6882	31	269.01	10
海南	4457	4	5257	4349	4413	5554	7776	8282	11585	13147	12970	20	191.00	16
重庆	1790	23	2273	2966	3751	4759	7769	9157	10784	11881	13279	19	641.84	-4
四川	1496	26	2070	2400	2810	3385	5101	5599	6228	7332	8179	28	446.72	2
贵州	1585	25	2012	2039	2756	3409	5354	6496	6561	6608	7802	30	392.24	5
云南	3188	7	3429	3841	3773	6124	6521	8517	8886	10364	12511	21	292.44	14

续表

年份	2007		2008	2009	2010	2011	2012	2013	2014	2015	2016		2016比2007增加	
	经费数	排名	经费数	经费数	经费数	经费数	经费数	经费数	经费数	经费数	经费数	排名	增加比例	排名
西藏	5187	3	5880	7138	7504	11937	19343	29689	32619	41362	31399	3	505. 34	0
陕西	1326	27	2244	2814	3061	4370	5594	5972	6928	8529	10242	24	672. 40	-3
甘肃	2727	14	3600	3911	4388	4814	5875	6777	10798	13374	14083	17	416. 43	3
青海	2782	13	3661	4382	5842	7403	8410	10790	11416	12081	14189	16	410. 03	3
宁夏	2374	16	3768	3203	3550	4334	4879	6936	10375	11022	11536	23	385. 93	7
新疆	2586	15	3116	4696	5755	8226	9975	12317	14069	13607	16727	11	546. 83	-4
标准差	1928		2050	2254	2608	3011	3681	5419	8846	11844	11563		499. 74	
变异系数	0. 873		0. 727	0. 717	0. 722	0. 645	0. 610	0. 736	0. 882	0. 993	0. 883		1. 15	
极大值	9151		10010	11190	12139	14809	19343	29689	41871	56493	58684		541. 29	
极小值	1019		1238	1621	1868	2803	3154	3468	4385	5908	6882		575. 37	
极差	8131		8773	9569	10271	12006	16189	26221	37486	50585	51802		537. 09	
极差率	8. 98		8. 09	6. 90	6. 50	5. 28	6. 13	8. 56	9. 55	9. 56	8. 53		-5. 01	
京津沪三市	7766		8652	9621	11447	12649	13943	17911	33871	42136	42574		448. 21	

续表

年份	2007		2008	2009	2010	2011	2012	2013	2014	2015	2016		2016比2007增加	
	经费数	排名	经费数	经费数	经费数	经费数	经费数	经费数	经费数	经费数	经费数	排名	增加比例	排名
东部八省	2514		3258	3671	3932	5088	6479	8045	13276	16119	17481		595.35	
中部八省	1517		1975	2161	2680	3629	5026	6165	7965	9550	10630		600.73	
西部十二省(区、市)	2004		2664	3114	3623	4633	5821	6790	7998	9262	10563		427.10	

注：表中增加比例的单位为“%”，经费数单位为“元”，变异系数、极差率无单位。2014—2016年生均预算内教育经费计算数据采用的是财政补助支出的数据，因《中国教育经费统计年鉴》在2013年及以前统计的是预算内教育事业费和基建经费（两者之和为总的财政预算内教育经费）的经费数据，2014年及以后统计的只有预算内教育事业费，故为保持前后比较一致，此处采用了财政补足支出来代替总的财政预算内教育经费，如此计算结果会偏大一些。

资料来源：根据2008—2017年《中国教育经费统计年鉴》、2007—2016年《中国教育统计年鉴》中的中等职业学校的经费数、学生数的原始数据计算整理而得。

由表2-4可知，全国中等职业学校生均预算内教育经费从2007至2016年的变化趋势为2209元↗2820元↗3146元↗3613元↗4671元↗6032元↗7359元↗10035元↗11926元↗13088元，这10年间中等职业学校生均预算内教育经费增加了10879元，除2016年增长率为个位数外，其余年份年增长率均超过两位数，2014年增长率最高达36.36%，十年间共增加了492.29%，增幅大于全国均值的省份有14个，大于1200%的有1个，大于700%的有5个，大于600%的有9个，大于500%的有16个，在400%—500%之间的有9个，低于400%的有6个，低于300%的有3个。这10年间中等职业学校生均预算内教育经费高于各年全国均值的省份数从2007—2016年的变化趋势为19↗20↘19↘18→18↘17→17↗19→19→19，即这十年间全国有一半以上省份的生均预算内教育经费要高于全国均值，截至2016年仍有19个省份的要高于全国平均水平。

（二）2007—2016年全国中等职业学校生均预算内教育经费的极值与位次变化分析

1. 中等职业学校生均预算内教育经费的极值分析

由表2-4排序可知，全国中等职业学校生均预算内教育经费2016年最多的5省份为北京58684元、上海50997元、西藏31399元、吉林27321元、浙江24441元，最少的5省份为安徽8273元、四川8179元、河南7947元、贵州7802元、广西6882元，大于5万元的省份有2个，大于2万元的有6个，大于1.5万元的有13个，在1万—1.5万元之间的有11个，小于1万元的有7个，小于8千元的有3个。

这10年间全国中等职业学校生均预算内教育经费增加幅度最大的5省份为湖北1297.92%、江西864.47%、江苏841.11%、吉林 776.80%、山东 754.81%，增幅最小的 5 省份为宁夏 385.93%、天津 345.12%、云南 292.44%、广西 269.01%、海南 191.00%。这 10 年间，北京、上海、西藏、天津、浙江、新疆是中等职业学校生均预算内教育经费最大的省份，安徽、四川、河南、湖北、江西、广西是中等职业学校生均预算内教育经费最小的省份，其中北京、上海始终位居前两位（除西藏 2012 年为第一以外），西藏有 7 年位居第三，广西在 2012—2016 年始终为最小。

由表 2-4 可知，中等职业学校生均预算内教育经费的极大值从 2007 年的 9151 元逐年增加到 2016 年的 58684 元，增加了 541.29%，极小值从 1019 元逐年增加到 6882 元，增加了 575.37%，极差从 8131 元上升到 51802 元，增加了 537.09%，极差率从 8.98 略微下降到 8.53，下降了 5.01%，即虽然极大值、极小值及其绝对差距都在增加，但其相对差距却略有缩小（2011 年及之前逐年下降，之后又回升）。

2. 中等职业学校生均预算内教育经费的位次变化分析

这 10 年间全国中等职业学校生均预算内教育经费的排名位次没有变化的为西藏、内蒙古、辽宁、山西、河北，分别位居第 3、9、10、18、22 位。排名位次后移的省份有 13 个，后移大于等于 5 位的有 6 个，贵州、河南均后移了 5 位，宁夏后移了 7 位，广西从 2007 年的第 21 位后移到了 2016 年的第 31 位、后移了 10 位，云南从第 7 位后移到了第 21 位、后移了 14 位，海南从第 4 位后移到了第 20 位、后移了 16 位，后移的位次越多说明这些省份中等职业学校生均预算内教育经费排名下跌越厉害。有 13 个省份的位次在前移，前移大于等于 4 位的省份有 8 个，其中吉林、重庆、新疆均前移了 4 位，福建、江西均前移了 6 位，山东从第 17 位前移到了第 6 位、前移了 11 位，江苏从第 20 位前移到了第 7 位、前移了 13 位，湖北从第30位前移到了第15位、前移了15位，前移的位次越多说明这些省份中等职业学校生均预算内教育经费排名上升得越快。

（三）2007—2016年全国中等职业学校生均预算内教育经费的地区差异分析

由表2-4的相关数据可作出图2-2，图2-2反映了全国中等职业学校生均预算内教育经费的地区差异情况。由图2-2可知，京津沪三个直辖市中等职业学校生均预算内教育经费始终是最大的，且远远高出其他地区，与其他地区的差距在增大，其次是东部八省，再次是西部十二省（区、市）（2015—2016年为第三大），东部八省除两年外始终是最低的，全国均值高于中西部［除2010年略低于西部十二省（区、市）］，且差距在加大；即，全国中等职业学校生均预算内教育经费从京津沪、东部、西部、中部呈梯度递减趋势且呈中部塌陷态势（后两年除外），也就是东强中弱、京津沪远远高于其他地区，京津沪是东部的2.15—3.09倍、是西部的2.40—4.55倍、是中部的2.77—5.12倍，西部是中部的0.97—1.44倍，截至2016年京津沪是东部八省的2.44倍、是西部十二省（区、市）的4.03倍、是中部八省的4.01倍。如中等职业学校生均预算内教育经费京津沪三市2007年为7766元、中部八省为1517元，相差4.12倍；京津沪三市2016年为42574元、西部十二省（区、市）为10563元，相差3.03倍，差距相当悬殊。各地均呈逐年增加趋势，中部八省增幅最大（6.00倍），东部八省次之（5.95倍），西部十二省（区、市）增幅最小（4.27倍），全国平均增加4.92倍。

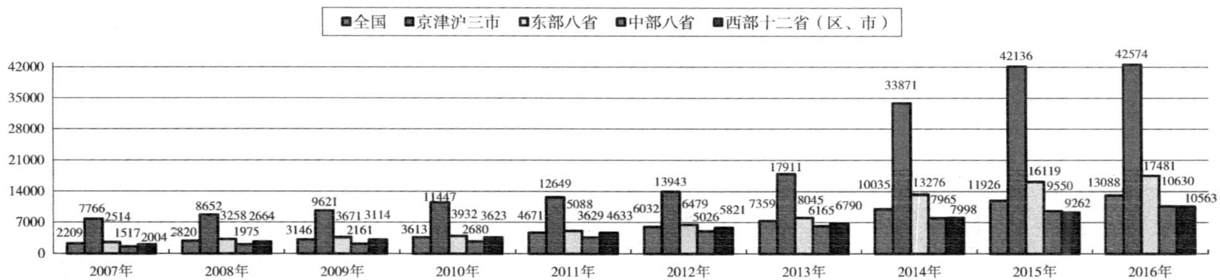

图 2-2　中等职业学校生均预算内教育经费地区差异图（单位：元）

注：每组柱状从左到右分别代表全国、京津沪三市、东部八省、中部八省、西部十二省（区、市）的统计数据。

由表2-4可知，反映全国中等职业学校生均预算内教育经费各省份与全国均值的离差情况的标准差在2007—2016年的变化趋势是1928元↗2050元↗2254元↗2608元↗3011元↗3681元↗5419元↗8846元↗11844元↘11563元，即呈逐年上升趋势（2016年下降除外），这10年间累计增加了499.74%。反映各省份与全国均值间的差异情况的变异系数在2007—2016年的变化趋势是0.873↘0.727↘0.717↗0.722↘0.645↘0.610↗0.736↗0.882↗0.993↘0.883，即这10年间全国中等职业学校生均预算内教育经费各省份与全国均值的差异有增有减，累计增加了1.15%，差异相当大。

三、2007—2016年中等职业学校生均预算内教育经费占总生均教育经费比例地区差异分析

（一）2007—2016年全国中等职业学校生均预算内教育经费占总生均教育经费比例的总量分析

表2-5显示了2007—2016年这十年间全国中等职业学校生均预算内教育经费占总生均教育经费比例的变化情况。

由表2-5可知，全国中等职业学校生均预算内教育经费占总生均教育经费比例从2007—2016年的变化趋势为48.56%↗51.39%↗53.66%↗56.18%↗59.24%↗63.28%↗64.89%↗86.79%↗87.71%↗88.07%，这10年间中等职业学校生均预算内教育经费占总生均教育经费比例增加了39.51个百分点，该比例共增加了81.36%，增幅大于全国均值的省份有14个，大于100%的有7个，大于80%的有14个，在60%—80%之间的有6个，低于60%的有10个，低于50%的有8个，低于40%的有5个。这10年间中等职业学校生均预算内教育经费占总生均教育经费比例高于

表 2-5　2007—2016 年全国中等职业学校生均预算内教育经费占总生均教育经费比例变化情况表

年份	2007		2008	2009	2010	2011	2012	2013	2014	2015	2016		2016 比 2007 增加	
	比例	排名	比例	比例	比例	比例	比例	比例	比例	比例	比例	排名	增加比例	排名
高于全国均值省份数	20		19	21	19	18	22	20	15	18	20		14	
全国	48.56		51.39	53.66	56.18	59.24	63.28	64.89	86.79	87.71	88.07		81.36	
北京	58.47	10	60.73	59.04	62.19	57.38	56.82	56.14	90.45	90.72	91.08	9	55.77	-1
天津	61.73	6	62.49	62.24	66.11	58.53	69.58	66.29	90.02	91.96	91.32	6	47.93	0
河北	48.89	20	54.56	55.84	59.31	64.43	67.79	72.46	86.61	90.40	90.59	9	85.29	-11
山西	57.23	11	59.43	58.21	61.76	65.07	75.96	78.94	88.68	92.06	92.38	4	61.42	-7
内蒙古	63.88	4	64.83	68.14	67.98	67.83	72.26	51.86	91.98	93.53	87.63	21	37.18	17
辽宁	51.14	17	51.63	63.15	58.38	61.30	63.94	58.69	88.40	89.69	89.41	14	74.83	-3
吉林	54.85	14	58.28	61.24	70.92	70.13	71.36	71.37	93.66	93.83	92.24	5	68.14	-9
黑龙江	62.59	5	68.18	76.84	71.98	64.16	78.27	80.56	88.34	90.07	91.30	7	45.87	2
上海	51.56	16	47.97	48.83	50.96	50.96	47.91	53.08	88.16	87.54	90.51	10	75.54	-6
江苏	38.45	30	42.64	45.22	48.69	49.98	53.99	56.78	85.54	88.31	89.26	15	132.15	-15
浙江	43.38	25	46.75	45.47	49.73	53.28	56.32	62.84	86.23	86.03	88.10	20	103.09	-5

续表

年份	2007		2008	2009	2010	2011	2012	2013	2014	2015	2016		2016 比 2007 增加	
	比例	排名	比例	比例	比例	比例	比例	比例	比例	比例	比例	排名	增加比例	排名
安徽	42.36	26	41.89	41.67	43.00	47.00	55.15	57.52	85.08	83.45	82.99	28	95.92	2
福建	49.12	19	49.79	53.95	54.53	55.60	55.35	62.88	91.84	92.14	92.87	2	89.07	−17
江西	44.79	24	50.75	54.76	54.71	68.89	70.06	74.25	82.28	83.38	83.33	27	86.05	3
山东	49.57	18	51.90	51.53	56.47	59.49	64.47	66.14	92.39	91.32	92.67	3	86.95	−15
河南	55.34	12	56.30	58.40	59.94	65.68	67.07	66.90	86.75	86.11	87.63	22	58.35	10
湖北	38.94	29	42.86	48.94	50.61	55.84	57.53	59.50	82.23	87.54	88.11	19	126.27	−10
湖南	35.15	31	44.50	43.21	48.96	49.75	63.78	66.64	78.65	82.12	81.74	29	132.55	−2
广东	44.94	23	47.22	50.88	52.10	53.35	57.16	62.56	86.12	89.59	89.89	13	100.02	−10
广西	54.05	15	55.78	58.61	59.32	68.01	64.99	67.39	84.94	89.61	90.43	11	67.31	−4
海南	65.80	3	68.46	55.68	46.85	56.83	68.56	72.08	87.40	93.16	88.12	18	33.92	15
重庆	42.12	27	48.38	52.34	51.20	54.89	62.12	64.25	86.62	88.03	87.57	23	107.91	−4
四川	41.62	28	44.90	46.17	50.02	55.85	68.09	67.69	84.36	84.03	85.34	25	105.05	−3
贵州	66.41	2	66.61	65.80	73.59	69.93	74.02	70.14	88.91	81.32	76.24	30	14.80	28
云南	59.11	9	56.84	59.64	61.84	69.40	66.43	73.13	85.68	88.11	88.75	16	50.14	7

续表

年份	2007		2008	2009	2010	2011	2012	2013	2014	2015	2016		2016比2007增加	
	比例	排名	比例	比例	比例	比例	比例	比例	比例	比例	比例	排名	增加比例	排名
西藏	92. 01	1	94. 60	89. 62	94. 95	94. 51	92. 89	92. 40	99. 29	98. 34	99. 37	1	8. 00	0
陕西	45. 84	22	52. 37	60. 73	64. 26	70. 05	75. 08	74. 64	81. 84	85. 16	84. 76	26	84. 90	4
甘肃	61. 54	7	65. 55	63. 54	65. 37	65. 01	68. 47	68. 81	86. 84	89. 16	90. 04	12	46. 31	5
青海	55. 32	13	68. 26	68. 35	71. 94	69. 27	74. 38	70. 86	82. 28	85. 56	88. 67	17	60. 29	4
宁夏	60. 76	8	64. 10	62. 16	61. 99	70. 28	65. 69	68. 31	89. 56	74. 17	68. 35	31	12. 49	23
新疆	47. 03	21	50. 11	63. 61	67. 43	73. 95	74. 65	71. 49	81. 59	78. 96	86. 35	24	83. 61	3
标准差	11. 31		10. 98	10. 07	10. 54	9. 57	9. 01	8. 50	4. 18	8. 86	5. 50		−51. 37	
变异系数	0. 233		0. 214	0. 188	0. 188	0. 162	0. 142	0. 131	0. 048	0. 101	0. 062		−73. 39	
极大值	92. 01		94. 60	89. 62	94. 95	94. 51	92. 89	92. 40	99. 29	98. 34	99. 37		8. 00	
极小值	35. 15		41. 89	41. 67	43. 00	47. 00	47. 91	51. 86	78. 65	74. 17	68. 35		94. 45	
极差	56. 85		52. 71	47. 94	51. 95	47. 51	44. 98	40. 54	20. 64	24. 17	31. 02		−45. 44	
极差率	2. 62		2. 26	2. 15	2. 21	2. 01	1. 94	1. 78	1. 26	1. 33	1. 45		−44. 66	
京津沪三市	55. 69		54. 80	54. 93	58. 00	54. 71	54. 93	56. 60	89. 31	89. 50	90. 86		63. 15	

续表

年份	2007		2008	2009	2010	2011	2012	2013	2014	2015	2016		2016比2007增加	
	比例	排名	比例	比例	比例	比例	比例	比例	比例	比例	比例	排名	增加比例	排名
东部八省	45.82		48.88	51.20	53.30	55.93	59.57	62.85	87.95	89.47	90.26		96.99	
中部八省	48.01		51.61	53.49	56.08	59.84	65.73	67.68	85.32	86.54	86.77		80.73	
西部十二省(区、市)	51.73		54.62	57.65	60.27	65.25	69.13	67.78	85.94	86.12	85.88		66.02	

注:表中比例及增加比例的单位为"%",变异系数、极差率无单位。2014—2016年生均预算内教育经费数据为财政补贴支出数据计算得出,故值偏大一些造成生均预算内教育经费占总生均教育经费比例偏大。

资料来源:根据2008—2017年《中国教育经费统计年鉴》、2007—2016年《中国教育统计年鉴》中的中等职业学校的经费数、学生数的原始数据计算整理而得。

各年全国均值的省份数从2007—2016年的变化趋势为20↘19↗21↘19↘18↗22↘20↘15↗18↗20，即这十年间（除2014年外）有一半以上的省份的中等职业学校生均预算内教育经费占总生均教育经费比例要高于全国均值的，截至2016年仍有20个省份的要高于全国平均水平。

（二）2007—2016年全国中等职业学校生均预算内教育经费占总生均教育经费比例的极值与位次变化分析

1. 中等职业学校生均预算内教育经费占总生均教育经费比例的极值分析

由表2-5排序可知，全国中等职业学校生均预算内教育经费占总生均教育经费比例2016年最大的5省份为西藏99.37%、福建92.87%、山东92.67%、山西92.38%、吉林92.24%，最小的5省份为江西83.33%、安徽82.99%、湖南81.74%、贵州76.24%、宁夏68.35%，大于99%的省份有1个，大于90%的有12个，大于88%的省份有20个，在85%—88%的有5个，小于85%的有6个，小于80%的有2个，小于70%的有1个。

这10年间全国中等职业学校生均预算内教育经费占总生均教育经费比例增加幅度最大的5省份为湖南132.55%、江苏132.15%、湖北126.27%、重庆107.91%、四川105.05%，增幅最小的5省份为内蒙古37.18%、海南33.92%、贵州14.80%、宁夏12.49%、西藏8.00%。这10年间，西藏、吉林、黑龙江、内蒙古、山西是中等职业学校生均预算内教育经费占总生均教育经费比例最大的省份，安徽、浙江、江苏、贵州、湖北、湖南、上海是中等职业学校生均预算内教育经费占总生均教育经费比例最小的省份，其中西藏十年间始终位居第一，安徽（2008—2011年）、宁夏（2015—2016年）、湖南（2007年、2014年）为最小。

由表 2-5 可知，中等职业学校生均预算内教育经费占总生均教育经费比例的极大值从 2007 年的 92.01%增加到 2016 年的 99.37%，增加了 8.00%，极小值从 35.15%增加到 68.35%，增加了 94.45%，极差从 56.86%下降到 31.02%，减小了 45.44%，极差率从 2.62 减小到 1.45，下降了 44.66%，即虽然极大值、极小值都在增加，但其绝对差距与相对差距却在减小。

2. 中等职业学校生均预算内教育经费占总生均教育经费比例的位次变化分析

这 10 年间全国中等职业学校生均预算内教育经费占总生均教育经费比例的排名位次没有变化的为西藏、天津，分别位居第 1、6 位。排名位次后移的省份有 13 个，后移大于等于 4 位的有 9 个，青海、陕西均后移了 4 位，甘肃、云南分别后移了 5、7 位，河南从第 12 位后移到了第 22 位，后移了 10 位，海南从第 3 位后移到了第 18 位，后移了 15 位，内蒙古从第 4 位后移到了第 21 位，后移了 17 位，宁夏从第 8 位后移到了第 31 位，后移了 23 位，贵州从第 2 位后移到了第 30 位，后移了 28 位，后移的位次越多说明这些省份中等职业学校生均预算内教育经费占总生均教育经费比例排名下降得越多。有 16 个省份的位次在前移，前移大于等于 4 位的省份有 12 个，其中广西、重庆均前移了 4 位，浙江、上海、山西、吉林分别前移了 5、6、7、9 位，湖北、广东均前移了 10 位，河北从第 20 位前移到了第 9 位，前移了 11 位，江苏从第 30 位前移到了第 15 位，前移了 15 位，山东从第 18 位前移到了第 3 位，前移了 15 位，福建从第 19 位前移到了第 2 位，前移了 17 位，前移的位次越多说明这些省份中等职业学校生均预算内教育经费占总生均教育经费比例排名上升越快。

（三）2007—2016年全国中等职业学校生均预算内教育经费占总生均教育经费比例的地区差异分析

由表2-5的相关数据可作出图2-3，图2-3反映了全国中等职业学校生均预算内教育经费占总生均教育经费比例的地区差异情况。由图2-3可知，京津沪三市在2007—2008年及2014—2016年为最大、西部十二省（区、市）在2009—2013年为最大，京津沪三市有2年、东部八省有3年、中部八省有3年、西部十二省（区、市）有2年为第二大，中部八省在2007—2010年、东部八省在2014—2016年为第三大，东部八省有4年、京津沪三市有3年、中部八省有1年、西部十二省（区、市）有2年为最小，全国均值多数年份略高于中部八省的。如中等职业学校生均预算内教育经费占总生均教育经费比例京津沪三市2007年为55.69%、东部八省为45.82%，相差0.22倍；京津沪三市2016年为90.86%、西部十二省（区、市）为85.88%，相差0.04倍。各地均呈逐年增加趋势，东部八省增幅最大（0.97倍），中部八省次之（0.81倍），京津沪增幅最小（0.63倍）。

由表2-5可知，反映全国中等职业学校生均预算内教育经费占总生均教育经费比例各省份与全国均值的离差情况的标准差在2007—2016年的变化趋势是11.31%↘10.98%↘10.07%↗10.54%↘9.57%↘9.01%↘8.50%↘4.18%↗8.86%↘5.50%，即总体呈下降趋势，这10年间累计下降了51.37%。反映各省份与全国均值间的差异情况的变异系数在2007—2016年的变化趋势是0.233↘0.214↘0.188→0.188↘0.162↘0.142↘0.131↘0.048↗0.101↘0.062，即这10年间全国中等职业学校生均预算内教育经费占总生均教育经费比例各省份与全国均值的差异在2014年之前呈逐年下降趋势，之后有升有降，累计下降了73.39%，差异比较小。

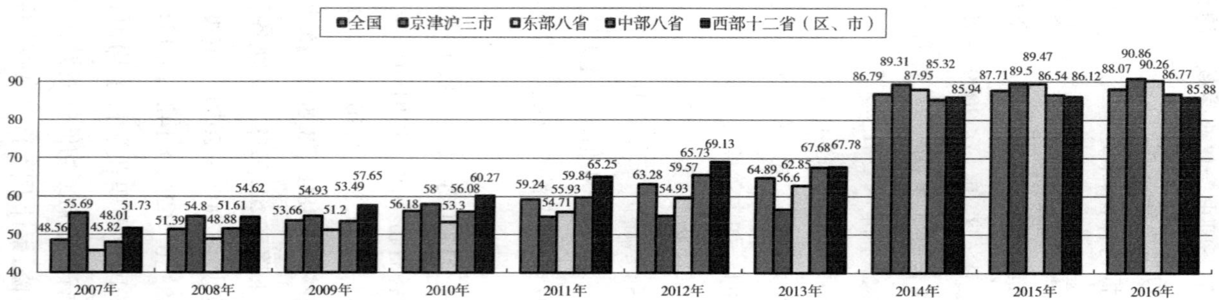

图 2–3　中等职业学校生均预算内教育经费占总生均教育经费比例地区差异图（单位：%）

注：每组柱状从左到右分别代表全国、京津沪三市、东部八省、中部八省、西部十二省（区、市）的统计数据。

第四节　2007—2016 年中等职业学校生均公用经费及其比例的地区差异分析

一、2007—2016 年中等职业学校生均公用经费的地区差异分析

（一）2007—2016 年全国中等职业学校生均公用经费的总量分析

表 2-6 显示了全国中等职业学校生均公用经费在 2007—2016 年的变化情况。

由表 2-6 可知，全国中等职业学校生均公用经费从 2007 至 2016 年的变化趋势为 1932 元↗2268 元↗2408 元↗2763 元↗3673 元↗4600 元↗5595 元↗5656 元↗6317 元↗6463 元，共增加了 4531 元，除 2009、2014、2016 年增长率为个位数外，其余年份年增长率均超过两位数，2011 年增幅最大达 32.94%，十年间共增加了 234.52%，增幅大于全国均值的省份有 20 个，大于 1800%的有 1 个，在 500%—700%之间的有 3 个，大于 400%的有 8 个，大于 300%的有 12 个，在 200%—300%之间的有 12 个，低于 200%的有 7 个。这 10 年间中等职业学校生均公用经费高于各年全国均值的省份数从 2007—2016 年的变化趋势为 12↗15↘11↗16↘13↗14→14↗16↗17→17，即截至 2016 年仍有 17 个省份的中等职业学校生均公用经费要高于全国平均水平。

（二）2007—2016 年全国中等职业学校生均公用经费的极值与位次变化分析

1. 中等职业学校生均公用经费的极值分析

由表 2-6 排序可知，全国中等职业学校生均公用经费 2016 年

表 2-6　2007—2016 年全国中等职业学校生均公用经费变化情况表

年份	2007		2008	2009	2010	2011	2012	2013	2014	2015	2016		2016 比 2007 增加	
	经费	排名	经费	经费	经费	经费	经费	经费	经费	经费	经费	排名	增加比例	排名
高于全国均值省份数	12		15	11	16	13	14	14	16	17	17		20	
全国	1932		2268	2408	2763	3673	4600	5595	5656	6317	6463		234. 52	
北京	7282	2	8024	9287	8644	9815	10446	12675	18816	30085	27920	2	283. 41	0
天津	2573	7	2493	3666	4222	7434	6641	11022	8717	7721	7020	16	172. 83	9
河北	1721	17	1780	1720	1931	2225	2933	3382	3755	4801	4739	28	175. 36	11
山西	1620	19	2406	2160	2595	3543	3893	4355	4554	5429	5853	20	261. 30	1
内蒙古	1479	22	2290	1987	3650	5332	5435	10553	6607	8059	8841	9	497. 77	-13
辽宁	2626	6	3493	4553	4234	7563	6474	10033	7570	8442	8440	11	221. 40	5
吉林	2063	11	2628	2123	2706	3858	5892	7890	8756	9330	10769	5	422. 01	-6
黑龙江	1707	18	1690	1379	1613	3139	4285	4389	4812	5304	5659	21	231. 52	3
上海	7924	1	9544	8359	10570	14052	16707	20512	27750	32322	29474	1	271. 96	0
江苏	2487	8	3037	3029	3872	6256	8569	10048	10370	10316	9125	8	266. 91	0
浙江	3824	3	4060	4374	4293	4869	6330	7935	11037	11959	11582	4	202. 88	1

续表

年份	2007		2008	2009	2010	2011	2012	2013	2014	2015	2016		2016 比 2007 增加	
	经费	排名	经费	经费	经费	经费	经费	经费	经费	经费	经费	排名	增加比例	排名
安徽	1123	28	1586	1921	2524	3460	4412	4872	4360	4791	5465	22	386.64	−6
福建	1817	15	2394	2048	2230	2560	3686	3875	5477	6705	7981	14	339.24	−1
江西	954	29	1260	1129	1593	2283	2824	3354	3934	4748	5408	23	466.88	−6
山东	1948	12	2427	2949	3572	4986	6905	7785	9791	11177	10318	6	429.67	−6
河南	1205	25	1175	1323	1573	2619	3082	4046	4148	4173	4241	29	251.95	4
湖北	1148	27	1115	1340	1834	2317	3925	4597	5561	6823	8194	12	613.76	−15
湖南	1490	20	1666	1775	1972	2548	4184	5312	4108	5241	5303	25	255.91	5
广东	2976	5	3282	3540	2933	3604	3731	4338	5097	6349	6746	17	126.68	12
广西	1290	24	2101	2338	2820	2836	2447	2255	2397	2962	3389	31	162.71	7
海南	3469	4	3909	3047	3824	5270	5696	6157	6728	7100	7482	15	115.68	11
重庆	1839	14	1926	2247	3553	3642	5743	7044	5732	5812	6379	18	246.87	4
四川	1484	21	1916	2299	2497	2615	3425	4152	3728	3692	3712	30	150.13	9
贵州	845	30	1162	1188	1743	2161	3684	5559	4328	4573	5260	26	522.49	−4
云南	2138	10	2509	2702	2644	3152	3941	5049	4300	5132	6018	19	181.48	9

续表

年份	2007		2008	2009	2010	2011	2012	2013	2014	2015	2016		2016 比 2007 增加	
	经费	排名	经费	经费	经费	经费	经费	经费	经费	经费	经费	排名	增加比例	排名
西藏	657	31	720	1498	3052	5722	7345	7058	18733	17546	12554	3	1810. 81	−28
陕西	1186	26	1680	1954	1972	2973	3497	3520	3736	4173	4855	27	309. 36	1
甘肃	1759	16	2029	2387	2544	2936	3711	4278	5832	5840	5333	24	203. 18	8
青海	2160	9	2102	2350	3928	5067	5557	5668	6740	6805	8130	13	276. 39	4
宁夏	1345	23	2627	2242	2846	2872	3661	5090	6086	8639	9800	7	628. 62	−16
新疆	1921	13	2166	2551	3570	5492	6707	8167	8675	7625	8451	10	339. 93	−3
标准差	1617		1835	1832	1906	2567	2794	3661	5380	6732	5860		262. 40	
变异系数	0. 837		0. 809	0. 761	0. 690	0. 699	0. 607	0. 654	0. 951	1. 066	0. 907		8. 36	
极大值	7924		9544	9287	10570	14052	16707	20512	27750	32322	29474		271. 96	
极小值	657		720	1129	1573	2161	2447	2255	2397	2962	3389		415. 83	
极差	7267		8824	8158	8997	11891	14259	18257	25353	29359	26085		258. 95	
极差率	12. 05		13. 26	8. 23	6. 72	6. 50	6. 83	9. 10	11. 57	10. 91	8. 70		−27. 80	
京津沪三市	6251		6993	7372	8196	10732	11723	15178	19450	23974	21435		242. 91	

续表

年份	2007		2008	2009	2010	2011	2012	2013	2014	2015	2016		2016 比 2007 增加	
	经费	排名	经费	经费	经费	经费	经费	经费	经费	经费	经费	排名	增加比例	排名
东部八省	2440		2839	3040	3197	4331	5360	6391	7428	8427	8236		237.54	
中部八省	1297		1499	1566	1958	2846	3808	4585	4527	5120	5598		331.61	
西部十二省(区、市)	1501		1957	2198	2684	3171	3850	4804	4446	4786	5279		251.70	

注:表中增加比例的单位为"%",经费单位为"元",变异系数及极差率无单位。

资料来源:根据 2008—2017 年《中国教育经费统计年鉴》、2007—2016 年《中国教育统计年鉴》中的中等职业学校的经费数、学生数的原始数据计算整理而得。

最多的5省份为上海29474元、北京27920元、西藏12554元、浙江11582元、吉林10769元，最少的5省份为陕西4855元、河北4739元、河南4241元、四川3712元、广西3389元，大于2万元的省份有2个，大于1万元的有6个，在7千元—1万元之间的有10个，小于7千元的有15个，小于6千元的有12个，小于5千元的有5个。

这10年间全国中等职业学校生均公用经费增加幅度最大的5省份为西藏1810.81%、宁夏628.62%、湖北613.76%、贵州522.49%、内蒙古497.77%，增幅最小的5省份为天津172.83%、广西162.71%、四川150.13%、广东126.68%、海南115.68%。这10年间，上海、北京、浙江、辽宁、天津是中等职业学校生均公用经费最大的省份，湖北、江西、贵州、河南、四川、广西是中等职业学校生均公用经费最小的省份，其中上海、北京十年间始终位居前两位，广西在2012—2016年、西藏在2007—2008年为最小省份。

由表2-6可知，中等职业学校生均公用经费的极大值从2007年的7924元增加到2016年的29474元，增加了271.96%，极小值从657元增加到3389元，增加了415.83%，极差从7267元增加到26085元，增加了258.95%，极差率从12.05下降到8.70，下降了27.80%，即虽然极大值、极小值及其绝对差距都在增加，但其相对差距却在减小。

2. 中等职业学校生均公用经费的位次变化分析

这10年间全国中等职业学校生均公用经费的排名位次没有变化的为上海、北京、江苏，分别位居第1、2、8位。排名位次后移的省份有17个，后移大于等于4位的有13个，其中青海、重庆、河南均后移了4位，湖南、辽宁均后移了5位，广西、甘肃分别后移了7、8位，云南、四川、天津均后移了9位，海南从2007年的第4位后移到了2016年的第15位，后移了11位，河北从第17位后移到了第 28 位，后移了 11 位，广东从第 5 位后移到了第 17 位，后移了 12 位，后移的位次越多说明这些省份中等职业学校生均公用经费排名降得越快。有 11 个省份的位次在前移，前移大于等于 4 位的省份有 9 个，其中贵州前移了 4 位，吉林、安徽、江西、山东均前移了 6 位，内蒙古从 2007 年的第 22 位前移到了 2016 年的第 9 位，前移了 13 位，湖北从第 27 位前移到了第 12 位，前移了 15 位，宁夏从第 23 位前移到了第 7 位，前移了 16 位，西藏从第 31 位前移到了第 3 位，前移了 28 位，前移的位次越多说明这些省份中等职业学校生均公用经费排名升得越快。

（三）2007—2016 年全国中等职业学校生均公用经费的地区差异分析

由表 2-6 的相关数据可作出图 2-4，图 2-4 反映了全国中等职业学校生均公用经费的地区差异情况。由图 2-4 可知，京津沪三市中等职业学校生均公用经费始终是最大的，且明显高于其他地区，其次是东部八省的，再次是西部十二省（区、市）的，中部八省除 2014—2016 年外始终是最低的，全国均值高于中西部的；即，全国中等职业学校生均公用经费从京津沪、东部、西部、中部呈梯度递减趋势，呈中部塌陷态势（后 3 年除外），也就是东强中弱、京津沪远高于其他地区，京津沪是东部的 2.19—2.84 倍、是西部的 3.04—5.01 倍、是中部的 3.08—4.82 倍，西部是中部的 0.93—1.40 倍。如中等职业学校生均公用经费京津沪三市 2007 年为 6251 元、中部八省为 1297 元，相差 3.82 倍，差距相当悬殊；京津沪三市 2016 年为 21435 元、西部十二省（区、市）为 5279 元，相差 3.06 倍，差距相当大，各地均呈逐年增加趋势（京津沪和东部 2016 年下降除外），中部八省增幅最大（3.32 倍），西部十二省（区、市）次之（2.52 倍），东部八省增幅最小（2.38 倍），全国平均增加为 2.35 倍。

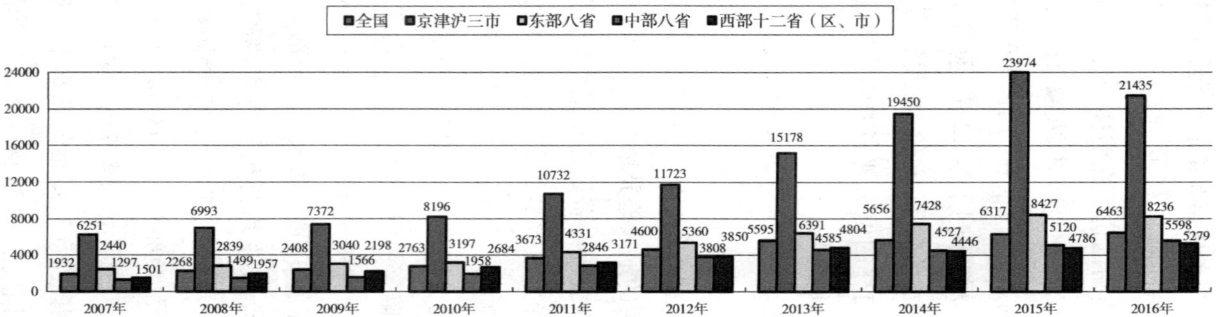

图 2–4　中等职业学校生均公用经费地区差异图（单位：元）

注：每组柱状从左到右分别代表全国、京津沪三市、东部八省、中部八省、西部十二省（区、市）的统计数据。

由表2-6可知，反映全国中等职业学校生均公用经费各省份与全国均值的离差情况的标准差在2007—2016年的变化趋势是1617元↗1835元↘1832元↗1906元↗2567元↗2794元↗3661元↗5380元↗6732元↘5860元，即这10年间呈逐年增加趋势(2016年下降除外)，累计增加了262.40%。反映各省份与全国均值间的差异情况的变异系数在2007—2016年的变化趋势是0.837↘0.809↘0.761↘0.690↗0.699↘0.607↗0.654↗0.951↗1.066↘0.907，即这10年间全国中等职业学校生均公用经费各省份与全国均值的差异有降有增，共上升了8.36%，增加到2016年的0.907，差异非常大。

二、2007—2016年中等职业学校生均公用经费占生均事业经费比例的地区差异分析

(一)2007—2016年全国中等职业学校生均公用经费占生均事业经费比例的总量分析

表2-7显示了2007—2016年这十年间全国中等职业学校生均公用经费占生均事业经费比例的变化情况。

由表2-7可知，全国中等职业学校生均公用经费占生均事业经费比例从2007—2016年的变化趋势为43.83%↘42.56%↗42.78%↗44.64%↗47.86%↗50.15%↗51.43%↘49.97%↘47.33%↘44.52%，在2013年达到顶点(51.43%)后，从2014年又开始逐年下降到2016年的44.52%，该比例除2008年、2015—2016年增长率为负数以外，其余年份均为止增长，这10年间累计增加了0.69个百分点，共增加了1.57%，增幅大于全国均值的省份有16个，增幅大于100%的有1个，大于60%的有2个，大于20%的有8个，大于10%的有13个，在0—10%之间的有5个，有

表 2-7　2007—2016 年全国中等职业学校生均公用经费占生均事业经费比例变化情况表

年份	2007		2008	2009	2010	2011	2012	2013	2014	2015	2016		2016 比 2007 增加	
	比例	排名	比例	比例	比例	比例	比例	比例	比例	比例	比例	排名	增加比例	排名
高于全国均值省份数	14		12	12	16	15	14	15	13	14	14		16	
全国	43. 83		42. 56	42. 78	44. 64	47. 86	50. 15	51. 43	49. 97	47. 33	44. 52		1. 57	
北京	49. 26	2	49. 60	50. 65	48. 92	46. 45	47. 40	49. 04	49. 25	49. 43	43. 95	16	-10. 78	14
天津	36. 81	26	29. 75	34. 15	28. 90	43. 36	35. 96	43. 16	36. 55	33. 91	32. 77	31	-10. 98	5
河北	46. 92	5	38. 84	37. 31	39. 06	39. 06	41. 43	40. 27	40. 07	37. 35	35. 80	28	-23. 70	23
山西	41. 38	20	42. 59	42. 10	44. 54	45. 18	44. 49	44. 61	43. 96	41. 40	40. 62	25	-1. 84	5
内蒙古	32. 64	30	36. 18	33. 46	42. 89	47. 05	42. 23	54. 75	41. 46	40. 91	41. 99	22	28. 65	-8
辽宁	44. 08	13	46. 99	49. 82	45. 00	57. 09	49. 69	56. 55	47. 22	44. 38	42. 22	20	-4. 22	7
吉林	37. 03	25	39. 08	36. 63	36. 85	40. 60	45. 75	47. 06	41. 79	36. 53	37. 42	27	1. 05	2
黑龙江	35. 69	29	36. 51	32. 47	31. 58	41. 15	45. 53	38. 78	36. 24	33. 11	34. 68	30	-2. 83	1
上海	45. 15	7	46. 14	39. 81	44. 38	49. 66	50. 20	54. 48	58. 50	61. 03	52. 38	6	16. 01	-1
江苏	48. 14	3	46. 81	42. 41	46. 04	50. 21	52. 89	53. 94	52. 61	48. 27	41. 44	23	-13. 92	20
浙江	46. 89	6	42. 58	42. 58	40. 84	40. 90	43. 43	44. 64	46. 41	45. 78	42. 22	21	-9. 96	15

续表

年份	2007		2008	2009	2010	2011	2012	2013	2014	2015	2016		2016比2007增加	
	比例	排名	比例	比例	比例	比例	比例	比例	比例	比例	比例	排名	增加比例	排名
安徽	43.46	15	45.49	48.10	52.37	59.24	63.65	63.85	59.93	55.83	56.04	2	28.95	-13
福建	40.18	22	41.26	36.28	38.65	41.28	48.53	45.91	47.12	47.31	48.11	10	19.74	-12
江西	43.40	16	41.81	39.18	47.09	48.93	52.23	50.56	51.79	48.43	47.11	13	8.55	-3
山东	41.70	17	42.52	44.64	47.65	53.63	59.96	58.88	59.45	54.53	47.99	11	15.08	-6
河南	43.90	14	37.83	39.48	39.95	50.56	50.00	53.86	53.85	51.11	48.79	8	11.14	-6
湖北	44.10	10	39.67	41.25	42.85	44.07	46.60	44.28	45.21	46.35	48.90	7	10.88	-3
湖南	44.90	8	37.38	40.49	40.90	47.16	56.21	58.30	49.69	50.20	47.53	12	5.86	4
广东	47.72	4	45.66	48.97	47.07	48.63	47.43	47.69	45.54	46.07	42.26	19	-11.44	15
广西	37.84	24	46.14	46.58	54.88	56.70	51.68	44.76	47.17	49.01	48.38	9	27.85	-15
海南	56.46	1	53.85	47.41	51.00	55.96	51.31	55.43	55.75	52.24	53.05	5	-6.04	4
重庆	44.10	11	41.44	41.30	49.93	43.45	53.45	55.63	48.10	44.69	44.32	15	0.50	4
四川	41.69	18	42.33	46.16	47.23	45.00	48.14	52.02	51.54	42.86	39.90	26	-4.29	8
贵州	36.10	28	39.87	39.33	48.96	46.08	54.20	63.11	60.76	56.85	53.29	4	47.62	-24
云南	41.69	19	42.39	43.28	45.14	37.61	45.96	47.69	44.19	44.44	43.83	17	5.13	-2

续表

年份	2007		2008	2009	2010	2011	2012	2013	2014	2015	2016		2016 比 2007 增加	
	比例	排名	比例	比例	比例	比例	比例	比例	比例	比例	比例	排名	增加比例	排名
西藏	17.80	31	20.38	24.71	45.41	49.68	51.18	39.43	66.18	49.44	43.32	18	143.37	-13
陕西	44.09	12	44.71	43.72	43.62	48.79	48.60	45.09	45.10	42.08	41.23	24	-6.49	12
甘肃	40.52	21	37.65	40.25	41.13	40.87	45.50	45.23	48.46	40.79	35.40	29	-12.64	8
青海	44.85	9	41.51	44.25	54.39	57.66	56.35	54.68	51.78	49.69	55.17	3	23.01	-6
宁夏	36.46	27	48.39	48.20	52.84	49.74	51.09	52.33	54.91	60.03	60.81	1	66.79	-26
新疆	37.86	23	37.95	39.21	44.32	51.26	53.84	53.92	55.33	45.46	45.90	14	21.24	-9
标准差	6.58		6.14	5.72	6.00	5.83	5.58	6.62	7.16	6.87	6.67		1.37	
变异系数	0.150		0.144	0.134	0.134	0.122	0.111	0.129	0.143	0.145	0.150		0.00	
极大值	56.46		53.85	50.65	54.88	59.24	63.65	63.85	66.18	61.03	60.81		7.70	
极小值	17.80		20.38	24.71	28.90	37.61	35.96	38.78	36.24	33.11	32.77		84.10	
极差	38.66		33.46	25.94	25.98	21.63	27.69	25.07	29.94	27.92	28.05		-27.44	
极差率	3.17		2.64	2.05	1.90	1.57	1.77	1.65	1.83	1.84	1.86		-41.32	
京津沪三市	45.62		44.84	42.81	42.81	47.30	46.72	50.38	51.44	52.14	46.03		0.90	

续表

年份	2007		2008	2009	2010	2011	2012	2013	2014	2015	2016		2016 比 2007 增加	
	比例	排名	比例	比例	比例	比例	比例	比例	比例	比例	比例	排名	增加比例	排名
东部八省	45.82		43.95	43.90	44.51	48.37	50.32	50.92	49.92	47.44	43.25		-5.61	
中部八省	42.50		40.02	40.70	42.67	48.61	51.89	52.38	49.64	47.20	46.80		10.12	
西部十二省(区、市)	40.22		41.77	42.84	47.24	46.45	49.17	51.68	49.70	45.87	44.70		11.14	

注:表中比例及增加比例的单位均为“%”,变异系数及极差率无单位。

资料来源:根据 2008—2017 年《中国教育经费统计年鉴》、2007—2016 年《中国教育统计年鉴》中的中等职业学校的经费数、学生数的原始数据计算整理而得。

12 个省份该比例未增加而有所下降，降幅大于 5%的有 9 个，降幅大于 10%的有 6 个，其中河北降幅最大达 23.70%。这 10 年间中等职业学校生均公用经费占生均事业经费比例高于各年全国均值的省份数从 2007 至 2016 年的变化趋势为 14↘12→12↗16↘15↘14↗15↘13↗14→14，即有 9 年有不到全国一半的省份的中等职业学校生均公用经费占生均事业经费比例要高于全国均值的，截至 2016 年仍有 14 个省份的该比例要高于全国平均水平。

（二）2007—2016 年全国中等职业学校生均公用经费占生均事业经费比例的极值与位次变化分析

1. 中等职业学校生均公用经费占生均事业经费比例的极值分析

由表 2-7 排序可知，全国中等职业学校生均公用经费占生均事业经费比例 2016 年最大的 5 省份为宁夏 60.81%、安徽 56.04%、青海 55.17%、贵州 53.29%、海南 53.05%，最小的 5 省份为吉林 37.42%、河北 35.80%、甘肃 35.40%、黑龙江 34.68%、天津 32.77%，大于等于 60%的省份有 1 个，大于 50%的有 6 个，大于 45%的有 14 个，在 40%—45%的有 11 个，小于 40%的有 6 个，小于 35%的有 2 个。

这 10 年间全国中等职业学校生均公用经费占生均事业经费比例增加幅度最大的 5 省份为西藏 143.37%、宁夏 66.79%、贵州 47.62%、安徽 28.95%、内蒙古 28.65%，增幅最小（降幅最大）的 5 省份为天津 -10.98%、广东 -11.44%、甘肃 -12.64%、江苏 -13.92%、河北 -23.70%。这 10 年间，安徽、贵州、青海、海南、山东、北京是中等职业学校生均公用经费占生均事业经费比例最大的省份，河北、天津、内蒙古、黑龙江、西藏是中等职业学校生均公用经费占生均事业经费比例最小的省份。

由表 2-7 可知，中等职业学校生均公用经费占生均事业经费比例的极大值从 2007 年的 56.46%增加到 2016 年的 60.81%，上升了 7.70%，极小值从 17.80%上升到 32.77%，增加了 84.10%，极差从 38.66%下降到 28.05%，减小了 27.44%，极差率从 3.17 减小到 1.86，下降了 41.32%，即极大值与极小值在增加，但其绝对差距与相对差距却在缩小。

2. 中等职业学校生均公用经费占生均事业经费比例的位次变化分析

这 10 年间全国中等职业学校生均公用经费占生均事业经费比例的排名位次后移的省份有 16 个，后移大于等于 4 位的有 14 个，其中重庆、海南、湖南均后移了 4 位，山西、天津均后移了 5 位，辽宁、甘肃、四川分别后移了 7、8、8 位，陕西从 2007 年的第 12 位后移到了 2016 年的第 24 位，后移了 12 位，北京从第 2 位后移到了第 16 位，后移了 14 位，广东从第 4 位后移到了第 19 位，后移了 15 位，浙江从第 6 位后移到了第 21 位，后移了 15 位，江苏从第 3 位后移到了第 23 位，后移了 20 位，河北从第 5 位后移到了第 28 位，后移了 23 位，后移的位次越多说明这些省份中等职业学校生均公用经费占生均事业经费比例排名降得越快。有 15 个省份的位次在前移，前移大于等于 6 位的省份有 11 个，其中山东、河南、青海均前移了 6 位，内蒙古、新疆分别前移了 8、9 位，福建从 2007 年的第 22 位前移到了 2016 年的第 10 位、前移了 12 位，安徽从第 15 位前移到了第 2 位、前移了 13 位，西藏从第 31 位前移到了第 18 位、前移了 13 位，广西从第 24 位前移到了第 9 位、前移了 15 位，贵州从第 28 位前移到了第 4 位、前移了 24 位，宁夏从第 27 位前移到了第 1 位、前移了 26 位，前移的位次越多说明这些省份中等职业学校生均公用经费占生均事业经费比例排名升得越快。

（三）2007—2016年全国中等职业学校生均公用经费占生均事业经费比例的地区差异分析

由表2-7的相关数据可作出图2-5，图2-5反映了全国中等职业学校生均公用经费占生均事业经费比例的地区差异情况。由图2-5可知，京津沪三市在2014—2016年、东部八省在2007—2009年、中部八省在2011—2013年是中等职业学校生均公用经费占生均事业经费比例始终是最大的，京津沪三市的该比例在42.81%—52.14%之间，东部八省在43.90%—50.92%之间，中部八省在40.02%—52.38%之间，西部十二省（区、市）在40.22%—51.68%之间。如中等职业学校生均公用经费占生均事业经费比例东部八省2007年为45.82%、西部十二省（区、市）为40.22%，相差1.14倍；中部八省2016年为46.80%、东部八省为43.25%，相差1.08倍，差距不大，该比例各地在2013年达到顶点（京津沪在2015年达到顶点）后逐年下降，这十年间京津沪三市仅增加了0.90%、东部八省下降了5.61%、西部十二省（区、市）增幅最大（11.14%）、中部八省次之（10.12%），全国平均增加1.57%。

由表2-7可知，反映全国中等职业学校生均公用经费占生均事业经费比例各省份与全国均值的离差情况的标准差在2007至2016年的变化趋势是6.58%↘6.14%↘5.72%↗6.00%↘5.83%↘5.58%↗6.62%↗7.16%↘6.87%↘6.67%，这10年间略微增加了1.37%，上升到2016年的6.67%。反映各省份与全国均值间的差异情况的变异系数在2007—2016年的变化趋势是0.150↘0.144↘0.134→0.134↘0.122↘0.111↗0.129↗0.143↗0.145↗0.150，即这10年间全国中等职业学校生均公用经费占生均事业经费比例各省份与全国均值的差异有增有减，但2016年与2007年持平，差异较小。

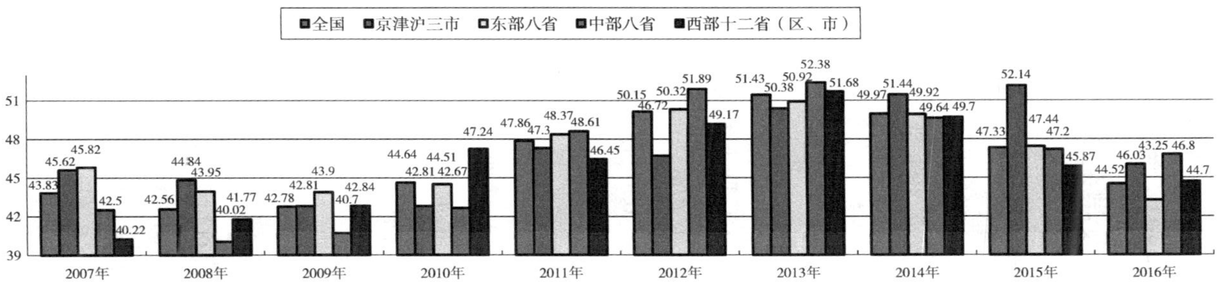

图 2-5　中等职业学校生均公用经费占事业经费比例地区差异图（单位：%）

注：每组柱状从左到右分别代表全国、京津沪三市、东部八省、中部八省、西部十二省（区、市）的统计数据。

第五节　2007—2016年中等职业学校生均助学金及学杂费的地区差异分析

一、2007—2016年中等职业学校生均助学金的地区差异分析

（一）2007—2016年全国中等职业学校生均助学金的总量分析

表2-8显示了全国中等职业学校生均助学金在2007—2016年的变化情况。

由表2-8可知，全国中等职业学校生均助学金从2007—2016年的变化趋势为308元↗682元↗717元↗730元↗799元↘773元↘768元↘571元↗630元↗655元，2011年之前呈逐年增加趋势，2012—2014年逐年下降（2014年降幅最大达25.65%），2015—2016年又连续回升，这10年间中等职业学校生均助学金增加了347元，共增加了112.66%，增加到2016年的655元，增幅大于全国均值的省份有18个，大于2200%的有1个，在400%—700%之间的有3个，大于300%的有7个，大于200%的有9个，在100%—200%之间的有10个，低于100%的有11个，低于50%的有5个，含其中不增反而下降的为山东下降11.02%、福建下降42.86%。这10年间中等职业学校生均助学金高于各年全国均值的省份数从2007—2016年的变化趋势为16↘13↘12↗14↘12↗15↗18↘16↗19↗20，即截至2016年仍有20个省份的中等职业学校生均助学金要高于全国平均水平。

表 2-8　2007—2016 年全国中等职业学校生均助学金变化情况表

年份	2007		2008	2009	2010	2011	2012	2013	2014	2015	2016		2016 比 2007 增加	
	经费	排名	经费	经费	经费	经费	经费	经费	经费	经费	经费	排名	增加比例	排名
高于全国均值省份数	16		13	12	14	12	15	18	16	19	20		18	
全国	308		682	717	730	799	773	768	571	630	655		112. 66	
北京	585	3	496	525	376	453	1090	904	1565	713	812	13	38. 80	10
天津	31	31	590	504	672	450	1095	1362	1286	658	739	16	2283. 87	-15
河北	275	20	667	674	664	725	719	743	454	457	427	25	55. 27	5
山西	243	22	861	633	669	739	700	500	411	502	538	21	121. 40	-1
内蒙古	336	15	717	699	867	1007	817	930	1264	1684	1507	4	348. 51	-11
辽宁	414	7	587	578	735	879	738	1350	627	824	717	17	73. 19	10
吉林	254	21	533	483	660	672	559	642	386	569	495	23	94. 88	2
黑龙江	219	25	248	379	389	496	467	1332	765	505	768	14	250. 68	-11
上海	988	1	1684	3014	1050	2054	3903	2449	2818	1963	2519	2	154. 96	1
江苏	199	27	640	698	716	955	842	669	333	374	420	27	111. 06	0
浙江	373	12	1048	968	1118	1252	1068	1348	512	467	440	24	17. 96	12

续表

年份	2007		2008	2009	2010	2011	2012	2013	2014	2015	2016		2016 比 2007 增加	
	经费	排名	经费	经费	经费	经费	经费	经费	经费	经费	经费	排名	增加比例	排名
安徽	186	28	500	512	587	501	498	475	385	535	538	22	189. 25	-6
福建	406	9	847	726	705	662	631	521	307	331	232	31	-42. 86	22
江西	209	26	548	577	506	724	613	816	699	885	864	12	313. 40	-14
山东	363	14	740	733	692	671	649	649	341	404	323	30	-11. 02	16
河南	280	18	600	651	883	732	806	521	351	393	421	26	50. 36	8
湖北	236	23	418	551	722	651	873	1001	757	1056	749	15	217. 37	-8
湖南	280	19	924	706	753	704	678	714	609	869	662	20	136. 43	1
广东	94	30	558	583	509	504	536	556	535	428	403	29	328. 72	-1
广西	384	11	637	781	779	668	570	619	363	327	419	28	9. 11	17
海南	411	8	854	765	986	1226	1477	925	518	670	682	19	65. 94	11
重庆	627	2	1059	1173	1283	1383	1195	1240	1267	1288	1242	6	98. 09	4
四川	456	5	841	889	828	820	919	645	532	642	687	18	50. 66	13
贵州	184	29	362	416	413	733	752	744	532	667	1081	7	487. 50	-22
云南	548	4	905	1003	859	1839	1032	920	1006	950	1329	5	142. 52	1

续表

年份	2007		2008	2009	2010	2011	2012	2013	2014	2015	2016		2016 比 2007 增加	
	经费	排名	经费	经费	经费	经费	经费	经费	经费	经费	经费	排名	增加比例	排名
西藏	449	6	356	1135	960	2418	2239	2879	2904	3482	3416	1	660. 80	-5
陕西	294	17	534	774	659	749	721	812	553	870	865	11	194. 22	-6
甘肃	369	13	912	1022	877	1043	625	781	958	1342	940	9	154. 74	-4
青海	397	10	644	601	713	631	778	812	813	915	1019	8	156. 68	-2
宁夏	320	16	692	488	660	728	790	1235	661	711	868	10	171. 25	-6
新疆	223	24	508	691	809	1027	616	1302	819	955	1669	3	648. 43	-21
标准差	179		272	462	205	466	649	533	633	622	661		269. 27	
变异系数	0. 582		0. 400	0. 644	0. 281	0. 583	0. 839	0. 694	1. 108	0. 988	1. 009		73. 37	
极大值	988		1684	3014	1283	2418	3903	2879	2904	3482	3416		245. 75	
极小值	31		248	379	376	450	467	475	307	327	232		648. 39	
极差	957		1435	2635	908	1968	3437	2404	2597	3155	3184		232. 71	
极差率	31. 94		6. 78	7. 95	3. 42	5. 37	8. 36	6. 06	9. 46	10. 66	14. 72		-53. 91	
京津沪三市	584		961	1457	704	1024	2065	1581	1958	1173	1427		144. 35	

续表

年份	2007		2008	2009	2010	2011	2012	2013	2014	2015	2016		2016 比 2007 增加	
	经费	排名	经费	经费	经费	经费	经费	经费	经费	经费	经费	排名	增加比例	排名
东部八省	284		710	700	699	765	724	752	442	449	414		45.77	
中部八省	243		589	588	700	663	676	664	499	633	591		143.21	
西部十二省(区、市)	399		735	834	808	973	820	818	704	815	959		140.35	

注：表中增加比例的单位为“%”，经费单位为“元”，变异系数及极差率无单位。

资料来源：根据 2008—2017 年《中国教育经费统计年鉴》、2007—2016 年《中国教育统计年鉴》中的中等职业学校的经费数、学生数的原始数据计算整理而得。

（二）2007—2016年全国中等职业学校生均助学金的极值与位次变化分析

1. 中等职业学校生均助学金的极值分析

由表2-8排序可知，全国中等职业学校生均助学金2016年最多的5省份为西藏3416元、上海2519元、新疆1669元、内蒙古1507元、云南1329元，最少的5省份为江苏420元、广西419元、广东403元、山东323元、福建232元，大于3千元的省份有1个，大于2千元的有2个，大于1千元的有8个，在500—1000元之间的有14个，小于500元的有9个，小于400元的有2个。

这10年间全国中等职业学校生均助学金增加幅度最大的5省份为天津2283.87%、西藏660.80%、新疆648.43%、贵州487.50%、内蒙古348.51%，增幅最小的5省份为北京38.80%、浙江17.96%、广西9.10%、山东-11.02%、福建-42.86%。这10年间，西藏、上海、重庆、浙江、云南是中等职业学校生均助学金最大的省份，广东、广西、河南、江苏、福建、黑龙江是中等职业学校生均助学金最小的省份，其中西藏有5年、上海有4年、重庆有1年为最大，福建有2年、天津有2年、黑龙江有3年、安徽、北京、广西各1年为最小。

由表2-8可知，普通中等职业学校生均助学金的极大值从2007年的988元增加到2016年的3416元，提高了2428元，增加了245.75%，极小值从31元增加到232元，提高了201元，增加了648.39%，极差957元增加到3184元，增加了232.71%，极差率从31.94下降到14.72，下降了53.91%，即虽然极大值、极小值及其绝对差距都在增加，但其相对差距却在减小。

2. 中等职业学校生均助学金的位次变化分析

这10年间全国中等职业学校生均助学金的排名位次没有变

化的为江苏,位居第 27 位,排名位次后移的省份有 15 个,后移大于等于 4 位的有 11 个,重庆、河北、河南分别后移了 4、5、8 位,辽宁、北京均后移了 10 位,海南从 2007 年的第 8 位后移到了 2016 年的第 19 位、后移了 11 位,浙江从第 12 位后移到了第 24 位、后移了 12 位,四川从第 5 位后移到了第 18 位、后移了 13 位,山东从第 14 位后移到了第 30 位、后移了 16 位,广西从第 11 位后移到了第 28 位、后移了 17 位,福建从第 9 位后移到了第 31 位、后移了 22 位,后移的位次越多说明这些省份中等职业学校生均助学金排名下降得越厉害。有 15 个省份的位次在前移,前移大于等于 4 位的省份有 12 个,其中甘肃、西藏分别前移了 4、5 位,安徽、陕西、宁夏均前移了 6 位,湖北前移了 8 位,内蒙古、黑龙江均前移了 11 位,江西从 2007 年的第 26 位前移到了 2016 年的第 12 位、前移了 14 位,天津从第 31 位前移到了第 16 位、前移了 15 位,新疆从第 24 位前移到了第 3 位、前移了 21 位,贵州从第 29 位前移到了第 7 位、前移了 22 位,前移的位次越多说明这些省份中等职业学校生均助学金排名上升得越快。

（三）2007—2016 年全国中等职业学校生均助学金的地区差异分析

由表 2-8 的相关数据可作出图 2-6,图 2-6 反映了全国中等职业学校生均助学金的地区差异情况。由图 2-6 可知,京津沪三市中等职业学校生均助学金始终是最大的,且明显高于其他地区,其次是西部十二省(区、市)的,再次是东部八省的(2014—2016 为最小),中部八省除后三年外始终是最低的,东部八省在前 7 年与全国均值差距不大,中部八省在后 3 年与全国均值差距不大,且均低于全国均值(2008 年除外)。也就是说,全国中等职业学校生均助学金基本上是从京津沪、西部、东部、中部呈梯度递减趋势,呈

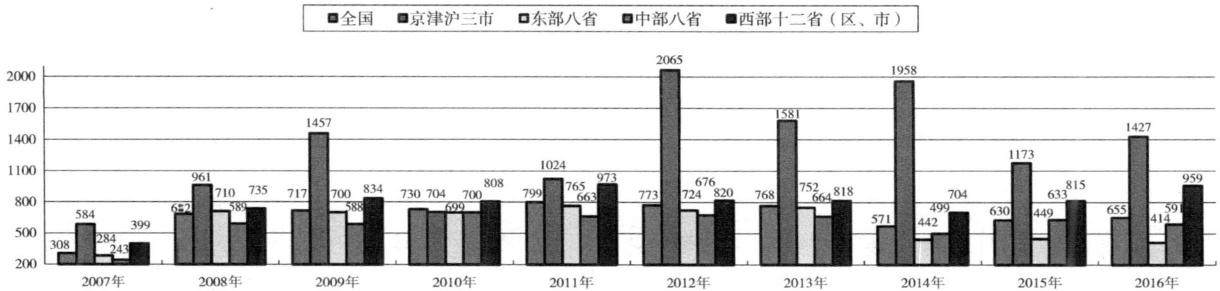

图 2-6　中等职业学校生均助学金地区差异图（单位：元）

注：每组柱状从左到右分别代表全国、京津沪三市、东部八省、中部八省、西部十二省（区、市）的统计数据。

中部塌陷现象，京津沪远远高于其他地区，京津沪是东部的1.01—4.43倍、是西部的0.87—2.78倍、是中部的1.01—3.92倍，西部是中部的1.15—1.64倍。如中等职业学校生均助学金京津沪三市2007年为584元、中部八省为243元，相差1.40倍；京津沪三市2016年为1427元、东部八省为414元，相差2.45倍，差距比较明显。各地均有增加，2008年比2007年有明显增加，之后除京津沪增加比较明显外，其他地区在2016年与2008年相差不大（西部稍微增加多一些、东部下降多一些），京津沪三市增幅最大（1.44倍），中部八省次之（1.43倍），东部八省最小（0.46倍），全国平均增加1.13倍。

由表2-8可知，反映全国中等职业学校生均助学金各省份与全国均值的离差情况的标准差在2007—2016年的变化趋势是179元↗272元↗462元↘205元↗466元↗649元↘533元↗633元↘622元↗661元，这10年间有升有降，累计上升了269.27%，增加到2016年的661元。反映各省份与全国均值间的差异情况的变异系数在2007至2016年的变化趋势是0.582↘0.400↗0.644↘0.281↗0.583↗0.839↘0.694↗1.108↘0.988↗1.009，即这10年间全国中等职业学校生均助学金各省份与全国均值的差异是有增有减，共增加了73.37%，上升到2016年的1.009，差异非常大。

二、2007—2016年中等职业学校生均学杂费的地区差异分析

（一）2007—2016年全国中等职业学校生均学杂费总量分析

表2-9显示了2007—2016年这十年间全国中等职业学校生均学杂费的变化情况。

表 2-9　2007—2016 年全国中等职业学校生均学杂费变化情况表

年份	2007		2008	2009	2010	2011	2012	2013	2014	2015	2016		2016 比 2007 增加	
	经费	排名	经费	经费	经费	经费	经费	经费	经费	经费	经费	排名	增加比例	排名
高于全国均值省份数	11		11	12	12	14	11	14	16	16	14		17	
全国	1263		1332	1320	1276	1257	1168	811	700	668	672		-46.79	
北京	1775	4	1696	1679	1533	1512	1183	1282	1704	2205	2312	2	30.25	-2
天津	1365	11	1835	1813	1918	1802	1785	1670	1264	887	693	14	-49.23	3
河北	1097	18	1236	1217	1029	986	932	695	719	633	574	17	-47.68	-1
山西	1233	12	1107	1287	1282	1275	551	460	342	347	294	25	-76.16	13
内蒙古	893	24	1119	988	834	492	384	439	453	462	457	20	-48.82	-4
辽宁	1564	6	1601	1496	1715	1713	1763	1310	1081	1002	950	7	-39.26	1
吉林	1122	17	983	1001	1029	1171	973	695	812	848	912	8	-18.72	-9
黑龙江	977	22	1007	735	770	981	1024	1088	869	904	905	9	-7.37	-13
上海	3648	1	3423	3202	3086	2991	2521	2341	2515	2223	2323	1	-36.32	0
江苏	1439	7	1504	1760	1888	2284	2061	1047	1133	1015	1116	5	-22.45	-2
浙江	2115	3	2217	2275	2402	2356	2256	545	413	406	444	21	-79.01	18

续表

年份	2007		2008	2009	2010	2011	2012	2013	2014	2015	2016		2016比2007增加	
	经费	排名	经费	经费	经费	经费	经费	经费	经费	经费	经费	排名	增加比例	排名
安徽	844	25	1162	1257	1245	1126	997	702	644	609	671	16	-20.50	-9
福建	1192	13	1329	1268	1248	855	555	146	127	162	148	29	-87.58	16
江西	818	26	955	830	884	910	976	979	935	1124	1300	3	58.92	-23
山东	1434	8	1379	1429	1345	1270	1095	706	589	562	672	15	-53.14	7
河南	780	27	860	779	772	789	813	659	552	520	409	23	-47.56	-4
湖北	969	23	973	1068	1267	1288	1665	1323	1145	897	864	11	-10.84	-12
湖南	1420	9	1615	1451	1401	1296	1270	1026	1091	1036	1095	6	-22.89	-3
广东	2233	2	2385	2164	1774	1796	1686	1047	858	851	899	10	-59.74	8
广西	1083	19	1145	1190	949	779	675	452	309	179	105	30	-90.30	11
海南	1621	5	1404	1371	1347	1501	1454	709	502	184	188	27	-88.40	22
重庆	1132	16	1042	1154	1184	1309	1160	855	876	749	566	18	-50.00	2
四川	1165	15	1282	1216	1136	1066	989	702	510	669	786	13	-32.53	-2
贵州	524	30	614	638	591	661	736	711	222	194	166	28	-68.32	-2
云南	1046	21	1150	1237	1072	1143	1123	882	745	705	847	12	-19.02	-9

续表

年份	2007		2008	2009	2010	2011	2012	2013	2014	2015	2016		2016 比 2007 增加	
	经费	排名	经费	经费	经费	经费	经费	经费	经费	经费	经费	排名	增加比例	排名
西藏	201	31	337	439	0	46	89	11	13	35	4	31	-98.01	0
陕西	1185	14	1173	1231	1046	1008	1004	926	924	1147	1119	4	-5.57	-10
甘肃	1080	20	1344	1355	1326	1327	1257	1204	1080	774	432	22	-60.00	2
青海	706	28	791	765	684	778	517	482	579	351	265	26	-62.46	-2
宁夏	631	29	959	849	716	544	615	399	418	543	537	19	-14.90	-10
新疆	1386	10	1212	1325	1268	1124	1071	811	575	488	374	24	-73.02	14
标准差	617		572	542	572	588	554	452	488	498	542		-12.16	
变异系数	0.488		0.429	0.411	0.448	0.468	0.474	0.557	0.698	0.746	0.807		65.37	
极大值	3648		3423	3202	3086	2991	2521	2341	2515	2223	2323		-36.32	
极小值	201		337	439	0	46	89	11	13	35	4		-98.01	
极差	3448		3086	2763	3086	2945	2432	2330	2502	2188	2319		-32.74	
极差率	18.19		10.15	7.29		65.02	28.33	212.82	193.46	63.84	569.96		3033.37	
京津沪三市	2352		2373	2290	2210	2113	1787	1764	1889	1801	1769		-24.79	

续表

年份	2007		2008	2009	2010	2011	2012	2013	2014	2015	2016		2016 比 2007 增加	
	经费	排名	经费	经费	经费	经费	经费	经费	经费	经费	经费	排名	增加比例	排名
东部八省	1566		1643	1663	1603	1598	1466	808	724	679	712		-54. 53	
中部八省	985		1068	1039	1067	1062	1005	821	752	736	740		-24. 87	
西部十二省(区、市)	1057		1133	1146	1018	974	915	722	559	540	521		-50. 71	

注:表中增加比例的单位为“%”,经费单位为“元”,变异系数及极差率无单位。增加比例高全于国省数为下降幅度高于全国平均下降幅度的省份数。

资料来源:根据 2008—2017 年《中国教育经费统计年鉴》、2007—2016 年《中国教育统计年鉴》中的中等职业学校的经费数、学生数的原始数据计算整理而得。

由表 2-9 可知，全国中等职业学校生均学杂费从 2007—2016 年的变化趋势为 1263 元↗1332 元↘1320 元↘1276 元↘1257 元↘1168 元↘811 元↘700 元↘668 元↗672 元，除 2007—2008 年及 2015—2016 年有所上升外，整体呈逐年下降趋势（其中 2013 年降幅最大达 30.57%），这 10 年间生均学杂费减少了 591 元，共下降了 46.79%，下降到 2016 年的 672 元，降幅大于全国均值的省份有 17 个，降幅大于等于 50%的有 13 个，大于等于 60%的有 10 个，大于 70%的有 7 个，大于 80%的有 4 个，大于 90%的有 2 个，降幅在 10%—40%之间的省份有 10 个，这十年间不下降反而增加的为北京增加 30.25%、江西增加 58.92%。这 10 年间中等职业学校生均学杂费高于各年全国均值的省份数从 2007—2016 年的变化趋势为 11→11↗12→12↗14↘11↗14↗16→16↘14，即这十年间除 2014—2015 年外有不到全国一半的省份中等职业学校生均学杂费要高于全国均值，截至 2016 年仍有 14 个省份的生均学杂费要高于全国平均水平。

（二）2007—2016 年全国中等职业学校生均学杂费的极值与位次变化分析

1. 中等职业学校生均学杂费的极值分析

由表 2-9 排序可知，全国中等职业学校生均学杂费 2016 年最多的 5 个省份为上海 2323 元、北京 2312 元、江西 1300 元、陕西 1119 元、江苏 1116 元，最少的 5 个省份为海南 188 元、贵州 166 元、福建 148 元、广西 106 元、西藏 4 元，大于 2 千元的省份有 2 个，大于 1 千元的有 6 个，大于 800 元的有 12 个，在 500—800 元之间的有 7 个，小于 500 元的有 12 个，小于 300 元的有 7 个，低于 5 元的有 1 个。

这 10 年间全国中等职业学校生均学杂费增加幅度最大的 5 省份为江西 58.92%、北京 30.25%、陕西-5.57%（"-"代表下降，下同)、黑龙江-7.37%、湖北-10.84%,增幅最小(降幅最大)的5省份为浙江-79.01%、福建-87.58%、海南-88.40%、广西-90.30%、西藏-98.01%。这10年间,上海、北京、浙江、天津、广东、江苏是中等职业学校生均学杂费最大的省份,贵州、广西、青海、福建、西藏是中等职业学校生均学杂费最小的省份,其中西藏这10年始终为最小,上海始终为最大。

由表2-9可知,中等职业学校生均学杂费的极大值从2007年的3648元减小到2016年的2323元,减小了1325元,下降了36.32%,极小值从201元减小到4元,减小了197元,下降了98.01%,极差从3448元减小到2319元,下降了32.74%,极差率从18.19增加到569.96,增加了3033.37%,即虽然极大值、极小值及其绝对差距都在减小,但其相对差距却在显著增加。

2. 中等职业学校生均学杂费的位次变化分析

这10年间全国中等职业学校生均学杂费的排名位次没有变化的为上海、西藏,分别位居第1位、第31位,排名位次后移的省份有12个,后移大于等于7位的有8个,山东、广东、广西分别后移了7、8、11位,山西从2007年的第12位后移到了2016年的第25位、后移了13位,新疆从第10位后移到了第24位、后移了14位,福建从第13位后移到了第29位、后移了16位,浙江从第3位后移到了第21位、后移了18位,海南从第5位后移到了第27位、后移了22位,后移的位次越多说明这些省份中等职业学校生均学杂费排名降得越厉害。有17个省份的位次在前移,前移大于等于4位的省份有10个,其中内蒙古、河南均前移了4位,吉林、安徽、云南均前移了9位,陕西从2007年的第14位前移到了2016年的第4位,前移了10位,宁夏从第29位前移到了第19位、前移了10

位,湖北从第 23 位前移到了第 11 位、前移了 12 位,黑龙江从第 22 位前移到了第 9 位、前移了 13 位,江西从第 26 位前移到了第 3 位、前移了 23 位,前移的位次越多说明这些省份中等职业学校生均学杂费排名上升越快。

（三）2007—2016 年全国中等职业学校生均学杂费的地区差异分析

由表 2-9 的相关数据可作出图 2-7,图 2-7 反映了全国中等职业学校生均学杂费的地区差异情况。由图 2-7 可知,京津沪三市中等职业学校生均学杂费始终是最大的、且明显高于其他地区,其次是东部八省的(2013—2016 年中部八省为第二大),再次是中部八省的(2007—2009 年西部十二省(区、市)为第三大),西部十二省(区、市)除前 3 年外始终是最低的;即全国中等职业学校生均学杂费基本上是从京津沪、东部、中部、西部自东向西呈梯度递减趋势,京津沪远远高于其他地区,京津沪是东部的 1.22—2.65 倍、是中部的 1.78—2.51 倍、是西部的 1.95—3.40 倍。如中等职业学校生均学杂费京津沪三市 2007 年为 2352 元、中部八省为 985 元,相差 1.39 倍;京津沪三市 2016 年为 1769 元、西部十二省(区、市)为 521 元,相差 2.40 倍,差距比较明显。各地均呈下降趋势,东部八省降幅最大(54.53%),西部十二省(区、市)次之(50.71%),京津沪三市降幅最小(24.79%)。

由表 2-9 可知,反映全国中等职业学校生均学杂费各省份与全国均值的离差情况的标准差在 2007—2016 年的变化趋势是 617 元↘572 元↘542 元↗572 元↗588 元↘554 元↘452 元↗488 元↗498 元↗542 元,这 10 年间有升有降,累计减小了 12.16%,下降到 2016 年的 542 元。反映各省份与全国均值间的差异情况的变异系数在 2007—2016 年的变化趋势是 0.488↘0.429↘0.411↗

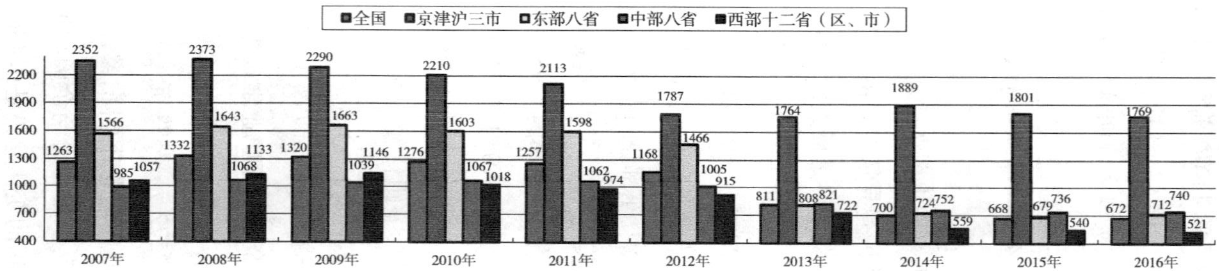

图 2-7　中等职业学校生均学杂费地区差异图（单位：元）

注：每组柱状从左到右分别代表全国、京津沪三市、东部八省、中部八省、西部十二省（区、市）的统计数据。

0. 448↗0. 468↗0. 474↗0. 577↗0. 698↗0. 746↗0. 807，即这 10 年间全国中等职业学校生均学杂费各省份与全国均值的差异在 2007—2009 年呈逐年下降，在 2010—2016 年呈逐年增加趋势，共增加了 65. 37%，上升到 2016 年的 0. 807，差异相当大。

第六节　2007—2016 年中等职业学校生均基建经费的地区差异分析

一、2007—2016 年全国中等职业学校生均基建经费的总量分析

表 2-10 显示了全国中等职业学校生均基建经费在 2007—2016 年的变化情况。

由表 2-10 可知，全国中等职业学校生均基建经费从 2007—2016 年的变化趋势为 141 元↗158 元↗235 元↗242 元↘210 元↗360 元↗463 元↘245 元↗251 元↗343 元，这 10 年间有增有减，2012 年增幅最大达 71. 43%、2014 年降幅最大达 47. 08%，共增加了 202 元、上升了 143. 26%，增加到 2016 年的 343 元，增幅大于全国均值的省份有 13 个，增幅大于 1300%的有 1 个，在 800%—1000%之间的有 3 个，大于 500%的有 8 个，大于 200%的有 12 个，在 100%—200%之间的有 8 个，在 0—100%之间的有 7 个，有 7 个省份的生均基建经费未增加而有所下降，其中天津降幅最大，达 100. 00%。这 10 年间中等职业学校生均基建经费高于各年全国均值的省份数从 2007 至 2016 年的变化趋势为 14↘11↗12↗15↗17↘14↘12↗16↘15↗16，即有 7 年全国有一半以下的省份中等职业学校生均基建经费高于全国均值，截至 2016 年仍有 16 个省份的生均基建经费要高于全国平均水平。

表 2-10　2007—2016 年全国中等职业学校生均基建经费变化情况表

年份	2007		2008	2009	2010	2011	2012	2013	2014	2015	2016		2016 比 2007 增加	
	经费	排名	经费	经费	经费	经费	经费	经费	经费	经费	经费	排名	增加比例	排名
高于全国均值省份数	14		11	12	15	17	14	12	16	15	16		13	
全国	141		158	235	242	210	360	463	245	251	343		143. 26	
北京	370	4	306	616	634	353	576	658	261	1410	900	4	143. 24	0
天津	129	16	188	19	1369	69	0	0	0	0	0	31	-100. 00	15
河北	103	21	28	69	85	49	130	138	107	81	175	24	69. 90	3
山西	114	18	98	88	529	305	341	635	130	253	240	22	110. 53	4
内蒙古	338	5	126	403	905	154	418	1413	258	402	301	20	-10. 95	15
辽宁	70	27	79	103	137	113	1248	1229	230	392	537	13	667. 14	-14
吉林	109	20	119	207	144	111	231	291	426	233	843	5	673. 39	-15
黑龙江	74	26	68	109	66	95	737	575	157	229	691	9	833. 78	-17
上海	195	12	84	203	3	762	128	3409	61	1743	76	29	-61. 03	17
江苏	292	6	610	537	259	227	41	87	140	62	109	26	-62. 67	20
浙江	170	13	142	94	46	90	165	85	119	79	305	19	79. 41	6

续表

年份	2007		2008	2009	2010	2011	2012	2013	2014	2015	2016		2016比2007增加	
	经费	排名	经费	经费	经费	经费	经费	经费	经费	经费	经费	排名	增加比例	排名
安徽	133	15	87	247	212	270	445	184	177	105	217	23	63. 16	8
福建	169	14	180	233	174	187	252	316	372	42	91	28	−46. 15	14
江西	77	25	114	129	31	245	121	364	356	366	316	17	310. 39	−8
山东	50	28	40	37	24	37	5	66	81	36	92	27	84. 00	−1
河南	126	17	65	194	219	195	258	284	193	183	377	14	199. 21	−3
湖北	110	19	77	64	79	136	255	667	403	5	13	30	−88. 18	11
湖南	84	23	76	454	204	230	220	287	130	223	171	25	103. 57	2
广东	197	11	228	373	286	238	307	320	290	697	721	8	265. 99	−3
广西	42	30	86	245	139	158	118	108	81	548	606	11	1342. 86	−19
海南	630	2	419	1385	1920	354	240	384	1188	520	616	10	−2. 22	8
重庆	80	24	50	226	210	287	1763	1590	533	494	769	6	861. 25	−18
四川	35	31	84	217	331	251	377	289	150	110	281	21	702. 86	−10
贵州	47	29	107	77	185	186	436	453	256	82	363	16	672. 34	−13
云南	264	7	114	197	244	445	1241	1059	640	215	367	15	39. 02	8

续表

年份	2007		2008	2009	2010	2011	2012	2013	2014	2015	2016		2016 比 2007 增加	
	经费	排名	经费	经费	经费	经费	经费	经费	经费	经费	经费	排名	增加比例	排名
西藏	1945	1	2685	1901	1183	1112	6470	14230	4544	6571	2618	1	34.60	0
陕西	203	10	527	163	243	144	255	195	183	98	306	18	50.74	8
甘肃	90	22	103	223	528	221	423	391	400	682	575	12	538.89	-10
青海	214	9	298	1102	900	1900	1446	4862	857	425	1267	2	492.06	-7
宁夏	219	8	448	502	341	391	263	429	500	469	762	7	247.95	-1
新疆	425	3	511	876	479	409	907	2080	1565	459	959	3	125.65	0
标准差	344		477	425	442	364	1167	2633	826	1181	503		46.22	
变异系数	2.441		3.016	1.810	1.826	1.733	3.242	5.687	3.371	4.705	1.467		-39.90	
极大值	1945		2685	1901	1920	1900	6470	14230	4544	6571	2618		34.60	
极小值	35		28	19	3	37	0	0	0	0	0		-100.00	
极差	1910		2657	1882	1917	1863	6470	14230	4500	6571	2618		37.07	
极差率	55.49		94.30	99.22	640.00	51.35								
京津沪三市	241		190	294	593	428	286	1518	116	1098	287		19.09	

续表

年份	2007		2008	2009	2010	2011	2012	2013	2014	2015	2016		2016 比 2007 增加	
	经费	排名	经费	经费	经费	经费	经费	经费	经费	经费	经费	排名	增加比例	排名
东部八省	162		206	245	194	144	223	249	213	253	324		100.00	
中部八省	108		82	193	193	210	307	357	215	187	290		168.52	
西部十二省(区、市)	142		191	271	331	275	591	723	360	321	491		245.77	

注:表中增加比例的单位为“%”,经费单位为“元”,变异系数及极差率无单位。

资料来源:根据2008—2017年《中国教育经费统计年鉴》、2007—2016年《中国教育统计年鉴》中的中等职业学校的经费数、学生数的原始数据计算整理而得。

二、2007—2016 年全国中等职业学校生均基建经费的极值与位次变化分析

（一）中等职业学校生均基建经费的极值分析

由表 2-10 排序可知，全国中等职业学校生均基建经费 2016 年最多 5 省份为西藏 2618 元、青海 1267 元、新疆 959 元、北京 900 元、吉林 843 元，最少 5 省份为山东 92 元、福建 91 元、上海 76 元、湖北 13 元、天津 0 元，大于 2.6 千元的省份有 1 个，大于 1.2 千元的有 2 个，大于 700 元的有 8 个，在 500—700 元之间的有 5 个，在 200—400 元之间的有 10 个，小于 200 元的有 8 个，低于 100 元的有 5 个。

这 10 年间全国中等职业学校生均基建经费增加幅度最大的 5 省份为广西 1342.86%、重庆 861.25%、黑龙江 833.78%、四川 702.86%、吉林 673.39%，增幅最小（降幅最大）的 5 省份为福建－46.15%、上海－61.03%、江苏－62.67%、湖北－88.18%、天津－100.00%。这 10 年间，西藏、青海、新疆、北京、海南是中等职业学校生均基建经费最大的省份，山东、广西、黑龙江、浙江、河北、湖北、天津是中等职业学校生均基建经费最小的省份，其中西藏除 2011 年外始终为最大，上海有 6 年为最小。

由表 2-10 可知，中等职业学校生均基建经费的极大值从 2007 年的 1945 元上升到 2016 年的 2618 元，增加了 34.60%，极小值从 35 元下降到 0 元，减小了 100.00%，极差从 1910 元上升到 2618 元，增加了 4.94%，极差率从 2007 年的 55.49 下降到 2011 年的 51.35，增加了 5.52%，即极大值与极差都在增大，极小值在缩小。

（二）中等职业学校生均基建经费的位次变化分析

这 10 年间全国中等职业学校生均基建经费的排名位次没有

变化的为西藏、新疆、北京，分别位居第 1、3、4 位。排名位次后移的省份有 14 个，后移大于等于 4 位的有 12 个，山西、浙江分别后移了 4、6 位，陕西、云南、海南、安徽均后移了 8 位，湖北后移了 11 位，福建从 2007 年的第 14 位后移到了 2016 年的第 28 位、后移了 14 位，内蒙古从第 5 位后移到了第 20 位、后移了 15 位，天津从第 16 位后移到了第 31 位、后移了 15 位，上海从第 12 位后移到了第 29 位、后移了 17 位，江苏从第 6 位后移到了第 26 位、后移了 20 位，后移的位次越多说明这些省份中等职业学校生均基建经费排名下降越厉害。有 14 个省份的位次在前移，前移大于等于 7 位的省份有 10 个，其中青海、江西分别前移了 7、8 位，四川、甘肃均前移了 10 位，贵州从 2007 年的第 29 位前移到了 2016 年的第 16 位、前移了 13 位，辽宁从第 27 位前移到了第 13 位、前移了 14 位，吉林从第 20 位前移到了第 5 位、前移了 15 位，黑龙江从第 26 位前移到了第 9 位、前移了 17 位，重庆从第 24 位前移到了第 6 位、前移了 18 位，广西从第 30 位前移到了第 11 位、前移了 19 位，前移的位次越多说明这些省份中等职业学校生均基建经费排名上升得越快。

三、2007—2016 年全国中等职业学校生均基建经费的地区差异分析

由表 2-10 的相关数据可作出图 2-8，图 2-8 反映了全国中等职业学校生均基建经费的地区差异情况。由图 2-8 可知，京津沪三市除 2008 年、2014—2016 年外是中等职业学校生均基建经费最大的（西部十二省（区、市）在 2014—2016 年、东部八省在 2008 年为最大），中部八省在 2007—2010 年及 2015—2016 年、东部八省在 2011—2014 年为最小，基本呈中部塌陷态势，京津沪是东部

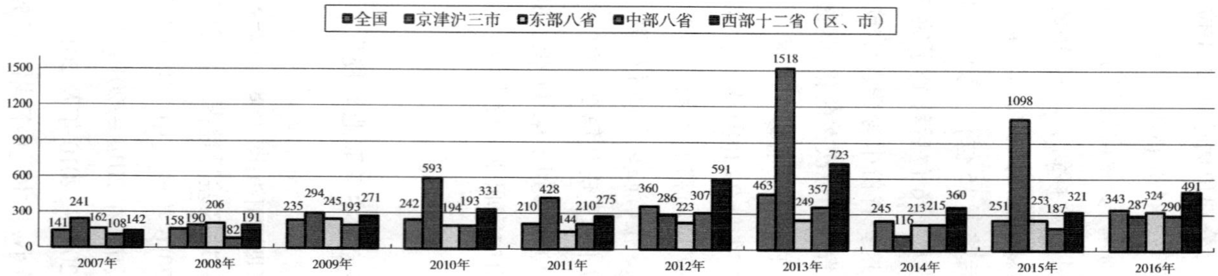

图 2-8　中等职业学校生均基建经费地区差异图（单位：元）

注：每组柱状从左到右分别代表全国、京津沪三市、东部八省、中部八省、西部十二省（区、市）的统计数据。

的 0. 54—6. 10 倍、是西部的 0. 48—3. 42 倍、是中部的 0. 54—5. 87 倍,西部是中部的 1. 31—2. 33 倍。如中等职业学校生均基建经费京津沪三市 2007 年为 241 元、中部八省为 108,相差 1. 23 倍;西部十二省(区、市)2016 年为 491 元、京津沪三市为 287 元,相差 0. 71 倍,生均基建经费各地均有增加,西部十二省(区、市)增幅最大(2. 46 倍),中部八省次之(1. 69 倍),京津沪三市最低(0. 19 倍),全国平均增加 1. 43 倍。

由表 2-10 可知,反映全国中等职业学校生均基建经费各省份与全国均值的离差情况的标准差在 2007—2016 年的变化趋势是 344 元↗477 元↘425 元↗442 元↘364 元↗1167 元↗2633 元↘826 元↗1181 元↘503 元,这 10 年间有升有降,累计增加了 46. 22%,上升到 2016 年的 503 元。反映各省份与全国均值间的差异情况的变异系数在 2007—2016 年的变化趋势是 2. 441↗3. 016↘1. 810↗1. 826↘1. 733↗3. 242↗5. 687↘3. 371↗4. 705↘1. 467,即这 10 年间全国中等职业学校生均基建经费各省份与全国均值的差异有增有减,变化很大,差异非常大。

第七节　小　　结

第一,全国中等职业学校总教育经费投入从 2007 年的 835. 57 亿元增加 2016 年的 2173. 07 亿元,增长了 1. 600 倍,中职财政性教育经费投入从 394. 29 亿元增加到 1890. 83 亿元,增长了 3. 796 倍。中职教育经费支出占全国总教育经费支出的比例从 7. 16%下降到 5. 80%,中职财政性教育经费支出占全国财政性教育经费支出的比例从 2007 年的 5. 97%增加到 2016 年为 6. 28%;这十年间中职教育经费支出各年增长率有 5 年是高于全国总教育经费支出的增长率的，中职财政性教育经费支出各年增长率有 8 年保持在两位数以上的增长，有 6 年高于全国财政性教育经费支出的增速，有 6 年高于全国财政收入的年增长率。即虽然中职总教育经费支出在增加，但其所占全国总教育经费支出的比例却在下降，中职总的财政性教育经费支出呈增加趋势，但其所占全国总财政性教育经费支出的比例却始终徘徊在 6.3%左右，增长不明显。中职经费占全国除特殊教育、学前教育外总经费的比例比其学生数占全国除特殊教育、学前教育外学生数的比例低不到 1 个百分点。中职教育在经费投入上基本满足了教育法对“三个增长”的要求（总生均经费、生均公用经费均逐年增加；中职财政性经费支出增长比例基本上高于财政性经常收入的增长比例，在 2010—2011 年、2013 及 2016 年除外；教师工资逐年增长）。

中职教育经费总收入从 2007 年的 851.80 亿元增加到 2016 年的 2222.90 亿元，增长了 1.610 倍，其第一大收入来源财政性经费收入从 512.20 亿元增长到 1948.73 亿元，增长了 2.805 倍，所占比例从 60.13%增加到 87.67%，增加了 27.54 个百分点；其第二大收入来源事业收入所占比例从 34.70%下降到 8.79%，减小了 25.91 个百分点；事业收入中学杂费占中职总收入的比例从 28.19%下降到 5.03%，减小了 23.16 个百分点；第三大收入来源其他收入所占比例维持在 3%上下，第四大收入来源民办学校中举办者投入从 0.86%下降到 0.36%，捐赠收入所占比例从 0.34%下降到 0.08%。即全国中职教育经费收入的最主要来源是财政性经费，且呈逐年增加趋势，其次是事业收入、但其比例从近三成五逐年下降至不到九个百分点，学杂费占总收入的比例从近三成下降到仅占五个百分点，其他收入所占比例都较低且呈下降趋势。

第二，全国中职生均教育经费从 2007 年的 4549 元逐年增加到 2016 年的 14860 元，增长了 2. 267 倍，增幅大于全国均值的省份有 22 个，有一半以上的省份（16—19 个）生均教育经费高于全国均值。中职生均教育经费始终低于同期普通高中的生均教育经费，低 682—2011 元，如果按中职生均教育经费（成本）应为普高的 2—3 倍计算，则中职教育经费投入相对普高来说严重不足。截至 2016 年最大为北京 64430 元、最小为广西 7610 元，极大值及极小值都在增大，其绝对差距与相对差距都在扩大。这 10 年间全国中职生均教育经费的排名位次没有变化的为甘肃、重庆、安徽，排名位次后移的省份有 15 个、前移的有 13 个，其中广东、云南、海南后移最多分别后移了 9、10、15 位，宁夏、山东、湖北前移最多分别前移了 8、9、15 位。

全国中职生均教育经费呈现出中部塌陷现象，京津沪远高于其他地区，京津沪是东部的 2. 33—2. 68 倍、是西部的 3. 01—4. 38 倍、是中部的 3. 32—4. 41 倍，各地均呈逐年增加趋势，中部八省的增幅最大、西部十二省（区、市）最小。总生均教育经费各省份与全国均值间的差异情况相当大，差异系数在 0. 625—0. 942 之间，2016 年高达 0. 835。

第三，全国中职生均预算内教育经费从 2007 年的 2209 元逐年增加到 2016 年的 13088 元，增长了 4. 923 倍，增幅大于全国均值的省份有 14 个，有一半以上的省份（17—20 个）生均预算内教育经费高于全国均值。截至 2016 年最大为北京 58684 元、最小为广西 6882 元，极大值、极小值及其绝对差距都在增加，但其相对差距却略有缩小。这 10 年间全国中职生均预算内教育经费的排名位次没有变化的为西藏、内蒙古、辽宁、山西、河北，排名位次后移的省份有 13 个、前移的有 13 个，其中广西、云南、海南后移最多分别后移了 10、14、16 位，山东、江苏、湖北前移最多分别前移了 11、

13、15位。

全国中职生均预算内教育经费呈现出从京津沪、东部、西部、中部呈梯度递减趋势、且呈中部塌陷态势(后两年除外),京津沪远远高于其他地区,京津沪是东部的2.15—3.09倍、是西部的2.40—4.55倍、是中部的2.77—5.12倍,各地均呈逐年增加趋势,中部八省增幅最大、西部十二省(区、市)最小。生均预算内教育经费各省份与全国均值间的差异情况相当大,差异系数在0.610—0.993之间,2016年高达0.883。

第四,全国中职生均预算内经费占总生均经费的比例从2007年的48.56%逐年增加到2016年的88.07%,增长了39.51个百分点,共增加了81.36%,增幅大于全国均值的省份有14个,有一半以上的省份(18—21个,2014年15个除外)生均预算内经费占总生均经费的比例要高于全国均值。截至2016年最大为西藏99.37%、最小为宁夏68.35%,极大值、极小值都在增加,但其绝对差距与相对差距却在减小。这10年间全国中职生均预算内经费占总生均经费比例的排名位次没有变化的为西藏、天津,排名位次后移的省份有13个、前移的有16个,其中河南、海南、内蒙古、宁夏、贵州后移最多分别后移了10、15、17、23、28位,湖北、广东、河北、江苏、山东、福建前移最多分别前移了10、10、11、15、15、17位。

全国中职生均预算内经费占总生均经费的比例京津沪三市在2007—2008年及2014—2016年为最大、西部十二省(区、市)在2009—2013年为最大,东部八省有4年、京津沪三市有3年、中部八省有1年、西部十二省(区、市)有2年为最小,全国均值多数年份略高于中部八省的,各地均呈逐年增加趋势,东部八省增幅最大、京津沪三市最小。中职生均预算内经费占总生均经费比例的各省份与全国均值的差异比较小且逐年下降,差异系数在

0.062—0.233之间,2016年仅为0.062。

第五,全国中职生均公用经费从2007年的1932元逐年增加到2016年的6463元,增长了2.345倍,增幅大于全国均值的省份有20个,除2010年及2014—2016年外有不到一半的省份(11—15个)生均公用经费要高于全国均值。截至2016年最多的为上海29474元、最少的为广西3389元,极大值、极小值及其绝对差距都在增加,但其相对差距却在减小。这10年间全国中职生均公用经费的排名位次没有变化的为上海、北京、江苏,排名位次后移的省份有17个、前移的有11个,其中海南、河北、广东后移最多分别后移了11、11、12位,内蒙古、湖北、宁夏、西藏前移最多分别前移了13、15、16、28位。

全国中职生均公用经费呈现出从京津沪、东部、西部、中部呈梯度递减趋势,呈中部塌陷态势(后3年除外),京津沪远高于其他地区,京津沪是东部的2.19—2.84倍、是西部的3.04—5.01倍、是中部的3.08—4.82倍,西部是中部的0.93—1.40倍,各地基本均呈逐年增加趋势,中部八省增速最大、东部八省最小。生均公用经费各省份与全国均值的差异有所增加,差异非常大,差异系数在0.607—1.066之间,2016年高达0.907。

第六,全国中职生均公用经费占生均事业经费的比例从2007年的43.83%增加到2013年的51.43%(顶点)后下降至2016年的44.52%,增加了0.69个百分点,共增长了1.57%,这10年平均为46.51%,该比例稍微偏高一些,再进一步降至四成较为合理,如果过高会挤占事业经费中用于教师工资福利及学生奖助学金的支出,过低又不能保障学校正常办公、教学及维护等的需要。增幅大于全国均值的省份有16个,除2010年外有不到一半的省份(12—16个)生均公用经费占生均事业经费比例要高于全国均值。截至

2016年最大为宁夏60.81%、最小为天津32.77%，极大值与极小值在增加，但其绝对差距与相对差距却在缩小。这10年间全国中职生均公用经费占生均事业经费比例的排名位次后移的省份有16个、前移的有15个，其中陕西、北京、广东、浙江、江苏、河北后移最多分别后移了12、14、15、15、20、23位，福建、安徽、西藏、广西、贵州、宁夏前移最多分别前移了12、13、13、15、24、26位。

全国中职生均公用经费占生均事业经费的比例京津沪三市在42.81%—52.14%之间、东部八省在43.90%—50.92%之间、中部八省在40.02%—52.38%之间、西部十二省（区、市）在40.22%—51.68%之间，差距不大，各地在2013年达到顶点后逐年下降，总体上仅有东部八省下降，西部十二省（区、市）增幅最大、京津沪三市最小。中职生均公用经费占事业经费比例的各省份与全国均值间的差异比较小，差异系数在0.111—0.150之间，2016年为0.150与2007年持平。

第七，全国中职生均助学金从2007年的308元增加到2016年的655元，增长了1.127倍，增幅大于全国均值的省份有18个，各有5年有一半以上（或以下）的省份（12—20个）生均助学金要大于（或小于）全国均值。因此对中职学生的资助力度还应进一步加大，才有可能进一步从降低学生成本上吸引部分贫困家庭学生增强其选择中职的就读意愿。截至2016年最大为西藏3416元、最小为江苏420元，极大值、极小值及其绝对差距都在增加，但其相对差距却在减小。这10年间全国中职生均助学金的排名位次没有变化的为江苏，排名位次后移的省份有15个、前移的有15个，其中海南、浙江、四川、山东、广西、福建后移最多分别后移了11、12、13、16、17、22位，内蒙古、黑龙江、江西、天津、新疆、贵州前移最多分别前移了11、11、14、15、21、22位。

全国中职生均助学金基本上呈现出从京津沪、西部、东部、中部呈梯度递减趋势，呈中部塌陷现象，京津沪远远高于其他地区，京津沪是东部的1.01—4.43倍、是西部的0.87—2.78倍、是中部的1.01—3.92倍，西部是中部的1.15—1.64倍，各地均有增加，京津沪三市增幅最大、东部八省最小。生均助学金各省份与全国均值的差异非常大，差异系数在0.281—1.108之间，2016年高达1.009。

第八，全国中职生均学杂费从2007年的1263元基本逐年下降到2016年的672元，下降了46.79%，降幅大于全国均值的省份有17个，除2014—2015年外有不到一半的省份（11—14个）生均学杂费要高于全国均值。可见，中职的学杂费还有进一步下降的空间，十年下降了不到一半，进一步降收学杂费甚至完全免费（含杂费）也才可能增强其对贫困学生的吸引力，目前各地的中职免费政策还有很大的落实空间和需要进一步做到实质上的免费。截至2016年最大为上海2323元、最小为西藏4元，极大值、极小值及其绝对差距都在减小，但其相对差距却在显著增加。这10年间全国中职生均学杂费的排名位次没有变化的为上海、西藏，排名位次后移的省份有12个、前移的有17个，其中广西、山西、新疆、福建、浙江、海南后移最多分别后移了11、13、14、16、18、22位，陕西、宁夏、湖北、黑龙江、江西前移最多分别前移了10、10、12、13、23位。

全国中职生均学杂费基本上呈现出从京津沪、东部、中部、西部自东向西呈梯度递减趋势，京津沪远远高于其他地区，京津沪是东部的1.22—2.65倍、是中部的1.78—2.51倍、是西部的1.95—3.40倍，各地均呈下降趋势，东部八省降幅最大、京津沪三市最小。生均学杂费各省份与全国均值的差异从比较大增至相当大,差异系数在 0.411—0.807 之间,2016 年高达 0.807。

第九,全国中职生均基建经费从 2007 年的 141 元增至 2016 年的 343 元,增长了 1.433 倍,增幅大于全国均值的省份有 13 个,除 2011 年、2014 年及 2016 年外有不到一半的省份(11—15 个)生均基建经费要高于全国均值。截至 2016 年最大为西藏 2618 元、最小为天津 0 元,极大值与极差都在增大,极小值在缩小。这 10 年间全国中职生均基建经费的排名位次没有变化的为西藏、新疆、北京,排名位次后移的省份有 14 个、前移的有 14 个,其中湖北、福建、内蒙古、天津、上海、江苏后移最多分别后移了 11、14、15、15、17、20 位,贵州、辽宁、吉林、黑龙江、重庆、广西前移最多分别前移了 13、14、15、17、18、19 位。

全国中职生均基建经费基本呈中部塌陷态势,京津沪是东部的 0.54—6.10 倍、是西部的 0.48—3.42 倍、是中部的 0.54—5.87 倍,西部是中部的 1.31—2.33 倍,各地均有增加,西部十二省(区、市)增幅最大、京津沪三市最低。生均基建经费各省份与全国均值间的差异异常大,差异系数在 1.467—3.371 之间,2016 年高达 1.467。

总体而言,从总生均教育经费的角度来看,中职教育的投入在 2007—2016 年这十年间始终低于普通高中,这与职业教育的生均办学成本应为普通教育的 2—3 倍的要求相差甚远,造成中职教育经费投入相对来说严重不足,限制了中职教育的发展及其质量的提高,进而很难增强中职教育的吸引力。为此,在增加中职教育投入上还有很大的努力空间,应逐步使中职的生均经费高于甚至远高于普通高中的。在中职教育经费收入的来源结构来看,近年来自政府财政的投入保障在逐年加强,增至近八成八,其他收入所占比例在逐年下降,且都只占很低的比例,其中学杂费所占比例下降至5个百分点,随着免费力度的加强和奖助学金的增加,中等职业教育的公益性得到进一步保障。各类生均经费基本呈现出中部塌陷态势,京津沪远高于其他地区;生均预算内经费能得到财政较强有力的保障(达88.07%);生均公用经费占生均事业经费的比例较高(45%左右)、学校一般运转能得到有效保障,但可能挤占了用于教师的工资福利及学生奖助学金的支出。全国中职各类生均经费的差异情况大小依次是,生均基建经费差异异常大,生均公用经费及生均助学金的差异也非常大,生均预算内经费及总生均经费的差异也相当大,生均学杂费的差异也比较大。

第三章 普通高中教育经费地区差异分析

全国普通高中总教育经费投入在2007—2016年这十年间增长了1.81倍，至2016年达到3848亿元，财政性教育经费投入增长了近3.97倍，达到3174亿元。普通高中总教育经费支出占全国总教育经费支出的比例保持在10.30%上下，而普高财政性经费支出占全国财政性教育经费支出的比例整体呈增加趋势，但徘徊在9.7%左右，增长不明显。普通高中教育经费最主要的收入来源为政府财政性投入，从57.04%增长到81.61%，第二大收入来源事业收入所占比例从37.67%下降到15.98%，事业收入中学杂费所占总收入比例从26.62%下降到12.45%，其他收入比例都较低且呈下降趋势。普通高中生均经费、生均财政性经费、生均公用经费、生均助学金、生均基建经费、生均固定资产总值都呈增加趋势，生均学杂费呈先升后降再升趋势。各类生均经费基本呈现出中部塌陷态势，京津沪远高于其他地区。生均财政性经费占总生均经费的比例从46.70%逐年增加85.20%，生均公用经费占生均事业经费的比例从42.74%上升到45.28%再下降到34.26%，学校一般运转较难得到有效保障。全国普通高中各类生均经费的差异情况大小依次是，生均基建经费差异异常大，生均助学金、生均财政性教育经费及生均公用经费的差异非常大，总生均教育经费、生均学杂费及生均固定资产总值的差异也相当大，生均财政性经费占总生均经费比例及生均公用经费占生均事业经费的比例的差异比较小。

第一节　引　言

一、普通高中教育经费地区差异的研究回顾

对普通高中教育经费投入及其分配的地区差异的研究主要集中在对普通高中教育经费投入的总量充足性与否及经费来源，即各投入主体的构成比例及其变化趋势的研究，以及对各类生均经费的地区配置差异及其变化趋势的研究。就投入的总量而言，多数研究者认为普高教育经费投入总量不足，理由是拿普高教育经费投入的比例与其他的如高等教育、初中教育等的投入比例来论证。从对普高教育经费投入的来源结构的研究来看，多数研究从普高财政性教育投入的总量及其增减变化趋势，以及其他渠道的如民办学校中举办者投入、社会捐赠收入、事业收入以及事业收入中的学杂费、其他收入的总量及其变化趋势来看，多数结论认为普高财政性投入比例偏低，多渠道投入不明显，民间投入不足。

在投入总量不足上，既有政府投入的不足而造成的巨大债务问题，也有未能积极调动民间的投入问题。在 2010 年前，随着各地加快发展高中教育，大规模持续性扩建或迁建、建设示范性高中，而政府投入有限，扩张投入多通过举债方式进行，因此造成巨大的债务问题。据统计，截至 2010 年底，普通高中债务总额达到 1600 亿元①。如有学者对我国“十二五”期间普通高

① 刘敏、胡浩、郑天虹、王海鹰：《高中负债 1600 亿：“教育 GDP”惹的祸》，《新华每日电讯》2014 年 3 月 8 日。

中教育经费投入分析，发现财政性经费投入不足，面临学段的“中部塌陷”问题，存在“中部塌陷”现象，且民间缺乏投资普通高中意愿①。

一方面是投入总量相对不足，另一方面是政府投入及分担比例分配不均衡，不仅体现在全国京津沪与东中西部之间，也体现在省域内的市县间、城乡间和校际间等。如有研究发现，从1998年到2006年，我国普通高中教育经费政府分担比例的总体趋势是先下降后上升，普通高中教育经费政府分担比例的地区差异较大，最高的为京津沪地区，达到了70%，西部地区和东部地区次之，中部地区最低，只有50%左右②。此外，还存在各地投入配置效率中西部高于东部的地区差异问题。如有学者基于2004—2011年各省份数据分析，发现中西部普通高中教育经费配置效率比东部要高，东部地区效率较低是因为事业经费投入存在较大冗余，产出上最大的问题是生源不足③。

在省域内各市县间的配置也存在明显差异，且与全国均值存在差距。如2012年苏南某市普高生均教育经费支出为30817元，而经济相对落后的苏北某市仅为18083元④。在2010年，湖北省X县普通高中生均经费为3925元，Y县为5096元，当年湖北省普高生均教育经费5947元、全国为8100元，湖北这两县不仅远低于

---

① 薛海平、唐一鹏：《我国普通高中教育经费投入：现状、问题与建议》，《教育学报》2016年第4期。

② 刘泽云：《我国普通高中经费政府分担比例问题研究》，《教育与经济》2009年第1期。

③ 朱茂勇、张新平：《普通高中教育经费配置效率研究——基于DEA-Malmquist和Tobit模型实证分析》，《天津师范大学学报（基础教育版）》2017年第3期。

④ 吴小广：《关于加大普通高中经费投入的思考》，《价值工程》2013年第10期。

湖北省水平，也低于全国平均水平①。而普通高中教育投入的增加并未带来普通高中教育经费分配的公平，省域内普通高中生均教育经费校际差距有逐年扩大的趋势，且县际之间的差距远远大于县内校际之间的差距，经济处于中等水平区县的普通高中生均教育经费的校际差异最大，其次是经济欠发达地区，最后是经济发达地区②。

另外，由于普通高中属于非义务教育，还要收取一定的学杂费，而学杂费收取的高低却是个两难问题，对部分贫困地区而言，较高的学杂费就成了学生家庭的一笔较重的支出负担。如在2012年，湖北X县公办高中生均学费3774元/年，占城镇居民人均可支配收入的27.8%，而学费只是一个高中学生开支的一小部分，较高的学费加重了学生家庭经济负担③。而有的地方学杂费收费又比较低，这又影响了这些地方普通高中的事业收入，从而拉低了可能用于普高的总经费收入。如贵州省普通高中大多数学校学费基本上仍然在执行1999年贵阳市两城区每生每学期650元，其他8个市(州)所在地和贵阳三郊区每生每学期500元，县、市(含乡镇高中)每生每学期380元的标准，这远低于东部发达省(区)，且也比邻近省(区)偏低，处于全国较低水平，从而造成贵州省普通高中教育经费来源不多，生均教育事业性经费较少，生均公共财政预算公用经费偏低，生均公用经费不足，教育成本偏低等诸

① 杨红霞、杨兴芳、胡朝阳：《我国普通高中教育经费现状、存在的问题及建议——基于对湖北省两县的调查》，《教育财会研究》2015年第4期。

② 谭俊英、邹媛：《省域内普通高中教育投入差距测度与分析——基于西部A省3县的调查》，《教育导刊》2016年第10期。

③ 杨红霞、杨兴芳、胡朝阳：《我国普通高中教育经费现状、存在的问题及建议——基于对湖北省两县的调查》，《教育财会研究》2015年第4期。

多困难①。且学杂费所占教育经费的比例及其占居民收入的比例在地区间也存在明显差距。如有学者的研究发现,在1995—2003年,我国普通高中学费占教育经费比例中部地区最高,普通高中生均学费占城镇居民收入的比例是按东中西递减排列,而占农民人均纯收入比例却是京津沪、东部地区、中部地区递增排列(西部例外),说明农民的学费负担随地方经济水平的降低而加重,西部地区农民学费负担相对较低,而中部地区农民的学费负担最重②。

就普通高中的投入体制而言,1985年《中共中央关于教育体制改革的决定》颁布后,普通高中教育经费的筹措渠道从单一的政府投入体制转向多元投入体制③。我国整个高中教育财政投入是围绕着管制和放权进行的,分权化、多元化支撑了普通高中规模的迅速增长,但多元化投资并未推动办学机制多元化格局的形成,且差异性的政策导致地区间高中教育发展极度不均衡④。

早些年的研究表明,政府对普通高中的财政投入比例是不够高的,需要进一步加大财政投入力度,且政府投入对扩展普高教育规模有积极效应。如有研究基于湖南省的数据研究表明,政府投入每增加1%,普通高中毛入学率将增加0.295%,而学费每增加

① 张传军、汪际、刘军明:《贵州省普通高中经费现状及资金不足带来的思考》,《教育前沿》2015年第9期。

② 沈百福:《我国普通高中预算内教育经费及学费的地区差异分析》,《上海教育科研》2006年第9期。

③ 陈秋桔:《中华人民共和国成立后普通高中教育经费问题研究》,华东师范大学2004年硕士学位论文,第1页。

④ 赵俊婷、刘明兴:《我国普通高中经费筹措体制回顾与评析1980—2016》,《教育学报》2017年第3期。

1%,普通高中毛入学率会降低 0.385%①。即政府投入增加能提升普通高中毛入学率,而私人分担的学费的增长则更容易降低普通高中毛入学率。而政府在各级教育投入上也存在偏好及受政策优先项的左右,造成对普通高中的投入有限。如有研究发现,政府财政性教育经费中用于普通高中的比例并不高,基本维持在 10%左右,不到用于初中阶段的一半;东部地区由于财力强大,对高中的投入偏好更强,中西部地区差异不大②。

故需要进一步强化我国普通高中教育经费政府投入责任。有学者提出应从加快普通高中经费投入立法,明确政府的投入主体地位,建立适当的各级政府分担机制以及贫困学生资助制度等方面入手③。为此,王善迈和孙志军估测了 2010—2020 年全国及各地区在普及高中情况下各类条件需求总量,并对各地区进行了供需差异分析④。而由于高中阶段教育在整个教育结构中属于承上启下的重要阶段,也是教育发展中的短板,故当前处于高中普及攻坚的重要时间节点上,对普高运转的保障,杜育红教授认为,可以参照义务教育保障机制,建立高中阶段的公用经费标准,高中公用经费实行中央和地方按比例承担。坚持问题导向,瞄准短板,把增加的投入精准投放到攻坚最困难的地区⑤。

① 刘建民、唐婷、吴金光:《教育经费投入与支出对普通高中发展的影响——基于湖南省的分析》,《中国教育学刊》2012 年第 12 期。

② 董俊燕:《地方政府普通高中教育投入偏好研究——省级及市县级政府视角的实证分析》,《教育与经济》2016 年第 5 期。

③ 刘建民、刘建发、吴金光:《强化普通高中教育经费政府投入责任的路径探讨》,《教育研究》2012 年第 9 期。

④ 王善迈、孙志军:《普及高中阶段教育保障条件研究》,知识产权出版社 2015 年版,第 1 页。

⑤ 张滢:《新增高中教育投入要集中在最困难的地方——访中国教育学会教育经济学分会理事长、北京师范大学教育经济研究所所长杜育红》,《中国民族教育》2018 年第 1 期。

对于普通高中生均经费的地区配置差异的研究而言，多集中在各类生均经费的东中西部或省际间的以变异系数（差异系数）及测度不公平的基尼系数及泰尔指数为测量地区间的差异与不均衡状况。结论多偏向于生均经费较低、生均公用经费偏低，生均经费上存在“中部塌陷”现象，东部地区明显要高于中西部地区，区域内差异东部地区比中西部地区较大。如沈有禄对各地（省、区、市）普通高中在2003—2007年的生均教育经费、生均预算内教育经费的分析发现，从距平值来看，总生均经费及生均预算内经费方面，京津沪及东部发达地区与中西部地区的差距及其与全国平均水平之间的差距越来越大；从极差、极差率来看，最大地区与最小地区之间的差距越来越大。从变异系数的变化情况来看，总生均经费及预算内生均经费各地间相对差距（离散程度）2007年比2003年都有所增大。基尼系数反映了各地间的不平等程度在2003—2004年间呈增大态势，2005—2007年有轻微下降。泰尔指数反映组内不平等大于组间的不平等，组内不平等贡献率合计部分2007年比2003年有所增加，达到85.120%，预算内部分2007年比2003年有所下降，为89.062%；各组内的不平等程度最大的为华东地区，最小的为东北地区①。总生均（预算内）教育经费的不平等程度大于生均（预算内）事业性经费的不平等程度，生均（预算内）公用经费的不平等程度要大于生均（预算内）人员经费的不平等程度，生均（预算内）基建经费的不平等程度大于生均（预算内）事业性经费的不平等程度，而且生均（预算内）基建经费的不平等程度是最大的，达到0.5左右，其各地区间的差距水平已经处于很高位置了。除基建经费的不平等程

① 沈有禄：《全国分地区普通高中生均经费差异分析》，《现代教育管理》2010年第7期。

度在增加外,其他类型的经费的不平等程度都在减小①。

二、本章研究内容

本章将对全国31个省(区、市)在2007—2016年这十年间的普通高中教育经费投入的总量及其结构来源与各类生均经费的跨最近10年间的变化进行分析,对生均经费部分还按省际间及地区间(比传统的东中西部多划分一个京津沪三市单独为一极,因其各项指标值远远高于其他地区)的差异变化分析,具体差异指标有极差、极差率、标准差、变异系数。考虑到近年来对普通高中的资助及学费减免情况,在分析各类生均经费时特别增加了对生均助学金及生均学杂费的变化趋势的分析;另外,对于事业经费中公用经费所占的比例也进行分析(公用经费尽管对于保障普通高中的正常运转很重要,但其比例过高会挤占教师的工资福利支出,影响教师的工作积极性);此外,还对普通高中的生均基建经费及固定资产存量即生均固定资产总值进行分析,以发现普通高中在基建投入与资产存量上的储备情况。

第二节 2007—2016年普通高中教育经费总量与构成分析

一、2007—2016年普通高中教育经费投入总量及增长比例分析

(一)2007—2016年普通高中教育经费投入总量变化情况

表3-1显示了2007—2016年十年间全国普通高中教师数、学生数、学校数的变化情况。

① 沈有禄、范先佐:《各地高中生均经费配置不平等状况分析》,《教育科学》2010年第4期。

表 3-1　2007—2016 年全国普通高中学校数、教育经费支出数、教育经费支出比例数变化情况表

年份	2007	2008	2009	2010	2011	2012	2013	2014	2015	2016	十年增加
学校数	15681	15206	14607	14058	13688	13509	13352	13253	13240	13383	-14.65
在校学生数	25224008	24762842	24342783	24273351	24548227	24671712	24358817	24004723	23743992	23666465	-6.17
普通高中教育经费支出	136728983	152791137	169622127	192466770	237680994	284775571	307637139	317091773	349909727	384776304	181.42
普通高中财政性经费支出	63860518	76067276	88103740	106342842	139453470	182649892	197103335	255323833	287344999	317443875	397.09
全国教育经费支出	1166839131	1398566206	1592340266	1879613241	2308578403	2763335051	2943065881	3101784193	3449738551	3744469207	220.91
全国财政性教育经费支出	661012017	830345571	975721523	1149577744	1488463241	1868761624	1975949849	2467605319	2781172837	3010682609	355.47
全国财政收入	5132178000	6133035000	6851830000	8310151000	10387443000	11725352000	12920964000	14037003000	15226923000	15960500000	210.99
普高教职工年均工资福利支出	12734	14379	16349	17986	50904	57991	63097	68263	80788	91078	615.23
普高总经费占全国教育经费支出比例	11.72	10.92	10.65	10.24	10.30	10.31	10.45	10.22	10.14	10.28	-12.29
普高财政性经费占全国财政性教育经费支出比例	9.66	9.16	9.03	9.25	9.37	9.77	9.98	10.35	10.33	10.54	9.11

续表

年份	2007	2008	2009	2010	2011	2012	2013	2014	2015	2016	十年增加
普高总经费支出年增长比例	23.57	11.75	11.02	13.47	23.49	19.81	8.03	3.07	10.35	9.96	-57.74
全国总经费支出年增长比例	34.29	19.86	13.86	18.04	22.82	19.70	6.50	5.39	11.22	8.54	-75.09
普高财政性经费年增长比例	10.64	19.11	15.82	20.70	31.14	30.98	7.91	29.54	12.54	10.47	-1.60
全国财政性经费年增长比例	28 83	25.62	17.51	17.82	29.48	25.55	5.74	24.88	12.71	8.25	-71.38
全国财政收入年增长比例	32.41	19.50	11.72	21.28	25.00	12.88	10.20	8.64	8.48	4.82	-85.13
普高学生占初中高等学生比例	10.670	10.551	10.475	10.519	10.709	11.000	11.268	11.137	10.981	10.855	1.735
普高经费占初中高等经费比例	12.653	11.859	11.501	11.396	11.481	11.718	11.947	11.709	11.585	11.719	-7.382

注:①表中学校数单位为“所”,学生数单位为“人”,“比例”和“十年增加”单位为“%”,各类经费支出与收入数单位为“千元”,工资福利支出单位为‘元”。财政性教育经费支出在 2014 年及以后的统计口径为“各级各类教育机构财政补贴支出”,之前的统计口径为“各级各类教育机构公共财政预算教育事业费和基本建设支出”之和。

②《中国教育统计年鉴》统计的 2007—2010 年普通高中的教职工数实际应为包括普通初中在内的普通中学的教职工数。

资料来源:根据 2008—2017 年的《中国教育经费统计年鉴》中的原始数据计算整理得出。

由表 3-1 可知,全国普通高中从 2007 年的 15681 所逐年减少(除 2016 年比 2015 有所增加外)到 2016 年的 13383 所,十年减少了 14.65%;普通高中在校生从 2007 年的 25224008 人逐年下降到 2010 年的 24273351 人,再逐年增加到 2012 年的 24671712 人,2013 年及以后再逐年下降到 2016 年的 23666465 人,十年共减少了 6.17%;全国普通高中教育经费支出从 2007 年的 1367.29 亿元逐年增加到 2016 年的 3847.76 亿元,十年共增加了 181.42%;全国普通高中财政性教育经费支出从 2007 年的 638.61 亿元逐年增加到 2016 年的 3174.44 亿元,共增加了 397.09%。普通高中教职工年均工资福利支出从 2007 年的 12734 元逐年增加到 2016 年的 91078 元,十年间共增长了 615.23%,除 2013—2014 年外其余年份年增长率均在两位数以上,其中 2011 年增幅最高达 183.02%(因《中国统计年鉴》中普通高中的教职工数从 2010 年的 5859300 人骤然降至 2011 年的 2427400 人,2010 年及以前年鉴中将普通中学教职工数错误地统计成了普通高中教职工数,故 2010 年及以前的普通高中教职工年平均工资福利支出比较低,在 2011 年及以后骤然升至较大,这主要是有关部门在统计数据时的错误造成的数据的骤然变化),其次是 2008 年增幅 40.90%。

(二) 2007—2016 年普通高中教育经费支出所占比例变化情况

由表 3-1 可知,全国普通高中教育经费支出占全国总教育经费支出的比例从 2007 年的 11.72% 逐年下降到 2010 年的 10.24%,之后又逐年上升至 2013 年的 10.45%,2014—2015 年又逐年下降到 10.14%,至 2016 年又升至 10.28%(但仍低于 2007 年的水平),从 2009 年起基本稳定在 10.30%上下,该比例十年间共下降了 12.29%,减少了 1.44 个百分点。全国普通高中财政性教育经费支出占全国财政性教育经费支出的比例从 2007 年的 9.66%逐年下降到 2009 年的 9.03%，之后逐年增加至 2014 年的 10.35%，2015 年下降至 10.33%，2016 年又上升至 10.54%，即在 2007—2013 年保持在 9.03%—9.98%之间，在 2014—2016 年保持在 10.35%上下。普通高中教育经费支出各年增长率除 2013 年为 8.03%、2014 年为 3.07%、2016 年为 9.96%外，其余各年均保持在两位数以上，其中 2007 年最大为 23.57%，其次是 2011 年为 23.49%；普通高中教育经费支出年增长率除在 2011—2013 年及 2016 年高于全国总教育经费支出的年增长率外，其余年份均低于全国总教育经费支出的年增幅。普通高中财政性教育经费支出各年增长率除 2013 年为个位数外，其余年份增长率均超过两位数，其中 2011 年增幅最大为 31.14%，其次是 2012 年为 30.98%，2016 年增幅为 10.47%（2014 年及以后增幅逐年下降）；全国普通高中财政性教育经费支出各年增长率除 2010—2014 年及 2016 年外，其年增长率均低于全国财政性教育经费支出的增幅。全国财政性教育经费支出年增长率除 2007 年、2010 年、2013 年外，其余年份均高于全国财政收入的年增长率。2007 年普高学生占全国除特殊教育、学前教育及工读学校外学生总数的 10.670%，2016 年为 10.855%；2007 年普高经费占全国除特殊教育、学前教育及工读学校外总经费数的 12.653%，2016 年为 11.719%；即普高学生比例增加了 0.185 个百分点，而普高经费数却下降了 0.934 个百分点，普高经费所占的比例比普高学生所占的比例从高 1.983 个百分点下降到仅高 0.864 个百分点。

可见，全国普通高中总教育经费支出虽然呈增加趋势，但其所占全国总教育经费支出的比例却在下降，从 2007 年的 11.72%降至 2016 年的 10.28%，减少了 1.44 个百分点，共下降了 12.29%；

虽然普通高中总的财政性教育经费支出呈逐年增加趋势，但其所占全国总财政性教育经费支出的比例却呈现出先下降后上升的趋势，在2014年及以后在10.35%上下始终徘徊，增长不明显（2013年及以前最高为2013年的9.98%，2007年为9.66%），2016年比2007年上升了0.88个百分点，十年该比例共增加了9.11%。普高经费占全国经费的比例比其学生数占全国学生数的比例高近2个百分点下降到高不足1个百分点。

二、2007—2016年普通高中教育经费各项收入构成及增长比例分析

（一）2007—2016年普通高中教育经费收入来源变化情况

表3-2反映了2007—2016年这十年间全国普通高中教育经费收入来源明细及其所占比例的变化情况。

由表3-2可知，全国普通高中教育经费总收入从2007年的1393.50亿元逐年增加到2016年的3932.31亿元，增加了2538.81亿元，十年间共增长了182.19%，除2013—2016年增长率为个位数外，其余年份增幅均达两位数以上，其中2011年增长率最高，达24.51%，其次是2008年为14.98%，2014年增长率最小，为4.10%，在2012年全国公共财政教育经费投入占GDP超过4%以后，从2013年起增速放缓，2013年普通高中总经费年增长率为7.69%，到2014年增速继续放缓，2015—2016年又连续两年回升，但增幅仍在个位数，到2016年增幅为8.38%。全国普通高中财政性经费收入从2007年的794.82亿元逐年增长到2016年的3209.11亿元，十年间共增长了303.75%，除2013—2014年、2016年增幅为个位数外，其余年份增幅均达两位数以上，其中2011年增长率最高到36.17%，其次为2008年的20.94%，2014年增幅最

表 3-2　2007—2016 年全国普通高中教育经费收入来源明细及其所占比例变化情况表

年份	2007	2008	2009	2010	2011	2012	2013	2014	2015	2016	十年增加
总经费	139350441	160223558	177944346	200334600	249436111	299593697	322626836	335853749	362833258	393231281	182. 19
财政性经费	79481949	96124200	110934070	132183501	179996170	231700467	249962308	261919171	292266329	320910703	303. 75
民办学校中举办者投入	1562584	876452	705720	987095	769901	865830	1202119	1486984	2046693	1831380	17. 20
捐赠收入	1292913	1550339	2419778	1818458	1860496	1582471	1072785	1087897	1079583	898138	-30. 53
事业收入	52494180	56964934	58982355	61052575	62382038	60484335	65068790	66201379	61278509	62850922	19. 73
事业收入中学杂费收入	37097080	39269189	40719479	43574909	45461076	42788706	47276075	50939213	45655322	48952042	31. 96
其他教育收入	4518915	4707633	4902423	4292971	4427506	4960594	5320834	5158318	6162144	6740138	49. 15
总经费比例	100. 00	100. 00	100. 00	100. 00	100. 00	100. 00	100. 00	100. 00	100. 00	100. 00	0. 00
财政性经费比例	57. 04	59. 99	62. 34	65. 98	72. 16	77. 34	77. 48	77. 99	80. 55	81. 61	43. 08
民办学校中举办者投入比例	1. 12	0. 55	0. 40	0. 49	0. 31	0. 29	0. 37	0. 44	0. 56	0. 47	-58. 04
捐赠收入比例	0. 93	0. 97	1. 36	0. 91	0. 75	0. 53	0. 33	0. 32	0. 30	0. 23	-75. 27
事业收入比例	37. 67	35. 55	33. 15	30. 48	25. 01	20. 19	20. 17	19. 71	16. 89	15. 98	-57. 58
事业收入中学杂费比例	26. 62	24. 51	22. 88	21. 75	18. 23	14. 28	14. 65	15. 17	12. 58	12. 45	-53. 23
其他教育收入比例	3. 24	2. 94	2. 76	2. 14	1. 78	1. 66	1. 65	1. 54	1. 70	1. 71	-47. 22

注:表中十年增加及比例单位为“%”,经费数单位为“千元”。

资料来源:根据 2008—2017 年的《中国教育经费统计年鉴》中的原始数据及其析出值整理而得。

小,为 4.78%。普通高中学杂费收入从 2007 年的 370.97 亿元逐年增长到 2011 年的 454.61 亿元,之后有降有升,直到 2016 年升至 489.52 亿元,高于 2011 年水平,共增加了 118.55 亿元,十年间共增长了 31.96%。民办学校举办者投入维持在 7.06—20.47 亿元之间,2016 年为 18.31 亿元,十年间增长了 17.20%。捐赠收入在 8.98—24.20 亿元之间,2009 年及以后呈逐年下降趋势,至 2016 年为 8.98 亿元,十年间下降了 30.53%。事业收入在 2011 年前呈逐年增加,之后有降有升,到 2016 年为 628.51 亿元,十年间增长了 31.96%。其他收入在 42.93—67.40 亿元之间,除 2010、2014 年有所下降外,其余年份均保持增长态势,至 2016 年为 67.40 亿元,十年间增长了 49.15%。

（二）2007—2016 年普通高中教育经费收入来源所占比例变化情况

由表 3-2 可知,全国普通高中教育经费收入中财政性经费所占比例从 2007 年的 57.04%逐年增加到 2016 年的 81.61%,增加了 24.57 个百分点,增长 43.08%;该比例除 2016 年外始终低于全国财政性经费占总教育经费的比例,2009 年及之前低超过 10 个百分点,即普高经费投入的财政保障水平低于全国各级教育的平均水平。民办学校中举办者投入占总经费收入的比例从 2007 年的 1.12%下降到 2016 年的 0.47%,减少了 0.65 个百分点,下降了 58.04%;该比例绝大多数年份低于全国民办学校中举办者投入占全国总教育经费的比例。捐赠收入占总经费收入的比例从 2007 年的 0.93%下降到 2016 年的 0.23%,减少了 0.70 个百分点,下降了 75.27%;该比例始终高于全国捐赠收入占总教育经费的比例。事业收入占总经费收入的比例从 2007 年的 37.67%逐年下降到 2016 年的 15.98%,减小了 21.69 个百分点,下降了 57.58%;该比例除2016年外始终高于全国事业收入占总教育经费的比例,2013年及以前大于20%。事业收入中学杂费占总经费收入的比例从2007年的26.62%逐年下降(2013—2014年均有所上升除外)到2016年的12.45%,减小了14.17个百分点,下降了53.23%;该比例始终高于全国学杂费收入占总教育经费的比例,但差距在缩小,从9.08个百分点收窄到0.18个百分点。其他收入占总经费收入的比例从3.24%下降到1.71%,2014年及之前呈逐年下降趋势,2015—2016年连续两年回升;该比例始终低于全国其他收入占总教育经费的比例。

可见,全国普通高中教育经费收入的最主要来源是政府财政性经费,且呈逐年增加趋势,其所占比例从57.04%增加到了81.61%;普通高中教育经费收入的第二大来源为事业收入,但其比例从37.67%逐年下降15.98%。民办学校中举办者投入、捐赠收入、事业收入、事业收入中学杂费、其他收入都呈下降趋势,其中捐赠收入下降达75.27%,学杂费占总收入的比例从26.62%下降至12.45%。

第三节　2007—2016年普通高中生均教育经费地区差异分析

一、2007—2016年普通高中总生均教育经费地区差异分析

(一) 2007—2016年全国普通高中总生均教育经费总量分析

表3-3显示了全国普通高中总生均教育经费在2007—2016年这十年间的变化情况。

由表3-3可知,全国普通高中总生均教育经费从2007—2016年的变化趋势为5421元↗(表示“增加到”,下同)6170元↗6968

表 3-3　2007—2016 年全国普通高中总生均教育经费变化情况表

年份	2007		2008	2009	2010	2011	2012	2013	2014	2015	2016		2016 比 2007 增加	
	经费数	排名	经费数	经费数	经费数	经费数	经费数	经费数	经费数	经费数	经费数	排名	增加比例	排名
高于全国均值省份数	12		13	12	15	15	14	13	15	16	16		21	
全国	5421		6170	6968	7929	9682	11543	12629	13210	14737	16258		199.91	
北京	18892	2	22577	26659	34036	41958	47388	58999	65751	64630	83970	1	344.47	-1
天津	9971	4	12515	15327	17289	23385	23492	29145	36803	36522	34669	3	247.70	-1
河北	4051	24	4837	5414	6274	7614	9551	10171	10317	12096	12624	27	211.63	3
山西	5328	13	5750	6269	7185	8633	10609	10918	10835	11593	12914	25	142.38	12
内蒙古	4779	18	5967	7360	10164	12065	13672	14825	14834	18142	19815	9	314.63	-9
辽宁	5528	12	6245	6548	8064	10397	11786	13012	14525	16580	17707	14	220.31	2
吉林	5102	14	6165	6538	7330	7857	9877	10483	11447	13489	14523	18	184.65	4
黑龙江	4587	20	5360	6047	6179	7864	10205	11726	11975	13474	14189	20	209.33	0
上海	22133	1	30311	31948	34926	43740	47388	48697	50529	55105	66596	2	200.89	1
江苏	7542	6	8311	9672	10843	13979	17432	20536	21603	24170	26161	6	246.87	0
浙江	11254	3	12091	12656	13422	15405	17300	20176	25702	28924	31772	5	182.32	2

续表

年份	2007		2008	2009	2010	2011	2012	2013	2014	2015	2016		2016 比 2007 增加	
	经费数	排名	经费数	经费数	经费数	经费数	经费数	经费数	经费数	经费数	经费数	排名	增加比例	排名
安徽	3963	26	4466	5091	6102	8142	10356	11362	11377	12995	13561	23	242.19	-3
福建	6289	8	6708	8081	8965	10767	11833	14089	16128	17499	18528	11	194.61	3
江西	3673	28	4197	4894	5512	6628	8600	10303	11234	11759	12668	26	244.90	-2
山东	5091	15	6020	6813	8125	10204	11880	12166	14235	16897	17200	16	237.85	1
河南	3159	31	3664	4059	4576	6305	7701	8244	8548	8373	9127	31	188.92	0
湖北	4237	21	4467	5143	5915	7149	9981	10996	12569	14170	17857	13	321.45	-8
湖南	4958	16	5802	6740	7545	8471	10468	10581	11052	11823	13653	22	175.37	6
广东	7893	5	7897	8739	9420	10478	11368	12544	16025	18843	22148	7	180.60	2
广西	3890	27	4353	4993	5510	6793	8125	9098	9787	11115	11438	30	194.04	3
海南	5669	10	6444	6420	25520	10460	15529	14158	15419	17171	20196	8	256.25	-2
重庆	4931	17	5800	6044	7489	9268	11957	13340	13517	15001	17887	12	262.75	-5
四川	4112	22	5054	6142	6260	7362	9470	9987	10547	12389	13291	24	223.22	2
贵州	3990	25	4234	4482	4967	6644	8101	8802	8830	10915	12438	29	211.73	4
云南	4759	19	5297	6034	6939	8151	9887	10200	10009	12326	14487	19	204.41	0

续表

年份	2007		2008	2009	2010	2011	2012	2013	2014	2015	2016		2016比2007增加	
	经费数	排名	经费数	经费数	经费数	经费数	经费数	经费数	经费数	经费数	经费数	排名	增加比例	排名
西藏	6917	7	8572	11539	11450	12932	15035	18451	26691	34316	32115	4	364.29	−3
陕西	3425	29	4364	5453	6141	8502	10792	11449	11697	13422	14167	21	313.64	−8
甘肃	3343	30	4564	5191	6062	7168	8415	9822	9808	10910	12497	28	273.83	−2
青海	4091	23	6188	8600	12346	16838	21166	15601	21319	18990	18683	10	356.69	−13
宁夏	5650	11	8265	7761	9113	10362	10662	11540	11979	14926	16119	17	185.29	6
新疆	6196	9	7366	8589	9782	12334	13534	15621	14929	16690	17551	15	183.26	6
标准差	4233		5544	6100	7645	8945	9578	11119	12623	12725	15831		273.99	
变异系数	0.781		0.899	0.875	0.964	0.924	0.830	0.880	0.956	0.863	0.974		24.71	
极大值	22133		30311	31948	34926	43740	47388	58999	65751	64630	83970		279.39	
极小值	3159		3664	4059	4576	6305	7701	8244	8548	8373	9127		188.92	
极差	18974		26647	27888	30350	37435	39687	50755	57203	56256	74843		294.45	
极差率	7.01		8.27	7.87	7.63	6.94	6.15	7.16	7.69	7.72	9.20		31.24	
京津沪三市	17243		21798	24573	28695	36128	39254	45826	51271	52139	61645		257.51	

续表

年份	2007		2008	2009	2010	2011	2012	2013	2014	2015	2016		2016 比 2007 增加	
	经费数	排名	经费数	经费数	经费数	经费数	经费数	经费数	经费数	经费数	经费数	排名	增加比例	排名
东部八省	6621		7282	8150	9214	11061	12808	14158	16393	18761	20396		208.05	
中部八省	4157		4709	5308	6026	7477	9495	10284	10758	11568	12820		208.40	
西部十二省(区、市)	4262		5172	6016	6881	8480	10282	11073	11378	13219	14465		239.39	

注:增加比例的单位为"%",经费数单位为"元",极差率及变异系数无单位。

资料来源:根据 2008—2017 年《中国教育经费统计年鉴》、2007—2016 年《中国教育统计年鉴》中的普通高中的经费数、学生数的原始数据计算整理而得。

元↗7929元↗9682元↗11543元↗12629元↗13210元↗14737元↗16258元，呈逐年增加趋势，这10年间总生均教育经费增加了10837元，共增长了199.91%，其中2013年、2014年增长率为个位数外，其余年份年增长率均超过两位数，其中2011年增幅最大为22.11%，2012年次之为19.22%，2014年最小为4.60%。这10年间全国普通高中总生均教育经费增加幅度高于全国均值的省份有21个，增幅大于300%的省份有6个，大于250%的有9个，增幅在200%—250%之间的省份有12个，低于200%的有11个，低于180%的有2个，低于150%的有1个。这10年间普通高中总生均教育经费高于各年全国均值的省份数从2007—2016年的变化趋势为12↗13↘（表示"下降到"，下同）12↗15→15↘14↘13↗15↗16→16，即基本有不到一半的（12—16个，2015—2016年均有16个除外）省份的总生均教育经费要高于全国均值，截至2016年仍有16个省份的要高于全国平均水平。

（二）2007—2016年全国普通高中总生均教育经费的极值与位次变化分析

1. 普通高中总生均教育经费的极值分析

由表3-3排序可知，全国普通高中总生均教育经费2016年最大的5省份为北京83970元、上海66596元、天津34669元、西藏32115元、浙江31772元，最小的5省份为河北12624元、甘肃12497元、贵州12438元、广西11438元、河南9127元，大于6.6万元的省份有2个，大于3万元的有4个，大于2万元的有8个，在1.5万—2万元之间的有9个，小于1.5万元的有14个，小于1.3万元的有7个，小于1万元的有1个。

这10年间全国普通高中总生均教育经费增加幅度最大的5省份为西藏364.29%、青海356.69%、北京344.47%、湖北321.45%、内蒙古 314.63%，增幅最小的 5 省份为新疆 183.26%、浙江 182.32%、广东 180.60%、湖南 175.37%、山西 142.38%。这 10 年间，北京、上海、天津、西藏、浙江是全国普通高中总生均教育经费最大的省份，甘肃、广西、江西、贵州、河南是最小的省份，其中北京、上海始终为最大两地（2012—2016 北京最大、上海第二大，2007—2011 年上海最大、北京为第二大），河南在这十年间始终为最小，贵州有 5 年为第二小，甘肃、江西各有 2 年及广西有 1 年为第二小。

由表 3-3 可知，全国普通高中总生均教育经费的极大值从 2007 年的 22133 元逐年增加（2015 年有所下降除外）到 2016 年的 83970 元，增加了 279.39%，极小值从 3159 元逐年增加（2015 年有所下降除外）到 9127 元，增加了 188.92%，极差从 18974 元逐年增加（2015 年有所下降除外）到 74843 元，增加了 294.45%，极差率从 7.01 上升到 9.20（中间有升有降，2012 年最小为 6.15，2016 年为最大），增加了 31.24%，即极大值及极小值都在增大，其绝对差距与相对差距也都在扩大。

2. 普通高中总生均教育经费的位次变化分析

这 10 年间全国普通高中总生均教育经费的排名位次没有变化的为江苏、云南、黑龙江、河南，分别位居第 6、19、20、31 位；排名位次后移的省份有 15 个，后移大于等于 4 位的有 6 个，贵州、吉林均后移了 4 位，新疆、宁夏、湖南均后移了 6 位，山西从 2007 年的第 13 位后移到了 2016 年的第 25 位、后移了 12 位，后移的位次越多说明这些省份在增加普通高中总生均教育经费数量上的工作成效越不够显著，其普通高中总生均教育经费的相对排位下跌厉害。有 12 个省份的位次在前移，前移大于等于 5 位的省份有 5 个，其中重庆前移了 5 位，湖北、陕西均前移了 8 位，内蒙古从 2007 年的第 18 位前移到了 2016 年的第 9 位、前移了 9 位，青海从第 23 位前移到了第 10 位、前移了 13 位，前移的位次越多说明这些省份在增加普通高中总生均教育经费数量上的工作成效越显著，迅速地提升了其普通高中总生均教育经费的排位。

（三）2007—2016 年全国普通高中总生均教育经费的地区差异分析

由表 3-3 的相关数据可作出图 3-1，图 3-1 反映了全国普通高中总生均教育经费的地区差异情况。由图 3-1 可知，京津沪三市总生均教育经费始终是最大的（高东部八省 10622—41249 元，差距除 2015 年有所减小外均呈逐年增加趋势），其次是东部八省（高全国均值 1112—4138 元），再次是西部十二省（区、市）（低于全国均值 952—1832 元），中部八省始终是最低的（低西部十二省（区、市）105—1645 元，2015 年差距最大达 1651 元、2007 年差距最小为 105 元），京津沪明显高于其他地区（是东部的 2.60—3.27 倍、是中部的 4.13—4.83 倍、是西部的 3.82—4.51 倍），西部是中部的 1.06—1.14 倍，截至 2016 年京津沪三市是东部八省的 3.02 倍、是中部八省的 4.81 倍、是西部十二省（区、市）的 4.26 倍；即全国普通高中总生均教育经费呈现出中部塌陷现象，京津沪远高于其他地区、且差距越来越大。如普通高中总生均教育经费京津沪三市 2007 年为 17243 元、中部八省为 4157 元，相差 3.15 倍；京津沪三市 2016 年为 61645 元、中部八省为 12820 元，相差 3.81 倍，差距相当悬殊。各地均呈逐年增加趋势，京津沪三市的增幅最大（2.58 倍），西部十二省（区、市）次之（2.39 倍），东部八省增幅最小（2.081 倍），全国平均增加 1.999 倍。

由表 3-3 可知，反映全国普通高中总生均教育经费各省份与全国均值的离差情况的标准差在 2007—2016 年的变化趋势是

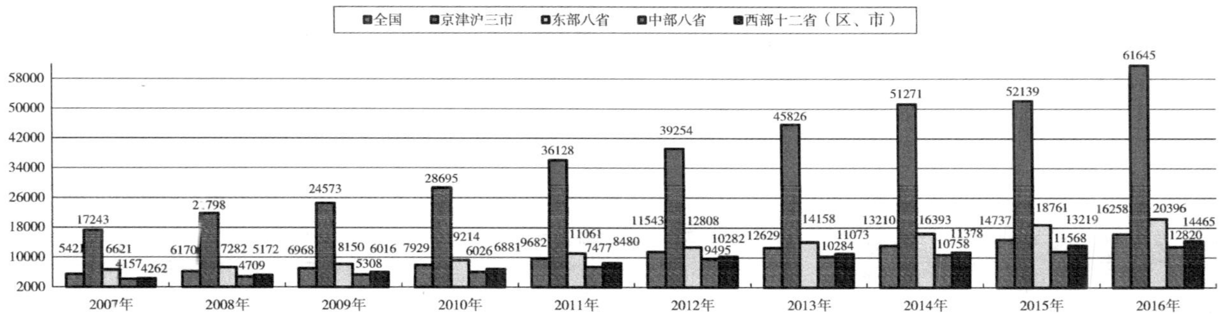

图 3-1　普通高中总生均教育经费地区差异图（单位：元）

注：每组柱状从左到右分别代表全国、京津沪三市、东部八省、中部八省、西部十二省（区、市）的统计数据。

4233 元↗5544 元↗6100 元↗7645 元↗8945 元↗9578 元↗11119 元↗12623 元↗12725 元↗15831 元，累计增加了 273.99%。反映各省份与全国均值间的差异情况的变异系数在 2007—2016 年的变化趋势是 0.781↗0.899↘0.875↗0.964↘0.924↘0.830↗0.880↗0.956↘0.863↗0.974，这 10 年间增加了 24.71%，差异水平相当高。

二、2007—2016 年普通高中生均财政性教育经费地区差异分析

（一）2007—2016 年全国普通高中生均财政性教育经费的总量分析

表 3-4 显示了 2007—2016 年这十年间全国普通高中生均财政性教育经费的变化情况。

由表 3-4 可知，全国普通高中生均财政性教育经费从 2007 至 2016 年的变化趋势为 2532 元↗3072 元↗3619 元↗4381 元↗5681 元↗7403 元↗8092 元↗10636 元↗12102 元↗13413 元，呈逐年增长趋势，这 10 年间普通高中生均财政性教育经费增加了 10881 元，除 2013 年增长率为个位数（9.31%）外，其余年份年增长率均超过两位数，2014 年增长率最高达 31.44%，其次为 2012 年 30.31%，十年间共增加了 429.74%，增幅大于全国均值的省份有 18 个，大于 800%的有 1 个，大于 600%的有 4 个，大于 500%的有 13 个，在 400%—500%之间的有 9 个，低于 400%的有 9 个，低于 350%的有 3 个，低于 300%的有 1 个。这 10 年间普通高中生均财政性教育经费高于各年全国均值的省份数从 2007—2016 年的变化趋势为 14↗17↗18↘16↘15↗16→16↘15↗17→17，即基本有全国有一半以上（14—18 个，其中 2007、2011、2014 各有 14、15、

表 3-4　2007—2016 年全国普通高中生均财政性教育经费变化情况表

年份	2007		2008	2009	2010	2011	2012	2013	2014	2015	2016		2016 比 2007 增加	
	经费数	排名	经费数	经费数	经费数	经费数	经费数	经费数	经费数	经费数	经费数	排名	增加比例	排名
高于全国均值省份数	14		17	18	16	15	16	16	15	17	17		18	
全国	2532		3072	3619	4381	5681	7403	8092	10636	12102	13413		429.74	
北京	10596	2	14178	18320	24062	30005	33471	37700	59419	56801	73040	1	589.32	-1
天津	6180	4	7594	9584	12477	14771	16480	20205	33591	33135	31581	4	411.02	0
河北	2060	21	2688	3118	3684	4580	6665	6909	8470	10260	10723	24	420.53	3
山西	2235	19	2828	3195	3859	4850	6411	6348	8491	9305	10431	26	366.71	7
内蒙古	2376	16	3352	4414	6211	8129	10123	10874	13900	17149	17686	7	644.36	-9
辽宁	2786	10	3312	3714	4980	6497	8302	8441	12336	13944	14938	13	436.18	3
吉林	2373	17	3378	3867	4830	5390	7528	7804	9978	11955	12789	18	438.94	1
黑龙江	2499	15	3281	3994	3743	5239	7705	8779	10244	12147	12626	19	405.24	4
上海	12176	1	16514	17859	20450	23878	28179	30235	41967	46312	56348	2	362.78	1
江苏	3258	9	3863	4341	5486	6950	9849	11843	17751	20273	22060	6	577.10	-3
浙江	3971	7	4353	4802	5323	6266	8345	10159	18295	20509	23336	5	487.66	-2

续表

年份	2007		2008	2009	2010	2011	2012	2013	2014	2015	2016		2016 比 2007 增加	
	经费数	排名	经费数	经费数	经费数	经费数	经费数	经费数	经费数	经费数	经费数	排名	增加比例	排名
安徽	1509	31	1781	2101	2603	4223	5928	6388	8006	9279	9984	29	561.63	-2
福建	2727	12	3312	4162	4911	5767	7070	8240	12849	14054	14974	12	449.10	0
江西	1725	25	2062	2465	2800	4295	6164	7334	9419	9893	10505	25	508.99	0
山东	2365	18	3074	3765	4831	6545	7869	8184	11760	14419	14713	14	522.11	-4
河南	1558	29	1756	2100	2334	3776	4974	5381	6820	6570	7019	31	350.51	2
湖北	1513	30	1710	2016	2434	3307	5477	6411	9289	11242	14669	15	869.53	-15
湖南	1671	27	2192	2757	3233	3873	5780	6092	7589	8435	10124	27	505.86	0
广东	4024	5	4144	4743	5293	6279	7141	7986	11928	14957	17484	9	334.49	4
广西	1968	24	2212	2506	3223	4305	5590	6289	7973	9352	9663	30	391.01	6
海南	2702	13	3732	4137	19731	7164	10758	9648	13649	15175	17587	8	550.89	-5
重庆	2020	22	2793	2954	3779	5463	7446	8106	11227	12418	14619	16	623.71	-6
四川	1713	26	2124	2176	2692	4033	5871	6094	8218	10121	10988	23	541.45	-3
贵州	2216	20	2518	2690	3039	4404	5602	5901	7026	8457	10088	28	355.23	8
云南	2585	14	2855	3809	4232	5095	6309	6717	8427	10444	12485	20	382.98	6

续表

年份	2007		2008	2009	2010	2011	2012	2013	2014	2015	2016		2016比2007增加	
	经费数	排名	经费数	经费数	经费数	经费数	经费数	经费数	经费数	经费数	经费数	排名	增加比例	排名
西藏	6262	3	7734	10662	10423	10611	14374	17844	26502	34137	31919	3	409.73	0
陕西	1658	28	2383	3335	4103	5656	8029	8576	9899	11360	12134	21	631.85	-7
甘肃	1992	23	2758	3285	4055	4736	5974	7277	8462	9643	11125	22	458.48	-1
青海	2737	11	4456	6294	9899	13541	18035	11919	19741	17597	17135	10	526.05	-1
宁夏	3486	8	5007	5088	6322	6977	7307	8043	10629	12766	14116	17	304.93	9
新疆	4021	6	4594	5980	7280	9628	10547	12066	12969	15100	15778	11	292.39	5
标准差	2479		3329	4005	5517	5861	6493	7150	11442	11357	13854		458.85	
变异系数	0.979		1.084	1.106	1.259	1.032	0.877	0.884	1.076	0.938	1.033		5.52	
极大值	12176		16514	18320	24062	30005	33471	37700	59419	56801	73040		499.87	
极小值	1509		1710	2016	2334	3307	4974	5381	6820	6570	7019		365.14	
极差	10667		14803	16304	21729	26697	28497	32319	52599	50231	66021		518.93	
极差率	8.07		9.65	9.09	10.31	9.07	6.73	7.01	8.71	8.65	10.41		29.00	
京津沪三市	9772		12803	15295	19075	22966	26120	29549	45293	45491	53588		448.38	

续表

年份	2007		2008	2009	2010	2011	2012	2013	2014	2015	2016		2016比2007增加	
	经费数	排名	经费数	经费数	经费数	经费数	经费数	经费数	经费数	经费数	经费数	排名	增加比例	排名
东部八省	3011		3544	4116	4992	6178	7870	8699	12911	15201	16590		450.98	
中部八省	1747		2139	2549	2954	4163	5927	6470	8296	9125	10193		483.46	
西部十二省(区、市)	2183		2770	3317	4109	5479	7120	7632	9562	11263	12362		466.28	

注：表中增加比例的单位为“%”，经费数单位为“元”，变异系数、极差率无单位。2014—2016年生均财政性教育经费计算数据采用的是财政补助支出的数据，因《中国教育经费统计年鉴》在2013年及以前统计的是预算内教育事业费和基建经费（两者之和为总的财政预算内教育经费）的经费数据，2014年及以后统计的只有财政性教育事业费，故为保持前后比较一致，此处采用了财政补足支出来代替总的财政预算内教育经费，如此计算结果会偏大一些。

资料来源：根据2008—2017年《中国教育经费统计年鉴》、2007—2016年《中国教育统计年鉴》中的普通高中的经费数、学生数的原始数据计算整理而得。

15个除外）省份的生均财政性教育经费要高于全国均值，截至2016年仍有17个省份的要高于全国平均水平。

（二）2007—2016年全国普通高中生均财政性教育经费的极值与位次变化分析

1. 普通高中生均财政性教育经费的极值分析

由表3-4排序可知，全国普通高中生均财政性教育经费2016年最大的5省份为北京73040元、上海56348元、西藏31919元、天津31581元、浙江23336元，最小的5省份为湖南10124元、贵州10088元、安徽9984元、广西9663元、河南7019元，大于5万元的省份有2个，大于2万元的有6个，大于1.5万元的有11个，在1.2万—1.5万元之间的有10个，小于1.2万元的有10个，小于1万元的有3个。

这10年间全国普通高中生均财政性教育经费增加幅度最大的5省份为湖北869.53%、内蒙古644.36%、陕西631.85%、重庆623.71%、北京589.32%，增幅最小的5省份为贵州355.23%、河南350.51%、广东334.49%、宁夏304.93%、新疆292.39%。这10年间，北京、上海、西藏、天津、青海、浙江是普通高中生均财政性教育经费最大的省份，湖南、安徽、四川、贵州、湖北、广西、河南是普通高中生均财政性教育经费最小的省份，其中北京、上海始终位居前两位（在2009—2016年北京为最大、上海次之，在2007—2008年上海为最大、北京次之），西藏有5年位居第三，河南在2010及2012—2016年始终为最小，湖北有3年、安徽有1年为最小。

由表3-4可知，普通高中生均财政性教育经费的极大值从2007年的12176元逐年增加（2015年下降除外）到2016年的73040元，增加了499.87%，极小值从1509元逐年增加（2015年下降除外）到7019元，增加了365.14%，极差从10667元逐年上升

（2015 年下降除外）到 66021 元，增加了 518.93%，极差率从 8.07 增加到 10.41（中间有降有升，2012 年最小为 6.73），增加了 29.00%，即极大值、极小值都在增加，其相对差距与绝对差距也都在增加。

2. 普通高中生均财政性教育经费的位次变化分析

这 10 年间全国普通高中生均财政性教育经费的排名位次没有变化的为西藏、天津、福建、江西、湖南，分别位居第 3、4、12、25、27 位。排名位次后移的省份有 13 个，后移大于等于 4 位的有 8 个，广东、黑龙江均后移了 4 位，新疆后移了 5 位，云南、广西均后移了 6 位，山西从 2007 年的第 19 位后移到了 2016 年的第 26 位、后移了 7 位，贵州从第 20 位后移到了第 28 位、后移了 8 位，宁夏从第 8 位后移到了第 17 位、后移了 9 位，后移的位次越多说明这些省份普通高中生均财政性教育经费排名下跌越快。有 13 个省份的位次在前移，前移大于等于 4 位的省份有 6 个，其中山东、海南、重庆分别前移了 4、5、6 位，陕西从 2007 年的第 28 位前移到了 2016 年的第 21 位、前移了 7 位，内蒙古从第 16 位前移到了第 7 位、前移了 9 位，湖北从第 30 位前移到了第 15 位、前移了 15 位，前移的位次越多说明这些省份普通高中生均财政性教育经费排名上升越快。

（三）2007—2016 年全国普通高中生均财政性教育经费的地区差异分析

由表 3-4 的相关数据可作出图 3-2，图 3-2 反映了全国普通高中生均财政性教育经费的地区差异情况。由图 3-2 可知，京津沪三市普通高中生均财政性教育经费始终是最大的（高东部八省 6761—36998 元），其次是东部八省（高全国均值 467—3177 元，2007—2013 年高 467—607 元，2014 年及以后差距超过 2200 元），再次是西部十二省（区、市）（低全国均值202—1074元，2007—2013年低202—460元，2014年、2016年低超过1千元，2015年低839元），中部八省始终是最低的（低西部十二省（区、市）436—2169元，且差距呈增加趋势）；即全国普通高中生均财政性教育经费从京津沪、东部、西部、中部呈梯度递减趋势，且呈中部塌陷态势，也就是东强中弱、京津沪远远高于其他地区且与其他地区差距在迅速扩大，京津沪是东部的3.23—3.82倍、是西部的3.67—4.64倍、是中部的4.41—6.46倍，西部是中部的1.15—1.39倍，截至2016年京津沪三市是东部八省的3.23倍、是西部十二省（区、市）的4.33倍、是中部八省的5.26倍。如普通高中生均财政性教育经费京津沪三市2007年为9772元、中部八省为1747元，相差4.59倍；京津沪三市2016年为53588元、西部十二省（区、市）为10193元，相差4.26倍，差距相当悬殊。各地均呈逐年增加趋势，中部八省增幅最大（4.83倍），西部十二省（区、市）次之（4.66倍），京津沪三市增幅最小（4.48倍），全国平均增加4.30倍。

由表3-4可知，反映全国普通高中生均财政性教育经费各省份与全国均值的离差情况的标准差在2007—2016年的变化趋势是2479元↗3329元↗4005元↗5517元↗5861元↗6493元↗7150元↗11442元↘11357元↗13854元，即呈逐年上升趋势（2015年下降除外），这10年间累计增加了458.85%。反映各省份与全国均值间的差异情况的变异系数在2007—2016年的变化趋势是0.979↗1.084↗1.106↗1.259↘1.032↘0.877↗0.884↗1.076↘0.938↗1.033，即这10年间全国普通高中生均财政性教育经费各省份与全国均值的差异有增有减，累计增加了5.52%，差异非常大。

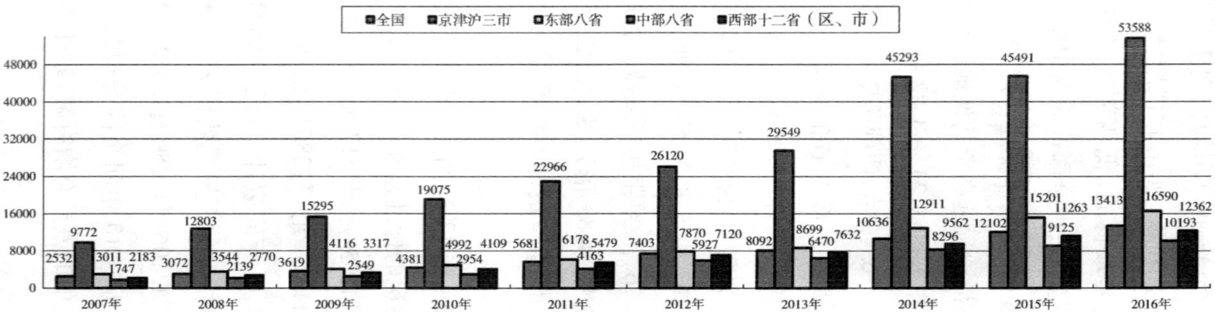

图 3-2　普通高中生均财政性教育经费地区差异图（单位：元）

注：每组柱状从左到右分别代表全国、京津沪三市、东部八省、中部八省、西部十二省（区、市）的统计数据。

三、2007—2016年普通高中生均财政性教育经费占总生均教育经费比例地区差异分析

（一）2007—2016年全国普通高中生均财政性教育经费占总生均教育经费比例的总量分析

表3-5显示了2007—2016年这十年间全国普通高中生均财政性教育经费占总生均教育经费比例的变化情况。

由表3-5可知，全国普通高中生均财政性教育经费占总生均教育经费比例从2007—2016年的变化趋势为46.70%↗49.79%↗51.94%↗55.25%↗58.67%↗64.14%↘64.07%↗80.52%↗82.12%↗82.50%，这10年间普通高中生均财政性教育经费占总生均教育经费比例增加了35.80个百分点，呈逐年增加趋势，该比例共增加了76.66%，增幅大于全国均值的省份有14个，大于100%的有3个，大于90%的有9个，大于80%的有12个，在60%—80%之间的有7个，低于60%的有12个，低于50%的有7个，低于40%的有3个。这10年间普通高中生均财政性教育经费占总生均教育经费比例高于各年全国均值的省份数从2007—2016年的变化趋势为20→20↘19↗20↗22↘19→19↗21→21→21，即这十年间有一半以上的（19—22个）省份的普通高中生均财政性教育经费占总生均教育经费比例要高于全国均值的，截至2016年仍有21个省份的要高于全国平均水平。

（二）2007—2016年全国普通高中生均财政性教育经费占总生均教育经费比例的极值与位次变化分析

1. 普通高中生均财政性教育经费占总生均教育经费比例的极值分析

由表3-5排序可知，全国普通高中生均财政性教育经费占总生均教育经费比例2016年最大的5省份为西藏99.39%、青海91.71%、

表 3-5　2007—2016 年全国普通高中生均财政性教育经费占总生均教育经费比例变化情况表

年份	2007		2008	2009	2010	2011	2012	2013	2014	2015	2016		2016 比 2007 增加	
	比例	排名	比例	比例	比例	比例	比例	比例	比例	比例	比例	排名	增加比例	排名
高于全国均值省份数	20		20	19	20	22	19	19	21	21	21		14	
全国	46. 70		49. 79	51. 94	55. 25	58. 67	64. 14	64. 07	80. 52	82. 12	82. 50		76. 66	
北京	56. 09	7	62. 80	68. 72	70. 70	71. 51	70. 63	63. 90	90. 37	87. 89	86. 98	11	55. 07	4
天津	61. 98	4	60. 68	62. 53	72. 17	63. 17	70. 15	69. 33	91. 27	90. 72	91. 09	3	46. 97	−1
河北	50. 87	13	55. 58	57. 58	58. 72	60. 15	69. 78	67. 93	82. 10	84. 82	84. 94	15	66. 97	2
山西	41. 95	25	49. 18	50. 96	53. 71	56. 18	60. 43	58. 14	78. 37	80. 26	80. 78	26	92. 56	1
内蒙古	49. 72	16	56. 18	59. 97	61. 11	67. 38	74. 04	73. 35	93. 70	94. 52	89. 26	5	79. 53	−11
辽宁	50. 41	15	53. 04	56. 72	61. 76	62. 49	70. 44	64. 87	84. 93	84. 10	84. 37	18	67. 37	3
吉林	46. 51	21	54. 80	59. 15	65. 89	68. 59	76. 22	74. 45	87. 17	88. 63	88. 06	8	89. 34	−13
黑龙江	54. 48	10	61. 22	66. 05	60. 58	66. 62	75. 50	74. 87	85. 54	90. 15	88. 98	7	63. 33	−3
上海	55. 01	9	54. 48	55. 90	58. 55	54. 59	59. 46	62. 09	83. 05	84. 04	84. 61	16	53. 81	7
江苏	43. 20	24	46. 48	44. 88	50. 60	49. 72	56. 50	57. 67	82. 17	83. 88	84. 32	19	95. 19	−5
浙江	35. 29	30	36. 00	37. 94	39. 66	40. 67	48. 24	50. 35	71. 18	70. 91	73. 45	31	108. 13	1

续表

年份	2007		2008	2009	2010	2011	2012	2013	2014	2015	2016		2016 比 2007 增加	
	比例	排名	比例	比例	比例	比例	比例	比例	比例	比例	比例	排名	增加比例	排名
安徽	38.09	28	39.87	41.28	42.65	51.87	57.24	56.23	70.37	71.41	73.62	30	93.28	2
福建	43.36	23	49.37	51.51	54.78	53.56	59.75	58.48	79.67	80.31	80.82	25	86.39	2
江西	46.97	20	49.13	50.37	50.81	64.79	71.68	71.18	83.84	84.13	82.93	20	76.56	0
山东	46.45	22	51.07	55.26	59.46	64.14	66.24	67.27	82.61	85.33	85.54	15	84.16	−7
河南	49.33	17	47.92	51.74	51.00	59.90	64.59	65.27	79.78	78.46	76.90	28	55.89	11
湖北	35.70	29	38.29	39.20	41.14	46.26	54.88	58.30	73.91	79.34	82.15	22	130.11	−7
湖南	33.70	31	37.78	40.90	42.85	45.72	55.21	57.58	68.66	71.35	74.15	29	120.03	−2
广东	50.98	12	52.48	54.28	56.19	59.92	62.81	63.67	74.44	79.38	78.94	27	54.85	15
广西	50.58	14	50.81	50.19	58.49	63.37	68.79	69.13	81.46	84.14	84.48	17	67.02	3
海南	47.65	19	57.92	64.45	77.31	68.49	69.27	68.14	88.52	88.38	87.08	10	82.75	−9
重庆	40.96	27	48.16	48.87	50.46	58.94	62.27	60.76	83.05	82.78	81.73	23	99.54	−4
四川	41.66	26	42.02	35.44	43.00	54.78	62.00	61.02	77.92	81.69	82.67	21	98.44	−5
贵州	55.54	8	59.47	60.01	61.18	66.29	69.15	67.04	79.56	77.48	81.10	24	46.02	16
云南	54.33	11	53.90	63.12	60.99	62.51	63.81	65.86	84.19	84.74	86.19	12	58.64	1

续表

年份	2007		2008	2009	2010	2011	2012	2013	2014	2015	2016		2016比2007增加	
	比例	排名	比例	比例	比例	比例	比例	比例	比例	比例	比例	排名	增加比例	排名
西藏	90.53	1	90.23	92.39	91.03	82.05	95.61	96.71	99.29	99.48	99.39	1	9.79	0
陕西	48.42	18	54.62	61.16	66.81	66.53	74.40	74.90	84.63	84.64	85.65	13	76.89	-5
甘肃	59.57	6	60.44	63.29	66.88	66.08	70.99	74.09	86.28	88.39	89.02	6	49.44	0
青海	66.90	2	72.01	73.18	80.18	80.42	85.21	76.40	92.60	92.67	91.71	2	37.09	0
宁夏	61.70	5	60.58	65.56	69.37	67.33	68.53	69.70	88.73	85.53	87.57	9	41.93	4
新疆	64.91	3	62.37	69.63	74.42	78.06	77.93	77.24	86.87	90.48	89.90	4	38.50	1
标准差	11.28		10.67	11.86	12.18	9.63	9.48	8.77	6.98	7.06	5.61		-50.27	
变异系数	0.242		0.214	0.228	0.220	0.164	0.148	0.137	0.087	0.086	0.068		-71.90	
极大值	90.53		90.23	92.39	91.03	82.05	95.61	96.71	99.29	99.48	99.39		9.79	
极小值	33.70		36.00	35.44	39.66	40.67	48.24	50.35	68.66	70.91	73.45		117.95	
极差	56.83		54.23	56.96	51.37	41.37	47.37	46.36	30.63	28.57	25.94		-54.36	
极差率	2.69		2.51	2.61	2.30	2.02	1.98	1.92	1.45	1.40	1.35		-49.81	
京津沪三市	56.67		58.74	62.24	66.48	63.57	66.54	64.48	88.34	87.25	86.93		53.40	

续表

年份	2007		2008	2009	2010	2011	2012	2013	2014	2015	2016		2016 比 2007 增加	
	比例	排名	比例	比例	比例	比例	比例	比例	比例	比例	比例	排名	增加比例	排名
东部八省	45.48		48.66	50.51	54.18	55.85	61.44	61.44	78.76	81.02	81.34		78.85	
中部八省	42.02		45.43	48.03	49.02	55.68	62.42	62.91	77.11	78.88	79.51		89.22	
西部十二省(区、市)	51.21		53.56	55.14	59.72	64.61	69.24	68.92	84.04	85.20	85.46		66.88	

注:表中比例及增加比例的单位均为“%”,变异系数、极差率无单位。2007—2013 年的生均财政性教育经费的统计口径为预算内经费,2014—2016 年生均财政性教育经费的统计口径为财政补贴支出数据计算得出,故值偏大一些造成生均财政性教育经费占总生均教育经费比例偏大。

资料来源:根据 2008—2017 年《中国教育经费统计年鉴》、2007—2016 年《中国教育统计年鉴》中的普通高中的经费数、学生数的原始数据计算整理而得。

天津91.09%、新疆89.90%、内蒙古89.26%，最小的5省份为广东78.94%、河南76.90%、湖南74.15%、安徽73.62%、浙江73.45%，大于99%的省份有1个，大于90%的有3个，大于88%的省份有8个，在85%—88%之间的有6个，在80%—85%之间的有12个，小于80%的有5个，小于75%的有3个。

这10年间全国普通高中生均财政性教育经费占总生均教育经费比例增加幅度最大的5省份为湖北130.11%、湖南120.03%、浙江108.13%、重庆99.54%、四川98.44%，增幅最小的5省份为贵州46.02%、宁夏41.93%、新疆38.50%、青海37.09%、西藏9.79%。这10年间，西藏、青海、内蒙古、新疆、天津、北京、黑龙江是普通高中生均财政性教育经费占总生均教育经费比例最大的省份，安徽、四川、江苏、湖南、湖北、浙江是普通高中生均财政性教育经费占总生均教育经费比例最小的省份，其中西藏十年间始终位居第一，安徽（2007—2012年及2016年）、内蒙古（2014—2015年）、湖南（2013年）为第二大，浙江有7年、湖南有2年、四川有1年为最小。

由表3-5可知，普通高中生均财政性教育经费占总生均教育经费比例的极大值从2007年的90.53%增加到2016年的99.39%，增加了9.79%，极小值从33.70%增加到73.45%，增加了117.95%，极差从56.83%下降到25.94%，减小了54.36%，极差率从2.69逐年减少（2009年有所上升除外）到1.36，下降了49.81%，即虽然极大值、极小值都在增加，但其绝对差距与相对差距却在减小。

2. 普通高中生均财政性教育经费占总生均教育经费比例的位次变化分析

这10年间全国普通高中生均财政性教育经费占总生均教育

经费比例的排名位次没有变化的为西藏、青海、甘肃、江西，分别位居第1、2、3、20位。排名位次后移的省份有15个，后移大于等于4位的有6个，宁夏、北京均后移了4位，上海后移了7位，河南从2007年的第17位后移到了2016年的第28位、后移了11位，广东从第12位后移到了第27位、后移了15位，贵州从第8位后移到了第24位、后移了16位，后移的位次越多说明这些省份普通高中生均财政性教育经费占总生均教育经费比例排名下降得越快。有12个省份的位次在前移，前移大于等于4位的省份有9个，其中重庆前移了4位，江苏、四川、陕西均前移了5位，山东、湖北均前移了7位，海南从2007年的第19位前移到了2016年的第10位、前移了9位，内蒙古从第16位前移到了第5位、前移了11位，吉林从第21位前移到了第8位、前移了13位，前移的位次越多说明这些省份普通高中生均财政性教育经费占总生均教育经费比例排名上升得越快。

（三）2007—2016年全国普通高中生均财政性教育经费占总生均教育经费比例的地区差异分析

由表3-5的相关数据可作出图3-3，图3-3反映了全国普通高中生均财政性教育经费占总生均教育经费比例的地区差异情况。由图3-3可知，京津沪三市为最大（在2011—2013为第二、西部十二省（区、市）为最大）、西部十二省（区、市）为第二大（在2011—2013为最大、京津沪三市为第二大），京津沪三市有2年、东部八省为第三大（2012—2013年为最小、中部八省为第三大），中部八省为最小（2012—2013年为第三大、东部八省为最小），全国均值高于东部八省（1.07—2.82个百分点）、低于西部十二省（区、市）3.08—5.94个百分点。即普通高中生均财政性教育经费占总生均教育经费比例基本呈现出从京津沪、西部、东部、中部梯度递减的趋势，也呈现出中部塌陷现象，京津沪三市是西部十二省（区、市）的1.02—1.13倍（高出1.47—7.10个百分点，2011—2013年为西部的0.94—0.98倍、低1.04—4.44个百分点）、是东部的1.05—1.25倍（高出3.04—12.30个百分点）、是中部的1.02—1.36倍（高出1.57—17.46个百分点），东部是中部的1.00—1.11倍（高出0.17—5.16个百分点，2012—2013年为中部的0.98倍、低0.98—1.47个百分点）。如普通高中生均财政性教育经费占总生均教育经费比例京津沪三市2007年为56.67%、中部八省为42.02%，相差0.35倍；京津沪三市2016年为86.93%、东部八省为79.51%，相差0.09倍。各地均呈逐年增加趋势，中部八省增幅最大（0.89倍），东部八省次之（0.79倍），京津沪增幅最小（0.53倍），全国平均增幅为0.77倍，各地间的差距在减小。

由表3-5可知，反映全国普通高中生均财政性教育经费占总生均教育经费比例各省份与全国均值的离差情况的标准差在2007—2016年的变化趋势是11.28%↘10.67%↗11.86%↗12.18%↘9.63%↘9.48%↘8.77%↘6.98%↗7.06%↘5.61%，即总体呈下降趋势，这10年间累计下降了50.27%。反映各省份与全国均值间的差异情况的变异系数在2007—2016年的变化趋势是0.242↘0.214↗0.228↘0.220↘0.164↘0.148↘0.137↘0.087↘0.086↘0.068，即这10年间全国普通高中生均财政性教育经费占总生均教育经费比例各省份与全国均值的差异有升有降，总体基本呈逐年下降趋势，累计下降了71.90%，差异从比较小下降到非常小。

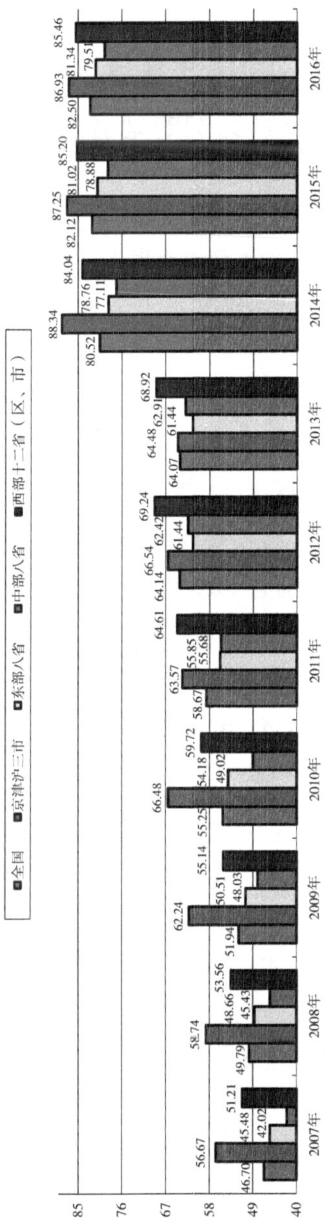

图 3–3 普通高中生均财政性教育经费占总生均教育经费比例地区差异图（单位：%）

注：每组柱状从左到右分别代表全国、京津沪三市、东部八省、中部八省、西部十二省（区、市）的统计数据。

第四节　2007—2016 年普通高中生均公用经费及其比例的地区差异分析

一、2007—2016 年普通高中生均公用经费的地区差异分析

（一）2007—2016 年全国普通高中生均公用经费的总量分析

表 3-6 显示了 2007—2016 年这十年间全国普通高中生均公用经费的变化情况。

由表 3-6 可知，全国普通高中生均公用经费从 2007—2016 年的变化趋势为 2224 元↗2542 元↗2756 元↗3150 元↗4082 元↗5082 元↗5577 元↘5445 元↘5373 元↗5470 元，除 2014—2015 连续两年有所下降外，其余年份均保持增长态势，其中 2011—2012 两年增长率最大分别为 29.59%及 24.50%，到 2016 年仍比 2013 年水平低 107 元，十年间共增加了 3246 元、增长了 145.85%，增幅大于全国均值的省份有 20 个，大于 1000%的有 1 个，在 300%—500%之间的有 4 个，大于 200%的有 10 个，在 150%—200%之间的有 9 个，低于 150%的有 12 个，小于 100%的有 5 个。这 10 年间普通高中生均公用经费高于各年全国均值的省份数从 2007—2016 年的变化趋势为 12↗13→13→13↗14↘13↗14↗15↘14→14，即全国有不到一半的（12—15 个）省份的普通高中生均公用经费要高于全国均值水平，截至 2016 年仍有 14 个省份的普通高中生均公用经费要高于全国平均水平。

（二）2007—2016 年全国普通高中生均公用经费的极值与位次变化分析

1. 普通高中生均公用经费的极值分析

由表 3-6 排序可知，全国普通高中生均公用经费 2016 年最大

表 3-6　2007—2016 年全国普通高中生均公用经费变化情况表

年份	2007		2008	2009	2010	2011	2012	2013	2014	2015	2016		2016 比 2007 增加	
	经费	排名	经费	经费	经费	经费	经费	经费	经费	经费	经费	排名	增加比例	排名
高于全国均值省份数	12		13	13	13	14	13	14	15	14	14		20	
全国	2224		2542	2756	3150	4082	5082	5577	5445	5373	5470		145.95	
北京	7604	2	9677	9827	12551	17498	19034	28531	30393	24483	31420	1	313.20	−1
天津	3539	4	4508	4807	5053	9382	8033	12133	16310	13888	10203	4	188.30	0
河北	1902	18	2044	2196	2483	3184	4168	4342	4233	4417	4074	26	114.20	8
山西	2237	11	2600	2874	3271	3716	5330	5214	4617	3886	4111	25	83.77	14
内蒙古	2170	15	2756	3087	4340	5079	5452	5827	5603	6323	6816	9	214.10	−6
辽宁	2228	12	2569	2280	3029	4684	5492	6359	6275	5081	5006	18	124.69	6
吉林	2398	9	2781	2641	2987	3144	4324	4263	4664	4727	4773	20	99.04	11
黑龙江	1802	19	2294	2412	2458	2807	4570	5079	4567	4025	4055	27	125.03	8
上海	8740	1	12991	12939	15072	21798	24082	23250	21538	24193	27519	2	214.86	1
江苏	2624	7	2867	3067	3727	5737	7379	9063	9060	9259	8258	7	214.71	0
浙江	4776	3	4770	4587	5206	6002	6229	7983	9364	10485	9838	5	105.99	2

续表

年份	2007		2008	2009	2010	2011	2012	2013	2014	2015	2016		2016 比 2007 增加	
	经费	排名	经费	经费	经费	经费	经费	经费	经费	经费	经费	排名	增加比例	排名
安徽	1579	24	1965	2089	2608	3700	5357	5752	5058	5046	4677	21	196. 20	-3
福建	2719	6	2533	2840	3133	4127	4158	5375	5775	5748	5330	15	96. 03	9
江西	1275	29	1556	1911	2210	2920	4427	6006	6013	5606	5694	12	346. 59	-17
山东	2176	14	2541	2892	3640	4916	6093	6042	6606	6902	5676	13	160. 85	-1
河南	1467	26	1796	1892	2067	3215	4072	4186	4278	3648	3823	29	160. 60	3
湖北	1664	22	1666	2098	2295	2712	4214	4359	4731	5004	6263	10	276. 38	-12
湖南	2033	17	2304	2740	2947	3499	4963	4763	4698	4508	5070	17	149. 39	0
广东	3430	5	3438	3732	3990	4452	4485	4892	5945	6425	7349	8	114. 26	3
广西	1452	27	1656	1969	2078	2928	3669	3914	3914	3777	3982	28	174. 24	1
海南	2190	13	1965	1877	10098	4768	8695	7563	7280	7623	9123	6	316. 58	-7
重庆	2083	16	2619	2384	3038	3570	4862	5927	4748	4945	6074	11	191. 60	-5
四川	1681	21	2150	2853	2432	2599	3924	4056	3801	3766	3587	30	113. 38	9
贵州	1622	23	1591	1587	1830	2567	3422	3582	3397	4155	4257	24	162. 45	1
云南	1682	20	2045	1953	2534	2939	4103	3814	3559	4339	4870	19	189. 54	-1

续表

年份	2007		2008	2009	2010	2011	2012	2013	2014	2015	2016		2016 比 2007 增加	
	经费	排名	经费	经费	经费	经费	经费	经费	经费	经费	经费	排名	增加比例	排名
西藏	951	31	990	1205	1930	3919	3560	4061	8493	10604	10685	3	1023.55	-28
陕西	1551	25	1987	2380	2420	4075	5305	5439	5464	6153	5564	14	258.74	-11
甘肃	1337	28	1907	2008	2319	2860	3347	4197	3774	3297	3500	31	161.78	3
青海	999	30	1299	2253	4673	5277	6056	6333	9415	6192	5266	16	427.13	-14
宁夏	2552	8	4771	4009	4973	5113	4616	4528	4124	4872	4530	23	77.51	15
新疆	2329	10	2667	3096	3275	4563	4903	5608	5082	4464	4587	22	96.95	12
标准差	1714		2437	2370	3066	4160	4373	5420	5742	5194	6262		265.34	
变异系数	0.771		0.959	0.860	0.973	1.019	0.861	0.972	1.055	0.967	1.145		48.51	
极大值	8740		12991	12939	15072	21798	24082	28531	30393	24483	31420		259.50	
极小值	951		990	1205	1830	2567	3347	3582	3397	3297	3500		268.03	
极差	7789		12002	11734	13242	19231	20735	24950	26996	21186	27920		258.45	
极差率	9.19		13.13	10.74	8.23	8.49	7.20	7.97	8.95	7.43	8.98		-2.29	
京津沪三市	6739		9068	9143	10809	15997	16785	21409	22897	20833	22976		240.94	

续表

年份	2007		2008	2009	2010	2011	2012	2013	2014	2015	2016		2016 比 2007 增加	
	经费	排名	经费	经费	经费	经费	经费	经费	经费	经费	经费	排名	增加比例	排名
东部八省	2750		2911	3096	3638	4702	5460	6118	6614	6836	6545		138.00	
中部八省	1722		1857	2240	2516	3243	4631	4912	4788	4472	4716		173.87	
西部十二省(区、市)	1714		2145	2417	2665	3367	4277	4564	4330	4516	4631		170.19	

注:表中增加比例的单位为“%”,经费单位为“元”,变异系数及极差率无单位。

资料来源:根据 2008—2017 年《中国教育经费统计年鉴》、2007—2016 年《中国教育统计年鉴》中的普通高中的经费数、学生数的原始数据计算整理而得。

的5省份为北京31420元、上海27519元、西藏10685元、天津10203元、浙江9838元，最小的5省份为黑龙江4055元、广西3982元、河南3823元、四川3587元、甘肃3500元，大于2万元的省份有2个，大于1万元的有4个，大于7千元的有8个，在5千—7千元之间的有10个，小于5千元的有13个，小于4.5千元的有8个，小于4千元的有4个。

这10年间全国普通高中生均公用经费增加幅度最大的5省份为西藏1023.55%、青海427.13%、江西346.59%、海南316.58%、北京313.20%，增幅最小的5省份为吉林99.04%、新疆96.95%、福建96.03%、山西83.77%、宁夏77.51%。这10年间，北京、上海、天津、浙江、江苏是普通高中生均公用经费最大的省份，江西、广西、四川、河南、甘肃、贵州是普通高中生均公用经费最小的省份，其中北京、上海十年间始终位居前两位（其中北京在2013—2016年为第一、上海在2007—2012年为第一），贵州在2010—2011年及2013—2014年、甘肃在2012年及2015—2016年、西藏在2007—2009年为最小省份。

由表3-6可知，普通高中生均公用经费的极大值从2007年的8740元增加到2016年的31420元，增长了259.50%，极小值从951元增加到3500元，增长了268.03%，极差从7789元增加到27920元，增长了258.45%，极差率从9.19减小到8.98，下降了2.29%，即虽然极大值、极小值及其绝对差距都在增加，但其相对差距却略有减小。

2. 普通高中生均公用经费的位次变化分析

这10年间全国普通高中生均公用经费的排名位次没有变化的为天津、江苏、湖南，分别位居第4、7、17位。排名位次后移的省份有16个，后移大于等于6位的有9个，其中辽宁后移了6位，黑龙江、河北均后移了 8 位，四川、福建均后移了 9 位，吉林从 2007 年的第 9 位后移到了 2016 年的第 20 位，后移了 11 位，新疆从第 10 位后移到了第 22 位，后移了 12 位，山西从第 11 位后移到了第 25 位，后移了 14 位，宁夏从第 8 位后移到了第 23 位，后移了 15 位，后移的位次越多说明这些省份普通高中生均公用经费排名下降得越厉害。有 12 个省份的位次在前移，前移大于等于 5 位的省份有 8 个，其中重庆、内蒙古、海南分别前移了 5、6、7 位，陕西从 2007 年的第 25 位前移到了 2016 年的第 14 位，前移了 11 位，湖北从第 22 位前移到了第 10 位，前移了 12 位，青海从第 30 位前移到了第 16 位，前移了 14 位，江西从第 29 位前移到了第 12 位，前移了 17 位，西藏从第 31 位前移到了第 3 位，前移了 28 位，前移的位次越多说明这些省份普通高中生均公用经费排名上升得越快。

（三）2007—2016 年全国普通高中生均公用经费的地区差异分析

由表 3-6 的相关数据可作出图 3-4，图 3-4 反映了全国普通高中生均公用经费的地区差异情况。由图 3-4 可知，京津沪三市普通高中生均公用经费始终是最大的、且明显高于其他地区，其次是东部八省的，再次是西部十二省（区、市）的，中部八省除 2007 年、2012—2014 年及 2016 年外始终是最低的，全国均值高于中西部的；即，全国普通高中生均公用经费从京津沪、东部、西部、中部呈梯度递减趋势，基本呈中部塌陷态势（2007 年、2012—2014 年及 2016 年除外），也就是东强中弱、京津沪远高于其他地区，京津沪是东部的 2.45—3.51 倍（高出 3989—16431 元）、是西部的 3.92—5.29 倍（高出 5025—18345 元）、是中部的 3.62—4.93 倍（高出 5017—18260 元），西部是中部的 1.01—1.16 倍（高出 44—

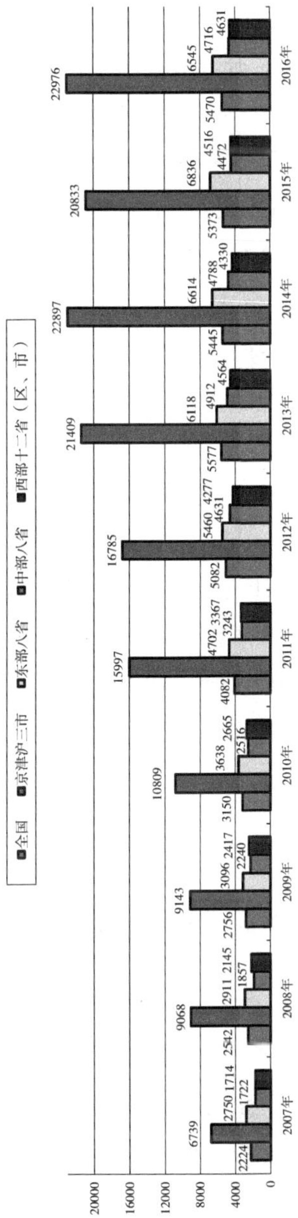

图 3-4　普通高中生均公用经费地区差异图（单位：元）

注：每组柱状从左到右分别代表全国、京津沪三市、东部八省、中部八省、西部十二省（区、市）的统计数据。

288元,2007年、2012—2014年及2016年为中部的0.90—1.00倍、比中部低8—458元)。如普通高中生均公用经费京津沪三市2007年为6739元、西部十二省(区、市)为1714元,相差2.93倍(5025元),差距比较大;京津沪三市2016年为22976元、西部十二省(区、市)为4631元,相差3.96倍(18345元),差距相当大,各地均基本呈逐年增加趋势(2015年有所下降除外),京津沪三市增幅最大(2.41倍),中部八省次之(1.74倍),东部八省增幅最小(1.38倍),全国平均增幅为1.46倍。

由表3-6可知,反映全国普通高中生均公用经费各省份与全国均值的离差情况的标准差在2007—2016年的变化趋势是1714元↗2437元↘2370元↗3066元↗4160元↗4373元↗5420元↗5742元↘5194元↗6262元,即这10年间呈逐年增加趋势(2009年、2015年下降除外),累计增加了265.34%。反映各省份与全国均值间的差异情况的变异系数在2007—2016年的变化趋势是0.771↗0.959↘0.860↗0.973↗1.019↘0.861↗0.972↗1.055↘0.967↗1.145,即这10年间全国普通高中生均公用经费各省份与全国均值的差异有降有增,共上升了48.51%,增加到2016年的1.145,差异非常大。

二、2007—2016年普通高中生均公用经费占生均事业经费比例的地区差异分析

(一)2007—2016年全国普通高中生均公用经费占生均事业经费比例的总量分析

表3-7显示了2007—2016年这十年间全国普通高中生均公用经费占生均事业经费比例在2007—2016年的变化情况。

表 3-7　2007—2016 年全国普通高中生均公用经费占生均事业经费比例变化情况表

年份	2007		2008	2009	2010	2011	2012	2013	2014	2015	2016		2016 比 2007 增加	
	比例	排名	比例	比例	比例	比例	比例	比例	比例	比例	比例	排名	增加比例	排名
高于全国均值省份数	13		15	14	14	14	13	13	14	12	14		14	
全国	42.74		42.39	40.72	41.15	43.21	45.28	45.17	42.01	37.09	34.26		-19.84	
北京	43.22	12	44.27	40.41	43.14	45.96	43.47	51.29	48.07	38.91	40.59	5	-6.09	-7
天津	36.36	27	36.07	31.36	29.48	40.50	34.38	42.60	44.57	38.08	29.44	24	-19.03	-3
河北	47.73	3	42.34	40.82	39.88	41.95	43.76	42.97	41.28	36.56	32.56	19	-31.78	16
山西	48.40	2	47.55	47.53	47.58	45.29	51.60	49.17	43.17	33.96	32.19	20	-33.49	18
内蒙古	46.95	6	47.03	42.69	46.38	42.69	41.16	40.54	38.65	36.33	35.15	11	-25.13	5
辽宁	41.87	16	41.54	35.33	38.75	46.56	47.53	49.95	43.29	30.81	28.60	29	-31.69	13
吉林	47.15	5	45.18	40.50	40.78	40.01	44.39	40.83	41.06	35.19	33.51	17	-28.93	12
黑龙江	39.79	23	43.25	40.32	40.27	36.80	47.42	45.36	38.61	30.61	28.78	27	-27.67	4
上海	41.77	17	45.01	41.79	43.74	50.39	52.25	48.62	44.28	44.61	42.53	4	1.82	-13
江苏	37.28	26	37.16	34.26	35.84	41.35	42.54	44.18	41.95	38.40	31.65	21	-15.10	-5
浙江	43.07	13	40.35	36.90	39.20	39.69	36.26	39.63	36.71	36.42	31.36	22	-27.19	9

续表

年份	2007		2008	2009	2010	2011	2012	2013	2014	2015	2016		2016 比 2007 增加	
	比例	排名	比例	比例	比例	比例	比例	比例	比例	比例	比例	排名	增加比例	排名
安徽	41.43	18	44.24	42.44	43.72	46.71	52.52	51.46	45.22	39.84	35.96	9	-13.20	-9
福建	44.60	9	38.66	36.13	35.72	38.92	35.68	38.84	36.02	33.01	28.86	26	-35.29	17
江西	35.72	29	37.88	39.89	41.29	45.01	52.47	58.93	54.50	48.63	45.80	2	28.22	-27
山东	44.00	10	42.86	42.47	44.85	48.18	51.29	49.66	46.41	40.85	33.09	18	-24.80	8
河南	49.52	1	50.31	46.93	46.32	51.57	54.37	52.35	50.86	44.34	42.68	3	-13.81	2
湖北	40.15	22	37.85	40.86	39.43	38.12	43.80	40.86	38.03	35.32	35.07	12	-12.65	-10
湖南	42.03	15	40.56	41.08	39.73	41.47	47.79	45.27	42.85	38.50	37.36	7	-11.11	-8
广东	46.71	8	45.00	44.69	44.74	44.29	41.22	39.76	37.96	35.16	33.91	16	-27.40	8
广西	38.45	24	38.45	39.85	38.10	43.24	46.00	44.22	42.40	36.47	36.25	8	-5.72	-16
海南	43.45	11	37.70	32.57	45.91	48.72	58.17	53.93	48.64	44.54	45.92	1	5.68	-10
重庆	42.58	14	46.36	40.45	43.24	39.84	43.37	47.40	37.95	33.43	34.41	14	-19.19	0
四川	41.34	19	43.67	46.68	40.21	36.48	42.64	41.17	36.56	30.76	27.28	31	-34.01	12
贵州	40.89	20	38.07	35.65	37.07	39.69	43.49	42.86	39.46	39.02	35.18	10	-13.96	-10
云南	36.36	28	39.63	33.03	37.42	37.45	43.32	38.85	36.87	36.18	34.08	15	-6.27	-13

续表

年份	2007		2008	2009	2010	2011	2012	2013	2014	2015	2016		2016比2007增加	
	比例	排名	比例	比例	比例	比例	比例	比例	比例	比例	比例	排名	增加比例	排名
西藏	18.87	31	17.84	16.55	22.69	30.52	26.57	28.13	40.09	35.08	34.74	13	84.10	-18
陕西	46.81	7	46.01	45.18	39.93	48.30	50.17	48.92	47.23	46.29	40.51	6	-13.46	-1
甘肃	40.48	21	42.40	41.01	41.46	41.10	41.67	44.33	39.59	31.12	28.64	28	-29.25	7
青海	24.68	30	22.52	29.25	44.13	41.57	45.38	43.60	50.39	36.89	29.92	23	21.23	-7
宁夏	47.20	4	59.92	52.22	54.81	49.41	43.76	39.73	34.97	33.34	29.36	25	-37.80	21
新疆	38.41	25	38.78	38.93	35.80	39.11	38.11	38.44	35.89	28.21	27.50	30	-28.40	5
标准差	6.45		7.40	6.59	5.71	4.76	6.54	5.99	5.01	4.91	5.21		-19.22	
变异系数	0.151		0.175	0.162	0.139	0.110	0.145	0.133	0.119	0.132	0.152		0.66	
极大值	49.52		59.92	52.22	54.81	51.57	58.17	58.93	54.50	48.63	45.92		-7.27	
极小值	18.87		17.84	16.55	22.69	30.52	26.57	28.13	34.97	28.21	27.28		44.57	
极差	30.65		42.08	35.68	32.12	21.05	31.61	30.80	19.53	20.41	18.64		-39.18	
极差率	2.62		3.36	3.16	2.42	1.69	2.19	2.10	1.56	1.72	1.68		-35.88	
京津沪三市	41.34		43.03	39.03	40.44	46.36	44.74	48.53	46.05	40.65	39.06		-5.52	

续表

年份	2007		2008	2009	2010	2011	2012	2013	2014	2015	2016		2016比2007增加	
	比例	排名	比例	比例	比例	比例	比例	比例	比例	比例	比例	排名	增加比例	排名
东部八省	43.44		41.33	39.29	40.69	43.33	43.30	43.58	40.70	36.79	32.43		-25.35	
中部八省	43.29		40.21	42.86	42.68	44.19	49.98	48.83	45.11	39.24	37.37		-13.68	
西部十二省(区、市)	41.18		42.68	41.42	40.54	41.00	43.56	42.88	39.58	35.29	32.84		-20.25	

注:表中比例及增加比例的单位均为"%",变异系数及极差率无单位。增加比例的高全国数为下降幅度高于全国均值的省份数。

资料来源:根据2008—2017年《中国教育经费统计年鉴》、2007—2016年《中国教育统计年鉴》中的普通高中的经费数、学生数的原始数据计算整理而得。

由表3-7可知，全国普通高中生均公用经费占生均事业经费比例从2007—2016年的变化趋势为42.74%↘42.39%↘40.72%↗41.15%↗43.21%↗45.28%↘45.17%↘42.01%↘37.09%↘34.26%，在2012年达到顶点（45.28%）后，从2013年又开始逐年下降到2016年的34.26%，该比例除2010—2012年保持增长以外，其余年份均有下降，这10年间累计下降了8.48个百分点，共下降了19.84%，下降幅度大于全国均值的省份有14个，降幅大于30%的有6，大于25%的有13个，大于20%的有14个，降幅在10%—20%之间的有9个，降幅小于10%的有3个，有5个省份该比例未下降而有所增加。这10年间普通高中生均公用经费占生均事业经费比例高于各年全国均值的省份数从2007至2016年的变化趋势为13↗15↘14→14→14↘13→13↗14↘12↗14，即这十年间始终有不到全国一半的（12—15个）省份的普通高中生均公用经费占生均事业经费比例要高于全国均值的，截至2016年仍有14个省份的该比例要高于全国平均水平。

（二）2007—2016年全国普通高中生均公用经费占生均事业经费比例的极值与位次变化分析

1. 普通高中生均公用经费占生均事业经费比例的极值分析

由表3-7排序可知，全国普通高中生均公用经费占生均事业经费比例2016年最大5省份为海南45.92%、江西45.80%、河南42.68%、上海42.53%、北京40.59%，最小5省份为黑龙江28.78%、甘肃28.64%、辽宁28.60%、新疆27.50%、四川27.28%，大于45%的省份有2个，大于40%的有6个，大于35%的有12个，在30%—35%之间的有10个，小于30%的有9个。

这10年间全国普通高中生均公用经费占生均事业经费比例增加幅度最大的5省份为西藏84.10%、江西28.22%、青海

21.23%、海南5.68%、上海1.82%，增幅最小（降幅最大）的5省份为河北-31.78%、山西-33.49%、四川-34.01%、福建-35.29%、宁夏-37.80%。这10年间，江西、海南、河南、山西、上海是普通高中生均公用经费占生均事业经费比例最大的省份，浙江、天津、福建、青海、四川、西藏是普通高中生均公用经费占生均事业经费比例最小的省份，其中江西及宁夏各有3年、海南及河南各有2年为最大，西藏有7年、四川、新疆及宁夏各有1年为最小。

由表3-7可知，普通高中生均公用经费占生均事业经费比例的极大值从2007年的49.52%减小到2016年的45.92%，下降了7.27%，极小值从18.87%上升到27.28%，增加了44.57%，极差从30.65%下降到18.64%，减小了39.18%，极差率从2.62减小到1.68，下降了35.88%，即极大值、极差及极差率都在减小，而极小值却在增加。

2. 普通高中生均公用经费占生均事业经费比例的位次变化分析

这10年间全国普通高中生均公用经费占生均事业经费比例的排名没有变化为重庆，位居第14位。排名位次后移的省份有15个，后移大于等于4位的有14个，其中黑龙江、新疆、内蒙古、甘肃、广东、山东、浙江分别后移了4、5、5、7、8、8、9位，四川从2007年的第19位后移到了2016年的第31位，后移了12位，吉林从第5位后移到了第17位，后移了12位，辽宁从第16位后移到了第29位，后移了13位，河北从第3位后移到了第19位，后移了16位，福建从第9位后移到了第26位，后移了17位，山西从第2位后移到了第20位，后移了18位，宁夏从第4位后移到了第25位，后移了21位，后移的位次越多说明这些省份普通高中生均公用经费占生均事业经费比例排名下降得越快。有15个省份的位次在前移，前移大于等于5位的省份有14个，其中江苏前移了5位，北京、青海均前移了 7 位,湖南、安徽分别前移了 8、9 位,湖北、海南、贵州均前移了 10 位,上海从 2007 年的第 17 位前移到了 2016 年的第 4 位,前移了 13 位,云南从第 28 位前移到了第 15 位,前移了 13 位,广西从第 24 位前移到了第 8 位,前移了 16 位,西藏从第 31 位前移到了第 13 位,前移了 18 位,江西从第 29 位前移到了第 2 位,前移了 27 位,前移的位次越多说明这些省份普通高中生均公用经费占生均事业经费比例排名上升得越快。

(三) 2007—2016 年全国普通高中生均公用经费占生均事业经费比例的地区差异分析

由表 3-7 的相关数据可作出图 3-5,图 3-5 反映了全国普通高中生均公用经费占生均事业经费比例的地区差异情况。由图 3-5 可知,京津沪三市的该比例在 39. 03%—48. 53%之间(2008 年、2011 年及 2014—2016 年为最大),东部八省在 32. 43%—43. 58%之间(2007 年为最大),中部八省在 37. 37%—49. 98%之间(2009—2010 年及 2012—2013 年为最大),西部十二省(区、市)在 32. 84%—43. 56%之间为最小(2008—2009 年及 2016 年除外),在 2011 年及以前各地差距不大,在 2012 年及以后中部八省较明显高于其他地区(京津沪三市从 2013 年起除外),从 2013 年起京津沪三市也明显高于东西部(2014 年及以后为最大且高于中部八省)。如普通高中生均公用经费占生均事业经费比例东部八省 2007 年为 43. 44%、西部十二省(区、市)为 41. 18%,相差 0. 05 倍(高出 2. 26 个百分点);京津沪三市 2016 年为 39. 06%、东部八省为 32. 43%,相差 0. 20 倍(高出 6. 63 个百分点),该比例各地在 2012 年或 2013 年达到顶点后逐年下降,东部八省降幅最大(25. 35%)、西部十二省(区、市)次之(20. 25%),京津沪三市最小(5. 52%),全国平均下降 19. 84%。

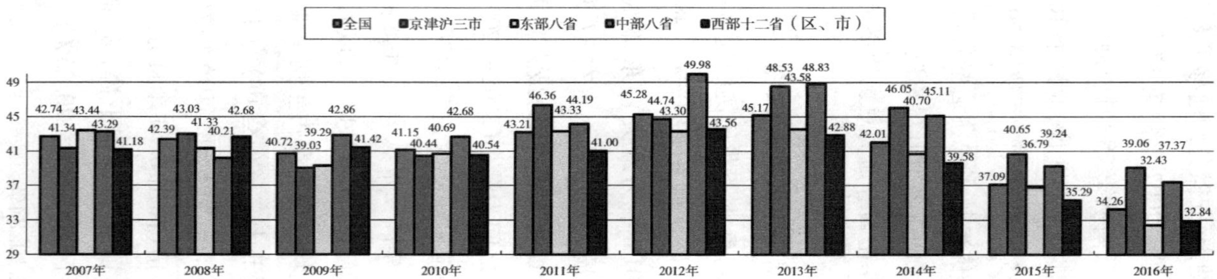

图 3–5　普通高中生均公用经费占生均事业经费比例地区差异图（单位：%）

注：每组柱状从左到右分别代表全国、京津沪三市、东部八省、中部八省、西部十二省（区、市）的统计数据。

由表 3-7 可知，反映全国普通高中生均公用经费占生均事业经费比例各省份与全国均值的离差情况的标准差在 2007—2016 年的变化趋势是 6.45%↗7.40%↘6.59%↘5.71%↘4.76%↗6.54%↘5.99%↘5.01%↘4.91%↗5.21%，这 10 年间减少了 19.22%，下降到 2016 年的 5.21%。反映各省份与全国均值间的差异情况的变异系数在 2007—2016 年的变化趋势是 0.151↗0.175↘0.162↘0.139↘0.110↗0.145↘0.133↘0.119↗0.132↗0.152，即这 10 年间全国普通高中生均公用经费占生均事业经费比例各省份与全国均值的差异有增有减，但 2016 年与 2007 年基本未有变化（略微增加一点点），差异较小。

第五节　2007—2016 年普通高中生均助学金及学杂费的地区差异分析

一、2007—2016 年普通高中生均助学金的地区差异分析

（一）2007—2016 年全国普通高中生均助学金的总量分析

表 3-8 显示了 2007—2016 年这十年间全国普通高中生均助学金的变化情况。

由表 3-8 可知，全国普通高中生均助学金从 2007—2016 年的变化趋势为 46 元↗77 元↗86 元↗164 元↗332 元↗352 元↗362 元↗380 元↗462 元↗522 元，呈逐年增加趋势，各年增长率除了 2012—2014 年为个位数外，其他年份均超过两位数，其中 2011 年甚至高达 102.44%、2010 年达 90.70%，这 10 年间普通高中生均助学金增加了 476 元，共增加了 1034.78%，增加到 2016 年的 522 元，增幅大于全国均值的省份有 15 个，大于 3600%的有 2 个，大于 2000%的有 3 个，大于 1500%的有 11 个，在 1000%—1500%

表 3-8　2007—2016 年全国普通高中生均助学金变化情况表

年份	2007		2008	2009	2010	2011	2012	2013	2014	2015	2016		2016 比 2007 增加	
	经费	排名	经费	经费	经费	经费	经费	经费	经费	经费	经费	排名	增加比例	排名
高于全国均值省份数	15		17	18	14	16	14	15	15	13	13		15	
全国	46		77	86	164	332	352	362	380	462	522		1034.78	
北京	101	5	92	137	140	99	347	564	122	141	194	30	92.08	25
天津	39	19	24	30	37	170	183	146	212	174	176	31	351.28	12
河北	21	28	29	26	147	333	349	345	351	392	402	22	1814.29	-6
山西	28	24	37	54	109	339	324	333	352	442	476	15	1600.00	-9
内蒙古	70	10	108	129	210	773	777	896	859	1102	1202	2	1617.14	-8
辽宁	28	25	27	42	112	145	161	166	239	330	338	24	1107.14	-1
吉林	12	31	35	25	150	280	310	329	336	425	455	17	3691.67	-14
黑龙江	51	14	76	91	85	292	230	272	321	310	288	27	464.71	13
上海	110	3	244	277	326	680	475	457	641	574	618	13	461.82	10
江苏	44	17	129	108	146	181	209	222	213	270	290	26	559.09	9
浙江	84	7	121	118	119	190	268	300	409	410	503	14	498.81	7

续表

年份	2007		2008	2009	2010	2011	2012	2013	2014	2015	2016		2016 比 2007 增加	
	经费	排名	经费	经费	经费	经费	经费	经费	经费	经费	经费	排名	增加比例	排名
安徽	24	27	38	34	117	298	316	340	339	391	416	19	1633. 33	−8
福建	46	16	53	65	70	159	195	174	196	226	211	29	358. 70	13
江西	115	2	153	236	255	375	325	325	331	370	443	18	285. 22	16
山东	59	12	102	106	129	179	193	173	200	251	254	28	330. 51	16
河南	19	29	43	52	110	301	325	328	327	378	396	23	1984. 21	−6
湖北	27	26	43	49	195	323	373	359	338	440	411	21	1422. 22	−5
湖南	39	20	82	58	103	303	286	290	297	340	413	20	958. 97	0
广东	36	22	52	49	59	124	175	189	190	296	316	25	777. 78	3
广西	39	21	95	95	180	508	476	419	463	665	663	12	1600. 00	−9
海南	55	13	75	92	255	206	479	410	543	367	470	16	754. 55	3
重庆	76	9	117	121	292	503	598	608	637	757	1023	4	1246. 05	−5
四川	51	15	99	115	229	520	552	550	671	819	836	7	1539. 22	−8
贵州	35	23	56	59	90	379	340	365	405	526	989	5	2725. 71	−18
云南	88	6	136	138	164	627	574	558	556	625	838	6	852. 27	0

续表

年份	2007		2008	2009	2010	2011	2012	2013	2014	2015	2016		2016比2007增加	
	经费	排名	经费	经费	经费	经费	经费	经费	经费	经费	经费	排名	增加比例	排名
西藏	545	1	559	763	847	2000	2395	3030	2615	3135	3116	1	471.74	0
陕西	40	18	79	116	572	492	486	544	553	671	725	10	1712.50	−8
甘肃	17	30	45	55	224	430	432	439	477	633	689	11	3952.94	−19
青海	81	8	109	198	297	464	628	667	763	930	834	8	929.63	0
宁夏	60	11	123	156	258	551	509	528	851	737	759	9	1165.00	−2
新疆	103	4	87	195	255	702	744	671	626	854	1103	3	970.87	−1
标准差	93		97	134	159	345	396	504	440	529	538		478.49	
变异系数	2.016		1.270	1.569	0.970	1.040	1.126	1.392	1.160	1.145	1.030		−48.91	
极大值	545		559	763	847	2000	2395	3030	2615	3135	3116		471.74	
极小值	12		24	25	37	99	161	146	122	141	176		1366.67	
极差	533		535	738	810	1901	2234	2884	2493	2993	2939		451.41	
极差率	45.38		23.32	30.13	23.07	20.20	14.84	20.75	21.41	22.22	17.67		−61.06	
京津沪三市	85		360	145	162	296	329	391	314	291	326		283.53	

续表

年份	2007		2008	2009	2010	2011	2012	2013	2014	2015	2016		2016 比 2007 增加	
	经费	排名	经费	经费	经费	经费	经费	经费	经费	经费	经费	排名	增加比例	排名
东部八省	45		64	74	110	184	222	223	250	307	328		628.89	
中部八省	36		60	68	137	313	317	325	329	385	412		1044.44	
西部十二省(区、市)	58		95	117	263	539	547	559	598	743	884		1424.14	

注：表中增加比例的单位为“%”，经费单位为“元”，变异系数及极差率无单位。

资料来源：根据 2008—2017 年《中国教育经费统计年鉴》、2007—2016 年《中国教育统计年鉴》中的普通高中的经费数、学生数的原始数据计算整理而得。

之间的有 4 个，低于 1000%的有 16 个，低于 800%的有 12 个，低于 500%的有 9 个，低于 400%的有 5 个。这 10 年间普通高中生均助学金高于各年全国均值的省份数从 2007—2016 年的变化趋势为 15↗17↗18↘14↗16↘14↗15→15↘13→13，即基本有不到全国一半的（13—18 个，其中 2008—2009 年及 2011 年分别为 17、18、16 个除外）省份的普通高中生均助学金要高于全国均值的，截至 2016 年仍有 13 个省份要高于全国平均水平。

（二）2007—2016 年全国普通高中生均助学金的极值与位次变化分析

1. 普通高中生均助学金的极值分析

由表 3-8 排序可知，全国普通高中生均助学金 2016 年最大的 5 省份为西藏 3116 元、内蒙古 1202 元、新疆 1103 元、重庆 1023 元、贵州 989 元，最小的 5 省份为黑龙江 288 元、山东 254 元、福建 211 元、北京 194 元、天津 176 元，大于 3 千元的省份有 1 个，大于 1 千元的有 4 个，大于 500 元的有 14 个，在 300—500 元之间的有 11 个，小于 300 元的有 6 个，小于 200 元的有 2 个。

这 10 年间全国普通高中生均助学金增加幅度最大的 5 省份为甘肃 3952.94%、吉林 3691.67%、贵州 2725.71%、河南 1984.21%、河北 1814.29%，增幅最小的 5 省份为福建 358.70%、天津 351.28%、山东 330.51%、江西 285.22%、北京 92.08%。这 10 年间，西藏、内蒙古、新疆、上海、青海、重庆是普通高中生均助学金最大的省份，山东、辽宁、福建、广东、北京、天津是普通高中生均助学金最小的省份，其中西藏始终为最大，内蒙古有 6 年、上海有 2 年、江西及陕西各 1 年为第二大，天津有 4 年、北京有 3 年、吉林有 2 年、辽宁有 1 年为最小省份。

由表 3-8 可知，普通普通高中生均助学金的极大值从 2007 年的 545 元增加到 2016 年的 3116 元，增加 2571 元，增长了 471.74%，极小值从 12 元增加到 176 元，提高了 164 元，增加了 1366.67%，极差 533 元增加到 2939 元，增加了 451.41%，极差率从 45.38 下降到 17.67，下降了 61.06%，即虽然极大值、极小值及其绝对差距都在增加，但其相对差距却在减小。

2. 普通高中生均助学金的位次变化分析

这 10 年间全国普通高中生均助学金的排名位次没有变化的为西藏、云南、青海、湖南，分别位居第 1、6、8、20 位。排名位次后移的省份有 11 个，后移大于等于于 7 位的有 9 个，浙江、江苏、上海分别后移了 7、9、10 位，天津从 2007 年的第 19 位后移到了 2016 年的第 31 位、后移了 12 位，福建从第 16 位后移到了第 29 位、后移了 13 位，黑龙江从第 14 位后移到了第 27 位、后移了 13 位，山东从第 12 位后移到了第 28 位、后移了 16 位，江西从第 2 位后移到了第 18 位、后移了 16 位，北京从第 5 位后移到了第 30 位、后移了 25 位，后移的位次越多说明这些省份普通高中生均助学金排名下降得越快。有 16 个省份的位次在前移，前移大于等于 5 位的省份有 13 个，其中湖北、重庆均前移了 5 位，河北、河南均前移了 6 位，内蒙古、安徽、四川、陕西均前移了 8 位，山西、广西均前移了 9 位，吉林从第 31 位前移到了第 17 位、前移了 14 位，贵州从第 23 位前移到了第 5 位、前移了 18 位，甘肃从第 30 位前移到了第 11 位、前移了 19 位，前移的位次越多说明这些省份普通高中生均助学金排名上升得越快。

（三）2007—2016 年全国普通高中生均助学金的地区差异分析

由表 3-8 的相关数据可作出图 3-6，图 3-6 反映了全国普通高中生均助学金的地区差异情况。由图 3-6 可知，京津沪三市在 2007—2009 年为最多（2008 年远高于其他地区），西部十二省（区、

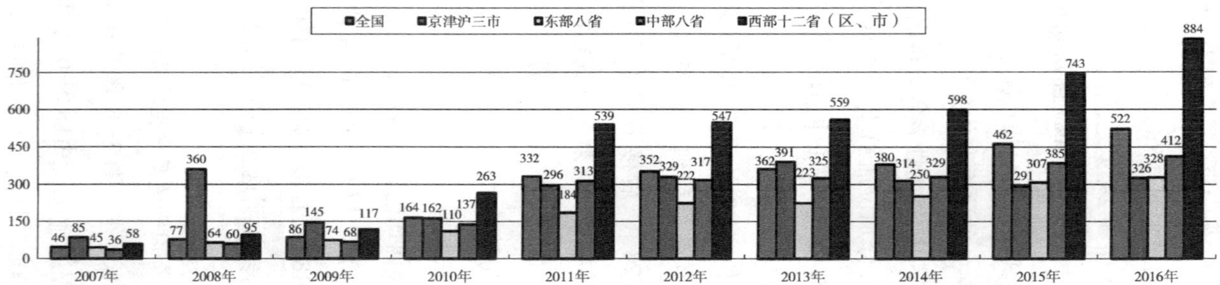

图 3–6　普通高中生均助学金地区差异图（单位：元）

注：每组柱状从左到右分别代表全国、京津沪三市、东部八省、中部八省、西部十二省（区、市）的统计数据。

市)增长迅速,在2010—2016年为最多且与其他地区的差距在加大,中部八省在2007—2009年、东部八省在2010—2015年、京津沪三市在2016年为最少。即,全国普通高中生均助学金基本上是西部最多、东部最少,基本呈东部塌陷现象,西部远高于其他地区,西部是京津沪的1.62—2.55倍(高出101—558元、2007—2009年比京津沪低27—265元)、是中部的1.58—1.93倍(高出22—472元)、是东部的1.29—2.93倍(高出13—556元)。如普通高中生均助学金京津沪三市2007年为85元、中部八省为36,相差1.36倍(49元);西部十二省(区、市)2016年为884元、京津沪三市为326元,相差1.71倍(558元),差距比较明显。各地均有增加,西部十二省(区、市)增幅最大(14.24倍),中部八省次之(10.44倍),京津沪三市最小(2.84倍),全国平均增加10.35倍。

由表3-8可知,反映全国普通高中生均助学金各省份与全国均值的离差情况的标准差在2007—2016年的变化趋势是93元↗97元↗134元↗159元↗345元↗396元↗504元↘440元↗529元↗538元,这10年间有升有降,累计上升了478.49%,增加到2016年的538元。反映各省份与全国均值间的差异情况的变异系数在2007—2016年的变化趋势是2.016↘1.270↗1.569↘0.970↗1.040↗1.126↗1.392↘1.160↘1.145↘1.030,即这10年间全国普通高中生均助学金各省份与全国均值的差异是有增有减,共下降了48.91%,减小到2016年的1.030,差异非常大。

二、2007—2016年普通高中生均学杂费的地区差异分析

(一) 2007—2016年全国普通高中生均学杂费的总量分析

表3-9显示了2007—2016年这十年间全国普通高中生均学杂费的变化情况。

表 3-9　2007—2016 年全国普通高中生均学杂费变化情况表

年份	2007		2008	2009	2010	2011	2012	2013	2014	2015	2016		2016 比 2007 增加	
	经费	排名	经费	经费	经费	经费	经费	经费	经费	经费	经费	排名	增加比例	排名
高于全国均值省份数	12		10	9	10	9	10	10	11	12	13		17	
全国	1471		1586	1673	1795	1852	1734	1941	2122	1923	2068		40. 58	
北京	1770	6	3189	4187	2811	2736	5813	4309	7415	7061	6676	2	277. 18	-4
天津	1625	8	1721	1555	1932	2683	2690	2602	3157	2436	2293	9	41. 11	1
河北	1001	25	1031	1160	1450	1563	1576	1699	1400	1211	1383	23	38. 16	-2
山西	1568	10	1694	2148	2379	2328	1638	2235	2573	1852	2000	14	27. 55	4
内蒙古	1433	14	1636	1771	1680	1556	781	625	525	432	405	30	-71. 74	16
辽宁	1484	12	1409	1448	1591	1630	1641	1526	1846	2058	2249	10	51. 55	-2
吉林	1216	16	890	1232	1675	1579	975	1053	1576	1523	1536	19	26. 32	3
黑龙江	1056	21	1036	1135	1182	1287	981	1268	1400	1006	1052	26	-0. 38	5
上海	4289	1	6053	4812	4945	4942	4613	7886	6879	8178	8898	1	107. 46	0
江苏	2053	4	2316	2610	3052	3221	2625	3061	2917	2559	2644	6	28. 79	2
浙江	3580	2	4040	3946	4172	4366	4156	4672	5803	1986	6425	3	79. 47	1

续表

年份	2007		2008	2009	2010	2011	2012	2013	2014	2015	2016		2016比2007增加	
	经费	排名	经费	经费	经费	经费	经费	经费	经费	经费	经费	排名	增加比例	排名
安徽	1443	13	1497	1607	1767	1805	1892	2233	2988	2632	2791	5	93.42	-8
福建	1847	5	1740	1984	2005	2026	1927	2245	2318	2453	2547	7	37.90	2
江西	1056	22	1216	1367	1447	1319	1210	1348	1223	1318	1511	22	43.09	0
山东	1602	9	1488	1598	1572	1521	1456	1498	2006	1949	2079	13	29.78	4
河南	772	28	849	864	1170	1612	1498	1407	1524	1343	1558	17	101.81	-11
湖北	1501	11	1437	1510	1595	1614	1804	1838	2642	2016	2337	9	55.70	-2
湖南	1750	7	2004	2041	2291	2148	2168	2446	2618	2006	2172	11	24.11	4
广东	2104	3	2584	2480	2427	2566	2235	3043	4029	3660	3985	4	89.40	1
广西	977	26	1186	1196	1173	1144	1125	1185	1120	1140	1194	24	22.21	-2
海南	1099	19	1426	1649	5125	1125	1264	1743	1631	1624	1814	15	65.06	-4
重庆	1103	18	1074	1187	1307	1241	1307	1499	1566	1736	2144	12	94.38	-6
四川	1049	23	941	927	981	953	994	1088	1314	1392	1535	20	46.33	-3
贵州	1076	20	1105	1219	1354	1260	1262	1369	1590	1415	1599	16	48.61	-4
云南	1040	24	1166	1063	1136	1255	1267	1460	1289	1450	1531	21	47.21	-3

续表

年份	2007		2008	2009	2010	2011	2012	2013	2014	2015	2016		2016 比 2007 增加	
	经费	排名	经费	经费	经费	经费	经费	经费	经费	经费	经费	排名	增加比例	排名
西藏	527	30	559	690	679	311	148	95	164	164	145	31	−72. 49	1
陕西	1277	15	1341	1386	1443	1602	1614	1811	2026	1907	1538	18	20. 44	3
甘肃	820	27	910	1027	985	1107	1100	1062	1139	1105	1088	25	32. 68	−2
青海	375	31	559	452	623	653	529	708	822	804	658	29	75. 47	−2
宁夏	701	29	924	1189	1125	968	1055	1014	1078	838	1034	27	47. 50	−2
新疆	1175	17	1224	1638	1584	1643	1502	1390	1134	1032	801	28	−31. 83	11
标准差	792		1104	995	1111	988	1185	1470	1707	1661	1890		138. 64	
变异系数	0. 539		0. 696	0. 595	0. 619	0. 534	0. 683	0. 757	0. 804	0. 864	0. 914		69. 57	
极大值	4289		6053	4812	5125	4942	5813	7886	7415	8178	8898		107. 46	
极小值	375		559	452	623	311	148	95	164	164	145		−61. 33	
极差	3914		5493	4360	4502	4631	5665	7791	7251	8014	8753		123. 63	
极差率	11. 42		10. 82	10. 66	8. 22	15. 89	39. 28	83. 01	45. 21	49. 82	61. 32		436. 95	
京津沪三市	2571		3626	3514	3169	3374	4394	4813	5816	5867	5917		130. 14	

续表

年份	2007		2008	2009	2010	2011	2012	2013	2014	2015	2016		2016 比 2007 增加	
	经费	排名	经费	经费	经费	经费	经费	经费	经费	经费	经费	排名	增加比例	排名
东部八省	1874		2043	2145	2323	2372	2155	2511	2932	2396	2972		58.59	
中部八省	1270		1327	1442	1648	1730	1601	1779	2100	1736	1909		50.31	
西部十二省(区、市)	1077		1132	1195	1226	1235	1186	1263	1329	1318	1359		26.18	

注:表中增加比例的单位为“%”,经费单位为“元”,变异系数及极差率无单位。

资料来源:根据 2008—2017 年《中国教育经费统计年鉴》、2007—2016 年《中国教育统计年鉴》中的普通高中的经费数、学生数的原始数据计算整理而得。

由表3-9可知，全国普通高中生均学杂费从2007—2016年的变化趋势为1471元↗1586元↗1673元↗1795元↗1852元↘1734元↗1941元↗2122元↘1923元↗2068元，各年有增有减，总体呈增加趋势，其中2012年及2014年分别比前一年下降6.37%及9.38%外，其他年份均比上一年有所增加，但年增幅不大均保持在个位数水平（2013年增长11.94%除外），这10年间生均学杂费增加了597元，共增加了40.58%，增长到2016年的2068元，增幅大于全国均值的省份有17个，增幅大于250%的有1个，大于100%的有3个，大于70%的有8个，大于50%的有11个，增幅在40%—50%之间的省份有6个，增幅小于40%的有10个，这十年间不增长反而下降的有4个，其中降幅最大的为西藏，下降72.49%。这10年间普通高中生均学杂费高于各年全国均值的省份数从2007—2016年的变化趋势为12↘10↘9↗10↘9↗10→10↗11↗12↗13，即有不到全国一半的（9—13个）省份普通高中生均学杂费要高于全国均值，截至2016年仍有13个省份要高于全国平均水平。

（二）2007—2016年全国普通高中生均学杂费的极值与位次变化分析

1. 普通高中生均学杂费的极值分析

由表3-9排序可知，全国普通高中生均学杂费2016年最多的5省份为上海8898元、北京6676元、浙江6425元、广东3985元、安徽2791元，最少的5省份为宁夏1034元、新疆801元、青海658元、内蒙古405元、西藏145元，大于8千元的省份有1个，大于6千元的有3个，大于等于2千元的有14个，在1.5千—2千元之间的有8个，小于1.5千元的有9个，小于1千元的有4个，低于200元的有1个。

这10年间全国普通高中生均学杂费增加幅度最大的5省份为北京277.18%、上海107.46%、河南101.81%、重庆94.38%、安徽93.42%，增幅最小的5省份为陕西20.44%%、黑龙江-0.38%（“-”代表下降，下同）、新疆-31.88%、内蒙古-71.74%、西藏-72.49%。这10年间，上海、北京、浙江、江苏、广东是普通高中生均学杂费最大的省份，甘肃、宁夏、四川、内蒙古、青海、西藏是普通高中生均学杂费最小的省份，其中上海有8年、北京有2年为最大，西藏在2011—2016年、青海在2007—2010年为最小。

由表3-9可知，普通高中生均学杂费的极大值从2007年的4289元增加到2016年的8898元，增加了4609元，增长了107.46%，极小值从375元减小到145元，减少了230元，下降了61.33%，极差从3914元增加到8753元，增加了4839元，增长了123.63%，极差率从11.42增加到61.32，增加了3033.37%，即虽然极大值、极差及极差率都在增加，但极小值却在减小。

2. 普通高中生均学杂费的位次变化分析

这10年间全国普通高中生均学杂费的排名位次没有变化的为上海、江西，分别位居第1、22位。排名位次后移的省份有14个，后移大于等于4位的有6个，湖南、山东、山西均后移了4位，黑龙江后移了5位，新疆从第17位后移到了第28位，后移了11位，内蒙古从第14位后移到了第30位，后移了16位，后移的位次越多说明这些省份普通高中生均学杂费排名下跌得越快。有15个省份的位次在前移，前移大于等于4位的省份有6个，其中北京、海南、贵州均前移了4位，重庆均前移了6位，安徽从第13位前移到了第5位，前移了8位，河南从第28位前移到了第17位，前移了11位，前移的位次越多说明这些省份普通高中生均学杂费排名上升得越快。

（三）2007—2016 年全国普通高中生均学杂费的地区差异分析由表 3-9 的相关数据可作出图 3-7，图 3-7 反映了全国普通高中生均学杂费的地区差异情况。由图 3-7 可知，京津沪三市普通高中生均学杂费始终是最大的，且明显高于其他地区，其次是东部八省的，再次是中部八省的，西部十二省（区、市）始终是最低的，全国均值高于中西部而低于东部；即，全国普通高中生均学杂费基本上是从京津沪、东部、中部、西部自东向西呈梯度递减趋势，京津沪远远高于其他地区，京津沪是东部的 1.36—2.45 倍（高出 697—3471 元）、是中部的 1.92—3.38 倍（高出 1301—4131 元）、是西部的 2.39—4.45 倍（高出 1494—4558 元）。如普通高中生均学杂费京津沪三市 2007 年为 2571 元、西部十二省（区、市）为 1077 元，相差 1.39 倍（1494 元）；京津沪三市 2016 年为 5917 元、西部十二省（区、市）为 1359 元，相差 3.35 倍（4558 元），差距比较明显。各地均呈增加趋势，京津沪三市增幅最大（130.14%），东部八省次之（58.59%），西部十二省（区、市）最小（26.18%），全国平均增幅为 40.58%。

由表 3-9 可知，反映全国普通高中生均学杂费各省份与全国均值的离差情况的标准差在 2007—2016 年的变化趋势是 792 元↗1104 元↘995 元↗1111 元↘988 元↗1185 元↗1470 元↗1707 元↘1661 元↗1890 元，这 10 年间有升有降，累计增加了 138.64%，增长到 2016 年的 1890 元。反映各省份与全国均值间的差异情况的变异系数在 2007—2016 年的变化趋势是 0.539↗0.696↘0.595↗0.619↘0.534↗0.683↗0.757↗0.804↗0.864↗0.914，即这 10 年间全国普通高中生均学杂费各省份与全国均值的差异基本呈逐年增加趋势，共增加了 69.57%，上升到 2016 年的 0.914，差异相当大。

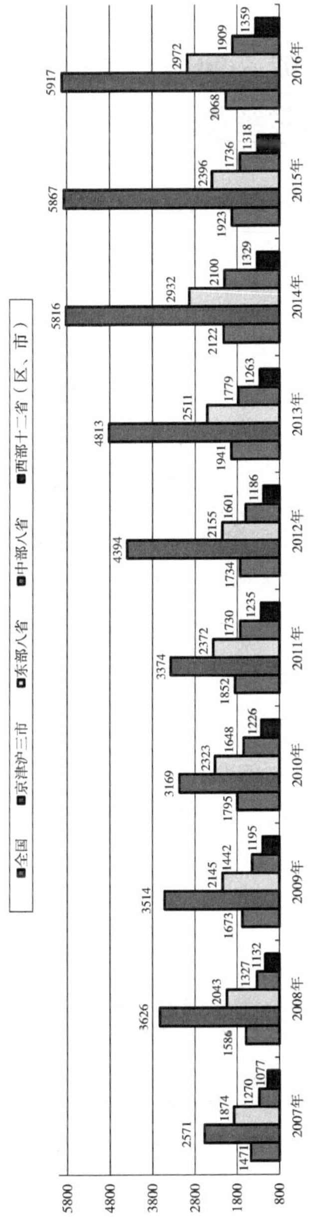

图 3-7　普通高中生均学杂费地区差异图（单位：元）

注：每组柱状从左到右分别代表全国、京津沪三市、东部八省、中部八省、西部十二省（区、市）的统计数据。

第六节　2007—2016 年普通高中生均基建经费的地区差异分析

一、2007—2016 年全国普通高中生均基建经费的总量分析

表 3-10 显示了全国普通高中生均基建经费在 2007—2016 年的变化情况。

由表 3-10 可知，全国普通高中生均基建经费从 2007—2016 年的变化趋势为 218 元↘175 元↗201 元↗274 元↘234 元↗320 元↘283 元↘249 元→249 元↗291 元，这 10 年间有增有减，2012 年增幅最大达 36.75%，共增加了 73 元、上升了 33.49%，增加到 2016 年的 291 元，增幅大于全国均值的省份有 19 个，增幅大于 2300%的有 1 个，大于 1300%的有 3 个，大于 400%的有 7 个，在 100%—300%之间的有 8 个，在 0%—100%之间的有 5 个，有 12 个省份的生均基建经费未增加而有所下降，其中湖北降幅最大达 100.00%。这 10 年间普通高中生均基建经费高于各年全国均值的省份数从 2007—2016 年的变化趋势为 9↗11↗12→12↗13→13↗15↘12↗14→14，即全国有一半以下的（9—15 个）省份普通高中生均基建经费高于全国均值，截至 2016 年仍有 14 个省份要高于全国平均水平。

二、2007—2016 年全国普通高中生均基建经费的极值与位次变化分析

（一）普通高中生均基建经费的极值分析

由表 3-10 排序可知，全国普通高中生均基建经费 2016 年最多的 5 省份为北京 6559 元、上海 1883 元、西藏 1356 元、青海 1083

表 3-10　2007—2016 年全国普通高中生均基建经费变化情况表

年份	2007		2008	2009	2010	2011	2012	2013	2014	2015	2016		2016 比 2007 增加	
	经费	排名	经费	经费	经费	经费	经费	经费	经费	经费	经费	排名	增加比例	排名
高于全国均值省份数	9		11	12	12	13	13	15	12	14	14		19	
全国	218		175	201	274	234	320	283	249	249	291		33. 49	
北京	1296	2	718	2344	4941	3886	3605	3372	2521	1708	6559	1	406. 10	-1
天津	238	9	15	0	146	218	130	663	213	47	7	30	-97. 06	21
河北	66	24	10	35	47	25	26	65	63	17	114	24	72. 73	0
山西	707	4	282	221	310	428	278	315	140	151	144	22	-79. 63	18
内蒙古	158	14	108	127	806	170	425	451	338	737	420	11	165. 82	-3
辽宁	207	10	62	94	248	338	230	282	31	89	206	19	-0. 48	9
吉林	16	31	10	17	5	0	136	42	89	56	281	15	1656. 25	-16
黑龙江	58	25	55	65	75	236	567	529	147	326	97	25	67. 24	0
上海	1209	3	1449	983	465	486	1297	878	1888	877	1883	2	55. 75	-1
江苏	504	7	596	720	444	106	87	20	4	60	71	27	-85. 91	20
浙江	165	13	267	226	141	285	119	33	191	132	399	12	141. 82	-1

续表

年份	2007		2008	2009	2010	2011	2012	2013	2014	2015	2016		2016 比 2007 增加	
	经费	排名	经费	经费	经费	经费	经费	经费	经费	经费	经费	排名	增加比例	排名
安徽	152	15	25	168	136	221	156	184	192	332	553	7	263. 82	−8
福建	192	12	156	221	193	163	179	249	97	87	59	28	−69. 27	16
江西	103	22	91	104	160	141	163	111	202	231	236	17	129. 13	−5
山东	145	16	90	2	8	0	1	0	0	0	44	29	−69. 66	13
河南	196	11	94	27	114	71	211	249	138	148	168	21	−14. 29	10
湖北	92	23	66	10	95	35	360	326	128	0	0	31	−100. 00	8
湖南	121	19	122	70	127	34	82	60	87	116	80	26	−33. 88	7
广东	549	6	258	389	502	427	487	240	365	568	474	8	−13. 66	2
广西	115	20	47	51	56	23	148	248	557	758	453	9	293. 91	−11
海南	629	5	1233	657	3525	673	581	132	452	59	326	14	−48. 17	9
重庆	38	29	150	152	463	305	745	836	1008	207	233	18	513. 16	−11
四川	46	26	131	30	213	237	269	134	150	148	140	23	204. 35	−3
贵州	23	30	54	30	30	178	233	446	222	266	337	13	1365. 22	−17
云南	132	17	138	121	166	305	416	383	357	334	195	20	47. 73	3

续表

年份	2007		2008	2009	2010	2011	2012	2013	2014	2015	2016		2016比2007增加	
	经费	排名	经费	经费	经费	经费	经费	经费	经费	经费	经费	排名	增加比例	排名
西藏	1877	1	3025	4256	2941	93	1634	4012	5509	4086	1356	3	-27.76	2
陕西	111	21	46	185	82	65	219	331	128	130	431	10	288.29	-11
甘肃	42	29	67	294	470	209	383	355	274	315	274	16	552.38	-13
青海	44	27	419	896	1756	4142	7822	1075	2637	2203	1083	4	2361.36	-23
宁夏	244	8	303	86	39	16	114	141	186	313	691	6	183.20	-2
新疆	132	18	489	636	634	668	671	1032	769	867	874	5	562.12	-13
标准差	431		603	849	1141	967	1487	890	1132	830	1184		174.71	
变异系数	1.978		3.451	4.226	4.164	4.132	4.647	3.145	4.546	3.339	4.066		105.56	
极大值	1877		3025	4256	4941	4142	7822	4012	5509	4086	6559		249.44	
极小值	16		10	0	5	0	1	0	0	0	0		-100.00	
极差	1861		3015	4256	4936	4142	7821	4012	5509	4086	6559		252.44	
极差率	115.47		300.53		988.20		7822.00							
京津沪三市	942		724	1146	1966	1619	1738	1706	1547	884	2822		199.58	

续表

年份	2007		2008	2009	2010	2011	2012	2013	2014	2015	2016		2016 比 2007 增加	
	经费	排名	经费	经费	经费	经费	经费	经费	经费	经费	经费	排名	增加比例	排名
东部八省	290		239	270	276	209	198	121	142	182	217		-25.17	
中部八省	178		92	80	131	138	230	224	144	172	199		11.80	
西部十二省(区、市)	99		147	181	309	269	463	431	438	422	365		268.69	

注：表中增加比例的单位为“%”，经费单位为“元”，变异系数及极差率无单位。

资料来源：根据 2008—2017 年《中国教育经费统计年鉴》、2007—2016 年《中国教育统计年鉴》中的普通高中的经费数、学生数的原始数据计算整理而得。

元、新疆874元,最少的5省份为江苏71元、福建59元、山东44元、天津7元、湖北0元,大于6.5千元的省份有1个,大于1千元的有4个,大于500元的有7个,在300—500元之间的有7个,在200—300元之间的有5个,小于200元的有12个,低于100元的有7个,低于50元的有3个。

这10年间全国普通高中生均基建经费增加幅度最大的5省份为青海2361.36%、吉林1656.25%、贵州1365.22%、新疆562.12%、甘肃552.38%,增幅最小(降幅最大)的5省份为山东-69.66%、山西-79.63%、江苏-85.91%、天津-97.06%、湖北-100.00%。这10年间,西藏、北京、青海、上海、新疆、海南是普通高中生均基建经费最大的省份,河北、湖南、江苏、吉林、天津、湖北、山东是普通高中生均基建经费最小的省份,其中西藏有6年、北京及青海各有2年为最大,山东有4年、吉林有3年、湖北有2年、天津有1年为最小。

由表3-10可知,普通高中生均基建经费的极大值从2007年的1877元上升到2016年的4682元,增加了249.44%,极小值从16元下降到0元,减小了100.00%,极差从1861元上升到4698元,增加了252.44%,极差率从2007年的115.47上升到2012年的7822,增加了7706.53%,即极大值与极差都在增大,极小值在缩小。

（二）普通高中生均基建经费的位次变化分析

这10年间全国普通高中生均基建经费的排名位次没有变化的为河北、黑龙江,分别位居第24、25位。排名位次后移的省份有13个,后移大于等于7位的有10个,湖南、湖北分别后移了7、8位,海南、辽宁均后移了9位,河南后移了10位,山东从2007年的第16位后移到了2016年的第29位,后移了13位,福建从第12

位后移到了第28位,后移了16位,山西从第4位后移到了第22位,后移了18位,江苏从第7位后移到了第27位,后移了20位,天津从第9位后移到了第30位,后移了21位,后移的位次越多说明这些省份普通高中生均基建经费排名下跌得越厉害。有16个省份的位次在前移,前移大于等于5位的省份有10个,其中江西、安徽分别前移了5、8位,广西、重庆、陕西均前移了11位,甘肃从2007年的第29位前移到了2016年的第16位,前移了13位,新疆从第18位前移到了第5位,前移了13位,吉林从第31位前移到了第15位,前移了16位,贵州从第30位前移到了第13位,前移了17位,青海从第27位前移到了第4位,前移了23位,前移的位次越多说明这些省份普通高中生均基建经费排名上升得越快。

三、2007—2016年全国普通高中生均基建经费的地区差异分析

由表3-10的相关数据可作出图3-8,图3-8反映了全国普通高中生均基建经费的地区差异情况。由图3-8可知,京津沪三市基本呈W型增长趋势(在724—2822元之间、2008年为最小、2016年为最大),东部八省呈下降趋势(在121—290元之间、2013年为最小、2007年为最大),西部十二省(区、市)呈增加趋势(在99—463元之间,2007年为最小、2012年为最大),中部八省前七年基本呈逐年下降趋势后3年有所上升但2016年仍低于2007年水平(在80—230元之间、2009年为最小、2012年为最大),基本呈中部塌陷态势(2007年西部最小、2013—2014年东部最小除外),京津沪三市始终为最大地区、且远高于其他地区,京津沪是东部的3.03—14.10倍(高出485—2605元)、是西部的2.09—

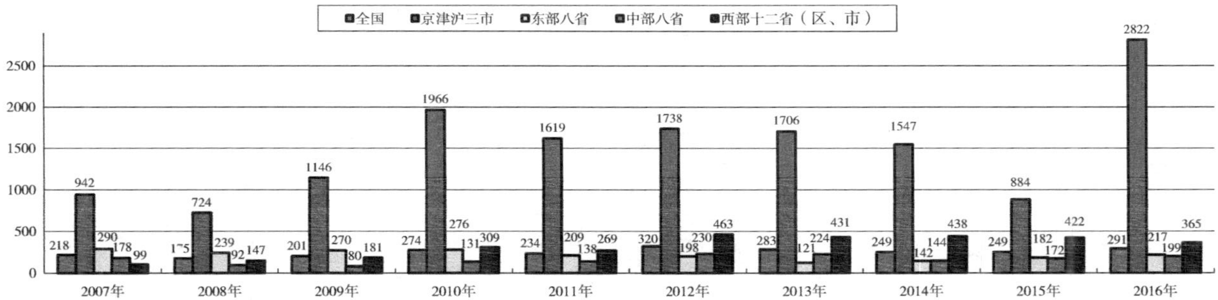

图 3–8　普通高中生均基建经费地区差异图（单位：元）

注：每组柱状从左到右分别代表全国、京津沪三市、东部八省、中部八省、西部十二省（区、市）的统计数据。

9.52倍(高出462—2457元)、是中部的5.14—15.01倍(高出632—2623元),西部是中部的1.60—3.04倍(高出55—294元,仅2007年比中部小),从2010年起西部也高于东中部。如普通高中生均基建经费京津沪三市2007年为942元、西部十二省(区、市)为99,相差8.52倍(843元);京津沪三市2016年为2822元、中部八省为199元,相差13.18倍(2623元),生均基建经费除东部八省有所下降外其余各地均有增加,西部十二省(区、市)增幅最大(2.69倍),京津沪三市次之(2.00倍),中部八省最低(0.12倍),全国平均增加0.33倍。

由表3-10可知,反映全国普通高中生均基建经费各省份与全国均值的离差情况的标准差在2007—2016年的变化趋势是431元↗603元↗849元↗1141元↘967元↗1487元↘890元↗1132元↘830元↗1184元,这10年间有升有降,累计增加了174.71%,上升到2016年的1184元。反映各省份与全国均值间的差异情况的变异系数在2007—2016年的变化趋势是1.978↗3.451↗4.226↘4.164↘4.132↗4.647↘3.145↗4.546↘3.339↗4.066,即这10年间全国普通高中生均基建经费各省份与全国均值的差异有增有减,累计增加了105.56%,除2007年外差异系数均在3以上且有6年在4以上,差异异常大。

第七节　小　　结

第一,全国普通高中总教育经费支出从2007年的1367.29亿元逐年增加到2016年的3847.76亿元,增长了1.814倍,普高财政性教育经费投入从638.61亿元逐年增加到3174.44亿元,增长了3.971倍。普高教育经费支出占全国总教育经费支出的比例从

11.72%下降到10.28%，普高财政性教育经费支出占全国财政性教育经费支出的比例从2007年的9.66%增加至2016年的10.54%（最低年份曾下降至9.03%）；这十年间普高教育经费支出各年增长率有6年是低于全国总教育经费支出的年增长率的，普高财政性教育经费支出各年增长率有6年高于全国财政性教育经费支出的年增速。即虽然普高总教育经费支出在增加，但其所占全国总教育经费支出的比例却在下降，普高总的财政性教育经费支出呈增加趋势，但其所占全国总财政性教育经费支出的比例却始终徘徊在10%左右，增长不明显。普高经费占全国除特殊教育、学前教育外总经费的比例比其学生数占全国除特殊教育、学前教育外学生数的比例高0.572—1.983个百分点（有7年在0.7个百分点左右），普高经费占全国初中高等教育经费的比例比其学生数占全国初中高等教育学生数的比例从高近2个百分点下降到不足0.9个百分点。普通高中在经费投入上基本满足了教育法对“三个增长”的要求（总生均经费逐年增长、生均公用经费基本逐年增长（2014—2015年连续下降、2016年增加但仍低于2013年水平除外）；普高财政性经费支出增长比例基本上（有6年）高于财政性经常收入的增长比例，在2007—2008年、2010年及2013年除外；教师工资逐年增长）。

普高教育经费总收入从2007年的1393.50亿元增加到2016年的3932.31亿元，增长了1.822倍，在2012年全国公共财政教育经费投入占GDP超过4%以后，从2013年起年增速放缓至个位数，2012年之前年增速为两位数。全国普通高中教育经费收入的最主要来源是政府财政性经费，且呈逐年增加至近八成二；第二大来源为事业收入，但其比例从近三成八逐年下降至不到一成六。民办学校中举办者投入、捐赠收入、事业收入、事业收入中学杂费、其他收入都呈下降趋势，其中捐赠收入比例下降达 75.27%，学杂费占总收入的比例从 26.62%下降至 12.45%。

第二，全国普高生均教育经费从 2007 年的 5421 元逐年增加到 2016 年的 16258 元，增长了 1.999 倍，增幅大于全国均值的省份有 21 个，基本有不到一半的(12—16 个，2015—2016 年均有 16 个除外)省份生均教育经费要高于全国均值，十年间增幅最大的为西藏 364.29%、最小的为山西 142.38%。截至 2016 年最大为北京 83970 元、最小为河南 9127 元，极大值及极小值及其绝对差距与相对差距都在扩大。这 10 年间全国普通高中总生均教育经费的排名位次没有变化的为江苏、云南、黑龙江、河南，排名位次后移的省份有 15 个、前移的有 12 个，其中新疆、宁夏、湖南、山西后移最多分别后移了 6、6、6、12 位，湖北、陕西、内蒙古、青海前移最多分别前移了 8、8、9、13 位。

全国普高生均教育经费呈现出中部塌陷现象，京津沪远高于其他地区、且差距越来越大，各地均呈逐年增加趋势，京津沪三市的增幅最大、东部八省最小。总生均教育经费各省份与全国均值间的差异情况相当大，差异系数在 0.781—0.974 之间，2016 年高达 0.974。

第三，全国普高生均财政性教育经费从 2007 年的 2532 元逐年增加到 2016 年的 13413 元，增长了 4.294 倍，增幅大于全国均值的省份有 18 个，基本上有一半以上的(14—18 个，有 3 年为 14—15 个除外)省份生均财政性教育经费高于全国均值，十年间增幅最大的为湖北 869.53%、最小为新疆 292.39%。截至 2016 年最大为北京 73040 元、最小为河南 7019 元，极大值、极小值及其相对差距与绝对差距都在增加。这 10 年间全国普高生均财政性教育经费的排名位次没有变化的为西藏、天津、福建、江西、湖南，排名位次后移的省份有13个、前移的有13个,其中山西、贵州、宁夏后移最多分别后移了7、8、9位,陕西、内蒙古、湖北前移最多分别前移了7、9、15位。

全国普通高中生均财政性教育经费从京津沪、东部、西部、中部呈梯度递减趋势、且呈中部塌陷态势,也就是东强中弱、京津沪远远高于其他地区且与其他地区差距在迅速扩大,各地均呈逐年增加趋势,中部八省增幅最大、京津沪三市最小。生均财政性教育经费各省份与全国均值间的差异情况相当大,差异系数在0.884—1.259之间,2016年高达1.033。

第四,全国普高生均财政性经费占总生均经费的比例从2007年的46.70%基本逐年增加(2013年有所下降除外)到2016年的82.50%,增长了35.80个百分点,共增加了76.66%,增幅大于全国均值的省份有14个,有一半以上的省份(19—22个)生均财政性经费占总生均经费的比例要高于全国均值,十年间增幅最大的为湖北130.11%、最小为西藏9.79%(但其生均财政性经费占总生均经费的比例却是全国最高的)。截至2016年最大为西藏99.39%、最小为浙江73.45%,极大值、极小值都在增加,但其绝对差距与相对差距却在减小。这10年间全国普高生均财政性经费占总生均经费比例的排名位次没有变化的为西藏、青海、甘肃、江西,排名位次后移的省份有15个、前移的有12个,其中上海、河南、广东、贵州后移最多分别后移了7、11、15、16位,山东、湖北、海南、内蒙古、吉林前移最多分别前移了7、7、9、11、13位。

全国普高生均财政性经费占总生均经费的比例基本呈现出从京津沪、西部、东部、中部梯度递减的趋势,也呈现出中部塌陷现象各地均呈逐年增加趋势,中部八省增幅最大、京津沪三市最小,各地间的差距在减小。普高生均财政性经费占总生均经费比例的各省份与全国均值的差异比较小且基本呈逐年下降(2009 年有所上升除外)趋势,差异系数在 0.068—0.242 之间(从 2011 年起就小于等于 0.164、从 2014 年起就小于等于 0.087),2016 年仅为 0.068。

第五,全国普高生均公用经费从 2007 年的 2224 元增加到 2016 年的 5470 元(2013 年最高达 5577 元),增长了 1.459 倍,增幅大于全国均值的省份有 20 个,有不到一半的(12—15 个)省份的普高生均公用经费要高于全国均值,十年间增幅最大的为西藏 1023.55%、最小的为宁夏 77.51%。截至 2016 年最大为北京 31420 元、最小为甘肃 3500 元,极大值、极小值及其绝对差距都在增加,但其相对差距却略有减小。这 10 年间全国普高生均公用经费的排名位次没有变化的为天津、江苏、湖南,排名位次后移的省份有 16 个、前移的有 12 个,其中吉林、新疆、山西、宁夏后移最多分别后移了 11、12、14、15 位,陕西、湖北、青海、江西、西藏前移最多分别前移了 11、12、14、17、28 位。

全国普高生均公用经费呈现出从京津沪、东部、西部、中部呈梯度递减趋势,基本呈中部塌陷态势(2007、2012—2014 及 2016 年除外),也就是东强中弱、京津沪远高于其他地区,各地均基本呈逐年增加趋势(2015 年有所下降除外),京津沪三市增幅最大、东部八省增幅最小。普通高中生均公用经费各省份与全国均值的差异相当大,差异系数在 0.771—1.145 之间,基本呈逐年增加趋势,至 2016 年高达 1.145。

第六,全国普高生均公用经费占事业经费的比例从 2007 年的 42.74%增加到 2012 年的 45.28%(顶点)后逐年下降至 2016 年的 34.26%,下降了 8.48 个百分点,共减少了 19.84%,降幅大于全国均值的省份有 14 个,有不到一半的(12—15 个)省份的普高生均公用经费占生均事业经费的比例要高于全国均值，十年间增幅最大的为西藏 84.10%、降幅最大的为宁夏 37.80%（有 26 个省份该比例在下降）。截至 2016 年最大为海南 45.92%、最小为四川 27.28%，极大值、极差及极差率都在减小，而极小值却在增加。这 10 年间全国普高生均公用经费占生均事业经费比例的排名位次没有变化的为重庆，排名位次后移的省份有 15 个、前移的有 15 个，其中四川、吉林、辽宁、河北、福建、山西、宁夏后移最多分别后移了 12、12、13、16、17、18、21 位，上海、云南、广西、西藏、江西前移最多分别前移了 13、13、16、18、27 位。

全国普高生均公用经费占生均事业经费的比例京津沪三市在 39.03%—48.53%之间（有 5 年为最大），东部八省在 32.43%—43.58%之间（2007 年为最大），中部八省在 37.37%—49.98%之间（有 4 年为最大），西部十二省（区、市）在 32.84%—43.56%之间为最小（有 3 年除外），从 2013 年起京津沪三市及中部八省要明显高于东西部（从 2014 年起京津沪三市为最大），总体呈先下降，再上升后又下降趋势，且低于前几年的水平，东部八省降幅最大、西部十二省（区、市）次之、京津沪三市最小。普高生均公用经费占生均事业经费比例的各省份与全国均值间的差异比较小，差异系数在 0.110—0.175 之间（2008 年为最大、2011 年为最小），至 2016 年为 0.152 比 2007 年略高一点点。

第七，全国普高生均助学金从 2007 年的 46 元逐年增加到 2016 年的 522 元，增长了 10.35 倍，增幅大于全国均值的省份有 15 个，基本上有一半以下的（13—15 个，2008—2009 及 2011 年为 16—18 个除外）省份的普高生均助学金要高于全国均值，十年间增幅最大的为甘肃 3952.94%、最小的为北京 92.08%。截至 2016 年最大为西藏 3116 元、最小为天津 176 元，极大值、极小值及其绝对差距都在增加，但其相对差距却在减小。这10年间全国普高生均助学金的排名位次没有变化的为西藏、云南、青海、湖南，排名位次后移的省份有11个、前移的有16个，其中上海、天津、福建、黑龙江、山东、江西、北京后移最多分别后移了10、12、13、13、16、16、25位，山西、广西、吉林、贵州、甘肃前移最多分别前移了9、9、14、18、19位。

全国普通高中生均助学金基本上是西部最大、东部最小，基本呈东部塌陷现象，从2010年起西部远高于其他地区，各地均有增加，西部十二省（区、市）增幅最大、京津沪三市最小。生均助学金各省份与全国均值的差异非常大，差异系数在0.970—2.016之间（2010年为最小、2007年为最大），2010年及以前呈逐年下降趋势、2011—2013年又逐年上升、2014—2016年又逐年下降，总体呈下降趋势，但2016年仍高达1.030。

第八，全国普高生均学杂费从2007年的1471元基本逐年增长（2012及2015年有所下降除外）到2016年的2068元，增长了40.58%，增幅大于全国均值的省份有17个，十年间增幅最大的为北京277.18%、最小为西藏下降了72.49%（另外还有内蒙古、新疆、黑龙江均有所下降）。截至2016年最大为上海8898元、最小为西藏145元，极大值、极差及极差率都在增加，但极小值却在减小。这10年间全国普高生均学杂费的排名位次没有变化的为上海、江西，排名位次后移的省份有14个、前移的有15个，其中黑龙江、新疆、内蒙古后移最多分别后移了5、11、16位，重庆、安徽、河南前移最多分别前移了6、8、21位。

全国普通高中生均学杂费基本上是从京津沪、东部、中部、西部自东向西呈梯度递减趋势，京津沪远远高于其他地区，各地均呈增加趋势，京津沪三市增幅最大、西部十二省（区、市）最小。生均学杂费各省份与全国均值的差异从比较大增至相当大，差异系数在0.534—0.914之间，基本呈逐年增加趋势（2009及2011年有所下降除外），增至2016年的0.914。

第九，全国普高生均基建经费从2007年的218元增至2016年的291元，增长了33.49%，增幅大于全国均值的省份有19个，有不到一半的（9—15个）省份的普高生均基建经费要高于全国均值，十年间增幅最大的为青海2361.36%、最小的为湖北下降了100.00%（有12个省份有所下降）。截至2016年最大为北京6559元、最小为湖北0元，极大值与极差都在增大，极小值在缩小。这10年间全国普高生均基建经费的排名位次没有变化的为河北、黑龙江，排名位次后移的省份有13个、前移的有16个，其中河南、山东、福建、山西、江苏、天津后移最多分别后移了10、13、16、18、20、21位，广西、重庆、陕西、甘肃、新疆、吉林、贵州、青海前移最多分别前移了11、11、11、13、13、16、17、23位。

全国普高生均基建经费京津沪三市基本呈W型增长趋势、基本呈中部塌陷态势，京津沪三市始终为最大地区、且远高于其他地区，生均基建经费除东部八省有所下降外其余各地均有增加，西部十二省（区、市）增幅最大、中部八省最低。生均基建经费各省份与全国均值间的差异非常大，差异系数在1.978—4.647之间（2007年为最小、2012年为最大），至2016年高达4.066。

总体而言，全国普通高中总教育经费支出及财政性教育经费支出均呈现逐年增加趋势，但其总教育经费支出占全国总教育经费支出的比例在下降、其政性教育经费支出占全国财政性教育经费支出的比例略有增加，其经费所占全国初中高等教育经费比例比其学生所占全国初中高等教育学生比例高1个百分点左右。各类生均经费基本呈现出中部塌陷态势，京津沪远高于其他地区；生均财政性经费能得到财政较强有力的保障（从 46. 70%迅速增加至 82. 50%）；生均公用经费占生均事业经费的比例较高（前 8 年保持在 42%左右，后两年迅速下降至 34. 26%），学校一般运转能得到较有效保障。全国普高各类生均经费的差异情况大小依次是，生均基建经费的差异异常大（差异系数在 1. 978—4. 647 之间），生均助学金、生均财政性教育经费及生均公用经费的差异非常大（差异系数分别在 0. 970—2. 016、0. 884—1. 259 及 0. 771—1. 145 之间），总生均教育经费、生均学杂费的差异也相当大（差异系数分别在 0. 781—0. 974、0. 534—0. 914 之间），生均财政性经费占总生均经费比例及生均公用经费占生均事业经费的比例的差异比较小（差异系数分别在 0. 068—0. 242 及 0. 110—0. 175 之间）。

第四章　中等职业学校教师资源地区差异分析

通过对2007—2016年数据分析发现,我国中等职业学校专任教师仍然比较稀缺,还存在13%左右的外聘教师以弥补编制不足的情况,女专任教师比例有所增加,但每百学生拥有高级职称及高学历专任教师人数很低。校本部专任教师生师比近年虽有所下降,但仍处于高位水平,以校本部专任教师计算的生师比2016年仍高达19.84。校本部专任教师中具有研究生学历教师的比例及学历达标率都比较低,截至2016年分别为7.16%、90.83%;高级职称教师比例到2016年仅达25.06%,中级职称教师比例这10年始终稳定在四成左右。总体来看,各省份间中等职业学校校本部专任教师中研究生学历教师比例的差异最大,其后依次是校本部专任教师生师比、高级职称教师比例、中级职称教师比例、学历达标率的差异。在每个校本部专任教师能服务的最少学生数、每百名学生拥有的校本部高学历及高级职称专任教师数、校本部专任教师职称及学历构成上京津沪都远高于其他地区,基本呈现出从京津沪、东部、中部、西部梯度递减的态势。

第一节　引　言

一、中等职业学校教师资源地区差异的研究回顾

目前中等职业教育的个人需求不足,社会吸引力还比较低,除

了受教育回报率较低影响以外，一个重要的因素就是中职教育质量较低，而其关键影响因素就是中职教师队伍的质量水平及其配置差异造成的。原国务委员刘延东同志曾指出："无论是从中央领导的要求来讲，还是从教育规律来看，我们都必须要把师资队伍建设放在职业教育工作中最重要的位置。为此，需要进一步推动和加强中职师资队伍建设，促进中职教育健康科学发展。"①

目前对中职教师资源配置方面的研究不太多见，研究的面也比较有限。如刘育锋通过对2004—2007年中职校（机构）教师队伍的来源结构、年龄结构、职称结构、专任教师与教职工数量比例结构、专业课教师与专任教师数量比例结构、实习指导教师与专业课教师数量比例结构、兼职教师与任课教师数量比例结构、不同专业教师数量比例结构进行了分析，发现我国中职教师队伍的数量有所增加，质量有所提高，制度建设取得了重大突破，但上述结构性矛盾依然是我国中职教师队伍建设面临的突出问题，这些结构性矛盾在很大程度上影响着我国中职教育的更快更好发展②。叶红英对重庆市中职教师队伍在2003—2007年的情况进行了分析，发现重庆市中职教师数量虽有了一定程度的增长，但教师队伍建设仍面临经费支持不足、管理体制不顺、教师数量不足、"双师型"教师缺乏、教师素质不高、培训体系不完善等问题③。白云飞的研究发现在2003—2015年重庆市中职学校教师特别是高学历层次

---

① 鲁昕：《在全国职业教育师资工作会议上的讲话》，2012年1月5日，见http://www.cdnkxy.com/xctzb/contents/173/3668.html。

② 刘育锋：《结构性矛盾——中职教师配置急需关注的重大问题——2004—2007年中职校（机构）教师队伍状况分析》，《中国职业技术教育》2009年第4期。

③ 叶红英：《重庆市中职教师队伍建设现状、问题与对策》，《职业技术教育》2008年第34期。

的教师与经济社会发展确有着很强的相关性，教师队伍数量上的增长伴随着显著的失业率的降低与地区生产总值的增加①。刘荣秀通过对广州的调查发现，2014 年广州市中职学校教师队伍总体规模不足；公办学校教师编制量不足，且缺编严重。师生比为 1∶24.92、员生比为 1∶18.16，市属公办中职学校缺编率为 30.20%，区属公办中职学校缺编率为 21.70%②。在国家层面，2011 年 11 月 28 日，于广西南宁召开的全国职业教育师资工作会议明确了"十二五"期间要加强实施职业院校教师素质提高计划，提出到 2015 年专兼职教师总量将由 130 万人提高到 135 万人，进一步扩大规模、优化结构、提高素质，解决生师比过高、"双师"型教师和兼职教师比例偏低、教师实践能力不足等问题，健全中等职业教育教师管理制度，探索在中等职业学校设立正高级教师职务（职称），提升教师职业发展空间③。

二、本章研究内容

本章将对我国中职学校教师队伍在 2007—2016 年这十年间的地区配置差异及其变化情况进行分析，具体包括对专任教师生师比、兼职教师比例、女专任教师比例、每百名中职学生拥有高学历及高级职称教师人数、专任教师的学历及职称构成比例进行省际间（含地区间）的横向配置差异与这十年间的纵向配置差异变

① 白云飞：《重庆中职教师学历情况与地区经济指标的关系分析——就失业率与地区生产总值二指标来谈》，《科学咨询（科技管理）》2017 年第 40 期。

② 刘荣秀：《基于产教融合的中职教师配置与管理研究——以广州市为例》，《教育导刊》2016 年第 13 期。

③ 翟帆、周仕敏：《"十二五"中职教师增 5 万　探索中职设正高级职务》，《中国教育报》2011 年 12 月 30 日。

化情况,具体差异分析指标有极值、名次变化、标准差及变异(差异)系数等。

第二节 2007—2016年中等职业学校专任教师数量及生师比地区差异分析

一、2007—2016年中等职业学校专任教师数量地区差异分析

(一)2007—2016年全国中等职业学校学校数、在校生数及教师数量变化情况

表4-1显示了2007—2016年这十年间全国中等职业学校教师数、学生数、学校数的变化情况。

由表4-1可知,全国中等职业学校从2007年的11837所一直减少到2016年的8367所,十年减少了29.31%;中等职业学校在校生从2007年的16198590人逐年增加到2010年的18164447人,之后开始逐年下降到2016年的12758604人,十年共减少了21.24%;中等职业学校教职工从2007年的956076人,除2008年有所增外,后逐年减少到2016年的821047人,共减少了14.12%;中等职业学校的专任教师(含外聘)从2007年的755041人,逐年增加到2011年的791684人,之后逐年下降到2016年的738462人,共减少了2.20%。中等职业学校以教职工数计算的教职工生师比从2007年的16.94逐年增加到2010年的18.99,之后再逐年下降到2016年的15.54,下降了8.28%;以校本部的专任教师数计算的校本部专任教师生师比从2007年的24.75逐年增加到2010年的26.67,之后再逐年减小到2016年的19.84,下降了19.83%;以含外聘专任教师数计算的生师比从2007年的21.45减小到2016

表 4-1　2007—2016 年全国中等职业学校学校数、学生数、教师数变化情况表

年份	2007	2008	2009	2010	2011	2012	2013	2014	2015	2016	十年增加
学校数(所)	11837	11744	11324	10864	10169	9762	9380	9060	8657	8367	-29.31%
在校学生数(人)	16198590	16882421	17798473	18164447	17749068	16898820	15363842	14163127	13352414	12758604	-21.24%
教职工数(人)	956076	973431	969477	956631	945081	921332	883959	866905	841495	821047	-14.12%
校本部专任教师数(人)	654600	674169	682151	680954	689363	684071	668754	663782	652447	643143	-1.75%
外聘专任教师数(人)	100441	102850	100335	101752	102321	106549	96619	99662	99379	95319	-5.10%
含外聘专任教师数(人)	755041	777019	782486	782706	791684	790620	765373	763444	751826	738462	-2.20%
教职工生师比	16.94	17.34	18.36	18.99	18.78	18.34	17.38	16.34	15.87	15.54	-8.28%
校本部专任教师生师比	24.75	25.04	26.09	26.67	25.75	24.70	22.97	21.34	20.47	19.84	-19.83%
含外聘专任教师生师比	21.45	21.73	22.75	23.21	22.42	21.37	20.07	18.55	17.76	17.28	-19.47%
专任教师中外聘教师比	13.30%	13.24%	12.82%	13.00%	12.92%	13.48%	12.62%	13.05%	13.22%	12.91%	-2.97%

注:中等职业学校数量包括普通中等专业学校数+成人中等专业学校数+职业高中学校数;假定聘请校外教师均为专任教师,《中国教育统计年鉴》中提供的为聘请校外教师数,我们一般认为外聘教师均为上课的专任教师。

资料来源:根据 2007—2016 年《中国教育统计年鉴》中的原始数据计算整理得出。

年的 17.28，下降了 19.47%。因中等职业学校在校生数在 2010 年增加到高位，之后下降，而这之前教师数量变化不大，所以生师比在 2010 年前呈增加趋势，在这个拐点之后，因学生的下降幅度大于教师的减小幅度，故 2010 年之后的生师比均呈逐年下降趋势。

（二）2007—2016 年全国中等职业学校各地外聘专任教师数量变化情况

1. 全国中等职业学校专任教师中外聘教师比例的总量分析

表 4-2 显示了 2007—2016 年这十年间全国各省（区、市）及地区中等职业学校外聘专任教师比例的变化情况。

由表 4-2 可知，全国中等职业学校专任教师中外聘教师比例在 2007—2016 年的变化趋势为 13.30%↘13.24%↘12.82%↗13.00%↘12.92%↗13.48%↘12.62%↗13.05%↗13.22%↘12.91%，始终保持在 13%左右，可见中等职业学校在增加教师编制解决专任教师数量不足上还有很大的努力空间。这 10 年共减小了 0.39 个百分点，下降了 2.93%，降幅大于全国均值的省份有 17 个，降幅超过 30%的省份有 5 个，超过 20%的省份有 9 个，超过 5%的省份有 17 个；有 13 个省份未下降反而增加了，其中增幅超过 200%的有 1 个，超过 50%的有 4 个，超过 10%的有 9 个。这 10 年间中等职业学校专任教师中外聘教师比例高于各年全国均值的省份数的变化趋势为 17↗18→18↘15↗19↘18→18↘17→17↘16，即截至 2016 年仍有 16 个省份要高于全国平均水平。

2. 全国中等职业学校专任教师中外聘教师比例的极值及位次变化分析

（1）全国中等职业学校专任教师中外聘教师比例的极值分析

中等职业学校专任教师中外聘教师所占比例 2016 年最大的

表 4-2　2007—2016 年全国中等职业学校外聘专任教师占总专任教师比例差异变化情况表

年份	2007		2008	2009	2010	2011	2012	2013	2014	2015	2016		2016 比 2007 增加	
	比例	排名	比例	比例	比例	比例	比例	比例	比例	比例	比例	排名	增加比例	排名
高于全国均值省份数	17		18	18	15	19	18	18	17	17	16		17	
全国	13.30		13.24	12.82	13.00	12.92	13.48	12.62	13.05	13.22	12.91		-2.93	
北京	14.16	13	13.82	14.78	15.36	16.46	16.67	16.62	15.45	15.02	16.05	8	13.35	-5
天津	8.08	27	16.38	13.21	12.04	12.36	12.98	12.73	12.44	12.51	13.36	13	65.35	-14
河北	11.19	22	10.52	9.34	8.70	7.87	7.53	7.11	6.79	6.45	5.22	30	-53.35	8
山西	12.83	19	12.43	13.62	13.83	14.09	16.23	15.23	15.39	15.26	15.29	10	19.17	-9
内蒙古	7.80	28	9.46	9.72	8.99	7.94	8.40	8.03	8.15	7.74	8.12	26	4.10	-2
辽宁	13.94	15	13.89	13.25	12.94	14.66	15.27	14.10	13.37	12.5	13.30	14	-4.59	-1
吉林	7.01	29	7.43	8.56	8.25	6.71	5.82	5.30	4.57	4.05	4.92	31	-29.81	2
黑龙江	9.65	26	10.01	8.16	8.03	8.35	9.17	8.53	8.40	15.7	16.23	7	68.19	-19
上海	20.20	5	19.37	16.09	14.69	13.63	14.19	12.15	11.32	12.56	11.74	19	-41.88	14
江苏	13.08	18	13.39	11.95	12.11	11.62	12.41	12.38	12.18	12.37	12.00	18	-8.26	0
浙江	11.89	20	11.40	12.41	11.66	16.78	16.72	12.74	11.23	12.51	11.10	21	-6.64	1

续表

年份	2007		2008	2009	2010	2011	2012	2013	2014	2015	2016		2016 比 2007 增加	
	比例	排名	比例	比例	比例	比例	比例	比例	比例	比例	比例	排名	增加比例	排名
安徽	14. 49	11	14. 06	13. 60	12. 76	11. 06	17. 31	13. 38	13. 47	14. 7	15. 57	9	7. 45	-2
福建	21. 10	4	19. 09	18. 47	20. 01	18. 90	18. 21	17. 65	16. 79	16. 34	12. 99	16	-38. 44	12
江西	13. 60	17	12. 23	11. 61	12. 86	14. 61	16. 48	15. 23	16. 40	17. 05	10. 83	22	-20. 37	5
山东	6. 35	30	5. 68	4. 96	5. 71	6. 39	6. 30	6. 12	11. 37	6. 76	7. 77	28	22. 36	-2
河南	14. 28	12	15. 04	12. 30	12. 60	12. 91	12. 16	13. 43	14. 80	14. 29	15. 03	11	5. 25	-1
湖北	16. 10	9	17. 00	16. 96	16. 95	15. 04	15. 20	13. 90	13. 35	12. 89	12. 64	17	-21. 49	8
湖南	13. 64	16	12. 81	12. 31	11. 68	10. 94	11. 27	10. 68	9. 71	10. 74	9. 95	24	-27. 05	8
广东	11. 52	21	9. 51	11. 77	12. 36	13. 01	12. 72	9. 96	9. 85	14. 38	11. 30	20	-1. 91	-1
广西	15. 86	10	16. 42	16. 99	17. 53	17. 05	16. 63	16. 39	16. 59	16. 36	14. 89	12	-6. 12	2
海南	14. 13	14	14. 68	13. 99	13. 62	13. 44	11. 79	9. 91	12. 86	13. 6	13. 09	15	-7. 36	1
重庆	18. 07	6	20. 36	21. 01	20. 73	16. 75	17. 30	16. 74	16. 38	16. 21	16. 79	6	-7. 08	0
四川	10. 41	24	9. 85	12. 06	12. 68	11. 35	10. 47	10. 20	9. 73	8. 97	9. 67	25	-7. 11	1
贵州	21. 37	3	20. 99	22. 73	24. 59	23. 98	25. 31	26. 38	28. 19	28. 68	31. 64	2	48. 06	-1
云南	16. 98	8	16. 69	17. 64	19. 18	20. 02	20. 81	19. 10	20. 92	19. 69	20. 22	4	19. 08	-4

续表

年份	2007		2008	2009	2010	2011	2012	2013	2014	2015	2016		2016 比 2007 增加	
	比例	排名	比例	比例	比例	比例	比例	比例	比例	比例	比例	排名	增加比例	排名
西藏	4.34	31	15.60	15.23	15.57	16.67	15.73	5.37	14.54	15.03	8.03	27	85.02	-4
陕西	21.89	2	19.61	16.07	17.10	14.78	15.53	13.64	14.05	12.09	10.77	23	-50.80	21
甘肃	10.15	25	11.21	9.23	8.37	8.50	7.70	7.63	5.96	6.16	6.96	29	-31.43	4
青海	10.68	23	11.63	15.70	15.37	17.11	23.05	30.58	36.21	37.76	37.13	1	247.66	-22
宁夏	17.54	7	17.13	15.02	16.67	16.70	18.49	22.11	20.94	20.66	17.70	5	0.91	-2
新疆	27.07	1	28.34	26.37	25.50	26.18	28.25	25.82	25.42	24.89	23.84	3	-11.93	2
标准差	5.08		4.63	4.40	4.65	4.65	5.29	6.14	6.59	6.72	6.88		35.46	
变异系数	0.382		0.350	0.343	0.357	0.360	0.393	0.486	0.505	0.509	0.533		39.56	
极大值	27.07		28.34	26.37	25.50	26.18	28.25	30.58	36.21	37.76	37.13		37.16	
极小值	4.34		5.68	4.96	5.71	6.39	5.82	5.30	4.57	4.05	4.92		13.36	
极差	22.73		22.65	21.41	19.78	19.79	22.43	25.29	31.65	33.71	32.21		41.71	
极差率	6.24		4.99	5.32	4.46	4.09	4.86	5.77	7.93	9.33	7.54		20.83	
京津沪三市	14.70		16.53	14.70	14.08	14.20	14.62	13.80	13.03	13.36	13.62		-7.35	

续表

年份	2007		2008	2009	2010	2011	2012	2013	2014	2015	2016		2016 比 2007 增加	
	比例	排名	比例	比例	比例	比例	比例	比例	比例	比例	比例	排名	增加比例	排名
东部八省	11.57		10.97	10.73	10.91	11.67	11.73	10.46	11.05	11.08	10.04		-13.22	
中部八省	13.33		13.40	12.52	12.53	12.11	13.34	12.50	12.74	13.45	13.36		0.23	
西部十二省(区、市)	16.01		15.99	16.05	16.55	15.58	16.01	15.63	16.15	15.89	16.25		1.50	

注:表格中除变异系数及极差率无单位外,其他数据单位均为“%”。高于全国省数为降幅高于全国均值的省份数。

资料来源:表格中数据根据《中国教育统计年鉴》2007—2016 年中等职业学校相关校本部专任教师数及外聘教师数原始数据计算整理而得,此处未显示出原始数据。

5 省份为青海 37.13%、贵州 31.64%、新疆 23.84%、云南 20.22%、宁夏 17.70%，最小的 5 省份为西藏 8.03%、山东 7.77%、甘肃 6.96%、河北 5.22%、吉林 4.92%，大于 30%的省份有 2 个，大于 20%的省份为 4 个，大于 15%的省份有 10 个，大于 10%的省份为 23 个，小于 10%的省份为 8 个。

这 10 年间中等职业学校专任教师中外聘教师所占比例下降幅度最大的 5 省份为河北 53.35%、陕西 50.80%、上海 41.88%、福建 38.44%、甘肃 31.43%，增幅最大的 5 省份为青海 247.66%、西藏 85.02%、黑龙江 68.19%、天津 65.35%、贵州 48.06%。这 10 年间，青海、新疆、贵州、重庆、宁夏、云南是外聘教师占总专任教师比例最大的省份，黑龙江、河北、甘肃、山东、吉林为最小省份；其中青海在 2013—2016 年、新疆在 2007—2012 年为最大，贵州在 2008—2016 年、陕西在 2007 年为第二大，吉林在 2012—2016 年、山东在 2008—2011 年、西藏在 2007 年为最小。

由表 4-2 可知，中等职业学校专任教师中外聘教师所占比例的极大值从 2007 年的 27.07%增加到 2016 年的 37.13%（其中 2015 年最大为 37.76%、2010 年最小为 25.50%），增长了 37.16%，极小值从 4.34%增加至 4.92%（其中 2011 年最大为 6.39%、2015 年最小为 4.05%），增长了 13.36%，极差从 22.73%增加到 32.21%，增长了 41.71%，极差率从 6.24 上升到 7.54（其中 2015 年最大为 9.33、2011 年最小为 4.09），增加了 20.83%，即极大值、极小值及其绝对差距与相对差距都在增大。

（2）全国中等职业学校专任教师中外聘教师比例的位次变化分析

这 10 年间外聘专任教师占总专任教师比例的排名（按从大到小降序排序）位次没有变化的为重庆、江苏，分别位居第 6、18 位，排名位次后移的省份有 14 个,后移大于等于 5 位的有 7 个,河北、湖北、湖南均后移了 8 位,福建从第 4 位后移到了第 16 位,后移了 12 位,上海从第 5 位后移到了第 19 位,后移了 14 位,陕西从第 2 位后移到了第 23 位,后移了 21 位,后移的位次越多说明这些省份在增加校本部专任教师编制与数量上的工作成效越显著,迅速地减少了外聘教师占总计专任教师的比例。有 15 个省份的位次在前移,前移大于等于 4 位的省份有 7 个,其中云南、西藏、北京分别前移了 4、4、9 位,山西从第 19 位前移到了第 10 位,前移了 9 位,天津从第 27 位前移到了第 13 位,前移了 14 位,黑龙江从第 26 位前移到了第 7 位,前移了 19 位,青海从第 23 位前移到了第 1 位,前移了 22 位,前移的位次越多说明这些省份在增加校本部专任教师编制与数量上所做的工作越不够,只能更多地聘请校外教师以弥补校本部专任教师的不足。

3. 全国中等职业学校专任教师中外聘教师比例的地区差异变化分析

由表 4-2 的相关数据可作出图 4-1,图 4-1 反映了中等职业学校专任教师中外聘教师比例的地区差异情况。由图 4-1 可知,西部十二省(区、市)是最大的,在 15.58%—16.55%之间,其次是京津沪三市,在 13.03%—16.53%之间,再次是中部八省,在 12.11%—13.45%之间,东部八省是最低的,在 10.04%—11.73%之间,全国均值高于东部八省(有 6 年也高于中部八省),低于京津沪三市(2014 年除外);西部十二省(区、市)明显高于其他地区(2008 年京津沪比西部高除外),西部十二省(区、市)是京津沪的 0.97—1.24 倍(高出-0.54—3.12 个百分点)、是中部的 1.19—1.29 倍(高出 2.44—4.02 个百分点)、是东部的 1.34—1.62 倍(高出 3.91—6.21 个百分点)。如中等职业学校专任教师中外聘

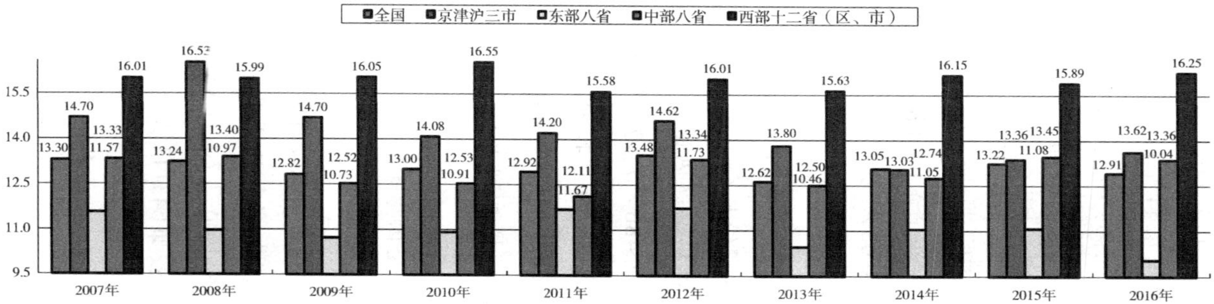

图 4-1　中等职业学校专任教师中外聘教师比例地区差异图（单位：%）

注：每组柱状从左到右分别代表全国、京津沪三市、东部八省、中部八省、西部十二省（区、市）的统计数据。

教师比例西部十二省(区、市)2007年为16.01%、东部八省为11.57%,相差0.38倍(高出4.44个百分点);西部十二省(区、市)2016年为16.25%、东部八省为10.04%,相差0.62倍(高出6.21个百分点),差距比较大,西部与中部分别增长1.50%及0.23%,东部与京津沪分别下降13.32%及7.36%,全国平均下降2.93%。

由表4-2可知,反映中等职业学校专任教师中外聘教师比例各省份与全国均值的离差情况的标准差在2007—2016年的变化趋势是5.08%↘4.63%↘4.40%↗4.65%→4.65%↗5.29%↗6.14%↗6.59%↗6.72%↗6.88%,即这10年间有升有降(其中2009年最低为4.40%),从2009年起逐年增加,累计增长了35.46%。反映各省份与全国均值间的差异情况的变异系数在2007—2016年的变化趋势是0.382↘0.350↘0.343↗0.357↗0.360↗0.393↗0.486↗0.505↗0.509↗0.533,即这10年间中等职业学校专任教师中外聘教师比例各省份与全国均值的差异有降有增(其中2009年最低为0.343),从2009年起逐年增加,共增长了39.56%,增加到2016年的0.533,差异水平一般(不太大)。

(三)2007—2016年全国中等职业学校校本部女专任教师比例差异变化情况

1. 全国中等职业学校校本部女专任教师比例的总量分析

全国中等职业学校校本部女专任教师从2007年的313318人,占校本部专任教师654600人的47.86%,增加到2016年的339636人,占校本部专任教师643143人的52.81%,十年间校本部女专任教师的比例增加了10.34%。其具体比例变化情况如表4-3所示。

表 4-3　2007—2016 年全国中等职业学校校本部专任教师中女教师比例变化情况表

年份	2007		2008	2009	2010	2011	2012	2013	2014	2015	2016		2016 比 2007 增加	
	比例	排名	比例	比例	比例	比例	比例	比例	比例	比例	比例	排名	增加比例	排名
高于全国均值省份数	13		12	12	12	12	12	12	13	13	13		15	
全国	47.86		48.49	49.06	49.38	49.57	49.96	50.72	51.35	51.92	52.81		10.34	
北京	67.13	1	67.51	67.37	67.58	68.05	68.65	69.25	69.45	69.84	70.41	1	4.89	0
天津	59.84	3	60.85	60.64	61.09	61.13	62.04	62.83	63.17	63.93	64.90	2	8.46	-1
河北	58.09	4	58.35	59.17	59.58	60.21	60.47	61.13	61.54	61.92	62.32	5	7.28	1
山西	55.19	8	56.02	57.17	57.35	58.06	58.28	59.02	59.04	59.40	60.25	7	9.17	-1
内蒙古	52.41	10	53.82	53.92	54.42	55.23	55.72	55.43	56.02	56.89	57.50	8	9.71	-2
辽宁	61.04	2	61.65	61.47	61.27	61.37	61.42	62.13	62.38	62.54	63.23	3	3.59	1
吉林	57.99	5	58.50	58.62	58.84	59.09	59.65	59.84	60.64	60.75	61.30	6	5.71	1
黑龙江	57.69	6	58.09	58.34	58.23	58.09	57.62	58.92	59.38	57.43	57.27	9	-0.73	3
上海	56.57	7	57.47	58.94	59.61	60.10	61.24	60.53	61.38	61.81	62.40	4	10.31	-3
江苏	48.04	13	48.80	49.69	49.91	50.70	51.25	51.76	52.22	52.75	53.27	13	10.89	0
浙江	50.81	12	51.16	51.57	52.41	53.04	53.53	54.26	54.57	55.11	55.79	11	9.80	-1

续表

年份	2007		2008	2009	2010	2011	2012	2013	2014	2015	2016		2016 比 2007 增加	
	比例	排名	比例	比例	比例	比例	比例	比例	比例	比例	比例	排名	增加比例	排名
安徽	34.85	31	36.04	36.99	37.61	36.20	36.32	36.66	37.91	38.34	39.87	31	14.40	0
福建	51.67	11	43.79	44.20	45.80	46.75	47.56	48.91	50.04	50.41	51.30	17	-0.72	6
江西	38.07	29	38.63	39.90	39.98	40.30	40.54	40.96	41.47	42.62	44.75	28	17.55	-1
山东	46.81	14	46.61	47.24	47.05	47.17	47.06	47.43	48.17	48.75	49.70	21	6.17	7
河南	46.73	15	47.82	48.03	48.17	48.81	49.06	50.31	51.11	51.73	52.66	14	12.69	-1
湖北	39.19	28	39.98	40.67	41.01	40.78	41.46	41.83	41.83	42.30	43.46	30	10.90	2
湖南	43.21	22	43.71	44.02	44.89	44.70	44.58	45.82	46.09	47.08	49.17	23	13.79	1
广东	46.03	17	47.10	47.67	48.28	48.68	49.89	50.72	51.59	52.55	53.29	12	15.77	-5
广西	42.85	23	43.51	43.95	44.22	44.53	45.17	45.97	47.41	48.65	49.80	20	16.22	-3
海南	41.24	26	42.37	43.59	44.82	44.30	46.23	47.33	48.56	49.74	48.67	24	18.02	-2
重庆	43.81	21	44.16	45.95	46.88	47.65	49.26	50.09	50.74	50.95	51.86	15	18.37	-6
四川	42.25	24	42.51	43.32	43.30	44.27	44.51	46.57	46.92	48.22	49.20	22	16.45	-2
贵州	41.52	25	41.56	41.57	42.03	43.43	43.97	44.39	46.49	46.93	47.78	26	15.08	1
云南	45.36	18	45.73	46.06	46.07	47.02	48.06	48.52	48.96	49.18	50.07	19	10.38	1

续表

年份	2007		2008	2009	2010	2011	2012	2013	2014	2015	2016		2016 比 2007 增加	
	比例	排名	比例	比例	比例	比例	比例	比例	比例	比例	比例	排名	增加比例	排名
西藏	37.28	30	38.63	38.77	37.06	39.66	41.14	40.80	46.53	47.02	47.88	25	28.43	-5
陕西	46.69	16	47.19	47.40	47.99	48.58	48.87	49.54	49.93	50.40	50.81	18	8.82	1
甘肃	40.64	27	40.28	40.50	40.89	40.62	41.20	42.15	42.35	43.34	43.72	29	7.58	2
青海	44.96	19	45.61	46.09	46.32	45.23	43.56	43.24	42.78	43.86	44.89	27	-0.16	8
宁夏	44.76	20	44.83	46.64	46.44	45.23	45.89	47.61	48.57	49.84	51.50	16	15.06	-4
新疆	55.07	9	55.11	55.78	54.00	54.46	55.11	55.60	55.71	56.01	56.33	10	2.29	1
标准差	8.01		8.02	7.87	7.84	7.89	7.89	7.85	7.57	7.35	7.14		-10.86	
变异系数	0.167		0.165	0.160	0.159	0.159	0.158	0.155	0.147	0.142	0.135		-19.16	
极大值	67.13		67.51	67.37	67.58	68.05	68.65	69.25	69.45	69.84	70.41		4.89	
极小值	34.85		36.04	36.99	37.06	36.20	36.32	36.66	37.91	38.34	39.87		14.40	
极差	32.28		31.47	30.38	30.52	31.85	32.33	32.59	31.54	31.50	30.54		-5.39	
极差率	1.93		1.87	1.82	1.82	1.88	1.89	1.89	1.83	1.82	1.77		-8.29	
京津沪三市	61.45		62.08	62.42	62.83	63.07	63.89	64.03	64.53	65.02	65.66		6.85	

续表

年份	2007		2008	2009	2010	2011	2012	2013	2014	2015	2016		2016 比 2007 增加	
	比例	排名	比例	比例	比例	比例	比例	比例	比例	比例	比例	排名	增加比例	排名
东部八省	50.96		50.77	51.33	51.70	52.15	52.55	53.21	53.84	54.41	55.12		8.16	
中部八省	45.83		46.55	47.26	47.66	47.44	47.68	48.53	49.19	49.55	50.75		10.74	
西部十二省(区、市)	44.98		45.32	45.90	46.01	46.59	47.15	47.97	48.60	49.34	50.14		11.47	

注：表格中除变异系数及极差率无单位外，其他数据单位均为%。

资料来源：表格中数据根据《中国教育统计年鉴》2007—2016 年中等职业学校相关校本部专任教师数及女性专任教师数原始数据计算整理而得，此处未显示出原始数据。

由表4-3可知,全国中等职业学校校本部女专任教师比例在2007—2016年的变化趋势为47.86%↗48.49%↗49.06%↗49.38%↗49.57%↗49.96%↗50.72%↗51.35%↗51.92%↗52.81%,这10年共增加了4.95个百分点,增长了10.34%,增幅大于全国均值的省份有15个,增幅大于28%的省份有1个,大于15%的有9个,大于10%的有16个,在5%—10%之间的有9个,在0—5%之间的有3个,有3个省份没有增加而是有所下降。这10年间中等职业学校校本部女专任教师比例高于各年全国均值的省份数的变化趋势为13↘12→12→12→12→12→12↗13→13→13,即始终有不到全国一半的(12—13个,其中有6年为12个)省份要高于全国均值,截至2016年仍有13个省份要高于全国平均水平。

2. 全国中等职业学校校本部女专任教师比例的极值及位次变化分析

(1)全国中等职业学校校本部女专任教师比例的极值分析

中等职业学校校本部女专任教师比例2016年最大的5个省份为北京70.41%、天津64.90%、辽宁63.23%、上海62.40%、河北62.32%,最小的5个省份为青海44.89%、江西44.75%、甘肃43.72%、湖北43.46%、安徽39.87%,大于70%的省份有1个,大于60%的有7个,大于55%的有11个,大于50%的有19个,在45%—50%之间的有7个,小于45%的有5个,小于40%的有1个。

这10年间中等职业学校校本部女专任教师比例增加幅度最大的5个省份为西藏28.43%、重庆18.37%、海南18.02%、江西17.55%、四川16.45%,增幅最小(含下降,"-"表示下降)的5个省份为辽宁3.59%、新疆2.29%、青海-0.16%、福建-0.72%、黑龙江-0.73%。这10年间,北京、天津、辽宁、河北、上海是校本部女专任教师比例最大的省份,青海、湖北、甘肃、江西、西藏、安徽为最小省份;其中北京始终为最大,天津在2012—2016年、辽宁在2007—2011年为第二大,安徽除2010年外(该年西藏为最小)始终为最小,西藏有5年、湖北及江西各有2年、安徽有1年为第二小。

表4-3可知,中等职业学校校本部女专任教师比例的极大值从2007年的67.13%逐年增加(2009年有所下降除外)到2016年的70.41%,增长了4.89%,极小值从34.85%增加至39.87%,增长了14.40%,极差从32.28%减小到30.54%,下降了5.39%,极差率从1.93减小到1.77,下降了8.29%,即极大值、极小值都在增加,但其绝对差距与相对差距却在减小。

(2)全国中等职业学校校本部女专任教师比例的位次变化分析

这10年间全国中等职业学校校本部女专任教师比例的排名位次没有变化的有北京、江苏、安徽,分别位居第1、13、31位。排名位次后移的省份有14个,其中后移大于等于2位的有6个,湖北、甘肃均后移了2位,黑龙江后移了3位,福建从第11位后移到了第17位、后移了6位,山东从第14位后移到了第21位、后移了7位,青海从第19位后移到了第27位、后移了8位,后移的位次越多说明这些省份中等职业学校校本部女专任教师比例排名下降得越厉害。有14个省份的位次在前移,前移大于等于2位的省份有9个,其中内蒙古、海南、四川均前移了2位,上海、广西均前移了3位,宁夏前移了4位,广东从第17位前移到了第12位、前移了5位,西藏从第30位前移到了第25位、前移了5位,重庆从第21位前移到了第15位、前移了6位,前移的位次较多说明这些省份中等职业学校校本部女专任教师比例排名上升得越快。

3. 全国中等职业学校校本部女专任教师比例的地区差异变化分析

由表4-3的相关数据可作出图4-2，图4-2反映了中等职业学校校本部女专任教师比例的地区差异情况。由图4-2可知，京津沪三市始终是最大的，在61.45%—65.66%之间，其次是东部八省的，在50.96%—55.12%之间，再次是中部八省的，在45.83%—50.75%之间，西部十二省（区、市）是最低的，在44.98%—50.14%之间，全国均值高于中西部而低于东部；京津沪三市明显高于其他地区，京津沪三市是东部的1.19—1.22倍（高出10.49—11.31个百分点）、是中部的1.29—1.34倍（高出14.91—16.21个百分点）、是西部的1.31—1.37倍（高出15.52—16.82个百分点）。如中等职业学校校本部女专任教师比例京津沪三市2007年为61.45%、西部十二省（区、市）为44.98%，相差0.37倍（高出16.47个百分点）；京津沪三市2016年为65.66%、西部十二省（区、市）为50.14%，相差0.31倍（高出15.52个百分点），差距比较大，各地均呈逐年增长趋势，西部十二省（区、市）增幅最大（11.47%），其次是中部八省（10.74%），京津沪三市增幅最小（6.85%），全国平均增长10.34%。

由表4-3可知，反映中等职业学校校本部女专任教师比例各省份与全国均值的离差情况的标准差在2007—2016年的变化趋势是8.01%↗8.02%↘7.87%↘7.84%↗7.89%→7.89%↘7.85%↘7.57%↘7.35%↘7.14%，即这10年间有升有降，总体呈下降趋势，累计下降了10.86%。反映各省份与全国均值间的差异情况的变异系数在2007—2016年的变化趋势是0.167↘0.165↘0.160↘0.159→0.159↘0.158↘0.155↘0.147↘0.142↘0.135，呈逐年下降趋势，下降到2016年的0.135，差异水平较小。

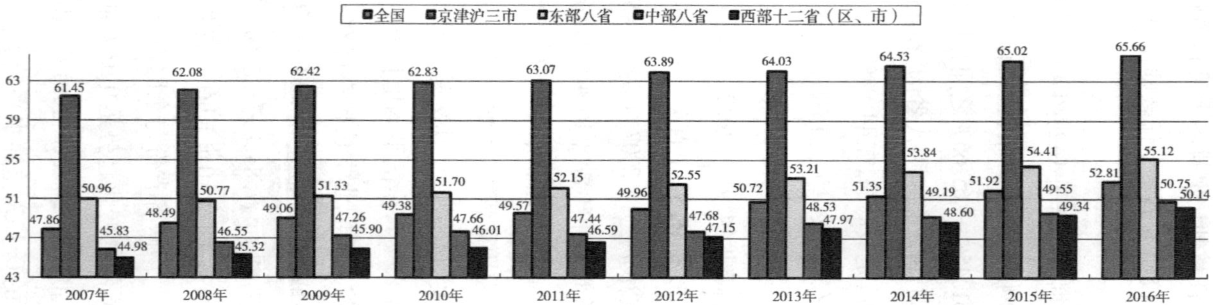

图 4–2　中等职业学校校本部女专任教师比例地区差异图（单位：%）

注：每组柱状从左到右分别代表全国、京津沪三市、东部八省、中部八省、西部十二省（区、市）的统计数据。

（四）2007—2016 年全国中等职业学校每百名学生拥有研究生学历专任教师人数差异变化情况

1. 全国中等职业学校每百名学生拥有校本部研究生学历专任教师数的总量分析

全国中等职业学校校本部专任教师中具有研究生学历（硕士及以上）教师从 2007 年的 15145 人，占 2.31%，增加到 2016 年的 46028 人，占 7.12%，绝对人数比 2007 年增加了 203.92%。各地中等职业学校每百名学生拥有校本部研究生学历专任教师数的变化情况如表 4-4 所示。

由表 4-4 可知，全国中等职业学校每百名学生拥有校本部研究生学历专任教师数在 2007—2016 年的变化趋势为 0.09 人↗0.11 人↗0.13 人↗0.15 人↗0.18 人↗0.21 人↗0.25 人↗0.29 人↗0.33 人↗0.36 人，呈逐年增加趋势，这 10 年共增加了 0.27 人，增长了 300.00%，增幅大于全国均值的省份有 12 个，大于 1000%的有 1 个，大于 900%的有 2 个，大于 600%的有 4 个，大于等于 400%的有 8 个，大于 300%的有 12 个，在 200%—300%之间的有 11 个，小于 200%的有 8 个，小于等于 70%有 3 个，小于 12%的有 1 个。这 10 年间中等职业学校每百名学生拥有校本部研究生学历专任教师数高于各年全国均值的省份数的变化趋势为 10↘9↘8→8↗9↗10↗11↗12→12↗14，即始终有不到全国一半的（8—14 个，且有 6 年是小于等于 10 个）省份要高于全国均值，截至 2016 年仍有 14 个省份要高于全国平均水平。

2. 全国中等职业学校每百名学生拥有校本部研究生学历专任教师数的极值及位次变化分析

（1）全国中等职业学校每百名学生拥有校本部研究生学历专任教师数的极值分析

表 4-4　2007—2016 年全国中等职业学校每百名学生拥有校本部研究生学历专任教师数变化情况表

年份	2007		2008	2009	2010	2011	2012	2013	2014	2015	2016		2016 比 2007 增加	
	人数	排名	人数	人数	人数	人数	人数	人数	人数	人数	人数	排名	增加比例	排名
高于全国均值省份数	10		9	8	8	9	10	11	12	12	14		12	
全国	0.09		0.11	0.13	0.15	0.18	0.21	0.25	0.29	0.33	0.36		300.00	
北京	0.31	1	0.33	0.40	0.46	0.43	0.37	0.50	0.73	1.01	1.11	2	258.06	1
天津	0.21	3	0.20	0.30	0.40	0.45	0.54	0.62	0.79	0.82	0.81	4	285.71	1
河北	0.14	5	0.13	0.12	0.14	0.14	0.14	0.21	0.28	0.32	0.32	17	128.57	12
山西	0.07	19	0.07	0.08	0.10	0.15	0.17	0.24	0.28	0.33	0.38	14	442.86	-5
内蒙古	0.07	20	0.11	0.10	0.14	0.17	0.25	0.30	0.38	0.37	0.40	10	471.43	-10
辽宁	0.14	6	0.16	0.21	0.25	0.30	0.37	0.35	0.44	0.47	0.49	7	250.00	1
吉林	0.20	4	0.22	0.22	0.28	0.32	0.43	0.54	0.73	0.77	0.58	5	190.00	1
黑龙江	0.05	25	0.06	0.09	0.07	0.15	0.18	0.16	0.21	0.24	0.26	21	420.00	-4
上海	0.28	2	0.32	0.42	0.52	0.60	0.58	0.75	1.05	1.20	1.28	1	357.14	-1
江苏	0.09	11	0.17	0.24	0.31	0.41	0.55	0.68	0.80	0.91	1.03	3	1044.44	-8
浙江	0.06	23	0.08	0.11	0.15	0.18	0.26	0.31	0.38	0.42	0.45	9	650.00	-14

续表

年份	2007		2008	2009	2010	2011	2012	2013	2014	2015	2016		2016 比 2007 增加	
	人数	排名	人数	人数	人数	人数	人数	人数	人数	人数	人数	排名	增加比例	排名
安徽	0.04	31	0.05	0.06	0.07	0.09	0.09	0.13	0.14	0.16	0.18	26	350.00	-5
福建	0.05	26	0.07	0.09	0.10	0.11	0.12	0.15	0.19	0.22	0.25	22	400.00	-4
江西	0.06	24	0.07	0.09	0.11	0.14	0.16	0.20	0.19	0.21	0.19	25	216.67	1
山东	0.13	8	0.15	0.20	0.26	0.25	0.28	0.30	0.34	0.40	0.47	8	261.54	0
河南	0.08	15	0.10	0.12	0.14	0.19	0.21	0.29	0.32	0.36	0.39	12	387.50	-3
湖北	0.07	21	0.08	0.08	0.12	0.13	0.20	0.24	0.30	0.27	0.27	20	285.71	-1
湖南	0.10	9	0.11	0.11	0.12	0.13	0.16	0.15	0.16	0.18	0.17	27	70.00	18
广东	0.14	7	0.17	0.18	0.16	0.19	0.21	0.23	0.27	0.35	0.40	11	185.71	4
广西	0.09	12	0.10	0.11	0.09	0.12	0.15	0.18	0.20	0.24	0.29	19	222.22	7
海南	0.07	22	0.09	0.07	0.07	0.08	0.10	0.09	0.11	0.13	0.11	30	57.14	8
重庆	0.05	27	0.06	0.07	0.09	0.11	0.13	0.21	0.24	0.28	0.39	13	680.00	-14
四川	0.05	28	0.06	0.06	0.07	0.08	0.08	0.11	0.14	0.15	0.17	28	240.00	0
贵州	0.05	29	0.06	0.06	0.09	0.12	0.12	0.09	0.14	0.15	0.16	29	220.00	0
云南	0.09	13	0.11	0.12	0.12	0.13	0.16	0.21	0.23	0.22	0.24	23	166.67	10

续表

年份	2007		2008	2009	2010	2011	2012	2013	2014	2015	2016		2016 比 2007 增加	
	人数	排名	人数	人数	人数	人数	人数	人数	人数	人数	人数	排名	增加比例	排名
西藏	0.05	30	0.10	0.09	0.10	0.18	0.23	0.27	0.38	0.42	0.52	6	940.00	-24
陕西	0.08	16	0.09	0.10	0.11	0.16	0.21	0.24	0.28	0.26	0.35	15	337.50	-1
甘肃	0.10	10	0.11	0.10	0.12	0.17	0.19	0.22	0.26	0.32	0.34	16	240.00	6
青海	0.09	14	0.03	0.04	0.04	0.04	0.07	0.08	0.08	0.10	0.10	31	11.11	17
宁夏	0.08	17	0.10	0.10	0.11	0.12	0.15	0.18	0.20	0.22	0.30	18	275.00	1
新疆	0.08	18	0.10	0.12	0.14	0.16	0.19	0.22	0.23	0.23	0.20	24	150.00	6
标准差	0.07		0.07	0.09	0.12	0.13	0.14	0.17	0.24	0.27	0.29		314.29	
变异系数	0.708		0.643	0.728	0.786	0.717	0.661	0.680	0.807	0.832	0.799		12.85	
极大值	0.31		0.33	0.42	0.52	0.60	0.58	0.75	1.05	1.20	1.28		312.90	
极小值	0.04		0.03	0.04	0.04	0.04	0.07	0.08	0.08	0.10	0.10		150.00	
极差	0.27		0.30	0.38	0.48	0.56	0.51	0.67	0.97	1.10	1.18		337.04	
极差率	7.98		11.05	9.80	13.74	15.12	7.94	9.38	12.69	12.00	12.50		56.64	
京津沪三市	0.27		0.29	0.38	0.47	0.50	0.48	0.62	0.87	1.03	1.07		296.30	

续表

年份	2007		2008	2009	2010	2011	2012	2013	2014	2015	2016		2016 比 2007 增加	
	人数	排名	人数	人数	人数	人数	人数	人数	人数	人数	人数	排名	增加比例	排名
东部八省	0.11		0.14	0.17	0.20	0.22	0.26	0.31	0.37	0.44	0.48		336.36	
中部八省	0.07		0.09	0.10	0.12	0.15	0.18	0.22	0.24	0.27	0.28		300.00	
西部十二省(区、市)	0.07		0.08	0.09	0.10	0.12	0.15	0.17	0.20	0.22	0.25		257.14	

注:表格中除变异系数、极差率无单位,2016 年比 2007 年增加单位为“%”外,其他数据单位均为“人”。

资料来源:表格中数据根据《中国教育统计年鉴》2007—2016 年中等职业学校相关校本部研究生学历专任教师数及在校学生数数原始数据计算整理而得,此处未显示出原始数据。

全国中等职业学校每百名学生拥有校本部研究生学历教师数2016年高于全国均值的省份有14个，大于等于0.45人的有上海1.28人、北京1.11人、江苏1.03人、天津0.81人、吉林0.58人、西藏0.52人、辽宁0.49人、山东0.47人、浙江0.45人，小于等于0.25人的有福建0.25人、云南0.24人、新疆0.20人、江西0.19人、安徽0.18人、湖南与四川均为0.17人、贵州0.16人、海南0.11人、青海0.10人，大于1.00人的省份有3个，大于0.80人的有4个，大于0.50人的有6个，大于等于0.40人的有11个，大于等于0.30人的有18个，小于0.30人的有13个，小于0.20人的有7个，小于等于0.15人的有2个，小于等于0.10人的有1个。

这10年间中等职业学校每百名学生拥有校本部研究生学历教师数增加幅度最大的5个省份为江苏1044.44%、西藏940.00%、重庆680.00%、浙江650.00%、内蒙古471.43%，增幅最小的5个省份为新疆150.00%、河北128.57%、湖南70.00%、海南57.14%、青海11.11%。这10年间，上海、北京、江苏、天津、吉林是中等职业学校每百名学生拥有校本部研究生学历教师数最大的省份，重庆、安徽、四川、贵州、海南、青海为最小省份；其中上海在2009—2016年、北京在2007—2008年为最大，北京在2015—2016及2008—2010年、江苏在2012—2014年、上海在2007—2008年、天津在2011年为第二大，青海除2007年（该年安徽为最小）外始终为最小，海南在2014—2016年、四川在2010—2012年、贵州在2009及2013年、安徽在2008年及西藏在2007年为第二小。

由表4-4可知，中等职业学校每百名学生拥有校本部研究生学历教师数的极大值从2007年的0.31人逐年增加（2012年有所下降除外）到2016年的1.28人，增长了312.90%，极小值从0.04人增加至0.10人，增长了150.00%，极差从0.27人逐年增加

（2012 年有所下降除外）到 1. 18 人，增长了 337. 04%，极差率从 7. 98 增加到 12. 50（2012 年最小为 7. 94，2011 年最大为 15. 12），增长了 56. 64%，即极大值、极小值及其绝对差距与相对差距都在增加。

（2）全国中等职业学校每百名学生拥有校本部研究生学历教师数的位次变化分析

这 10 年间全国中等职业学校每百名学生拥有研究生学历教师数的排名位次没有变化的有山东、四川、贵州，分别位居第 8、28、29 位。排名位次后移的省份有 15 个，后移大于等于 4 位的有 9 个，广东后移了 4 位，甘肃、新疆均后移了 6 位，广西、海南分别后移了 7、8 位，云南从第 13 位后移到了第 23 位、后移了 10 位，河北从第 5 位后移到了第 17 位、后移了 12 位，青海从第 14 位后移到了第 31 位、后移了 17 位，湖南从第 9 位后移到了第 27 位、后移了 18 位，后移的位次越多说明这些省份中等职业学校每百名学生拥有校本部研究生学历教师数排名下跌得越厉害。有 13 个省份的位次在前移，前移大于等于 3 位的省份有 10 个，其中河南前移了 3 位，黑龙江、福建均前移了 4 位，山西、安徽均前移了 5 位，江苏前移了 8 位，内蒙古从第 20 位前移到了第 10 位、前移了 10 位，浙江从第 23 位前移到了第 9 位、前移了 14 位，重庆从第 27 位前移到了第 13 位、前移了 14 位，西藏从第 30 位前移到了第 6 位、前移了 24 位，前移的位次越多说明这些省份中等职业学校每百名学生拥有校本部研究生学历教师数排名上升得越快。

3. 全国中等职业学校每百名学生拥有校本部研究生学历教师数的地区差异变化分析

由表 4-4 的相关数据可作出图 4-3，图 4-3 反映了中等职业学校每百名学生拥有校本部研究生学历教师数的地区差异情况。由图 4-3 可知，京津沪三市始终是最大的，在 0. 27—1. 07 人之间，

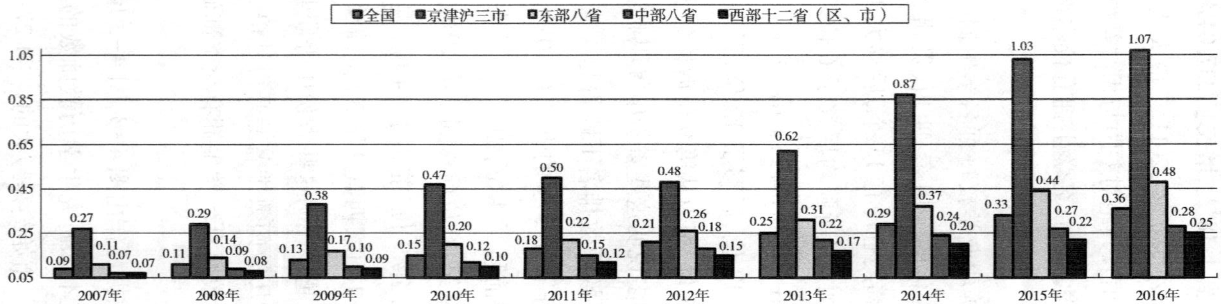

图 4–3　中等职业学校每百名学生拥有校本部研究生学历专任教师数地区差异图（单位：人）

注：每组柱状从左到右分别代表全国、京津沪三市、东部八省、中部八省、西部十二省（区、市）的统计数据。

其次是东部八省的，在0.11—0.48人之间，再次是中部八省的，在0.07—0.28人之间，西部十二省（区、市）是最低的，在0.07—0.25人之间，全国均值高于中西部而低于东部；京津沪三市明显高于其他地区，京津沪三市是东部的1.85—2.45倍（高出0.15—0.59人）、是中部的2.67—3.92倍（高出0.20—0.79人）、是西部的3.20—4.70倍（高出0.20—0.82人）。如中等职业学校每百名学生拥有校本部研究生学历教师数京津沪三市2007年为0.27人、西部十二省（区、市）为0.07人，相差2.86倍（高出0.20人）；京津沪三市2016年为1.07人、西部十二省（区、市）为0.25人，相差3.28倍（高出0.82人），差距相当大，各地均呈逐年增长趋势，东部八省增幅最大（3.36倍），其次是中部八省（3.00倍），西部十二省（区、市）增幅最小（2.57倍），全国平均增长3.00倍。

由表4-4可知，反映中等职业学校每百名学生拥有校本部研究生学历教师数各省份与全国均值的离差情况的标准差在2007—2016年的变化趋势是0.07人→0.07人↗0.09人↗0.12人↗0.13人↗0.14人↗0.17人↗0.24人↗0.27人↗0.29人，即这10年呈逐年增加趋势，累计增长了314.29%。反映各省份与全国均值间的差异情况的变异系数在2007—2016年的变化趋势是0.708↘0.643↗0.728↗0.786↘0.717↘0.661↗0.680↗0.807↗0.832↘0.799，有增有降，总体呈增加趋势，增加到2016年的0.799，增长了12.85%，差异水平很大。

（五）2007—2016年全国中等职业学校每百名学生拥有高级职称专任教师人数差异变化情况

1.全国中等职业学校每百名学生拥有校本部高级职称专任教师数的总量分析

全国中等职业学校校本部专任教师中具有高级职称（副高及

以上)教师从 2007 年的 124373 人,占 19.00%,增加到 2016 年的 161151 人,占 25.06%,绝对人数比 2007 年增加了 29.57%。各地中等职业学校每百名学生拥有校本部高级职称专任教师数的变化情况如表 4-5 所示。

由表 4-5 可知,全国中等职业学校每百名学生拥有校本部高级职称专任教师数在 2007—2016 年的变化趋势为 0.77 人↗0.78 人→0.78 人↗0.79 人↗0.86 人↗0.93 人↗1.03 人↗1.14 人↗1.20 人↗1.26 人,呈逐年增加趋势,这 10 年共增加了 0.49 人,增长了 63.64%,增幅大于全国均值的省份有 16 个,大于 450%的有 1 个,大于 244%的有 2 个,大于 163%的有 3 个,大于等于 100%的有 9 个,大于 80%的有 11 个,在 50%—80%之间的有 9 个,小于 50%的有 11 个,小于等于 40%有 9 个,小于 20%的有 5 个(含未增加而下降的 3 个)。这 10 年间中等职业学校每百名学生拥有校本部高级职称专任教师数高于各年全国均值的省份数的变化趋势为 13→13↗14↗15↘14↗15→15↘14→14↗15,即始终有不到全国一半的(13—15 个)省份要高于全国均值,截至 2016 年仍有 15 个省份要高于全国平均水平。

2. 全国中等职业学校每百名学生拥有校本部高级职称专任教师数的极值及位次变化分析

(1)全国中等职业学校每百名学生拥有校本部高级职称专任教师数的极值分析

全国中等职业学校每百名学生拥有校本部高级职称专任教师数 2016 年高于全国均值的省份有 15 个,大于等于 2.00 人的有吉林 3.48 人、辽宁 2.38 人、北京 2.33 人、天津 2.33 人、黑龙江 2.21 人、内蒙古 2.07 人、江苏 2.00 人,小于 1.00 人的有青海 0.95 人、新疆 0.89 人、湖南 0.87 人、广东 0.73 人、宁夏 0.72 人、海南 0.68

表 4-5　2007—2016 年全国中等职业学校每百名学生拥有校本部高级职称专任教师数变化情况表

年份	2007		2008	2009	2010	2011	2012	2013	2014	2015	2016		2016 比 2007 增加	
	人数	排名	人数	人数	人数	人数	人数	人数	人数	人数	人数	排名	增加比例	排名
高于全国均值省份数	13		13	14	15	14	15	15	14	14	15		16	
全国	0.77		0.78	0.78	0.79	0.86	0.93	1.03	1.14	1.20	1.26		63.64	
北京	1.09	5	1.20	1.32	1.29	1.18	0.98	1.15	1.56	2.00	2.33	3	113.76	−2
天津	1.85	2	1.97	2.33	2.56	2.61	2.72	2.79	2.72	2.45	2.33	4	25.95	2
河北	0.91	10	0.90	0.88	0.94	0.99	1.15	1.47	1.77	1.92	1.91	8	109.89	−2
山西	0.60	24	0.58	0.57	0.56	0.72	0.77	0.89	1.00	1.16	1.34	15	123.33	−9
内蒙古	1.08	6	1.25	1.09	1.16	1.40	1.68	1.86	1.93	1.99	2.07	6	91.67	0
辽宁	1.55	4	1.53	1.60	1.66	1.77	1.93	2.05	2.17	2.27	2.38	2	53.55	−2
吉林	1.99	1	1.95	1.67	1.99	2.12	2.50	2.92	3.65	3.72	3.48	1	74.87	0
黑龙江	1.64	3	1.49	1.49	1.61	1.84	2.10	2.20	2.47	2.04	2.21	5	34.76	2
上海	0.78	12	0.81	0.88	0.97	1.08	1.07	1.13	1.39	1.52	1.57	10	101.28	−2
江苏	0.58	26	0.70	0.79	0.87	1.08	1.25	1.56	1.74	1.87	2.00	7	244.83	−19
浙江	0.66	17	0.75	0.82	0.89	0.96	1.14	1.33	1.56	1.67	1.74	9	163.64	−8

续表

年份	2007		2008	2009	2010	2011	2012	2013	2014	2015	2016		2016比2007增加	
	人数	排名	人数	人数	人数	人数	人数	人数	人数	人数	人数	排名	增加比例	排名
安徽	0.59	25	0.61	0.67	0.68	0.77	0.79	0.83	0.87	0.98	1.00	21	69.49	−4
福建	0.66	18	0.69	0.67	0.68	0.66	0.67	0.75	0.91	1.08	1.10	18	66.67	0
江西	0.73	14	0.84	0.77	0.80	0.83	0.86	0.94	1.00	1.02	1.07	19	46.58	5
山东	1.04	8	1.08	1.13	1.15	1.11	1.15	1.25	1.38	1.51	1.57	11	50.96	3
河南	0.62	20	0.61	0.62	0.67	0.72	0.79	0.92	1.00	1.07	1.07	20	72.58	0
湖北	0.69	16	0.65	0.63	0.71	0.83	1.13	1.32	1.48	1.47	1.40	13	102.90	−3
湖南	0.62	21	0.69	0.69	0.74	0.78	0.82	0.84	0.88	0.91	0.87	25	40.32	4
广东	0.55	28	0.52	0.47	0.40	0.45	0.48	0.53	0.59	0.66	0.73	26	32.73	−2
广西	0.46	30	0.44	0.41	0.33	0.36	0.36	0.42	0.45	0.48	0.53	31	15.22	1
海南	0.56	27	0.57	0.48	0.45	0.48	0.57	0.59	0.71	0.69	0.68	28	21.43	1
重庆	0.63	19	0.62	0.60	0.70	0.77	0.75	0.83	0.98	1.04	1.14	16	80.95	−3
四川	0.62	22	0.61	0.58	0.57	0.65	0.70	0.77	0.86	0.93	1.00	22	61.29	0
贵州	0.55	29	0.52	0.52	0.57	0.57	0.62	0.51	0.49	0.47	0.54	30	−1.82	1
云南	0.92	9	0.96	0.93	0.86	0.94	1.02	1.24	1.27	1.33	1.39	14	51.09	5

续表

年份	2007		2008	2009	2010	2011	2012	2013	2014	2015	2016		2016比2007增加	
	人数	排名	人数	人数	人数	人数	人数	人数	人数	人数	人数	排名	增加比例	排名
西藏	0.11	31	0.10	0.14	0.11	0.15	0.19	0.26	0.36	0.60	0.61	29	454.55	-2
陕西	0.62	23	0.54	0.53	0.57	0.62	0.70	0.79	0.95	0.97	1.11	17	79.03	-6
甘肃	0.72	15	0.72	0.72	0.72	0.84	0.88	1.05	1.17	1.31	1.44	12	100.00	-3
青海	0.81	11	0.92	0.90	0.89	0.93	1.00	1.04	0.97	0.92	0.95	23	17.28	12
宁夏	0.78	13	0.74	0.62	0.61	0.56	0.60	0.69	0.69	0.63	0.72	27	-7.69	14
新疆	1.06	7	1.05	1.07	0.98	0.98	1.04	1.00	1.01	0.97	0.89	24	-16.04	17
标准差	0.42		0.42	0.44	0.50	0.52	0.58	0.64	0.72	0.70	0.68		61.90	
变异系数	0.541		0.537	0.570	0.631	0.610	0.627	0.619	0.632	0.580	0.541		0.00	
极大值	1.99		1.97	2.33	2.56	2.61	2.72	2.92	3.65	3.72	3.48		74.87	
极小值	0.11		0.10	0.14	0.11	0.15	0.19	0.26	0.36	0.47	0.53		381.82	
极差	1.88		1.87	2.20	2.45	2.46	2.53	2.66	3.30	3.25	2.95		56.91	
极差率	17.96		18.82	17.19	22.29	17.76	14.23	11.23	10.18	7.91	6.52		-63.70	
京津沪三市	1.18		1.28	1.44	1.50	1.50	1.42	1.53	1.81	1.96	2.05		73.73	

续表

年份	2007		2008	2009	2010	2011	2012	2013	2014	2015	2016		2016 比 2007 增加	
	人数	排名	人数	人数	人数	人数	人数	人数	人数	人数	人数	排名	增加比例	排名
东部八省	0.81		0.84	0.85	0.85	0.90	0.99	1.14	1.29	1.42	1.50		85.19	
中部八省	0.75		0.76	0.76	0.81	0.89	0.98	1.08	1.17	1.21	1.22		62.67	
西部十二省(区、市)	0.68		0.68	0.65	0.64	0.71	0.76	0.82	0.88	0.91	0.98		44.12	

注:表格中除变异系数、极差率无单位,2016 年比 2007 年增加单位为“%”外,其他数据单位均为“人”。

资料来源:表格中数据根据《中国教育统计年鉴》2007—2016 年中等职业学校相关校本部高级职称专任教师数及在校学生数原始数据计算整理而得,此处未显示出原始数据。

人、西藏 0. 61 人、贵州 0. 54 人、广西 0. 53 人，大于 3. 45 人的省份有 1 个，大于等于 2. 00 人的有 7 个，大于 1. 50 人的有 11 个，在 1. 00—1. 50 人之间的有 11 个(含等于 1. 00 人)，小于 1. 00 人的有 9 个，小于 0. 70 人的有 4 个，小于等于 0. 55 人的有 2 个。

这 10 年间中等职业学校每百名学生拥有校本部高级职称专任教师数增加幅度最大的 5 个省份为西藏 454. 55%、江苏 244. 83%、浙江 163. 64%、山西 123. 33%、北京 113. 76%，增幅最小的 5 省份为青海 17. 28%、广西 15. 22%、贵州-1. 82%、宁夏-7. 69%、新疆-16. 04%。这 10 年间，吉林、天津、辽宁、黑龙江、北京、内蒙古是中等职业学校每百名学生拥有校本部高级职称专任教师数最大的省份，宁夏、海南、广东、贵州、广西、西藏为最小的省份；其中吉林在 2013—2016 年及 2007 年、天津在 2008—2012 年为最大，吉林在 2007—2012 年、天津在 2013—2015 年、辽宁在 2016 年为第二大，西藏在 2007—2014 年、贵州在 2015 年及广西在 2016 年为最小，广西在 2007—2015 年、贵州在 2016 年为第二小。

表 4-5 可知，中等职业学校每百名学生拥有校本部高级职称专任教师数的极大值从 2007 年的 1. 99 人增加到 2016 年的 3. 48 人，增长了 74. 87%，极小值从 0. 11 人增加至 0. 53 人，增长了 381. 82%，极差从 1. 88 人增加到 2. 95 人，增长了 56. 91%，极差率从 17. 96 减小到 6. 52(2010 年最大为 22. 29，2016 年最小)，下降了 63. 70%，即极大值、极小值及其绝对差距都在增大，但其相对差距却在减小。

(2)全国中等职业学校每百名学生拥有校本部高级职称专任教师数的位次变化分析

这 10 年间全国中等职业学校每百名学生拥有校本部高级职称专任教师数的排名位次没有变化的有吉林、内蒙古、福建、河南、四川,分别位居第1、6、18、20、22位。排名位次后移的省份有12个,后移大于等于3位的有7个,山东、湖南分别后移了3、4位,云南、江西均后移了5位,青海从2007年的第11位后移到了2016年的第23位,后移了12位,宁夏从第13位后移到了第27位,后移了14位,新疆从第7位后移到了第24位,后移了17位,后移的位次越多说明这些省份中等职业学校每百名学生拥有校本部高级职称专任教师数排名跌得越快。有14个省份的位次在前移,前移大于等于3位的省份有8个,其中湖北、重庆、甘肃均前移了3位,安徽、陕西分别前移了4、6位,浙江从2007年的第17位前移到了2016年的第9位,前移了8位,山西从第24位前移到了第15位,前移了9位,江苏从第26位前移到了第7位,前移了19位,前移的位次越多说明这些省份中等职业学校每百名学生拥有校本部高级职称专任教师数排名升得越快。

3. 全国中等职业学校每百名学生拥有校本部高级职称专任教师数的地区差异变化分析

由表4-5的相关数据可作出图4-4,图4-4反映了中等职业学校每百名学生拥有校本部高级职称专任教师数的地区差异情况。由图4-4可知,京津沪三市始终是最大的,在1.18—2.05人之间,其次是东部八省的,在0.81—1.50人之间,再次是中部八省的,在0.75—1.22人之间,西部十二省(区、市)是最低的,在0.68—0.98人之间,全国均值高于中西部(有5年低于中部除外)而低于东部;京津沪三市明显高于其他地区,京津沪三市是东部的1.34—1.76倍(高出0.37—0.65人)、是中部的1.42—1.89倍(高出0.43—0.83人)、是西部的1.74—2.34倍(高出0.50—1.07人)。如中等职业学校每百名学生拥有校本部高级职称专任教师数京津沪三市2007年为1.18人、西部十二省(区、市)为

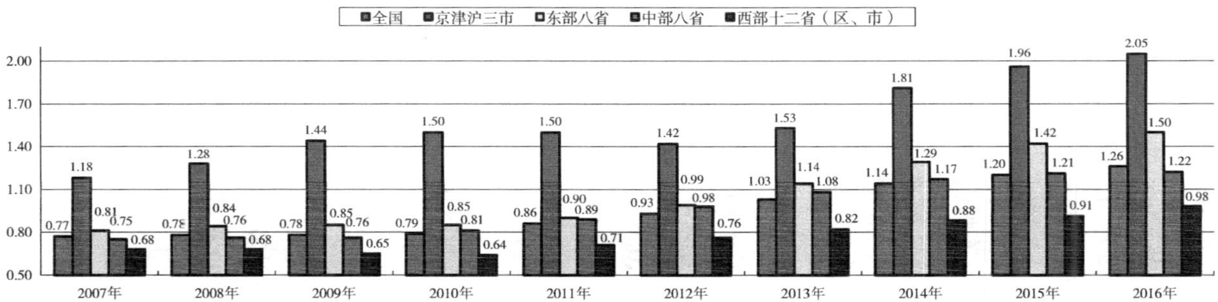

图 4–4　中等职业学校每百名学生拥有校本部高级职称专任教师数地区差异图（单位：人）

注：每组柱状从左到右分别代表全国、京津沪三市、东部八省、中部八省、西部十二省（区、市）的统计数据。

0.68 人，相差 0.74 倍（高出 0.50 人）；京津沪三市 2016 年为 2.05 人、西部十二省（区、市）为 0.98 人，相差 1.09 倍（高出 1.07 人），差距比较大，各地均呈逐年增长趋势，东部八省增幅最大（85.19%），其次是京津沪三市（73.73%），西部十二省（区、市）增幅最小（44.12%），全国平均增长 63.64%。

由表 4-5 可知，反映中等职业学校每百名学生拥有校本部高级职称专任教师数各省份与全国均值的离差情况的标准差在 2007—2016 年的变化趋势是 0.42 人→0.42 人↗0.44 人↗0.50 人↗0.52 人↗0.58 人↗0.64 人↗0.72 人↘0.70 人↘0.68 人，即在 2007—2014 年呈逐年增加趋势，2015—2016 年有所下降，但仍高于 2013 年水平，累计增长了 61.90%。反映各省份与全国均值间的差异情况的变异系数在 2007—2016 年的变化趋势是 0.541↘0.537↗0.570↗0.631↘0.610↗0.627↘0.619↗0.632↘0.580↘0.541，有增有降，2016 年与 2007 年持平，均为 0.541，这十年间差异水平较大。

二、2007—2016 年中等职业学校校本部专任教师生师比地区差异分析

（一）2007—2016 年全国中等职业学校校本部专任教师生师比总量分析

用校本部专任教师数计算的校本部专任教师生师比能比较真实地反映各地中等职业学校在教师数量的占有情况，尽管这个数字会偏大一些，但正好说明了各地校本部专任教师缺编严重，仍需努力增加全职专任教师数量。表 4-6 显示了中等职业学校校本部专任教师生师比 2007—2016 年的变化情况。

表 4-6 2007—2016 年全国中等职业学校校本部专任教师生师比变化情况表

年份	2007		2008	2009	2010	2011	2012	2013	2014	2015	2016		2016 比 2007 增加	
	生师比	排名	生师比	生师比	生师比	生师比	生师比	生师比	生师比	生师比	生师比	排名	增加比例	排名
高于全国均值省份数	16		17	16	17	17	17	15	15	14	15		18	
全国	24.75		25.04	26.09	26.67	25.75	24.70	22.97	21.34	20.47	19.84		-19.84	
北京	20.08	25	19.72	18.64	19.29	21.70	26.16	22.97	17.51	13.66	12.84	30	-36.06	5
天津	18.95	29	18.17	15.83	14.71	14.53	14.36	14.04	13.94	15.04	15.65	20	-17.41	-9
河北	21.92	19	21.90	23.01	22.83	22.06	20.44	17.02	14.82	13.95	14.67	25	-33.07	6
山西	21.77	21	22.43	23.72	24.65	20.78	19.13	17.18	15.89	14.47	13.27	29	-39.04	8
内蒙古	19.34	27	18.43	21.47	22.84	20.36	17.98	16.63	15.83	15.33	14.72	24	-23.89	-3
辽宁	19.29	28	20.07	19.64	19.52	18.70	17.57	16.86	16.18	15.94	15.51	22	-19.60	-6
吉林	13.33	31	13.94	17.05	15.12	14.35	12.36	10.65	8.55	8.26	8.93	31	-33.01	0
黑龙江	17.07	30	19.05	20.72	19.68	17.99	16.38	15.96	14.33	16.17	15.32	23	-10.25	-7
上海	22.31	18	22.74	21.77	20.25	18.84	19.81	18.34	15.63	14.36	13.61	28	-39.00	10
江苏	27.63	12	25.37	23.90	23.17	21.11	20.18	17.97	16.70	16.08	15.66	19	-43.32	7
浙江	21.22	23	20.34	20.54	21.02	21.03	19.17	17.65	16.08	15.63	15.55	21	-26.72	-2

续表

年份	2007		2008	2009	2010	2011	2012	2013	2014	2015	2016		2016 比 2007 增加	
	生师比	排名	生师比	生师比	生师比	生师比	生师比	生师比	生师比	生师比	生师比	排名	增加比例	排名
安徽	37.23	2	35.81	34.92	35.79	29.52	29.21	28.49	28.51	27.68	27.31	5	-26.65	3
福建	32.52	5	27.34	29.53	29.79	32.23	32.92	30.55	25.59	23.19	22.74	12	-30.07	7
江西	30.31	8	28.14	29.80	30.85	30.87	31.44	29.70	28.34	28.90	26.80	6	-11.58	-2
山东	21.14	24	20.87	20.46	20.40	21.97	21.88	20.53	19.24	17.52	16.79	18	-20.58	-6
河南	25.48	16	26.64	27.51	27.09	26.88	25.48	22.70	21.32	20.14	20.20	15	-20.72	-1
湖北	31.89	6	33.80	35.74	31.74	27.51	21.03	18.35	17.01	17.76	18.18	16	-42.99	10
湖南	27.12	13	25.42	27.40	27.31	27.84	26.90	26.20	25.68	24.88	25.80	8	-4.87	-5
广东	24.69	17	26.20	29.25	35.55	33.06	32.38	31.00	28.36	26.06	23.80	10	-3.60	-7
广西	26.70	14	27.81	30.24	39.55	40.85	41.55	40.19	38.33	36.27	33.69	1	26.18	-13
海南	31.05	7	29.92	33.52	35.80	34.68	30.98	29.78	26.87	25.60	25.87	7	-16.68	0
重庆	29.07	10	30.54	32.83	28.22	27.28	26.13	24.43	22.25	21.69	21.04	14	-27.62	4
四川	29.68	9	30.58	33.18	34.16	31.71	31.51	29.66	26.55	24.95	23.59	11	-20.52	2
贵州	33.49	4	34.85	35.53	33.28	32.65	30.46	33.19	33.32	33.87	31.10	2	-7.14	-2
云南	21.28	22	22.32	24.27	28.59	27.55	26.82	23.37	23.02	22.69	22.67	13	6.53	-9

续表

年份	2007		2008	2009	2010	2011	2012	2013	2014	2015	2016		2016比2007增加	
	生师比	排名	生师比	生师比	生师比	生师比	生师比	生师比	生师比	生师比	生师比	排名	增加比例	排名
西藏	37.39	1	38.82	35.54	38.26	33.22	28.94	26.83	17.11	13.83	14.02	26	−62.50	25
陕西	26.35	15	29.39	30.01	30.07	29.33	26.99	24.76	21.40	20.27	17.96	17	−31.84	2
甘肃	21.78	20	22.28	23.64	23.37	20.93	20.74	18.09	16.63	14.72	13.71	27	−37.05	7
青海	28.63	11	28.55	30.80	32.37	31.41	31.31	30.30	31.50	31.69	30.14	3	5.27	−8
宁夏	34.50	3	35.26	41.08	41.68	45.47	41.05	35.98	33.09	32.36	29.24	4	−15.25	1
新疆	19.79	26	21.24	20.71	23.14	23.41	22.73	22.86	22.26	22.39	24.29	9	22.74	−17
标准差	6.12		6.07	6.52	7.23	7.30	7.12	7.03	7.01	7.01	6.42		4.90	
变异系数	0.247		0.242	0.250	0.271	0.284	0.288	0.306	0.329	0.342	0.324		31.17	
京津沪三市	20.50		20.21	18.73	18.12	18.42	20.07	18.49	15.72	14.33	13.99		−31.76	
东部八省	23.51		23.01	23.60	24.64	24.27	23.40	21.50	19.57	18.32	17.75		−24.50	
中部八省	26.22		26.52	27.75	27.10	25.38	23.67	21.88	20.71	20.34	20.12		−23.26	
西部十二省(区、市)	25.99		27.09	28.91	30.58	29.46	28.57	27.02	25.33	24.49	23.30		−10.35	
极大值	37.39		38.82	41.08	41.68	45.47	41.55	40.19	38.33	36.27	33.69		−9.90	

续表

年份	2007		2008	2009	2010	2011	2012	2013	2014	2015	2016		2016 比 2007 增加	
	生师比	排名	生师比	生师比	生师比	生师比	生师比	生师比	生师比	生师比	生师比	排名	增加比例	排名
极小值	13.33		13.94	15.83	14.71	14.35	12.36	10.65	8.55	8.26	8.93		-33.01	
极差	24.06		24.88	25.24	26.97	31.12	29.19	29.54	29.78	28.01	24.76		2.91	
极差率	2.80		2.79	2.59	2.83	3.17	3.36	3.77	4.48	4.39	3.77		34.64	

注:①2016 年比 2007 年增加的单位为“%”,增加幅度为负值,取其正值可以理解为 2016 年比 2007 年下降了多少,高于全国均值省份数为下降幅度高于全国均值的省份数。

资料来源:表格中数据根据《中国教育统计年鉴》2007—2016 年中等职业学校相关校本部专任教师数及在校生数原始数据计算整理而得,此处未显示出原始数据。

由表4-6可知,全国中等职业学校校本部专任教师生师比从2007—2016年的变化趋势为24.75↗25.04↗26.09↗26.67↘25.75↘24.70↘22.97↘21.34↘20.47↘19.84,这10年间总计的生师比减小了4.91,共下降了19.84%。这10年间校本部专任教师生师比下降幅度高于全国均值的省份有18个,降幅在10%—20%之间的有6个、在20%—30%之间的有7个、超过30%的有11个、超过40%的有3个。这10年间校本部专任教师生师比高于各年全国均值的省份数从2007—2016年的变化趋势为16↗17↘16↗17→17→17↘15→15↘14↗15,即截至2016年仍有15个省份的校本部专任教师生师比要高于全国平均水平。

（二）2007—2016年全国中等职业学校校本部专任教师生师比的极值与位次变化分析

1. 中等职业学校校本部专任教师生师比的极值分析

由表4-6排序可知,全国中等职业学校校本部专任教师生师比2016年最大的5个省份为广西33.69、贵州31.10、青海30.14、宁夏29.24、安徽27.31,最小的5个省份为甘肃13.71、上海13.61、山西13.27、北京12.84、吉林8.93,大于30的省份有3个,大于25的省份有8个,大于20的有15个,大于15的为23个,小于10的有1个。

这10年间全国中等职业学校校本部专任教师生师比下降幅度最大的5个省份为西藏62.50%、江苏43.22%、湖北42.99%、山西39.04%、上海39.00%,降幅最小的5个省份为江西11.58%、黑龙江10.25%、贵州7.14%、湖南4.87%、广东3.60%;校本部专任教师生师比未下降,反而增加的是广西26.18%、新疆22.74%、云南6.53%、青海5.27%。这10年间,广西、宁夏、贵州、西藏、青海、安徽、海南、福建是校本部专任教师生师比较大的省份,上海、北京、辽宁、黑龙江、内蒙古、天津、吉林是校本部专任教师生师比较小的省份，其中吉林有 8 年始终为最小，广西（2012—2016 年）、宁夏（2009—2011 年）、西藏（2007—2008 年）始终为最大。

由表 4-6 可知，中等职业学校校本部专任教师生师比的极大值从 2007 年的 37. 39 减小到 2016 年的 33. 69，下降了 9. 90%，极小值从 13. 33 减小到 8. 93，下降了 33. 01%，极差从 24. 06 略微上升到 24. 76，增加了 2. 91%，极差率从 2. 80 上升到 3. 77，增加了 34. 64%，即虽然极大值及极小值都在减小，但是两者的绝对差距与相对差距却均呈增加趋势。

2. 中等职业学校校本部专任教师生师比的位次变化分析

这 10 年间全国中等职业学校校本部专任教师生师比的排名位次没有变化的为吉林、海南，分别位居第 31 位及第 7 位，排名位次后移的省份有 14 个，后移大于等于 5 位的有 10 个，北京后移了 5 位，河北后移了 6 位，江苏、福建、甘肃均后移了 7 位，山西后移了 8 位，湖北从第 6 位后移到了第 16 位，后移了 10 位，上海从第 18 位后移到了第 28 位，后移了 10 位，西藏从第 1 位后移到了第 26 位，后移了 25 位，后移的位次越多说明这些省份在增加校本部专任教师编制与数量上的工作努力成效越显著，从而迅速地减少了校本部专任教师生师比。有 15 个省份的位次在前移，前移大于等于 5 位的省份有 7 个，其中湖南前移了 5 位，辽宁及山东均前移了 6 位，黑龙江和广东均前移了 7 位，青海前移了 8 位，天津从第 29 位前移到了第 20 位，前移了 9 位，云南从第 22 位前移到了第 13 位，前移了 9 位，广西从第 14 位前移到了第 1 位，前移了 13 位，新疆从第 26 位前移到了第 9 位，前移了 17 位，前移的位次越多说明这些省份越未在增加校本部专任教师编制与数量上有所努力，教师缺编越来越严重(原有排名很靠后的除外,但比以前仍有较快减少),从而迅速地增加了校本部专任教师生师比。

（三）2007—2016 年全国中等职业学校校本部专任教师生师比的地区差异分析

由表 4-6 的相关数据可作出图 4-5,图 4-5 反映了全国中等职业学校校本部专任教师生师比的地区差异情况。由图 4-5 可知,西部十二省(区、市)校本部专任教师生师比始终是最大的、且高出其他地区较大区间,其次是中部八省的,再次是东部八省的,京津沪三市始终是最低的,且与其他地区的差距明显;即全国中等职业学校校本部专任教师生师比从西部、中部、东部、京津沪自西向东呈梯度递减趋势,也就是在影响教学质量的重要因素——生师比(单个教师服务的学生数量,理论上生师比越小越有利于教育质量的提高,生师比越大则在教师拥有量上处于越弱势地位)西弱东强、京津沪远远甩开其他地区,中部与全国均值差距不大。如中等职业学校校本部专任教师生师比京津沪三市 2007 年为 20. 50、西部十二省(区、市)为 25. 99,相差 5. 49;京津沪三市 2016 年为 13. 99、西部十二省(区、市)为 23. 30,相差 9. 31,差距甚是悬殊,且差距呈增大趋势。这 10 年间西部与中部的变化趋势基本上是 2007 — 2010 年(中部八省的顶点出现在 2009 年)逐年增加,2010 年至 2016 年逐年下降,低于 2007 年水平;而京津沪及东部则是先减小,再增加,后又减小,低于 2007 年水平。

由表 4-6 可知,反映全国中等职业学校校本部专任教师生师比各省份与全国均值的离差情况的标准差在 2007 — 2016 年的变化趋势是 6. 12↘6. 07↗6. 52↗7. 23↗7. 30↘7. 12↘7. 03↘7. 01→7. 01↘6. 42,即从 2007 — 2011 年呈逐年上升趋势,而从 2011 — 2016 年则呈逐年下降趋势,但仍高于 2007 年水平,这 10 年间累计

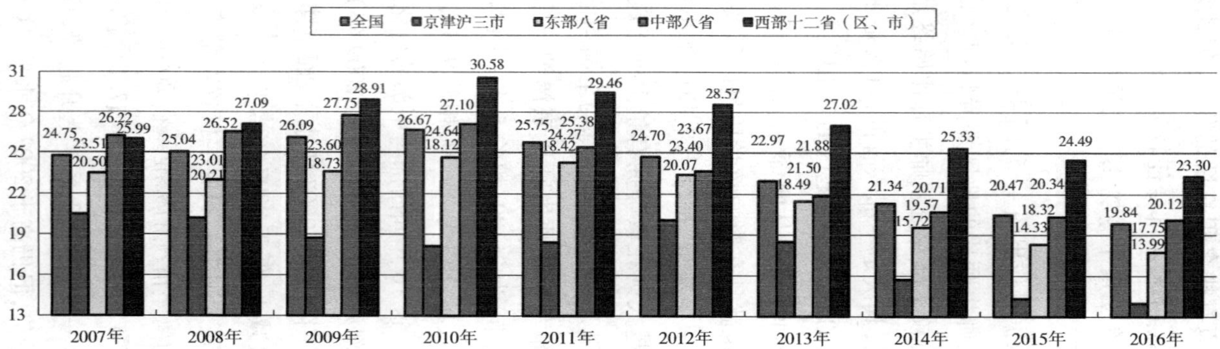

图 4–5　中等职业学校校本部专任教师生师比地区差异图（单位：人）

注：①每组柱状从左到右分别代表全国、京津沪三市、东部八省、中部八省、西部十二省（区、市）的统计数据。
②生师比指单个教师服务学生数量。

上升了 4.90%，上升到 2016 年的 6.42。反映各省份与全国均值间的差异情况的变异系数在 2007—2016 年的变化趋势是 0.247↘0.242↗0.250↗0.271↗0.284↗0.288↗0.306↗0.329↗0.342↘0.324，即全国中等职业学校校本部专任教师生师比各省份与全国均值的差异在 2008 年有所下降，之后到 2015 年稳步上升，到 2016 年又有所下降、但仍高于 2007 年水平，这 10 年间增加了 31.17%，增加到 2016 年的 0.324，差异水平不大。

第三节　2007—2016 年中等职业学校专任教师学历地区差异分析

一、2007—2016 年中等职业学校专任教师中具有研究生学历教师比例的地区差异分析

（一）2007—2016 年全国中等职业学校专任教师中具有研究生学历教师比例的总量分析

表 4-7 显示了 2007—2016 年这十年间全国中等职业学校校本部专任教师中具有研究生学历教师比例的变化情况。

由表 4-7 可知，全国中等职业学校校本部专任教师中具有研究生学历教师的比例从 2007—2016 年的变化趋势为 2.31%↗2.76%↗3.37%↗4.02%↗4.54%↗5.15%↗6.75%↘5.73%↗6.24%↗7.16%，2013 年是个拐点，这 10 年间具有研究生学历教师的比例增加了 4.85 个百分点，该比例共增加了 209.96%，增加到 2016 年的 7.16%，增幅大于全国均值的省份有 14 个，大于 400%的有 3 个，大于 300%的有 7 个，大于 200%的有 15 个，在 100%—200%之间的有 11 个，低于 100%的有 5 个。这 10 年间校本部专任教师中具有研究生学历教师比例高于各年全国均值的省

表 4-7　2007—2016 年全国中等职业学校校本部专任教师具有研究生学历教师比例变化情况表

年份	2007		2008	2009	2010	2011	2012	2013	2014	2015	2016		2016 比 2007 增加	
	比例	排名	比例	比例	比例	比例	比例	比例	比例	比例	比例	排名	增加比例	排名
高于全国均值省份数	13		12	9	9	13	13	10	14	11	12		14	
全国	2. 31		2. 76	3. 37	4. 02	4. 54	5. 15	6. 75	5. 73	6. 24	7. 16		209. 96	
北京	6. 16	2	6. 42	7. 42	8. 96	9. 32	9. 76	13. 79	11. 59	12. 71	14. 31	3	132. 31	1
天津	3. 94	3	3. 67	4. 81	5. 94	6. 49	7. 78	12. 39	8. 69	11. 08	12. 65	4	221. 07	1
河北	3. 13	5	2. 82	2. 84	3. 25	3. 02	2. 95	4. 42	3. 57	4. 18	4. 64	26	48. 24	21
山西	1. 48	26	1. 60	1. 96	2. 54	3. 11	3. 34	4. 84	4. 14	4. 45	5. 10	20	244. 59	-6
内蒙古	1. 31	29	2. 07	2. 07	3. 09	3. 47	4. 44	5. 67	4. 93	6. 06	5. 88	15	348. 85	-14
辽宁	2. 72	7	3. 25	4. 17	4. 82	5. 68	6. 59	7. 48	5. 85	7. 11	7. 59	11	179. 04	4
吉林	2. 66	8	3. 08	3. 74	4. 19	4. 66	5. 31	6. 39	5. 75	6. 23	5. 20	18	95. 49	10
黑龙江	0. 89	31	1. 09	1. 81	1. 45	2. 78	2. 91	3. 93	2. 62	3. 00	3. 91	29	339. 33	-2
上海	6. 20	1	7. 34	9. 22	10. 55	11. 39	11. 46	17. 30	13. 81	16. 45	17. 46	1	181. 61	0
江苏	2. 61	10	4. 19	5. 71	7. 17	8. 69	11. 00	14. 58	12. 28	13. 38	16. 07	2	515. 71	-8
浙江	1. 31	30	1. 72	2. 21	3. 06	3. 77	4. 93	6. 61	5. 53	6. 12	7. 05	13	438. 17	-17

续表

年份	2007		2008	2009	2010	2011	2012	2013	2014	2015	2016		2016 比 2007 增加	
	比例	排名	比例	比例	比例	比例	比例	比例	比例	比例	比例	排名	增加比例	排名
安徽	1.43	28	1.74	2.17	2.42	2.74	2.76	4.41	3.62	3.92	4.99	21	248.95	-7
福建	1.63	22	1.91	2.57	3.07	3.67	4.04	5.09	4.50	4.98	5.65	16	246.63	-6
江西	1.74	21	1.94	2.77	3.43	4.46	5.15	6.01	5.91	5.31	4.97	22	185.63	1
山东	2.66	9	3.15	4.06	5.30	5.42	6.11	7.05	6.17	6.61	7.84	9	194.74	0
河南	2.06	18	2.54	3.23	3.93	5.02	5.28	7.34	6.67	6.77	7.80	10	278.64	-8
湖北	2.30	14	2.78	2.98	3.86	3.70	4.16	4.78	4.34	5.05	4.88	24	112.17	10
湖南	2.59	11	2.75	3.12	3.19	3.54	4.25	4.59	3.81	4.05	4.45	27	71.81	16
广东	3.38	4	4.33	5.36	5.77	6.19	6.81	9.07	7.24	7.56	9.60	6	184.02	2
广西	2.36	13	2.74	3.18	3.61	4.80	6.12	8.59	7.35	7.75	9.67	5	309.75	-8
海南	2.17	17	2.66	2.34	2.41	2.75	2.99	3.34	2.70	2.91	2.97	31	36.87	14
重庆	1.45	27	1.90	2.31	2.64	2.98	3.53	6.15	5.16	5.45	8.24	8	468.28	-19
四川	1.53	25	1.72	2.15	2.47	2.48	2.66	3.85	3.19	3.60	3.93	28	156.86	3
贵州	1.55	24	2.04	2.19	2.89	3.76	3.54	5.09	3.03	4.57	5.11	19	229.68	-5
云南	1.90	19	2.52	3.03	3.39	3.60	4.20	5.03	4.79	5.19	5.37	17	182.63	-2

续表

年份	2007		2008	2009	2010	2011	2012	2013	2014	2015	2016		2016 比 2007 增加	
	比例	排名	比例	比例	比例	比例	比例	比例	比例	比例	比例	排名	增加比例	排名
西藏	1.78	20	3.88	3.33	3.72	5.88	6.65	5.87	7.21	6.55	7.34	12	312.36	−8
陕西	2.21	15	2.61	2.98	3.30	4.70	5.66	5.24	5.91	5.94	6.21	14	181.00	−1
甘肃	2.18	16	2.41	2.44	2.89	3.52	3.93	4.65	3.97	4.31	4.72	25	116.51	9
青海	2.47	12	0.84	1.33	1.23	1.26	2.28	3.07	2.38	2.61	3.09	30	25.10	18
宁夏	2.77	6	3.48	4.13	4.75	5.66	6.03	7.05	6.59	6.54	8.76	7	216.25	1
新疆	1.61	23	2.15	2.46	3.19	3.71	4.39	5.12	5.02	5.06	4.97	23	208.70	0
标准差	1.21		1.37	1.69	2.01	2.14	2.32	3.41	2.76	3.16	3.64		200.83	
变异系数	0.525		0.498	0.502	0.500	0.472	0.451	0.505	0.482	0.506	0.509		−3.05	
极大值	6.20		7.34	9.22	10.55	11.39	11.46	17.3	13.81	16.45	17.46		181.61	
极小值	0.89		0.84	1.33	1.23	1.26	2.28	3.07	2.38	2.61	2.97		233.71	
极差	5.30		6.50	7.89	9.32	10.13	9.18	14.23	11.43	13.84	14.50		173.58	
极差率	6.95		8.74	6.93	8.58	9.04	5.03	5.64	5.80	6.30	5.88		−15.40	
京津沪三市	5.52		5.84	7.14	8.51	9.15	9.71	14.71	11.52	13.62	15.02		172.10	

续表

年份	2007		2008	2009	2010	2011	2012	2013	2014	2015	2016		2016比2007增加	
	比例	排名	比例	比例	比例	比例	比例	比例	比例	比例	比例	排名	增加比例	排名
东部八省	2.61		3.19	3.98	4.82	5.32	6.20	7.98	6.67	7.30	8.58		228.74	
中部八省	1.97		2.29	2.82	3.29	3.89	4.22	5.54	4.82	5.06	5.59		183.76	
西部十二省(区、市)	1.83		2.22	2.56	3.02	3.57	4.15	5.33	4.68	5.14	5.85		219.67	

注:表中比例及增加比例的单位均为"%"。

资料来源:表格中数据根据《中国教育统计年鉴》2007—2016年中等职业学校相关校本部专任教师学历情况原始数据计算整理而得,此处未显示出原始数据。

份数从2007—2016年的变化趋势为13↘12↘9→9↗13→13↘10↗14↘11↗12，即截至2016年仍有12个省份的校本部专任教师中具有研究生学历教师比例要高于全国平均水平。

（二）2007—2016年全国中等职业学校校本部专任教师中具有研究生学历教师比例的极值与位次变化分析

1. 中等职业学校校本部专任教师中具有研究生学历教师比例的极值分析

由表4-7排序可知，全国中等职业学校校本部专任教师中具有研究生学历教师比例2016年最大5省份为上海17.46%、江苏16.07%、北京14.31%、天津12.65%、广西9.67%，最小5省份为湖南4.45%、四川3.93%、黑龙江3.91%、青海3.09%、海南2.97%，大于10%的省份有4个，大于7%的省份有13个，大于5%的有20个，小于4%的有4个。

这10年间全国中等职业学校校本部专任教师中具有研究生学历教师比例增加幅度最大的5个省份为江苏515.71%、重庆468.28%、浙江438.17%、内蒙古348.85%、黑龙江339.33%，增幅最小的5个省份为吉林95.49%、湖南71.81%、河北48.24%、海南36.87%、青海25.10%。这10年间，上海、江苏、北京、天津、广东、广西是校本部专任教师中具有研究生学历教师比例较大的省份，黑龙江、四川、安徽、海南、青海是校本部专任教师中具有研究生学历教师比例较小的省份，其中青海有8年始终为最小，上海有9年始终为最大。

由表4-7可知，中等职业学校校本部专任教师中具有研究生学历教师比例的极大值从2007年的6.20%增加到2016年的17.46%，增加了181.61%，极小值从0.89%增加到2.97%，增加了233.71%，极差从5.30%上升到14.50%，增加了173.58%，极差率从6.95下降到5.88,下降了15.40%,即虽然极大值及极小值及其绝对差距都在增加,但其相对差距有所减小。

2. 中等职业学校校本部专任教师中具有研究生学历教师比例的位次变化分析

这10年间全国中等职业学校校本部专任教师中具有研究生学历教师比例的排名位次没有变化的为上海、山东、新疆,分别位居第1位、第9位及第23位,排名位次后移的省份有14个,后移大于等于4位的有8个,甘肃后移了9位,湖北、吉林均后移了10位,海南从2007年的第17位后移到了2016年的第31位,后移了14位,湖南从第11位后移到了第27位,后移了16位,青海从第12位后移到了第30位,后移了18位,河北从第5位后移到了第26位,后移了21位,后移的位次越多说明这些省份中等职业学校校本部专任教师中具有研究生学历教师比例排名下跌越快。有14个省份的位次在前移,前移大于等于5位的省份有11个,其中贵州前移了5位,山西及福建均前移了6位,安徽前移了7位,江苏、河南、广西、西藏均前移了8位,内蒙古从2007年的第29位前移到了2016年的第15位,前移了14位,浙江从第30位前移到了第13位,前移了17位,重庆从第27位前移到了第8位,前移了19位,前移的位次越多说明这些省份中等职业学校校本部专任教师中具有研究生学历教师比例排名上升越快。

（三）2007—2016年全国中等职业学校校本部专任教师中具有研究生学历教师比例的地区差异分析

由表4-7的相关数据可作出图4-6,图4-6反映了全国中等职业学校校本部专任教师中具有研究生学历教师比例的地区差异情况。由图4-6可知,京津沪三市校本部专任教师中具有研究生

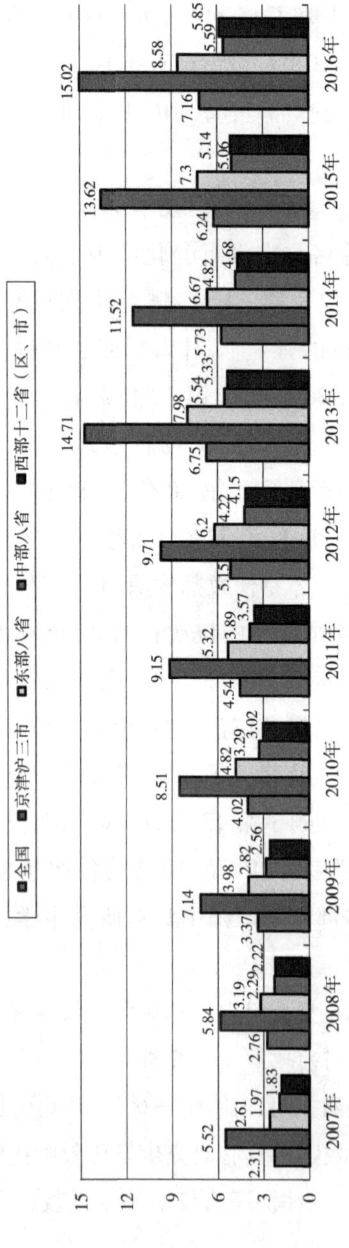

图 4-6　中等职业学校校本部专任教师中具有研究生学历教师比例地区差异图（单位：%）

注：每组柱状从左到右分别代表全国、京津沪三市、东部八省、中部八省、西部十二省（区、市）的统计数据。

学历教师比例始终是最大的、且远远高出其他地区较大区间，其次是东部八省的，再次是中部八省的，西部十二省（区、市）除两年外始终是最低的，全国均值高于中部八省的，中部八省与西部十二省（区、市）差距不大；即，全国中等职业学校校本部专任教师中具有研究生学历教师比例从京津沪、东部、中部、西部自东向西呈梯度递减趋势，也就是东强西弱、京津沪远远高于其他地区。如中等职业学校校本部专任教师中具有研究生学历教师比例京津沪三市2007年为5.52%、西部十二省（区、市）为1.83%，相差3.69个百分点；京津沪三市2016年为15.02%、西部十二省（区、市）为5.85%（2015—2016年实际最低为中部八省5.06%及5.59%），相差9.17个百分点，差距相当悬殊。各地在2013年以前均逐年增加，2014年有所下降后，2015年起又连续回升，高于2013年水平。

由表4-7可知，反映全国中等职业学校校本部专任教师中具有研究生学历教师比例各省份与全国均值的离差情况的标准差在2007—2016年的变化趋势是1.21%↗1.37%↗1.69%↗2.01%↗2.14%↗2.32%↗3.41%↘2.76%↘3.16%↗3.64%，即从2007—2013年呈逐年上升趋势，而2014年有所下降、2015年起又连续回升，这10年间累计增加了200.83%，增加到2016年的3.64%。反映各省份与全国均值间的差异情况的变异系数在2007—2016年的变化趋势是0.525↘0.498↗0.502↘0.500↘0.472↘0.451↗0.505↘0.482↗0.506↗0.509，即这10年间全国中等职业学校校本部专任教师中具有研究生学历教师比例各省份与全国均值的差异是有增有减，共减小了3.05%，减小到2016年的0.509，差异比较大。

二、2007—2016 年中等职业学校专任教师学历达标率的地区差异分析

（一）2007—2016 年全国中等职业学校专任教师各学历教师数的总量分析

全国中等职业学校 2007 年校本部专任教师中本科及以上学历（达标学历）501912 人，2016 年有 584162 人，这 10 年间增长了 16.39%。表 4-8 显示了 2007—2016 年这十年间全国中等职业学校校本部专任教师中具有达标学历教师比例的变化情况。

由表 4-8 可知，全国中等职业学校校本部专任教师学历达标率从 2007—2016 年的变化趋势为 76.67%↗79.03%↗81.26%↗83.26%↗85.39%↗86.95%↗90.13%↘87.94%↗89.29%↗90.83%，2013 年是个拐点，这 10 年间校本部专任教师学历达标率增加了 14.16 个百分点，该比例共增加了 18.47%，增加到 2016 年的 90.83%，增幅大于全国均值的省份有 15 个，大于 30%的有 1 个，大于 20%的有 14 个，在 10%—20%之间的有 12 个，低于 10%的有 5 个。这 10 年间校本部专任教师学历达标率高于各年全国均值的省份数从 2007—2016 年的变化趋势为 14→14↗15↘14→14↗15↘14↘13↗15↘14，即截至 2016 年仍有 14 个省份的校本部专任教师学历达标率要高于全国平均水平。

（二）2007—2016 年全国中等职业学校校本部专任教师学历达标率的极值与位次变化分析

1. 中等职业学校校本部专任教师学历达标率的极值分析

由表 4-8 排序可知，全国中等职业学校校本部专任教师学历达标率 2016 年最大的 5 个省份为江苏 97.17%、浙江 96.63%、北京 96.51%、上海 96.28%、天津 95.00%，最小的 5 个省份为新疆 86.66%、贵州 86.13%、四川 85.19%、江西 80.53%、青海 79.77%，

表 4-8　2007—2016 年全国中等职业学校校本部专任教师学历达标率变化情况表

年份	2007		2008	2009	2010	2011	2012	2013	2014	2015	2016		2016 比 2007 增加	
	比例	排名	比例	比例	比例	比例	比例	比例	比例	比例	比例	排名	增加比例	排名
高于全国均值省份数	14		14	15	14	14	15	14	13	15	14		15	
全国	76.67		79.03	81.26	83.29	85.39	86.95	90.13	87.94	89.29	90.83		18.47	
北京	88.46	3	89.82	91.48	92.57	93.72	94.17	95.52	94.61	94.86	96.51	3	9.10	0
天津	81.62	7	84.25	85.95	88.53	89.50	90.79	94.70	92.23	93.32	95.00	5	16.39	−2
河北	79.53	11	80.72	81.78	83.59	85.27	86.54	89.43	87.50	88.77	90.08	16	13.27	5
山西	69.02	27	71.56	75.30	78.67	81.76	83.17	87.77	84.41	86.30	88.62	23	28.40	−4
内蒙古	72.46	23	76.40	78.08	81.04	82.38	84.18	88.14	85.02	87.31	88.46	24	22.08	1
辽宁	82.49	6	84.20	85.73	87.07	87.70	89.38	92.70	90.61	91.68	93.11	10	12.87	4
吉林	80.89	8	82.55	83.15	84.81	86.25	87.47	90.00	88.62	89.54	90.30	15	11.63	7
黑龙江	74.76	18	77.64	79.93	81.97	84.79	86.03	92.01	87.82	89.33	93.16	8	24.61	−10
上海	88.77	1	91.59	92.84	94.37	94.91	95.53	96.28	95.29	95.96	96.28	4	8.46	3
江苏	83.01	5	87.07	89.16	91.55	93.78	94.83	96.83	95.62	96.46	97.17	1	17.06	−4
浙江	88.74	2	89.87	91.55	92.29	93.20	94.01	96.27	94.79	95.82	96.63	2	8.89	0

续表

年份	2007		2008	2009	2010	2011	2012	2013	2014	2015	2016		2016 比 2007 增加	
	比例	排名	比例	比例	比例	比例	比例	比例	比例	比例	比例	排名	增加比例	排名
安徽	74.11	21	76.56	79.52	81.46	84.69	88.94	92.30	89.03	91.30	92.86	12	25.30	-9
福建	88.25	4	78.64	82.64	84.17	86.66	88.71	92.25	90.56	91.46	93.14	9	5.54	5
江西	66.64	30	67.15	71.93	74.73	78.48	80.89	83.85	81.40	82.82	80.53	30	20.84	0
山东	80.23	9	83.15	85.22	86.57	89.26	90.77	93.15	91.61	92.85	93.83	6	16.95	-3
河南	74.85	17	77.48	79.91	83.06	86.04	87.51	89.23	87.93	87.81	90.05	17	20.31	0
湖北	75.37	16	76.99	78.64	80.67	81.36	82.38	88.10	84.98	86.86	88.80	21	17.82	5
湖南	71.64	24	73.69	75.93	80.11	83.69	85.19	85.90	85.25	85.49	86.71	26	21.04	2
广东	79.95	10	81.78	85.03	85.82	86.92	88.14	91.69	89.06	91.05	92.39	13	15.56	3
广西	68.77	28	71.24	73.99	78.36	82.35	83.54	87.90	83.98	86.47	89.27	19	29.81	-9
海南	76.66	15	78.24	79.32	82.19	82.82	83.82	87.13	86.66	86.30	88.76	22	15.78	7
重庆	74.44	20	77.69	81.36	84.04	86.07	87.65	90.73	87.77	90.04	91.85	14	23.39	-6
四川	70.59	26	72.17	75.49	75.94	78.05	79.97	84.11	81.44	83.63	85.19	29	20.68	3
贵州	72.65	22	74.49	75.28	76.89	78.32	80.00	84.35	81.47	84.04	86.13	28	18.55	6
云南	78.08	14	81.02	82.43	82.93	84.56	85.02	87.85	85.87	86.95	89.00	20	13.99	6

续表

年份	2007		2008	2009	2010	2011	2012	2013	2014	2015	2016		2016比2007增加	
	比例	排名	比例	比例	比例	比例	比例	比例	比例	比例	比例	排名	增加比例	排名
西藏	74.75	19	80.59	85.19	86.46	88.40	89.08	92.47	91.41	91.74	93.59	7	25.20	-12
陕西	67.03	29	70.37	71.86	74.62	76.87	79.55	85.72	82.38	84.35	86.90	25	29.64	-4
甘肃	71.48	25	75.02	77.47	79.75	83.08	84.24	89.16	86.10	87.91	89.74	18	25.55	-7
青海	59.97	31	64.06	67.90	65.47	69.91	72.29	79.54	73.67	77.27	79.77	31	33.02	0
宁夏	79.29	12	82.53	85.52	87.11	86.66	88.56	90.70	88.89	89.62	92.87	11	17.13	-1
新疆	78.84	13	79.63	81.07	81.14	82.85	83.73	85.50	83.68	84.59	86.66	27	9.92	14
标准差	6.99		6.47	6.05	6.03	5.39	5.07	4.15	4.83	4.35	4.29		-38.63	
变异系数	0.091		0.082	0.074	0.072	0.063	0.058	0.046	0.055	0.049	0.047		-48.35	
极大值	88.77		91.59	92.84	94.37	94.91	95.53	96.83	95.62	96.46	97.17		9.46	
极小值	59.97		64.06	67.90	65.47	69.91	72.29	79.54	73.67	77.27	79.77		33.02	
极差	28.81		27.53	24.93	28.90	25.00	23.24	17.29	21.95	19.19	17.39		-39.64	
极差率	1.48		1.43	1.37	1.44	1.36	1.32	1.22	1.30	1.25	1.22		-17.57	
京津沪三市	86.58		88.62	90.10	91.86	92.79	93.54	95.57	94.13	94.81	95.97		10.85	

续表

年份	2007		2008	2009	2010	2011	2012	2013	2014	2015	2016		2016 比 2007 增加	
	比例	排名	比例	比例	比例	比例	比例	比例	比例	比例	比例	排名	增加比例	排名
东部八省	82.22		83.68	85.73	87.19	88.93	90.27	93.07	91.31	92.52	93.64		13.89	
中部八省	73.50		75.65	78.22	81.06	83.82	85.76	88.82	86.60	87.68	89.28		21.47	
西部十二省(区、市)	71.93		74.58	76.92	78.78	81.01	82.61	86.68	83.79	85.79	87.80		22.06	

注:表中比例及增加比例的单位均为“%”,变异系数及极差率无单位。

资料来源:表格中数据根据《中国教育统计年鉴》2007—2016 年中等职业学校相关校本部专任教师学历情况原始数据计算整理而得,此处未显示出原始数据。

大于等于95%的省份有5个,大于90%的省份有17个,小于90%的有14个,小于80%的有1个。

这10年间全国中等职业学校校本部专任教师学历达标率增加幅度最大的5个省份为青海33.02%、广西29.81%、陕西29.64%、山西28.40%、甘肃25.55%,增幅最小的5省份为新疆9.92%、北京9.10%、浙江8.89%、上海8.46%、福建5.54%。这10年间,上海、江苏、浙江、北京、天津始终是校本部专任教师学历达标率最大的5个省份,陕西、贵州、江西、四川、青海是校本部专任教师学历达标率较小的省份,其中青海这10年始终为最小,上海前6年、江苏后4年始终为最大。

由表4-8可知,中等职业学校校本部专任教师学历达标率的极大值从2007年的88.77%增加到2016年的97.17%,增加了9.46%,极小值从59.97%增加到79.77%,增加了33.02%,极差从28.81%下降到17.39%,下降了39.64%,极差率从1.489下降到1.22,下降了17.57%,即虽然极大值及极小值都在增加,但其绝对差距及相对差距却在减小。

2. 中等职业学校校本部专任教师学历达标率的位次变化分析

这10年间全国中等职业学校校本部专任教师学历达标率的排名位次没有变化的为北京、浙江、江西、河南、青海,分别位居第3位、第2位、第30位、第17位及第31位,排名位次后移的省份有14个,后移大于等于4位的有9个,云南、贵州均后移了6位,海南从第15位后移到了第22位、后移了7位,吉林从第8位后移到了第15位、后移了7位,新疆从第13位后移到了第27位、后移了14位,后移的位次越多说明这些省份中等职业学校校本部专任教师学历达标率排名下跌越快。有12个省份的位次在前移,前移大于等于4位的省份有9个,其中山西、江苏、陕西均前移了4位,重庆、甘肃分别前移了6、7位，安徽、广西均前移了9位，黑龙江从第18位前移到了第8位、前移了10位，西藏从第19位前移到了第7位、前移了12位，前移的位次越多说明这些省份中等职业学校校本部专任教师学历达标率排名上升越快。

（三）2007—2016年全国中等职业学校校本部专任教师学历达标率的地区差异分析

由表4-8的相关数据可作出图4-7，图4-7反映了全国中等职业学校校本部专任教师学历达标率的地区差异情况。由图4-7可知，京津沪三市校本部专任教师学历达标率始终是最大的、且明显高于其他地区，其次是东部八省的，再次是中部八省的，西部十二省（区、市）始终是最低的，全国均值高于中部八省的。即，全国中等职业学校校本部专任教师学历达标率从京津沪、东部、中部、西部自东向西呈梯度递减趋势，也就是东强西弱、京津沪最高。如中等职业学校校本部专任教师学历达标率京津沪三市2007年为86.58%、西部十二省（区、市）为71.93%，相差14.65个百分点；京津沪三市2016年为95.97%、西部十二省（区、市）为87.80%，相差8.17个百分点，差距比较悬殊。各地在2013年以前均逐年增加，2014年有所下降后，2015年起又连续回升，高于2013年水平。

由表4-8可知，反映全国中等职业学校校本部专任教师学历达标率各省份与全国均值的离差情况的标准差在2007—2016年的变化趋势是6.99%↘6.47%↘6.05%↘6.03%↘5.39%↘5.07%↘4.15%↗4.83%↘4.35%↘4.29%，即从2007—2013年呈逐年下降趋势，而2014年有所上升、2015年起又连续下降，这10年间累计下降了38.63%，下降到2016年的4.29%。反映各省份与全国均值间的差异情况的变异系数在2007—2016年的变化

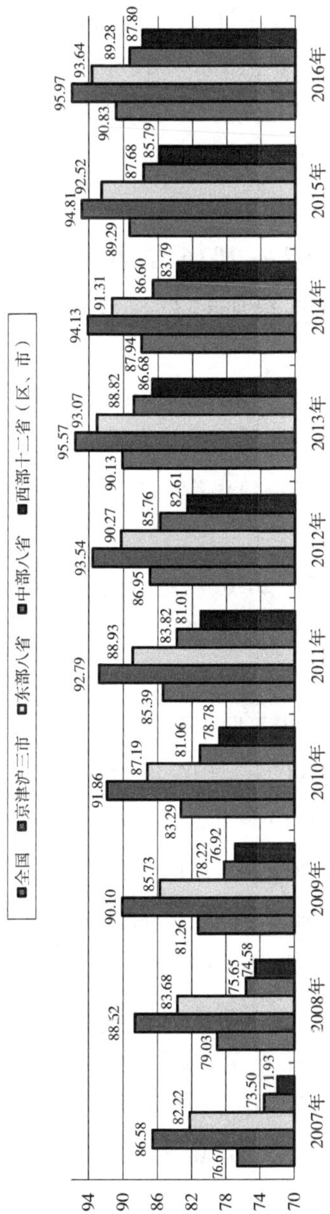

图 4-7 中等职业学校校本部专任教师学历达标率地区差异图（单位：%）

注：每组柱状从左到右分别代表全国、京津沪三市、东部八省、中部八省、西部十二省（区、市）的统计数据。

趋势是从0.091↘0.082↘0.074↘0.072↘0.063↘0.058↘0.046↗0.055↘0.049↘0.047,即这10年间全国中等职业学校校本部专任教师学历达标率各省份与全国均值的差异是有增有减,共减小了48.35%,减小到2016年的0.047,差异非常小。

第四节　2007—2016年中等职业学校专任教师职称地区差异分析

一、2007—2016年中等职业学校专任教师中具有高级职称教师比例的地区差异分析

(一) 2007—2016年全国中等职业学校专任教师中具有高级职称教师比例的总量分析

表4-9显示了2007—2016年这十年间全国中等职业学校校本部专任教师中具有高级(副教授及以上)职称教师比例的变化情况。

由表4-9可知,全国中等职业学校校本部专任教师中具有高级职称教师的比例从2007—2016年的变化趋势为19.00%↗19.62%↗20.36%↗21.19%↗22.05%↗22.98%↗23.75%↗24.31%↗24.65%↗25.06%,呈逐年增加趋势,这10年间具有高级职称教师的比例增加了6.06个百分点,该比例共增加了31.89%,增加到2016年的25.06%,增幅大于全国均值的省份有11个,大于100%的有1个,大于50%的有4个,大于30%的有13个,在20%—30%之间的有9个,低于20%的有9个,其中不增加反而下降的为贵州下降7.39%、宁夏下降22.38%。这10年间校本部专任教师中具有高级职称教师比例高于各年全国均值的省份数从2007—2016年的变化趋势为16↘15↘14↗15→15→15↘14

表 4-9　2007—2016 年全国中等职业学校校本部专任教师中具有高级职称教师比例变化情况表

年份	2007		2008	2009	2010	2011	2012	2013	2014	2015	2016		2016 比 2007 增加	
	比例	排名	比例	比例	比例	比例	比例	比例	比例	比例	比例	排名	增加比例	排名
高于全国均值省份数	16		15	14	15	15	15	14	15	16	15		11	
全国	19.00		19.62	20.36	21.19	22.05	22.98	23.75	24.31	24.65	25.06		31.89	
北京	21.83	11	23.63	24.70	24.91	25.63	25.75	26.42	27.28	27.31	29.94	8	37.15	-3
天津	35.11	1	35.81	36.96	37.70	37.86	39.10	39.20	37.93	36.81	36.45	2	3.82	1
河北	19.88	15	19.71	20.33	21.37	21.87	23.40	24.96	26.16	26.84	27.99	11	40.79	-4
山西	12.98	29	13.03	13.44	13.88	14.94	14.74	15.35	15.88	16.85	17.83	27	37.37	-2
内蒙古	20.80	14	22.98	23.43	26.46	28.51	30.29	30.97	30.52	30.45	30.42	7	46.25	-7
辽宁	29.88	2	30.61	31.47	32.45	33.15	33.86	34.54	35.07	36.23	36.84	1	23.29	-1
吉林	26.53	5	27.24	28.40	30.12	30.35	30.88	31.05	31.26	30.74	31.12	6	17.30	1
黑龙江	28.04	3	28.39	30.84	31.73	33.14	34.44	35.06	35.37	33.01	33.79	3	20.51	0
上海	17.49	20	18.46	19.06	19.55	20.31	21.22	20.70	21.73	21.81	21.44	22	22.58	2
江苏	15.92	24	17.74	18.99	20.17	22.72	25.25	27.95	29.08	30.07	31.40	5	97.24	-19
浙江	13.92	27	15.17	16.89	18.79	20.20	21.88	23.49	25.03	26.12	26.98	13	93.82	-14

续表

年份	2007		2008	2009	2010	2011	2012	2013	2014	2015	2016		2016 比 2007 增加	
	比例	排名	比例	比例	比例	比例	比例	比例	比例	比例	比例	排名	增加比例	排名
安徽	21.93	8	21.91	23.47	24.16	22.82	22.97	23.64	24.85	27.04	27.35	12	24.72	4
福建	21.39	12	18.79	19.64	20.31	21.25	22.10	22.83	23.25	25.00	24.98	16	16.78	4
江西	22.11	7	23.50	23.09	24.74	25.63	27.18	27.89	28.25	29.35	28.81	9	30.30	2
山东	21.93	9	22.45	23.05	23.40	24.38	25.21	25.73	26.65	26.46	26.31	14	19.97	5
河南	15.80	25	16.13	16.95	18.25	19.28	20.20	20.87	21.40	21.58	21.56	20	36.46	−5
湖北	21.88	10	22.00	22.44	22.62	22.73	23.72	24.28	25.14	26.08	25.49	15	16.50	5
湖南	16.84	22	17.64	18.94	20.24	21.73	21.94	21.93	22.65	22.72	22.33	19	32.60	−3
广东	13.54	28	13.75	13.79	14.27	14.76	15.65	16.39	16.77	17.17	17.38	29	28.36	1
广西	12.39	30	12.19	12.45	12.96	14.68	15.05	16.85	17.06	17.56	18.01	26	45.36	−4
海南	17.40	21	16.93	16.02	16.21	16.74	17.51	17.56	19.13	17.79	17.69	28	1.67	7
重庆	18.28	18	18.92	19.75	19.84	21.12	19.69	20.26	21.76	22.61	24.07	17	31.67	−1
四川	18.35	17	18.73	19.27	19.51	20.63	22.04	22.77	22.71	23.27	23.58	18	28.50	1
贵州	18.26	19	17.97	18.59	18.82	18.64	19.00	16.94	16.33	15.77	16.91	30	−7.39	11
云南	19.67	16	21.51	22.67	24.47	25.85	27.35	28.91	29.22	30.19	31.54	4	60.35	−12

续表

年份	2007		2008	2009	2010	2011	2012	2013	2014	2015	2016		2016比2007增加	
	比例	排名	比例	比例	比例	比例	比例	比例	比例	比例	比例	排名	增加比例	排名
西藏	4.14	31	4.07	4.83	4.40	4.87	5.54	6.90	6.14	8.32	8.57	31	107.00	0
陕西	16.22	23	15.78	16.03	17.21	18.31	18.89	19.50	20.26	19.69	20.02	24	23.43	1
甘肃	15.62	26	15.99	16.94	16.90	17.62	18.16	18.92	19.51	19.30	19.70	25	26.12	-1
青海	23.24	6	26.15	27.66	28.93	29.11	31.30	31.48	30.45	29.25	28.49	10	22.59	4
宁夏	27.08	4	26.05	25.64	25.25	25.34	24.53	24.74	22.85	20.53	21.02	23	-22.38	19
新疆	21.02	13	22.20	22.15	22.58	22.83	23.73	22.92	22.41	21.71	21.50	21	2.28	8
标准差	5.92		6.11	6.30	6.54	6.46	6.71	6.69	6.59	6.37	6.41		8.28	
变异系数	0.311		0.311	0.309	0.308	0.293	0.292	0.282	0.271	0.258	0.256		-17.68	
极大值	35.11		35.81	36.96	37.70	37.86	39.10	39.20	37.93	36.81	36.84		4.93	
极小值	4.14		4.07	4.83	4.40	4.87	5.54	6.90	6.14	8.32	8.57		107.00	
极差	30.97		31.75	32.14	33.30	32.99	33.56	32.30	31.79	28.49	28.27		-8.72	
极差率	8.48		8.81	7.66	8.57	7.77	7.06	5.68	6.18	4.42	4.30		-49.29	
京津沪三市	24.23		25.84	26.91	27.27	27.66	28.53	28.24	28.41	28.03	28.63		18.16	

续表

年份	2007		2008	2009	2010	2011	2012	2013	2014	2015	2016		2016 比 2007 增加	
	比例	排名	比例	比例	比例	比例	比例	比例	比例	比例	比例	排名	增加比例	排名
东部八省	19.00		19.44	20.12	20.91	21.89	23.19	24.42	25.34	25.97	26.57		39.84	
中部八省	19.62		20.09	20.98	21.98	22.58	23.19	23.71	24.32	24.56	24.57		25.23	
西部十二省(区、市)	17.71		18.32	18.93	19.73	20.86	21.67	22.23	22.29	22.38	22.94		29.53	

注：表中比例及增加比例的单位均为“%”，变异系数及极差率无单位。

资料来源：表格中数据根据《中国教育统计年鉴》2007—2016 年中等职业学校相关校本部专任教师职称情况原始数据计算整理而得，此处未显示出原始数据。

↗15↗16↘15,即截至2016年仍有15个省份的校本部专任教师中具有高级职称教师比例要高于全国平均水平。

（二）2007—2016年全国中等职业学校校本部专任教师中具有高级职称教师比例的极值与位次变化分析

1. 中等职业学校校本部专任教师中具有高级职称教师比例的极值分析

由表4-9排序可知,全国中等职业学校校本部专任教师中具有高级职称教师比例2016年最大的5个省份为辽宁36.84%、天津36.45%、黑龙江33.79%、云南31.54%、江苏31.40%,最小的5个省份为山西17.83%、海南17.69%、广东17.38%、贵州16.91%、西藏8.57%,大于30%的省份有7个,大于25%的省份有15个,小于20%的有7个,小于10%的有1个。

这10年间全国中等职业学校校本部专任教师中具有高级职称教师比例增加幅度最大的5个省份为西藏107.00%、江苏97.24%、浙江93.82%、云南60.35%、内蒙古46.25%,增幅最小的5个省份为天津3.82%、新疆2.28%、海南1.67%、贵州-7.39%、宁夏-22.38%。这10年间,天津、辽宁、黑龙江、吉林、青海、内蒙古是校本部专任教师中具有高级职称教师比例较大的省份,广西、广东、海南、山西、贵州、西藏是校本部专任教师中具有高级职称教师比例较小的省份,其中西藏这10年始终为最小,天津有9年始终为最大。

由表4-9可知,中等职业学校校本部专任教师中具有高级职称教师比例的极大值从2007年的35.11%增加到2016年的36.84%,增加了4.93%,极小值从4.14%增加到8.57%,增加了107.00%,极差从30.97%下降到28.27%,下降了8.72%,极差率从8.48下降到4.30,下降了49.29%,即虽然极大值及极小值都在增加，但其绝对差距与相对差距却在减小。

2. 中等职业学校校本部专任教师中具有高级职称教师比例的位次变化分析

这10年间全国中等职业学校校本部专任教师中具有高级职称教师比例的排名位次没有变化的为黑龙江、西藏，分别位居第3位、第31位，排名位次后移的省份有16个，后移大于等于4位的有9个，山东、湖北均后移了5位，海南、新疆分别后移了7、8位，贵州从2007年的第19位后移到了2016年的第30位、后移了11位，宁夏从第4位后移到了第23位、后移了19位，后移的位次越多说明这些省份中等职业学校校本部专任教师中具有高级职称教师比例排名下跌越快。有13个省份的位次在前移，前移大于等于4位的省份有7个，其中河北、广西均前移了4位，河南、内蒙古分别前移了5、7位，云南从2007年的第16位前移到了2016年的第4位、前移了12位，浙江从第27位前移到了第13位、前移了14位，江苏从第24位前移到了第5位、前移了19位，前移的位次越多说明这些省份中等职业学校校本部专任教师中具有高级职称教师比例排名上升越快。

（三）2007—2016年全国中等职业学校校本部专任教师中具有高级职称教师比例的地区差异分析

由表4-9的相关数据可作出图4-8，图4-8反映了全国中等职业学校校本部专任教师中具有高级职称教师比例的地区差异情况。由图4-8可知，京津沪三市校本部专任教师中具有高级职称教师比例始终是最大的，且远远高出其他地区较大区间，其次是东部八省的（2011年前第二高为中部地区，之后为东部地区），再次是中部八省的，西部十二省（区、市）除两年外始终是最低的，全国均值低于中部八省的，中部八省与西部十二省差距不大。即，全国

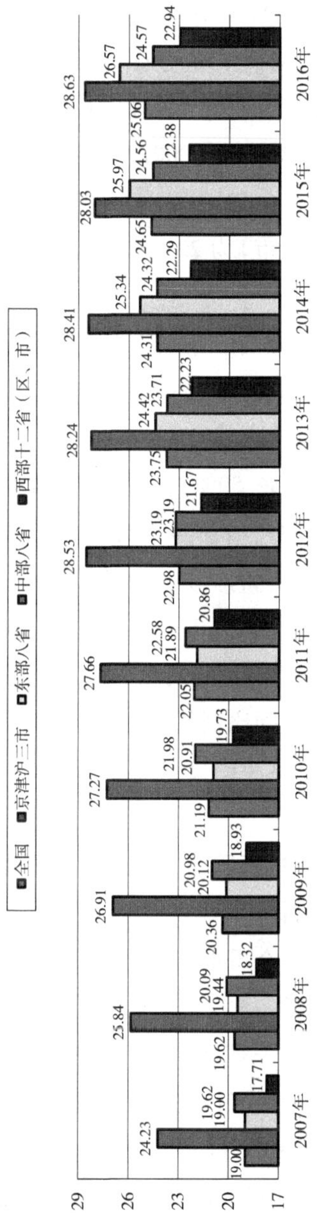

图 4-8　中等职业学校校本部专任教师高级职称教师比例地区差异图（单位：%）

注：每组柱状从左到右分别代表全国、京津沪三市、东部八省、中部八省、西部十二省（区、市）的统计数据。

中等职业学校校本部专任教师中具有高级职称教师比例从京津沪、东部、中部、西部自东向西呈梯度递减趋势，也就是东强西弱、京津沪远远高于其他地区。如中等职业学校校本部专任教师中具有高级职称教师比例京津沪三市 2007 年为 24.23%、西部十二省（区、市）为 17.71%，相差 6.52 个百分点；京津沪三市 2016 年为 28.63%、西部十二省（区、市）为 22.94%，相差 5.69 个百分点，差距比较悬殊。

由表 4-9 可知，反映全国中等职业学校校本部专任教师中具有高级职称教师比例各省份与全国均值的离差情况的标准差在 2007—2016 年的变化趋势是 5.92%↗6.11%↗6.30%↗6.54%↘6.46%↗6.71%↘6.69%↘6.59%↘6.37%↗6.41%，这 10 年间有升有降，累计上升了 8.28%，增加到 2016 年的 6.41%。反映各省份与全国均值间的差异情况的变异系数在 2010—2015 年的变化趋势是 0.311→0.311↘0.309↘0.308↘0.293↘0.292↘0.282↘0.271↘0.258↘0.256，即这 10 年间全国中等职业学校校本部专任教师中具有高级职称教师比例各省份与全国均值的差异是逐年减小，共减小了 17.68%，减小到 2016 年的 0.256，差异不是很大。

二、2007—2016 年中等职业学校专任教师中具有中级职称教师比例的地区差异分析

（一）2007—2016 年全国中等职业学校专任教师中具有中级职称教师比例的总量分析

表 4-10 显示了 2007—2016 年这十年间全国中等职业学校校本部专任教师中具有中级职称教师比例的变化情况。

由表 4-10 可知，全国中等职业学校校本部专任教师中具有中级职称教师的比例从 2007—2016 年的变化趋势为 40.72%↘

表 4-10　2007—2016 年全国中等职业学校校本部专任教师中具有中级职称教师比例变化情况表

年份	2007		2008	2009	2010	2011	2012	2013	2014	2015	2016		2016 比 2007 增加	
	比例	排名	比例	比例	比例	比例	比例	比例	比例	比例	比例	排名	增加比例	排名
高于全国均值省份数	15		11	10	12	10	11	11	11	13	12		18	
全国	40.72		40.52	40.18	40.40	40.36	40.57	40.17	40.12	40.14	39.87		-2.09	
北京	40.84	14	40.82	41.48	42.44	41.71	41.52	40.74	39.76	39.90	39.53	16	-3.21	2
天津	37.64	23	37.33	37.52	37.85	38.04	38.31	38.75	40.91	41.53	41.39	9	9.96	-14
河北	43.13	9	43.08	43.35	43.93	44.03	44.27	43.35	43.56	43.67	44.11	5	2.27	-4
山西	37.47	24	37.15	35.91	35.85	37.14	36.91	37.86	38.63	38.54	37.71	20	0.64	-4
内蒙古	42.26	11	40.42	39.64	38.87	36.27	35.60	36.06	37.60	39.02	39.62	14	-6.25	3
辽宁	35.98	29	35.40	35.63	36.11	37.22	37.66	38.73	39.21	39.36	39.61	15	10.09	-14
吉林	45.10	7	44.04	43.27	43.29	43.48	43.87	44.45	45.05	45.61	45.33	2	0.51	-5
黑龙江	41.39	12	40.91	39.84	40.21	39.37	40.12	39.88	39.41	39.14	38.99	18	-5.80	6
上海	53.62	1	53.73	53.19	53.84	53.39	52.68	51.53	51.07	50.76	50.92	1	-5.04	0
江苏	39.28	21	39.33	39.91	41.72	41.94	42.70	42.76	41.94	41.90	41.64	8	6.01	-13
浙江	37.05	25	37.48	38.88	39.11	38.60	38.51	38.26	37.83	37.53	37.40	21	0.94	-4

续表

年份	2007		2008	2009	2010	2011	2012	2013	2014	2015	2016		2016 比 2007 增加	
	比例	排名	比例	比例	比例	比例	比例	比例	比例	比例	比例	排名	增加比例	排名
安徽	36. 43	28	36. 21	36. 40	36. 45	38. 16	40. 89	39. 07	39. 50	40. 01	39. 40	17	8. 15	−11
福建	47. 08	3	39. 51	38. 77	39. 50	40. 12	38. 89	39. 02	38. 05	39. 09	39. 85	13	−15. 36	10
江西	39. 96	18	39. 10	37. 95	37. 10	37. 30	37. 19	35. 45	35. 39	35. 58	33. 93	27	−15. 09	9
山东	36. 49	27	36. 43	35. 89	36. 39	37. 36	38. 96	39. 60	39. 63	40. 52	40. 05	12	9. 76	−15
河南	39. 97	17	40. 34	41. 11	41. 59	41. 10	41. 51	42. 26	42. 40	42. 54	41. 89	6	4. 80	−11
湖北	47. 17	2	47. 12	45. 86	45. 42	45. 63	45. 22	45. 22	45. 83	45. 05	44. 84	3	−4. 94	1
湖南	44. 80	8	46. 43	45. 43	46. 40	46. 79	46. 51	44. 98	43. 38	43. 22	41. 84	7	−6. 61	−1
广东	45. 35	6	44. 47	43. 78	44. 18	44. 06	44. 29	43. 97	44. 68	44. 47	44. 56	4	−1. 74	−2
广西	45. 47	5	44. 60	43. 45	43. 87	43. 64	43. 50	42. 97	43. 34	42. 24	41. 17	10	−9. 46	5
海南	34. 70	30	31. 04	30. 44	29. 03	27. 79	28. 63	27. 10	27. 64	27. 84	30. 01	30	−13. 52	0
重庆	39. 13	22	39. 44	38. 71	38. 22	36. 96	35. 48	34. 93	34. 81	35. 28	34. 95	24	−10. 68	2
四川	39. 38	20	38. 78	38. 10	37. 22	37. 05	36. 74	35. 53	35. 17	34. 95	34. 91	26	−11. 35	6
贵州	39. 78	19	40. 11	40. 18	40. 59	39. 58	37. 41	33. 33	31. 21	30. 79	30. 81	29	−22. 55	10
云南	42. 69	10	42. 17	39. 97	38. 83	38. 32	37. 57	36. 07	35. 62	35. 29	34. 95	25	−18. 13	15

续表

年份	2007		2008	2009	2010	2011	2012	2013	2014	2015	2016		2016 比 2007 增加	
	比例	排名	比例	比例	比例	比例	比例	比例	比例	比例	比例	排名	增加比例	排名
西藏	25.05	31	26.06	29.45	32.66	38.99	37.66	43.71	38.47	33.89	35.98	23	43.63	-8
陕西	36.88	26	36.47	36.91	37.15	38.09	39.48	40.05	40.81	40.77	40.42	11	9.60	-15
甘肃	40.13	16	38.65	37.78	37.61	36.75	37.42	37.69	37.57	37.70	38.65	19	-3.69	3
青海	41.29	13	39.47	38.35	36.74	36.68	37.37	38.33	40.04	40.37	37.24	22	-9.81	9
宁夏	40.75	15	38.51	36.54	35.84	33.99	34.09	30.75	29.51	29.98	27.85	31	-31.66	16
新疆	46.94	4	45.48	43.95	40.90	39.30	38.47	36.56	36.61	35.84	33.91	28	-27.76	24
标准差	5.09		5.00	4.53	4.59	4.49	4.41	4.76	4.82	4.84	4.83		-5.11	
变异系数	0.125		0.123	0.113	0.114	0.111	0.109	0.119	0.120	0.121	0.121		-3.20	
极大值	53.62		53.73	53.19	53.84	53.39	52.68	51.53	51.07	50.76	50.92		-5.04	
极小值	25.05		26.06	29.45	29.03	27.79	28.63	27.10	27.64	27.84	27.85		11.18	
极差	28.57		27.67	23.74	24.81	25.60	24.05	24.43	23.43	22.92	23.07		-19.25	
极差率	2.14		2.06	1.81	1.85	1.92	1.84	1.90	1.85	1.82	1.83		-14.49	
京津沪三市	44.22		43.94	43.97	44.74	44.63	44.39	44.14	44.36	44.52	44.48		0.59	

续表

年份	2007		2008	2009	2010	2011	2012	2013	2014	2015	2016		2016比2007增加	
	比例	排名	比例	比例	比例	比例	比例	比例	比例	比例	比例	排名	增加比例	排名
东部八省	40.06		39.47	39.58	40.33	40.64	41.08	41.04	40.98	41.18	41.25		2.97	
中部八省	41.55		41.56	41.01	41.15	41.22	41.65	41.32	41.43	41.48	40.77		-1.88	
西部十二省(区、市)	41.00		40.28	39.45	38.88	38.26	37.93	37.00	36.83	36.58	36.31		-11.44	

注:表中比例及增加比例的单位均为“%”,变异系数及极差率无单位。2016年比2007年增加比例高于全国省数为下降增幅高于全国平均下降幅度的省份数。

资料来源:表格中数据根据《中国教育统计年鉴》2007年至2016年中等职业学校相关校本部专任教师职称情况原始数据计算整理而得,此处未显示出原始数据。

40.52%↘40.18%↗40.40%↘40.36%↗40.57%↘40.17%↘40.12%↗40.14%↘39.87%，除2016年略低于40%外始终保持在40%多一点上下浮动，这10年间具有中级职称教师的比例下降了0.82个百分点，该比例共下降了2.09%，降低到2016年的39.87%，降幅大于全国均值的省份有18个，降幅大于20%的有3个，大于10%的有9个，大于5%的有15个，在1%—5%之间的有4个，有12个省份的中级职称教师比例未有下降，其中西藏增幅最大，达43.63%。这10年间校本部专任教师中具有中级职称教师比例高于各年全国均值的省份数从2007—2016年的变化趋势为15↘11↘10↗12↘10↗11→11→11↗13↘12，即截至2016年仍有12个省份的校本部专任教师中具有中级职称教师比例要高于全国平均水平。

（二）2007—2016年全国中等职业学校校本部专任教师中具有中级职称教师比例的极值与位次变化分析

1. 中等职业学校校本部专任教师中具有中级职称教师比例的极值分析

由表4-10排序可知，全国中等职业学校校本部专任教师中具有中级职称教师比例2016年最大5省份为上海50.92%、吉林45.33%、湖北44.84%、广东44.56%、河北44.11%，最小5省份为江西33.93%、新疆33.91%、贵州30.81%、海南30.01%、宁夏27.85%，大于50%的省份有1个，大于40%的省份有12个，在35%—40%之间的有11个，小于35%的有8个，小于28%的有1个。

这10年间全国中等职业学校校本部专任教师中具有中级职称教师比例增加幅度最大的5个省份为西藏43.63%、辽宁10.09%、天津9.96%、山东9.76%、陕西9.60%，增幅最小（降幅最大)的5个省份为福建-15.36%、云南-18.13%、贵州-22.55%、新疆-27.76%、宁夏-31.66%。这10年间,上海、湖北、湖南、吉林、广东、河北、新疆是校本部专任教师中具有中级职称教师比例较大的省份,四川、重庆、山西、贵州、辽宁、西藏、宁夏、海南是校本部专任教师中具有中级职称教师比例较小的省份,其中海南有6年始终为最小(4年第二小),上海始终为最大。

由表4-10可知,中等职业学校校本部专任教师中具有中级职称教师比例的极大值从2007年的53.62%下降到2016年的50.92%,减少了5.04%,极小值从25.05%增加到27.85%,增加了11.18%,极差从28.57%下降到23.07%,下降了19.25%,极差率从2.14下降到1.83,下降了14.49%,即极大值与极小值的绝对差距与相对差距都在减小。

2. 中等职业学校校本部专任教师中具有中级职称教师比例的位次变化分析

这10年间全国中等职业学校校本部专任教师中具有中级职称教师比例的排名位次没有变化的为上海、海南,分别位居第1位、第30位,排名位次后移的省份有15个,后移大于等于5位的有10个,广西后移了5位,四川、黑龙江均后移了6位,江西、青海均后移了9位,福建、贵州均后移了10位,云南从2007年的第10位后移到了2016年的第25位,后移了15位,宁夏从第15位后移到了第31位,后移了16位,新疆从第4位后移到了第28位,后移了24位,后移的位次越多说明这些省份中等职业学校校本部专任教师中具有中级职称教师比例排名跌落越厉害。有14个省份的位次在前移,前移大于等于4位的省份有12个,其中河北、山西、浙江均前移了4位,吉林、西藏分别前移了5、8位,安徽、河南均前移了11位,江苏前移了13位,天津从2007年的第23位前移到了

2016 年的第 9 位,前移了 14 位,辽宁从第 29 位前移到了第 15 位,前移了 14 位,山东从第 27 位前移到了第 12 位,前移了 15 位,陕西从第 26 位前移到了第 11 位,前移了 15 位,前移的位次越多说明这些省份中等职业学校校本部专任教师中具有中级职称教师比例排名升得越快。

（三）2007—2016 年全国中等职业学校校本部专任教师中具有中级职称教师比例的地区差异分析

由表 4-10 的相关数据可作出图 4-9,图 4-9 反映了全国中等职业学校校本部专任教师中具有中级职称教师比例的地区差异情况。由图 4-9 可知,京津沪三市校本部专任教师中具有中级职称教师比例始终是最大的、且远远高出其他地区较大区间,其次是中部八省(2016 年第二高为东部地区),再次是东部八省(2008 年前第三高为西部地区,之后为东部地区),西部十二省(区、市)除前两年外始终是最低;即,全国中等职业学校校本部专任教师中具有中级职称教师比例从京津沪、中部、东部、西部呈递减趋势,也就是东西低中高、京津沪明显高于其他地区。如中等职业学校校本部专任教师中具有中级职称教师比例京津沪三市 2007 年为 44.22%、东部八省为 40.06%,相差 4.16 个百分点;京津沪三市 2016 年为 44.48%、西部十二省(区、市)为 36.31%,相差 8.17 个百分点,差距比较悬殊,该比例京津沪、东中部比较稳定,西部在下降。

由表 4-10 可知,反映全国中等职业学校校本部专任教师中具有中级职称教师比例各省份与全国均值的离差情况的标准差在 2007—2016 年的变化趋势是 5.09%↘5.00%↘4.53%↗4.59%↘4.49%↘4.41%↗4.76%↗4.82%↗4.84%↘4.83%,这 10 年间有升有降,累计下降了 5.11%,下降到 2016 年的 4.83%。反映各省

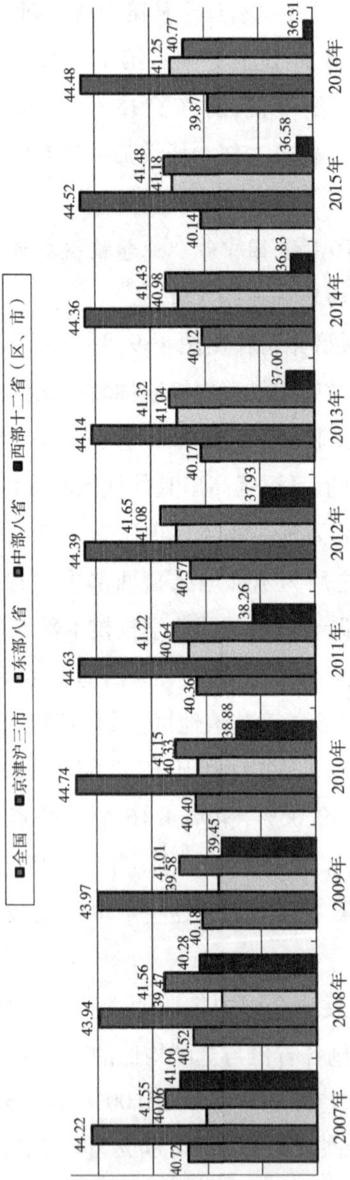

图 4–9　中等职业学校校本部专任教师中级职称教师比例地区差异图（单位：%）

注：每组柱状从左到右分别代表全国、京津沪三市、东部八省、中部八省、西部十二省（区、市）的统计数据。

份与全国均值间的差异情况的变异系数在2007—2016年的变化趋势是0.125↘0.123↘0.113↗0.114↘0.111↘0.109↗0.119↗0.120↗0.121→0.121，即这10年间全国中等职业学校校本部专任教师中具有中级职称教师比例各省份与全国均值的差异有所减小，共减小了3.20%，减小到2016年的0.121，差异较小。

第五节 小 结

第一，中等职业学校专任教师仍然比较稀缺，好多地方还存在不少缺编情况，解决缺编的一种治标的办法就是聘请校外教师。这十年间全国中等职业学校的专任教师中还存在13%左右的外聘教师，十年间该比例仅下降了2.93%，各省在增加中职教师编制解决专任教师数量不足上还有很大的努力空间。青海、贵州、新疆、宁夏、云南是最大五省份，内蒙古、山东、河北、甘肃、吉林是最小五省份。外聘教师占总专任教师的比例西部十二省（区、市）>（表示“大于”，下同）京津沪三市>中部八省>东部八省，省份间的差异相当大，呈逐年增加趋势。

第二，全国中等职业学校校本部女专任教师从2007年的47.86%增加到2016年的52.81%，超过校本部专任教师的一半，撑起中职学校的半边天。各省份间差异程度较小，且呈下降趋势。全国中等职业学校每百名学生拥有校本部研究生学历专任教师从2007年的0.09人逐年增加到2016年的0.36人，各省份间的差异程度相当大，最大值与最小值的绝对差距与相对差距都在增大。每百名学生拥有校本部高级职称专任教师从2007年的0.77人逐年增加到2016年的1.26人，各省份间差异程度还是相当大的，最大值与最小值的绝对差距在增加，但相对差距在缩小。

第三，主要是由于中职学生在2010年后下降幅度大于教师的下降幅度，故导致中等职业学校校本部专任教师生师比较快下降到2016年的19.84，但仍处于较高水平。

这10年间，广西、宁夏、贵州、西藏、青海、安徽、海南、福建是校本部专任教师生师比较大的省份，上海、北京、辽宁、黑龙江、内蒙古、天津、吉林是校本部专任教师生师比较小的省份。这10年间全国中等职业学校校本部专任教师生师比的排名位次后移的省份有14个、前移的有15个，湖北、上海、西藏等在增加校本部专任教师编制与数量上的工作努力成效显著，而天津、云南、广西等则在增加校本部专任教师编制与数量上努力不足从而迅速地增加了校本部专任教师生师比。

全国中等职业学校校本部专任教师生师比西部十二省（区、市）始终是最大的、且高出其他地区较大区间，其次是中部八省的，再次是东部八省的，京津沪三市始终是最低的，且与其他地区的差距明显，呈现出从西部、中部、东部、京津沪自西向东呈梯度递减趋势，即西弱东强、京津沪远远甩开其他地区，中部与全国均值差距不大。各省间的差异程度有所上升，差异水平不是很大。

第四，中等职业学校校本部专任教师中具有研究生学历教师的比例及学历达标率都比较低，基本逐年增加至截至2016年分别为7.16%、90.83%，这10年间的研究生教师比例的增长两倍多，学历达标率增加了不到两成。全国中等职业学校校本部专任教师中具有研究生学历教师比例从京津沪、东部、中部、西部自东向西呈梯度递减趋势，也就是东强西弱、京津沪远远高于其他地区，各省份间的差异程度较大；全国中等职业学校校本部专任教师学历达标率也是从京津沪、东部、中部、西部自东向西呈梯度递减趋势，也就是东强西弱、京津沪最高，各省份间的差异程度很小，且基本呈逐年下降趋势。

这10年间,上海、江苏、北京、天津、广东、广西是校本部专任教师中具有研究生学历教师比例较大的省份,黑龙江、四川、安徽、海南、青海是校本部专任教师中具有研究生学历教师比例较小的省份,其中青海有8年始终为最小,上海有9年始终为最大。这10年间全国中等职业学校校本部专任教师中具有研究生学历教师比例的排名位次后移的省份有14个、前移的有14个,河北、青海、湖南、海南、吉林、湖北、甘肃等的研究生学历教师比例从排名较靠前迅速跌落到较靠后,重庆、浙江、内蒙古、江苏、河南、广西、西藏等的研究生学历教师比例从排名较靠后迅速爬升到较靠前。

这10年间,上海、江苏、浙江、北京、天津始终是校本部专任教师学历达标率最大五省份,陕西、贵州、江西、四川、青海是校本部专任教师学历达标率较小的省份,其中青海这10年始终为最小,上海前6年、江苏后4年始终为最大。这10年间全国中等职业学校校本部专任教师学历达标率的排名位次后移的省份有14个、前移的有12个,新疆、吉林、海南、云南、贵州等的专任教师学历达标率从排名较靠前迅速跌落到较靠后,而西藏、黑龙江、广西、甘肃、重庆等的专任教师学历达标率从排名较靠后迅速爬升到较靠前。

第五,中等职业学校专任教师中具有高级职称教师的比例逐年增加至2016年的25.06%,中级职称教师比例这10年间基本稳定在四成上下。全国中等职业学校校本部专任教师中具有高级职称教师比例从京津沪、东部、中部、西部自东向西呈梯度递减趋势,也就是东强西弱、京津沪远远高于其他地区,各省份间的差异程度不是很大,且呈逐年下降趋势;全国中等职业学校校本部专任教师中具有中级职称教师比例从京津沪、中部、东部、西部呈递减趋势,也就是东西部低中部高,京津沪明显高于其他地区,各省份间的差异程度较小,且有所下降。

这10年间,天津、辽宁、黑龙江、吉林、青海、内蒙古是校本部专任教师中具有高级职称教师比例较大的省份,广西、广东、海南、山西、贵州、西藏是校本部专任教师中具有高级职称教师比例较小的省份,其中西藏这10年始终为最小,天津有9年始终为最大。这10年间全国中等职业学校校本部专任教师中具有高级职称教师比例的排名位次后移的省份有16个、前移的有13个,宁夏、贵州、新疆、海南等的高级职称教师比例从排名较靠前迅速跌落到较靠后,而江苏、浙江、云南、内蒙古等的高级职称教师比例从排名较靠后迅速爬升到较靠前。

这10年间,上海、湖北、湖南、吉林、广东、河北、新疆是校本部专任教师中具有中级职称教师比例较大的省份,四川、重庆、山西、贵州、辽宁、西藏、宁夏、海南是校本部专任教师中具有中级职称教师比例较小的省份,其中海南有6年始终为最小(4年第二小),上海始终为最大。这10年间全国中等职业学校校本部专任教师中具有中级职称教师比例的排名位次后移的省份有15个、前移的有14个,新疆、宁夏、云南、福建、贵州、江西、青海等的中级职称教师比例从排名较靠前迅速跌落到较靠后,而陕西、山东、辽宁、天津、江苏、安徽、河南、西藏等的中级职称教师比例从排名较靠后迅速爬升到较靠前。

第六,总体来看,在每个教师能服务的最少学生数(生师比虽最小却最有利于教育教学质量提高)、教师职称及学历构成上京津沪三市都远高于其他地区,基本上呈现出从京津沪、东部、中部、西部自东向西梯度递减的态势(除中级职称教师比例中部大于东部外)。就全国中等职业学校校本部专任教师配置的各指标的各省间差异程度而言,每百名学生拥有研究生学历教师数的差异

(差异系数在0.7上下)大于每百名学生拥有高级职称教师数的差异(差异系数在0.6上下),其次是具有研究生学历教师比例的差异(差异系数在0.5上下),然后是外聘专任教师占总专任教师比例的差异(差异系数也在0.5上下),它们的差异程度都比较大;再其次是校本部专任教师生师比的差异(差异系数在0.3上下),再然后是具有高级职称教师比例的差异(差异系数在0.3上下),它们的差异程度不是很大;之后才是女专任教师比例的差异(差异系数在0.15上下),再之后是具有中级职称教师比例的差异(差异系数在0.12上下),最后才是校本部专任教师学历达标率的差异(差异系数在0.05上下),它们的差异程度非常小。

第五章　普通高中教师资源地区差异分析

通过对2007—2016年这十年间的普通高中专任教师的各相关原始数据计算统计，分析了全国普通高中专任教师在各指标上的地区间配置差异情况，分析发现专任教师生师比呈逐年下降趋势，女教师比例、每百名学生拥有研究生学历及高级职称教师数、高级职称教师比例、研究生学历教师比例及学历达标率均呈逐年增加趋势。就总体而言，在每个教师能服务的最少学生数、教师职称及学历构成上京津沪三市都明显高于其他地区，基本上呈现出从京津沪、东部、中部、西部自东向西梯度递减的态势。就差异水平而言，每百名学生拥有研究生学历专任教师数的差异水平非常大、研究生学历专任教师比例的差异水平相当大、每百名学生拥有高级职称专任教师数的差异水平较大、高级职称专任教师比例的差异水平不大、女专任教师比例的差异水平较小、专任教师生师比的差异水平较低、中级职称教师比例的差异水平较小、学历达标率的差异水平相当低。

第一节　引　　言

一、普通高中教师资源地区差异的研究回顾

关于对普通高中教师资源配置差异的研究，目前主要集中在

教师的数量、编制是否充足，学科结构是否合理，以及教师的性别、年龄、学历及职称构成等。如研究基于广西28个县（市、区）的调查发现，广西普通高中教师编制结构不均衡，学科教师结构不均衡，教师主要集中在语文、数学、英语等主要学科，而地理、生物、历史、美术、音乐等学科教师普遍不足；年龄结构不合理，部分县区教师结构老年化现象严重，平均年龄达到了40岁以上，性别结构不合理，女性教师数量大于男性教师数量①。就是在发达城市也存在学科结构不平衡、数量缺编、配置不均衡等情况。如对广州市的调查发现，广州市普通高中教师不仅整体缺编，还存在结构性缺编问题，小科目教师缺编尤为突出，学历层次不够高，教师资源在区域间、公民办间配置欠均衡，教师年龄、性别结构有待优化等问题②。

以上问题在农村地区表现更为突出，目前农村高中普遍存在教师编制不足，负担重，压力大，学科结构不合理，教师流失严重，教师配置明显不如城市等情况③。如在2003年甘肃县属农村普通高中教师学历合格率远远低于全省平均水平，仅有35.8%，比县属城区低近35个百分点，比市地州属普通高中低近55个百分点；有的县属农村高中甚至无一名音乐、美术、计算机教师；普通高中教师在数量、质量上都存在明显的城乡差异，队伍不稳定等问题突出④。

① 黄云振、潘健、黄春秀：《普通高中教师资源配置机制优化路径研究》，《基础教育研究》2017年第17期。

② 郭海清、查吉德：《广州市普通高中教师队伍发展报告（2011—2015）》，《教育导刊》2017年第9期。

③ 孙传才、刘荣举：《农村高中教师队伍现状及对策》，《巢湖日报》2007年12月6日。

④ 李小红、王璞：《西部贫困地区普通高中教师资源配置调查与分析》，《现代教育科学》2005年第1期。

就教师资源配置在地区间的差异而言，有研究发现，在2003—2006年我国普通高中的教师资源在各地区间的相对差距在生师比上呈增大趋势，专任教师学历达标率呈减小趋势，专任教师中中学一级以上职称教师比例、高级及以上职称教师比例呈逐年减小趋势，但减幅并不大，且上述三种比例在各地的相对差距都比较大①。就普通高中与中职学校的差距而言，有研究发现，在2010—2014年普通高中在专任教师占教职工比重、专任教师的年龄结构和女性教师的职称结构弱于中职学校，在校均规模、生师比、专任教师学历达标率、高级职称专任教师比例以及女性专任教师的学历结构等方面要高出中职学校一定差距②。就高中教师队伍建设的投入保障而言，有研究预测发现，我国“十二五”期间高中阶段教师队伍建设公共经费需求将达到9634亿元，占公共教育总投入的8.4%，远低于高中阶段专任教师占全国专任教师16.98%的比例③。

二、本章研究内容

本章将对2007—2016年这十年间普通高中专任教师在性别构成、学历与职称构成，生师比以及每百名学生拥有的高级职称及高学历教师数在各省份及地区间的差异变化进行分析，具体差异指标有极差、极差率、标准差、变异系数。

---

① 沈有禄、谯欣怡:《全国分地区普通高中教师资源配置差异分析》,《现代教育管理》2009年第11期。

② 吴长汉、曹晔:《中等职业学校与普通高中教师队伍比较分析》,《职业技术教育》2017年第17期。

③ 孙百才:《高中阶段教师队伍建设公共经费需求预测——基于实现教育投入占GDP4%目标的背景》,《中国教育学刊》2012年第12期。

第二节　2007—2016年普通高中教师数量总量差异分析

一、2007—2016年普通高中教师总量及其性别构成差异分析

（一）2007—2016年全国普通高中学校数、在校生数及教师数量变化情况

表5-1显示了2007—2016年这十年间全国普通高中教师数、学生数、学校数的变化情况。

由表5-1可知，全国普通高中从2007年的15681所减少到2016年的13383所，十年减少了14.65%；普通高中在校生从2007年的25224008人下降到2016年的23666465人，十年共减少了6.17%；普通高中教职工从2007年的5809700人，逐年增加到2010年的5859300人，之后到2011年有较大幅度的下降（统计年鉴中的数据显示确实如此，数据急剧跳跃性的变化是因为年鉴在2010年及以前错误地将普通中职教职工数与普通高中教职工数统计在一起），骤然下降至2427400人，之后又逐年增加到2016年的2591900人，十年共减少了55.39%；普通高中的专任教师从2007年的1443104人，逐年增加到2016年的1733459人，共增加了20.12%。校均专任教师从2007年的92人逐年增加至2016年的130人，十年共增加了40.75%。

全国普通高中以教职工数计算的教职工生师比从2007年的4.34逐年下降到2010年的4.14，2011年跳跃性地增加至10.11，之后逐年下降到2016年的9.13，十年共增加了110.31%（基于统计年鉴中的原始数据计算的结果确实如此）；以专任教师数计算

表 5-1　2007—2016 年全国普通高中学校数、学生数、教师数变化情况表

年份	2007	2008	2009	2010	2011	2012	2013	2014	2015	2016	2016 比 2007 增加
学校数	15681	15206	14607	14058	13688	13509	13352	13253	13240	13383	-14. 65
在校学生数	25224008	24762842	24342783	24273351	24548227	24671712	24358817	24004723	23743992	23666465	-6. 17
教职工数	5809700	5815700	5845400	5859300	2427400	2462600	2473600	2509400	2543200	2591900	-55. 39
专任教师数	1443104	1475533	1493313	1518194	1556829	1595035	1629008	1662700	1695354	1733459	20. 12
校均教职工数	370	382	400	417	177	182	185	189	192	194	-47. 73
校均专任教师数	92	97	102	108	114	118	122	125	128	130	40. 75
教职工生师比	4. 34	4. 26	4. 16	4. 14	10. 11	10. 02	9. 85	9. 57	9. 34	9. 13	110. 31
专任教师生师比	17. 48	16. 78	16. 30	15. 99	15. 77	15. 47	14. 95	14. 44	14. 01	13. 65	-21. 89

注：表中学校数单位为“所”，学生数、教师数单位为“人”，2016 年比 2007 年增加单位为“%”，生师比无单位。

资料来源：根据 2007—2016 年《中国教育统计年鉴》中的原始数据计算整理得出。

的普通高中专任教师生师比从2007年的17.48逐年下降到2016年的13.65,十年共下降了21.89%。因全国普通高中专任教师数逐年增加,而在校生数却基本呈逐年下降趋势,故专任教师生师比呈逐年下降趋势。

(二)2007—2016年全国普通高中女专任教师比例差异变化情况

全国普通高中女专任教师从2007年的651604人,占总专任教师1443104人的45.15%,增加到2016年的903797人,占总专任教师1733459人的52.14%,十年间普通高中女专任教师的比例增加了15.48%。其具体差异变化情况如表5-2所示。

由表5-2可知,这十年间全国普通高中女专任教师比例从四成五逐年稳步增加到2016年的52.14%,该比例累计增加了15.48%,其差异程度(变异系数)从2007年的0.233逐年稳步下降到2016年的0.177,即各省份间的差异较小,最大值与最小值的绝对差距与相对差距都有所缩小。普通高中女专任教师比例2007年最大为北京69.88%,最小为安徽31.44%,2016年最大仍为北京71.78%,最小仍为安徽39.04%。普通高中女专任教师比例始终是京津沪三市最高(在65.67%—69.30%之间),其次是东部八省(在48.01%—54.65%之间)、高于全国均值,再次是西部十二省(区、市)(在42.14%—50.20%之间),中部八省始终为最低地区(在41.76%—49.10%之间)。即全国普通高中女专任教师比例呈现出从京津沪、东部、西部、中部梯度递减的趋势,且京津沪明显高于其他地区,各地均呈逐年增加趋势,西部十二省(区、市)增速最快,中部八省次之,京津沪最低。

全国普通高中女专任教师比例2016年高于全国均值的省份有17个,大于50%的省份有21个,其中大于60%的有10个,大于

表 5-2　2007—2016 年全国普通高中专任教师中女教师比例差异变化情况表

年份	2007		2008	2009	2010	2011	2012	2013	2014	2015	2016		2016 比 2007 增加	
	比例	排名	比例	比例	比例	比例	比例	比例	比例	比例	比例	排名	增加比例	排名
高于全国均值省份数	14		13	13	13	13	14	15	15	16	17		18	
全国	45. 15		46. 08	46. 87	47. 66	48. 36	49. 05	49. 84	50. 61	51. 35	52. 14		15. 48	
北京	69. 88	1	70. 63	70. 69	70. 35	70. 07	70. 36	70. 59	70. 65	71. 35	71. 78	1	2. 72	0
天津	66. 52	2	67. 11	67. 31	67. 63	67. 67	67. 97	68. 29	68. 69	69. 75	69. 80	2	4. 93	0
河北	58. 03	7	58. 72	59. 47	60. 23	60. 82	61. 06	61. 90	62. 55	63. 27	64. 13	7	10. 51	0
山西	54. 46	8	55. 34	56. 37	57. 27	58. 32	59. 45	59. 90	60. 85	61. 47	61. 98	8	13. 81	0
内蒙古	54. 02	9	54. 93	55. 83	56. 55	56. 56	57. 45	58. 04	58. 86	59. 41	60. 22	10	11. 48	1
辽宁	63. 58	3	64. 19	64. 79	65. 47	65. 80	66. 29	66. 51	67. 06	67. 66	68. 05	3	7. 03	0
吉林	59. 87	5	60. 52	61. 06	61. 81	62. 24	62. 32	63. 21	64. 05	64. 50	64. 90	5	8. 40	0
黑龙江	59. 79	6	60. 39	60. 73	61. 15	61. 70	62. 22	62. 93	63. 18	63. 55	64. 26	6	7. 48	0
上海	60. 17	4	61. 38	62. 81	63. 48	63. 66	64. 08	64. 55	64. 81	65. 51	65. 88	4	9. 49	0
江苏	43. 41	18	44. 51	45. 40	46. 01	46. 48	47. 01	47. 40	47. 80	48. 19	48. 61	22	11. 98	4
浙江	46. 75	11	47. 39	48. 09	48. 72	49. 55	49. 92	50. 45	50. 88	51. 53	52. 26	16	11. 79	5

续表

年份	2007		2008	2009	2010	2011	2012	2013	2014	2015	2016		2016 比 2007 增加	
	比例	排名	比例	比例	比例	比例	比例	比例	比例	比例	比例	排名	增加比例	排名
安徽	31.44	31	32.83	33.78	34.55	35.28	36.32	37.11	37.75	38.31	39.04	31	24.17	0
福建	41.76	21	42.84	43.95	44.73	45.41	45.79	46.04	46.78	47.40	47.92	24	14.75	3
江西	33.21	29	33.91	34.33	34.65	35.73	36.41	37.49	38.29	39.29	41.58	28	25.20	-1
山东	45.28	14	46.00	46.77	47.41	48.15	48.72	49.53	50.37	51.13	52.00	18	14.84	4
河南	43.75	16	45.35	45.40	46.49	46.95	47.73	48.79	49.92	50.77	52.22	17	19.36	1
湖北	34.20	28	34.75	35.40	36.04	36.87	37.35	37.75	38.39	39.22	39.74	30	16.20	2
湖南	36.37	27	37.16	37.48	37.99	38.43	38.72	39.99	40.65	41.68	42.57	27	17.05	0
广东	45.65	12	46.94	47.81	49.17	49.95	51.11	52.33	52.91	53.45	54.02	12	18.34	0
广西	43.67	17	44.68	45.76	46.81	47.66	49.08	50.48	51.41	52.63	53.92	13	23.47	-4
海南	41.62	22	43.60	44.44	46.93	47.71	49.05	50.61	51.95	52.95	54.18	11	30.18	-11
重庆	39.15	24	40.25	41.65	42.84	44.40	45.30	46.28	47.07	47.69	48.10	23	22.86	-1
四川	38.12	25	39.04	39.68	40.63	41.50	42.31	43.29	44.39	45.11	45.83	25	20.23	0
贵州	36.74	26	37.25	37.58	38.15	39.16	40.48	42.30	43.68	44.82	45.53	26	23.92	0
云南	42.60	19	43.66	44.72	45.41	46.29	47.06	47.79	48.74	49.55	50.40	21	18.31	2

续表

年份	2007		2008	2009	2010	2011	2012	2013	2014	2015	2016		2016 比 2007 增加	
	比例	排名	比例	比例	比例	比例	比例	比例	比例	比例	比例	排名	增加比例	排名
西藏	39. 81	23	41. 44	43. 22	43. 68	44. 29	44. 67	47. 30	48. 58	49. 93	50. 99	20	28. 08	-3
陕西	45. 62	13	46. 93	47. 85	48. 63	49. 57	50. 37	51. 01	51. 69	52. 53	53. 19	14	16. 59	1
甘肃	31. 91	30	33. 05	33. 75	34. 74	35. 89	36. 89	37. 94	38. 76	39. 67	40. 43	29	26. 70	-1
青海	44. 31	15	44. 54	46. 05	46. 74	47. 04	47. 23	48. 46	49. 54	50. 37	51. 19	19	15. 53	4
宁夏	41. 92	20	42. 79	45. 10	46. 12	46. 98	48. 43	49. 18	50. 19	51. 89	52. 80	15	25. 95	-5
新疆	52. 55	10	53. 17	54. 39	55. 34	56. 16	57. 06	58. 37	59. 73	60. 83	61. 35	9	16. 75	-1
标准差	10. 52		10. 41	10. 32	10. 20	9. 96	9. 82	9. 62	9. 49	9. 42	9. 25		-12. 07	
变异系数	0. 233		0. 226	0. 220	0. 214	0. 206	0. 200	0. 193	0. 187	0. 184	0. 177		-24. 03	
极大值	69. 88		70. 63	70. 69	70. 35	70. 07	70. 36	70. 59	70. 65	71. 35	71. 78		2. 72	
极小值	31. 44		32. 83	33. 75	34. 55	35. 28	36. 32	37. 11	37. 75	38. 31	39. 04		24. 17	
极差	38. 43		37. 80	36. 94	35. 80	34. 79	34. 04	33. 48	32. 90	33. 04	32. 74		-14. 81	
极差率	2. 22		2. 15	2. 09	2. 04	1. 99	1. 94	1. 90	1. 87	1. 86	1. 84		-17. 12	
京津沪三市	65. 67		66. 56	67. 13	67. 32	67. 33	67. 68	68. 02	68. 24	69. 03	69. 30		5. 53	

续表

年份	2007		2008	2009	2010	2011	2012	2013	2014	2015	2016		2016 比 2007 增加	
	比例	排名	比例	比例	比例	比例	比例	比例	比例	比例	比例	排名	增加比例	排名
东部八省	48.01		48.92	49.75	50.64	51.29	51.92	52.64	53.29	53.95	54.65		13.83	
中部八省	41.76		42.84	43.48	44.24	44.96	45.70	46.52	47.35	48.10	49.10		17.58	
西部十二省(区、市)	42.14		43.11	44.06	44.88	45.70	46.56	47.57	48.54	49.42	50.20		19.13	

注:表格中除变异系数及极差率无单位外,其他数据单位均为“%”。

资料来源:根据 2007—2016 年《中国教育统计年鉴》中普通高中专任教师数及女性专任教师数原始数据计算整理而得。

65%的有北京 71.78%、天津 69.80%、辽宁 68.05%、上海 65.88%，在 60%—65%之间的有吉林、黑龙江、河北、山西、新疆、内蒙古六个省份；低于 50%的省份有 10 个、低于 40%的有 2 个，其中小于 45%的有湖南 42.57%、江西 41.58%、甘肃 40.43%、湖北 39.74%、安徽 39.04%。这十年间北京、天津、辽宁、上海、吉林始终是全国普通高中女专任教师比例最高的省份，分别位居第 1、2、3、4、5 位，而湖南、安徽分别始终是普通高中女专任教师比例倒数第 5 位和倒数第 1 位（甘肃 2009 年倒数第 1）的省份，湖北、江西、甘肃则始终在倒数第 4 至倒数第 2 位（安徽 2009 年倒数第 2）之间。

这 10 年间普通高中女专任教师比例增加幅度高于全国均值的省份有 18 个，增幅最大的 5 个省份为海南 30.18%、西藏 28.08%、甘肃 26.70%、宁夏 25.95%、江西 25.20%，增幅超过 20%的省份有 10 个，超过 20%的省份有 9 个，超过 15%的有 18 个；增幅低于 10%的有 6 个，增幅最小的 5 个省份为吉林 8.40%、黑龙江 7.48%、辽宁 7.03%、天津 4.93%、北京 2.72%。这 10 年间普通高中女专任教师比例高于各年全国均值的省份数量从 2007—2016 年的变化趋势为 14↘13→13→13→13↗14↗15→15↗16↗17，即截至 2016 年仍有 17 个省份的女专任教师比例要高于全国平均水平。

这 10 年间普通高中女专任教师比例的排名（按从大到小排序）位次没有变化的省份为北京（第 1 位）、天津（第 2 位）、辽宁（第 3 位）、上海（第 4 位）、吉林（第 5 位）、黑龙江（第 6 位）、河北（第 7 位）、山西（第 8 位）、广东（第 12 位）、四川（第 25 位）、贵州（第 26 位）、湖南（第 27 位）、安徽（第 31 位）；排名位次后移的省份有 10 个，后移大于等于 3 位的有 5 个，江苏、山东、青海均后移了 4 位，江苏从 2007 年的第 18 位后移到了 2016 年的第 22 位，后移了 4 位，山东从第 14 位后移到了第 18 位，后移了 4 位，青海从第 15 位后移到了第 19 位，后移了 4 位，浙江从第 11 位后移到了第 16 位，后移了 5 位，后移的位次越多说明这些省份在女专任教师比例相对位置下降越明显。有 8 个省份的位次在前移，前移大于等于 3 位的省份有 4 个，其中西藏从 2007 年的第 23 位前移到了 2016 年的第 20 位，前移了 3 位，广西从第 17 位前移到了第 13 位，前移了 4 位，宁夏从第 20 位前移到了第 15 位，前移了 5 位，海南从第 22 位前移到了第 11 位，前移了 11 位，前移的位次越多说明这些省份在女专任教师比例相对位置上升越明显。

二、2007—2016 年普通高中每百名学生拥有高学历、高职称专任教师数量差异分析

（一）2007—2016 年全国普通高中每百名学生拥有研究生学历专任教师人数差异变化情况

全国普通高中专任教师中具有研究生学历（硕士及以上）教师从 2007 年的 25547 人，占总专任教师 1443104 人的 1.77%，增加到 2016 年的 137689 人，占总专任教师 1733459 人的 7.94%，绝对人数比 2007 年增加了 438.96%。普通高中每百名学生拥有研究生学历专任教师数的差异变化情况如表 5-3 所示。

由表 5-3 可知，全国普通高中每百名学生拥有研究生学历专任教师数从 2007 年的 0.10 人，逐年增加到 2016 年的 0.58 人，累计增加了 480.00%，其差异（变异）系数从 2007 年的 1.221 下降到 2016 年的 1.109，这十年间始终大于 1，可见其各省份间的差异程度非常大，最大值与最小值的绝对差距在增加，但其相对差距却在减小。每百名学生拥有研究生学历专任教师数是京津沪三市远高于东部八省（3.17—4.70 倍之间），东部八省高于全国均值，全国

表 5-3　2007—2016 年全国普通高中每百名学生拥有研究生学历专任教师数差异变化情况表

年份	2007		2008	2009	2010	2011	2012	2013	2014	2015	2016		2016 比 2007 增加	
	人数	排名	人数	人数	人数	人数	人数	人数	人数	人数	人数	排名	增加比例	排名
高于全国均值省份数	11		14	12	12	13	13	13	13	12	12		15	
全国	0. 10		0. 13	0. 17	0. 23	0. 27	0. 32	0. 38	0. 44	0. 51	0. 58		480. 00	
北京	0. 63	1	0. 81	1. 05	1. 24	1. 51	1. 76	2. 13	2. 50	2. 96	3. 35	1	431. 75	0
天津	0. 33	3	0. 39	0. 53	0. 60	0. 66	0. 80	1. 05	1. 22	1. 43	1. 57	3	375. 76	0
河北	0. 06	24	0. 08	0. 11	0. 16	0. 21	0. 27	0. 36	0. 44	0. 47	0. 52	14	766. 67	−10
山西	0. 08	17	0. 10	0. 14	0. 19	0. 26	0. 35	0. 45	0. 52	0. 60	0. 72	8	800. 00	−9
内蒙古	0. 10	12	0. 10	0. 16	0. 23	0. 29	0. 39	0. 49	0. 58	0. 70	0. 83	5	730. 00	−7
辽宁	0. 08	18	0. 14	0. 19	0. 31	0. 32	0. 42	0. 52	0. 60	0. 70	0. 78	6	875. 00	−12
吉林	0. 21	4	0. 23	0. 27	0. 29	0. 38	0. 41	0. 45	0. 54	0. 57	0. 63	12	200. 00	8
黑龙江	0. 06	25	0. 09	0. 13	0. 17	0. 23	0. 29	0. 36	0. 43	0. 47	0. 49	15	716. 67	−10
上海	0. 42	2	0. 56	0. 70	0. 82	0. 94	1. 12	1. 35	1. 62	1. 92	2. 20	2	423. 81	0
江苏	0. 12	8	0. 19	0. 29	0. 40	0. 51	0. 64	0. 80	0. 93	1. 15	1. 42	4	1083. 33	−4
浙江	0. 13	6	0. 19	0. 22	0. 28	0. 35	0. 43	0. 52	0. 60	0. 68	0. 77	7	492. 31	1

续表

年份	2007		2008	2009	2010	2011	2012	2013	2014	2015	2016		2016 比 2007 增加	
	人数	排名	人数	人数	人数	人数	人数	人数	人数	人数	人数	排名	增加比例	排名
安徽	0.05	27	0.07	0.12	0.18	0.19	0.21	0.27	0.31	0.37	0.44	18	780.00	-9
福建	0.09	13	0.14	0.16	0.21	0.22	0.26	0.30	0.34	0.40	0.43	20	377.78	7
江西	0.12	9	0.14	0.17	0.21	0.24	0.28	0.30	0.34	0.40	0.41	21	241.67	12
山东	0.09	14	0.09	0.13	0.19	0.25	0.31	0.40	0.49	0.57	0.71	10	688.89	-4
河南	0.11	10	0.13	0.17	0.24	0.29	0.33	0.36	0.41	0.45	0.48	16	336.36	6
湖北	0.09	15	0.14	0.18	0.24	0.32	0.35	0.41	0.45	0.51	0.54	13	500.00	-2
湖南	0.05	28	0.06	0.08	0.10	0.13	0.17	0.21	0.22	0.27	0.32	27	540.00	-1
广东	0.14	5	0.19	0.25	0.31	0.35	0.40	0.44	0.51	0.62	0.72	9	414.29	4
广西	0.11	11	0.14	0.18	0.21	0.25	0.29	0.30	0.34	0.35	0.37	25	236.36	14
海南	0.06	26	0.11	0.10	0.12	0.13	0.19	0.21	0.27	0.34	0.40	24	566.67	-2
重庆	0.05	29	0.06	0.09	0.12	0.17	0.23	0.27	0.31	0.36	0.41	22	720.00	-7
四川	0.07	21	0.06	0.07	0.10	0.12	0.14	0.19	0.23	0.28	0.32	28	357.14	7
贵州	0.03	31	0.04	0.04	0.06	0.08	0.09	0.13	0.14	0.18	0.21	31	600.00	0
云南	0.07	22	0.10	0.12	0.14	0.15	0.17	0.19	0.21	0.25	0.27	29	285.71	7

续表

年份	2007		2008	2009	2010	2011	2012	2013	2014	2015	2016		2016 比 2007 增加	
	人数	排名	人数	人数	人数	人数	人数	人数	人数	人数	人数	排名	增加比例	排名
西藏	0.08	19	0.12	0.16	0.21	0.25	0.29	0.35	0.36	0.38	0.44	19	450.00	0
陕西	0.13	7	0.19	0.20	0.26	0.30	0.36	0.42	0.47	0.59	0.69	11	430.77	4
甘肃	0.05	30	0.06	0.08	0.11	0.14	0.18	0.24	0.31	0.37	0.45	17	800.00	-13
青海	0.09	16	0.10	0.15	0.16	0.21	0.21	0.21	0.23	0.28	0.36	26	300.00	10
宁夏	0.08	20	0.16	0.22	0.34	0.29	0.25	0.27	0.26	0.32	0.41	23	412.50	3
新疆	0.07	23	0.07	0.08	0.09	0.12	0.14	0.16	0.18	0.21	0.24	30	242.86	7
标准差	0.12		0.16	0.20	0.24	0.28	0.33	0.40	0.48	0.57	0.65		441.67	
变异系数	1.221		1.205	1.181	1.039	1.023	1.014	1.053	1.084	1.110	1.109		-9.17	
极大值	0.63		0.81	1.05	1.24	1.51	1.76	2.13	2.50	2.96	3.35		431.75	
极小值	0.03		0.04	0.04	0.06	0.08	0.09	0.13	0.14	0.18	0.21		600.00	
极差	0.60		0.77	1.01	1.18	1.44	1.67	2.00	2.36	2.78	3.15		425.00	
极差率	20.62		18.44	24.66	21.85	20.10	19.12	16.38	17.55	16.44	16.34		-20.76	
京津沪三市	0.47		0.60	0.77	0.90	1.05	1.25	1.53	1.79	2.11	2.38		406.38	

续表

年份	2007		2008	2009	2010	2011	2012	2013	2014	2015	2016		2016 比 2007 增加	
	人数	排名	人数	人数	人数	人数	人数	人数	人数	人数	人数	排名	增加比例	排名
东部八省	0. 10		0. 14	0. 20	0. 27	0. 32	0. 39	0. 47	0. 55	0. 64	0. 75		650. 00	
中部八省	0. 09		0. 11	0. 15	0. 20	0. 25	0. 29	0. 34	0. 38	0. 44	0. 48		433. 33	
西部十二省(区、市)	0. 08		0. 10	0. 12	0. 15	0. 18	0. 22	0. 26	0. 29	0. 34	0. 39		387. 50	

注:表格中除变异系数、极差率无单位,2016 年比 2007 年增加单位为“%”外,其他数据单位均为“人”。

资料来源:根据 2007—2016 年《中国教育统计年鉴》中普通高中研究生学历专任教师数及学生数数原始数据计算整理而得。

均值又高于中部八省，中部八省又略高于西部十二省（区、市）（差距不大）、它们均低于全国均值。即全国普通高中每百名学生拥有研究生学历专任教师数呈现出从京津沪、东部、中部、西部自东向西呈梯度递减的趋势，京津沪远高于其他地区（京津沪是西部的6.10—15.26倍之间），各地均呈逐年增加趋势，东部八省增速最快，中部八省次之，西部十二省（区、市）增速最慢。

全国普通高中每百名学生拥有研究生学历专任教师数2016年高于全国均值的省份有12个，大于0.50人的省份有14个，其中大于1.00人的有北京3.35人、上海2.20人、天津1.57人、江苏1.42人，在0.70—0.90人之间的有内蒙古0.83人、辽宁0.78人、浙江0.77人、山西0.72人、广东0.72人、山东0.71人；小于等于0.40人的省份有8个（低于0.30人的有3个），分别为海南0.40人、广西0.37人、青海0.36人、湖南0.32人、四川0.32人、云南0.27人、新疆0.24人、贵州0.21人。这十年间北京、上海、天津始终是全国普通高中每百名学生拥有研究生学历专任教师数排名第1至第3的省份，江苏在2009—2016年的8年间始终位居第4位（2008年位居第5位）、吉林在2007—2008年位居第4位，广东（2008年）、吉林（2009年、2011年）、宁夏（2010年）、浙江（2012年）、辽宁（2013—2014年）、内蒙古（2015—2016年）位居第5位；湖南、青海、四川、云南、甘肃、新疆、贵州是全国普通高中每百名学生拥有研究生学历专任教师数最小的省份。

这10年间普通高中每百名学生拥有研究生学历专任教师数增加了480.00%，增幅高于全国均值的省份有15个，增幅最大的5省份为江苏1083.33%、辽宁875.00%、山西800.00%、甘肃800.00%、安徽780.00%，增幅大于等于500%的省份有14个，超过700%的省份有9个，超过400%的有21个；增幅低于400%的有

10 个,低于 300%(即增幅最小)的有 5 个,分别为云南 285.71%、新疆 242.86%、江西 241.67%、广西 236.36%、吉林 200.00%。这 10 年间普通高中每百名学生拥有研究生学历专任教师数高于各年全国均值的省份数量从 2007 至 2016 年的变化趋势为 11↗14↘12→12↗13→13→13→13↘12→12,截至 2016 年仍有 12 个省份的普通高中每百名学生拥有研究生学历专任教师数要高于全国平均水平。

这 10 年间普通高中每百名学生拥有研究生学历专任教师数的排名位次没有变化的为北京、上海、天津、西藏、贵州,分别位居第 1、2、3、19、31 位;排名位次后移的省份有 13 个,后移大于等于 6 位的有 9 个,河南后移 6 位,福建、四川、云南、新疆均后移了 7 位,吉林从 2007 年的第 4 位后移到了 2016 年的第 12 位,后移了 8 位,青海从第 16 位后移到了第 26 位,后移了 10 位,江西从第 9 位后移到了第 21 位,后移了 12 位,广西从第 11 位后移到了第 25 位,后移了 14 位,后移的位次越多说明这些省份在增加研究生学历专任教师数量的相对努力上放松了,迅速地降低了其普通高中每百名学生拥有研究生学历专任教师的相对排位。有 13 个省份的位次在前移,前移大于等于 7 位的省份有 8 个,其中内蒙古、重庆均前移了 7 位,山西、安徽均前移了 9 位,河北从 2007 年的第 24 位前移到了 2016 年的第 14 位,前移了 10 位,黑龙江从第 25 位前移到了第 15 位,前移了 10 位,辽宁从第 18 位前移到了第 6 位,前移了 12 位,甘肃从第 30 位前移到了第 17 位,前移了 13 位,前移的位次越多说明这些省份在增加研究生学历专任教师数量上明显加快了步伐,迅速地提升了其普通高中每百名学生拥有研究生学历专任教师的相对排序。

（二）2007—2016 年全国普通高中每百名学生拥有高级职称专任教师人数差异变化情况

全国普通高中专任教师中具有高级职称（副高/中学高级及以上）教师从 2007 年的 306953 人，占当年总专任教师 1443104 人的 21.27%，增加到 2016 年的 476786 人，占当年总专任教师 1733459 人的 27.50%，增加了 6.23 个百分点，绝对人数比 2007 年增加了 55.33%。普通高中每百名学生拥有高级职称专任教师数的差异变化情况如表 5-4 所示。

由表 5-4 可知，全国普通高中每百名学生拥有高级职称专任教师从 2007 年的 1.22 人，逐年增加到 2016 年的 2.01 人，累计增加了 64.75%，其差异系数从 2007 年的 0.356 增加到 2016 年的 0.419，期间 2012 年达到顶峰值 0.450，十年间累计增加了 17.70%，各省份间的差异程度还是比较大的，最大值与最小值的绝对差距在增加，但相对差距却在缩小。普通高中每百名学生拥有高级职称专任教师数是京津沪三市明显高于东部八省（接近 2 倍），东部八省高于全国均值，全国均值又高于中部八省，中部八省又高于西部十二省（区、市）。即全国普通高中每百名学生拥有高级职称专任教师数呈现出从京津沪、东部、中部、西部自东向西呈梯度递减的趋势，京津沪明显高于其他地区（是西部的 2 倍多），各地均呈逐年增加趋势，东部八省增速最快，京津沪次之，西部十二省（区、市）增速最慢。

全国普通高中每百名学生拥有高级职称专任教师数 2016 年高于全国均值的省份有 15 个，大于 2.00 人的省份有 15 个，其中大于等于 3.00 人的有北京 4.87 人、江苏 3.74 人、天津 3.58 人、上海 3.47 人、辽宁 3.22 人、浙江 3.00 人，在 1.50—2.00 人之间的省份有 11 个；小于 1.50 人的有甘肃 1.49 人、贵州 1.37 人、河南

表 5-4　2007—2016 年全国普通高中每百名学生拥有高级职称教师数差异变化情况表

年份	2007		2008	2009	2010	2011	2012	2013	2014	2015	2016		2016 比 2007 增加	
	人数	排名	人数	人数	人数	人数	人数	人数	人数	人数	人数	排名	增加比例	排名
高于全国均值省份数	19		18	18	16	16	16	15	14	14	15		13	
全国	1.22		1.33	1.44	1.53	1.60	1.67	1.77	1.86	1.94	2.01		64.75	
北京	2.27	1	2.65	3.03	3.19	3.51	3.71	3.93	4.24	4.30	4.87	1	114.54	0
天津	2.19	3	2.58	2.77	2.89	3.05	3.21	3.33	3.55	3.48	3.58	3	63.47	0
河北	0.89	27	0.95	1.09	1.24	1.37	1.52	1.76	1.86	1.87	1.88	19	111.24	-8
山西	1.01	25	1.06	1.10	1.15	1.20	1.25	1.33	1.41	1.47	1.61	25	59.41	0
内蒙古	1.24	19	1.48	1.67	1.95	2.08	2.16	2.25	2.29	2.46	2.59	8	108.87	-11
辽宁	1.69	5	1.82	1.96	2.08	2.29	2.51	2.66	2.87	3.06	3.22	5	90.53	0
吉林	1.31	14	1.37	1.46	1.45	1.51	1.56	1.60	1.80	1.93	2.05	13	56.49	-1
黑龙江	1.69	6	1.84	1.95	2.03	2.13	2.24	2.36	2.47	2.54	2.56	9	51.48	3
上海	2.26	2	2.70	2.96	3.14	3.30	3.43	3.42	3.45	3.45	3.47	4	53.54	2
江苏	1.36	13	1.51	1.72	1.93	2.17	2.44	2.87	3.22	3.51	3.74	2	175.00	-11
浙江	1.53	10	1.70	1.82	1.93	2.01	2.18	2.39	2.67	2.86	3.00	6	96.08	-4

续表

年份	2007		2008	2009	2010	2011	2012	2013	2014	2015	2016		2016 比 2007 增加	
	人数	排名	人数	人数	人数	人数	人数	人数	人数	人数	人数	排名	增加比例	排名
安徽	1.09	22	1.21	1.30	1.42	1.48	1.57	1.67	1.81	1.99	2.09	12	91.74	-10
福建	1.40	12	1.58	1.71	1.84	1.96	2.08	2.30	2.48	2.51	2.49	10	77.86	-2
江西	1.55	9	1.71	1.86	2.03	2.05	1.99	2.01	2.06	2.08	2.15	11	38.71	2
山东	1.11	21	1.27	1.39	1.49	1.51	1.48	1.49	1.53	1.59	1.67	23	50.45	2
河南	0.80	28	0.87	0.95	1.04	1.13	1.19	1.28	1.32	1.35	1.35	29	68.75	1
湖北	1.44	11	1.50	1.56	1.65	1.80	1.99	2.19	2.35	2.50	2.61	7	81.25	-4
湖南	1.25	18	1.44	1.68	1.81	1.91	1.86	1.87	1.92	1.92	1.94	16	55.20	-2
广东	1.07	24	1.12	1.19	1.20	1.25	1.30	1.41	1.54	1.60	1.67	24	56.07	0
广西	0.78	29	0.84	0.94	1.04	1.08	1.13	1.17	1.22	1.25	1.24	30	58.97	1
海南	1.28	16	1.31	1.47	1.52	1.54	1.60	1.67	1.81	1.96	2.04	14	59.38	-2
重庆	1.09	23	1.15	1.18	1.16	1.15	1.17	1.18	1.24	1.36	1.54	26	41.28	3
四川	1.27	17	1.38	1.42	1.49	1.51	1.61	1.65	1.75	1.85	1.94	17	52.76	0
贵州	1.16	20	1.17	1.21	1.22	1.20	1.15	1.13	1.17	1.23	1.37	28	18.10	8
云南	1.30	15	1.44	1.55	1.63	1.72	1.74	1.79	1.81	1.86	1.93	18	48.46	3

续表

年份	2007		2008	2009	2010	2011	2012	2013	2014	2015	2016		2016比2007增加	
	人数	排名	人数	人数	人数	人数	人数	人数	人数	人数	人数	排名	增加比例	排名
西藏	0.43	31	0.51	0.63	0.64	0.74	0.74	0.73	0.90	1.00	1.17	31	172.09	0
陕西	0.96	26	1.05	1.09	1.15	1.20	1.29	1.42	1.53	1.65	1.73	22	80.21	-4
甘肃	0.77	30	0.86	0.95	0.97	1.02	1.04	1.11	1.21	1.30	1.49	27	93.51	-3
青海	1.64	7	2.01	2.25	2.36	2.51	3.46	2.40	2.16	2.08	2.02	15	23.17	8
宁夏	1.61	8	1.75	1.80	1.82	1.82	1.77	1.69	1.64	1.68	1.84	20	14.29	12
新疆	1.74	4	1.84	1.95	2.01	2.02	2.04	2.08	1.97	1.90	1.81	21	4.02	17
标准差	0.43		0.52	0.58	0.61	0.66	0.75	0.74	0.78	0.79	0.84		95.35	
变异系数	0.356		0.392	0.401	0.399	0.413	0.450	0.418	0.419	0.407	0.419		17.70	
极大值	2.27		2.70	3.03	3.19	3.51	3.71	3.93	4.24	4.30	4.87		114.54	
极小值	0.43		0.51	0.63	0.64	0.74	0.74	0.73	0.90	1.00	1.17		172.09	
极差	1.84		2.19	2.41	2.55	2.77	2.97	3.20	3.34	3.30	3.70		101.09	
极差率	5.33		5.29	4.85	4.98	4.74	5.01	5.38	4.71	4.30	4.17		-21.76	
京津沪三市	2.24		2.64	2.93	3.07	3.29	3.46	3.57	3.76	3.75	3.98		77.68	

续表

年份	2007		2008	2009	2010	2011	2012	2013	2014	2015	2016		2016 比 2007 增加	
	人数	排名	人数	人数	人数	人数	人数	人数	人数	人数	人数	排名	增加比例	排名
东部八省	1. 23		1. 34	1. 47	1. 57	1. 68	1. 78	1. 93	2. 08	2. 18	2. 27		84. 55	
中部八省	1. 19		1. 29	1. 39	1. 49	1. 58	1. 63	1. 72	1. 80	1. 87	1. 92		61. 34	
西部十二省(区、市)	1. 14		1. 24	1. 32	1. 38	1. 42	1. 48	1. 50	1. 55	1. 63	1. 71		50. 00	

注:表格中出变异系数、极差率无单位,2016 年比 2007 年增加单位为“%”外,其他数据单位均为人。

资料来源:根据 2007—2016 年《中国教育统计年鉴》中普通高中相关专任教师数及其各职称专任教师数原始数据计算整理而得。

1.35 人、广西 1.24 人、西藏 1.17 人。这十年间全国普通高中每百名学生拥有高级职称专任教师数最多的省份为北京、上海、天津、青海、江苏、辽宁，最少的省份为重庆、河南、广西、甘肃、贵州、西藏。

这十年间全国普通高中每百名学生拥有高级职称专任教师数增加了 64.75%，增幅高于全国均值的省份有 13 个，增幅最大的 5 个省份为江苏 175.00%、西藏 172.09%、北京 114.54%、河北 111.24%、内蒙古 108.87%，增幅超过 100%的省份有 5 个，超过 80%的省份有 11 个，超过 50%的有 24 个；增幅低于 50%的有 7 个，其中低于 40%的有江西 38.71%、青海 23.17%、贵州 18.10%、宁夏 14.29%、新疆 4.02%。这十年间普通高中每百名学生拥有高级职称专任教师数高于各年全国均值的省份数量从 2007—2016 年的变化趋势为 19↘18→18↘16→16→16↘15↘14→14↗15，即截至 2016 年仍有 15 个省份的普通高中每百名学生拥有高级职称专任教师数要高于全国平均水平。

这 10 年间全国普通高中每百名学生拥有高级职称专任教师数的排名位次没有变化的为北京、天津、辽宁、四川、广东、山西、西藏，分别位居第 1、3、5、17、24、25、31 位；排名位次后移的省份有 12 个，后移大于等于 3 位的有 7 个，黑龙江、重庆、云南均后移了 3 位，青海从 2007 年的第 7 位后移到了 2016 年的第 15 位，后移了 8 位，贵州从第 20 位后移到了第 28 位，后移了 8 位，宁夏从第 8 位后移到了第 20 位，后移了 12 位，新疆从第 4 位后移到了第 21 位，后移了 17 位，后移的位次越多说明这些省份在增加高级职称教师数量上的相对努力不够，普通高中每百名学生拥有高级职称专任教师数的相对排名较快地滑落了。有 12 个省份的位次在前移，前移大于等于 4 位的省份有 7 个，其中浙江、湖北、陕西均前移了 4 位，河北从 2007 年的第 27 位前移到了 2016 年的第 19 位，前移了

8位,安徽从第22位前移到了第12位,前移了10位,内蒙古从第19位前移到了第8位,前移了11位,江苏从第13位前移到了第2位,前移了11位,前移的位次越多说明这些省份在增加高级职称教师数量上所做努力越多,普通高中每百名学生拥有高级职称专任教师数的相对排名较快地提升了。

三、2007—2016年普通高中专任教师生师比地区差异分析

(一)2007—2016年全国普通高中专任教师生师比总量分析

用专任教师数计算的专任教师生师比能比较真实地反映各地普通高中在一线从事教学工作的教师数量的占比情况。表5-5显示了全国普通高中专任教师生师比2007—2016年的变化情况。

由表5-5可知,全国普通高中专任教师生师比从2007—2016年的变化趋势为17.48↘16.78↘16.30↘15.99↘15.77↘15.47↘14.95↘14.44↘14.01↘13.65,这10年间总计的生师比减小了3.83,共下降了21.91%。这10年间普通高中专任教师生师比下降幅度高于全国均值的省份有16个,降幅低于10%的省份有4个,降幅在10%—20%之间的省份有7个,在20%—30%之间的有12个,超过30%的有8个。这10年间普通高中专任教师生师比高于各年全国均值的省份数从2007—2016年的变化趋势为16↘14→14→14→14↗15→15↘14↘13↘11,即截至2016年仍有11个省份的专任教师生师比要高于全国平均水平。

(二)2007—2016年全国普通高中专任教师生师比的极值与位次变化分析

1. 普通高中专任教师生师比的极值分析

由表5-5排序可知,全国普通高中专任教师生师比2016年最大的5个省份为广西17.22、江西17.20、河南16.93、贵州16.28、

表 5-5　2007—2016 年全国普通高中专任教师生师比变化情况表

年份	2007		2008	2009	2010	2011	2012	2013	2014	2015	2016		2016 比 2007 增加	
	生师比	排名	生师比	生师比	生师比	生师比	生师比	生师比	生师比	生师比	生师比	排名	增加比例	排名
高于全国均值省份数	16		14	14	14	14	15	15	14	13	11		16	
全国	17.48		16.78	16.30	15.99	15.77	15.47	14.95	14.44	14.01	13.65		-21.91	
北京	11.99	31	11.04	10.27	10.11	9.60	9.38	9.00	8.41	7.95	7.75	31	-35.36	0
天津	13.60	29	12.73	12.51	12.49	12.23	11.74	11.24	10.62	10.24	10.00	29	-26.47	0
河北	17.35	17	16.75	16.01	15.37	14.77	14.19	13.28	13.23	13.57	13.61	13	-21.56	-4
山西	16.18	22	15.89	15.66	15.36	15.19	14.72	14.16	13.59	12.81	11.90	25	-26.45	3
内蒙古	18.78	7	17.66	16.69	15.81	15.76	15.52	14.94	14.40	13.58	12.89	20	-31.36	13
辽宁	18.05	12	17.02	16.49	16.01	15.50	14.72	14.10	13.34	12.68	12.35	24	-31.58	12
吉林	18.88	6	17.79	16.96	17.05	17.38	17.13	16.47	14.66	14.11	13.81	11	-26.85	5
黑龙江	16.25	21	15.52	15.16	15.15	14.92	14.38	14.03	13.32	13.10	12.99	19	-20.06	-2
上海	12.76	30	11.20	10.51	10.10	9.70	9.51	9.45	9.27	9.09	8.93	30	-30.02	0
江苏	15.64	24	15.15	14.42	13.81	13.25	12.43	11.41	10.71	10.25	10.01	28	-36.00	4
浙江	14.68	28	14.13	14.14	14.12	14.19	13.58	12.92	12.06	11.65	11.26	27	-23.30	-1

续表

年份	2007		2008	2009	2010	2011	2012	2013	2014	2015	2016		2016 比 2007 增加	
	生师比	排名	生师比	生师比	生师比	生师比	生师比	生师比	生师比	生师比	生师比	排名	增加比例	排名
安徽	22.70	1	21.14	20.44	19.08	18.38	18.01	17.00	15.97	14.87	14.31	9	-36.96	8
福建	14.89	25	14.25	13.74	13.55	13.55	13.27	12.72	12.35	12.41	12.59	23	-15.45	-2
江西	17.25	18	16.77	16.26	15.78	16.47	17.35	17.62	17.67	17.48	17.20	2	-0.29	-16
山东	16.29	20	15.00	13.99	13.69	13.79	14.28	14.33	14.08	13.51	12.84	21	-21.18	1
河南	21.72	2	20.18	19.19	18.42	18.17	17.94	17.51	17.11	17.04	16.93	3	-22.05	1
湖北	19.11	4	18.83	18.18	17.40	16.37	15.16	14.17	13.49	13.07	12.70	22	-33.54	18
湖南	17.81	14	16.46	15.28	15.02	15.01	15.3	15.44	15.44	15.34	15.36	5	-13.76	-9
广东	16.67	19	16.42	16.23	16.71	16.08	15.93	15.23	14.43	13.62	13.02	18	-21.90	-1
广西	18.93	5	18.55	18.16	17.90	17.96	17.86	17.52	17.33	17.06	17.22	1	-9.03	-4
海南	17.55	16	17.51	17.10	16.89	17.08	16.12	15.65	14.46	13.67	13.28	16	-24.33	0
重庆	18.61	9	19.23	19.67	19.45	18.95	18.13	17.54	16.88	15.92	15.21	6	-18.27	-3
四川	17.99	13	17.86	18.62	18.21	18.27	17.54	16.85	16.18	15.59	15.04	7	-16.40	-6
贵州	18.68	8	18.56	18.51	18.75	19.02	18.59	18.25	18.00	17.42	16.28	4	-12.85	-4
云南	15.67	23	15.54	15.39	15.37	15.38	15.6	15.60	15.53	15.20	14.96	8	-4.53	-15

续表

年份	2007		2008	2009	2010	2011	2012	2013	2014	2015	2016		2016比2007增加	
	生师比	排名	生师比	生师比	生师比	生师比	生师比	生师比	生师比	生师比	生师比	排名	增加比例	排名
西藏	18.39	10	17.01	14.11	12.84	13.15	13.07	13.72	12.64	12.39	11.41	26	-37.96	16
陕西	19.36	3	18.13	17.79	17.72	17.48	16.75	15.79	14.95	14.10	13.63	12	-29.60	9
甘肃	18.07	11	17.40	17.30	17.24	17.03	16.43	15.70	14.95	14.06	13.38	15	-25.95	4
青海	14.79	26	14.39	14.34	14.27	13.88	13.8	13.64	14.19	13.46	13.48	14	-8.86	-12
宁夏	17.63	15	16.70	16.44	16.07	15.81	16.17	16.51	15.92	15.26	14.29	10	-18.94	-5
新疆	14.78	27	14.57	14.19	13.86	13.84	13.61	12.78	12.25	12.81	13.10	17	-11.37	-10
标准差	2.36		2.34	2.42	2.38	2.40	2.36	2.35	2.36	2.29	2.25		-4.66	
变异系数	0.135		0.139	0.148	0.149	0.152	0.152	0.157	0.163	0.164	0.165		22.22	
极大值	22.70		21.14	20.44	19.45	19.02	18.59	18.25	18.00	17.48	17.22		-24.14	
极小值	11.99		11.04	10.27	10.10	9.60	9.38	9.00	12.06	7.95	7.75		-35.36	
极差	10.71		10.10	10.17	9.35	9.42	9.21	9.25	5.94	9.53	9.47		-11.58	
极差率	1.89		1.91	1.99	1.93	1.98	1.98	2.03	1.49	2.20	2.22		17.46	
京津沪三市	12.71		11.59	11.00	10.80	10.40	10.11	9.80	9.34	8.99	8.80		-30.76	

续表

年份	2007		2008	2009	2010	2011	2012	2013	2014	2015	2016		2016 比 2007 增加	
	生师比	排名	生师比	生师比	生师比	生师比	生师比	生师比	生师比	生师比	生师比	排名	增加比例	排名
东部八省	16. 25		15. 58	15. 04	14. 85	14. 56	14. 26	13. 67	13. 13	12. 71	12. 36		-23. 94	
中部八省	19. 17		18. 22	17. 49	16. 92	16. 66	16. 40	15. 94	15. 40	15. 02	14. 72		-23. 21	
西部十二省(区、市)	17. 91		17. 49	17. 42	17. 19	17. 14	16. 74	16. 21	15. 72	15. 19	14. 73		-17. 76	

注:2016 年比 2007 年增加的单位为“%”;增加幅度为负值,取其正值可以理解为 2016 年比 2007 年下降了多少,其高全国数为下降幅度高于全国均值的省份数。

资料来源:根据 2007—2016 年《中国教育统计年鉴》中普通高中专任教师数及在校生数原始数据计算整理而得。

湖南15.36,最小的5个省份为浙江11.26、江苏10.01、天津10.00、上海8.93、北京7.75,大于15的省份有7个,大于13的省份有18个,小于13的有13个,小于12的有7个,小于等于10的有3个。

这10年间全国普通高中专任教师生师比下降幅度最大的5个省份为西藏37.96%、安徽36.96%、江苏36.00%、北京35.36%、湖北33.54%,降幅最小的5个省份为新疆11.37%、广西9.03%、青海8.86%、云南4.53%、江西0.29%。这10年间,贵州、安徽、江西、重庆、广西是普通高中专任教师生师比最大的省份,福建、浙江、西藏、江苏、天津、上海、北京是专任教师生师比最小的省份,其中天津、上海、北京始终为最小三地。

由表5-5可知,普通高中专任教师生师比的极大值从2007年的22.70减小到2016年的17.22,下降了24.14%,极小值从11.99减小到7.75,下降了35.36%,极差从10.71下降到9.47,下降了11.58%,极差率从1.89上升到2.22,增加了17.46%,即极大值及极小值都在减小,其绝对差距在缩小而相对差距在扩大。

2. 普通高中专任教师生师比的位次变化分析

这10年间全国普通高中专任教师生师比的排名位次没有变化的为北京、上海、天津、海南,分别位居第31、30、29、16位,排名位次后移的省份有12个,后移大于等于5位的有7个,吉林后移了5位,安徽后移了8位,陕西后移了9位,辽宁从2007年的第12位后移到了2016年的第24位,后移了12位,内蒙古从第7位后移到了第20位,后移了13位,西藏从第10位后移到了第26位,后移了16位,湖北从第4位后移到了第22位,后移了18位,后移的位次越多说明这些省份在增加普通高中专任教师数量上的工作努力成效越显著,从而迅速地减少了专任教师生师比。有15个省份的位次在前移,前移大于等于5位的省份有7个,其中宁夏前移了5位，四川前移了6位，湖南前移了9位，新疆从第27位前移到了第17位，前移了10位，青海从第26位前移到了第14位，前移了12位，云南从第23位前移到了第8位，前移了15位，江西从第18位前移到了第2位，前移了16位，前移的位次越多说明这些省份越未在增加普通高中专任教师数量上努力下功夫，从而迅速地提升了专任教师生师比的相对靠前的排位。

（三）2007—2016年全国普通高中专任教师生师比的地区差异分析

由表5-5的相关数据可作出图5-1，图5-1反映了全国普通高中专任教师生师比的地区差异情况。由图5-1可知，西部十二省（区、市）（除前3年比中部八省小外）专任教师生师比始终是最大的，其次是中部八省，且与西部十二省（区、市）差距不大，再次是东部八省的，京津沪三市始终是最低的，且明显低于其他地区；即全国普通高中专任教师生师比从西部（前3年中部八省最大）、中部、东部、京津沪自西向东呈梯度递减趋势，也就是在影响教学质量的重要因素——生师比（单个教师服务的学生数量，理论上生师比越小越有利于教育质量的提高，生师比越大则在教师拥有量上处于越弱势地位）上西弱东强、京津沪远远甩开其他地区，中西部差距很小。如普通高中专任教师生师比京津沪三市2007年为12.71、中部八省为19.17，相差6.46；京津沪三市2016年为8.80（从2013年起已低于10）、西部十二省（区、市）为14.73，相差5.93，差距比较悬殊。各地均呈逐年下降趋势，京津沪的降幅最大，东部八省次之，西部十二省（区、市）降幅最小。

由表5-5可知，反映全国普通高中专任教师生师比各省份与全国均值的离差情况的标准差在2007—2016年的变化趋势是2.36↘2.34↗2.42↘2.38↗2.40↘2.36↘2.35↗2.36↘2.29↘

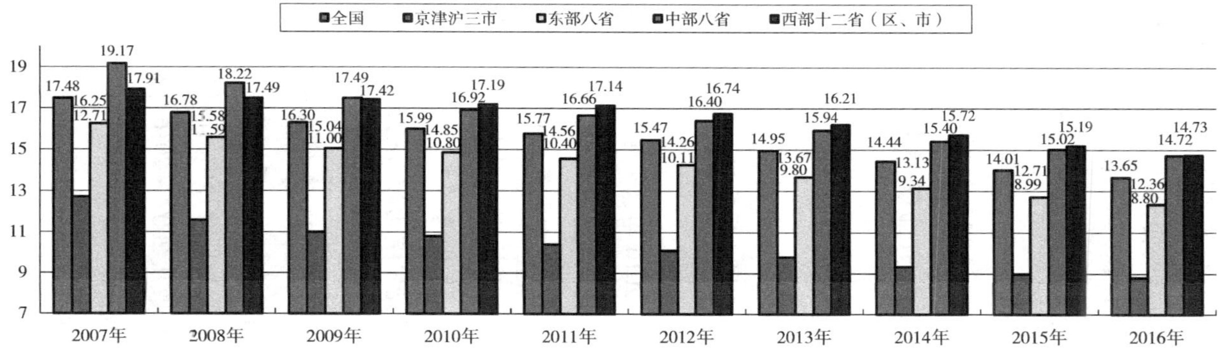

图 5-1　全国普通高中专任教师生师比地区差异图（单位：人）

注：①每组柱状从左到右分别代表全国、京津沪三市、东部八省、中部八省、西部十二省（区、市）的统计数据。
②生师比指单个教师服务学生数量。

2.25，累计下降了4.66%。反映各省份与全国均值间的差异情况的变异系数在2007—2016年的变化趋势是0.135↗0.139↗0.148↗0.149↗0.152→0.152↗0.157↗0.163↗0.164↗0.165，即呈逐年增加趋势，这10年间增加了22.22%，差异水平较低。

第三节　2007—2016年普通高中专任教师学历地区差异分析

一、2007—2016年普通高中专任教师中具有研究生学历教师比例的地区差异分析

（一）2007—2016年全国普通高中专任教师中具有研究生学历教师比例的总量分析

表5-6显示了2007—2016年这十年间全国普通高中专任教师中具有研究生学历教师比例的变化情况。

由表5-6可知，全国普通高中专任教师中具有研究生学历教师的比例从2007—2016年的变化趋势为1.77%↗2.20%↗2.81%↗3.63%↗4.30%↗5.01%↗5.75%↗6.36%↗7.15%↗7.94%，这10年间具有研究生学历教师的比例增加了6.17个百分点，该比例共增加了348.59%，增幅大于全国均值的省份有14个，大于600%的有2个，大于500%的有8个，大于400%的有13个，在300%—400%之间的有5个，低于300%的有13个，低于200%的有2个。这10年间专任教师中具有研究生学历教师比例高于各年全国均值的省份数从2007—2016年的变化趋势为12↗14→14↘13↗14→14↘13→13→13→13，即截至2016年仍有13个省份的专任教师中具有研究生学历教师比例要高于全国平均水平。

表 5-6　2007—2016 年全国普通高中专任教师具有研究生学历教师比例变化情况表

年份	2007		2008	2009	2010	2011	2012	2013	2014	2015	2016		2016 比 2007 增加	
	比例	排名	比例	比例	比例	比例	比例	比例	比例	比例	比例	排名	增加比例	排名
高于全国均值省份数	12		14	14	13	14	14	13	13	13	13		14	
全国	1.77		2.20	2.81	3.63	4.30	5.01	5.75	6.36	7.15	7.94		348.59	
北京	7.52	1	8.95	10.80	12.50	14.54	16.54	19.21	21.05	23.52	25.98	1	245.48	0
天津	4.55	3	4.96	6.58	7.52	8.05	9.40	11.79	12.91	14.66	15.74	3	245.93	0
河北	0.99	26	1.27	1.83	2.52	3.16	3.76	4.83	5.78	6.35	7.07	15	614.14	−11
山西	1.29	19	1.64	2.13	2.94	3.99	5.12	6.40	7.05	7.71	8.56	12	563.57	−7
内蒙古	1.94	10	1.85	2.63	3.56	4.64	6.03	7.27	8.30	9.50	10.74	5	453.61	−5
辽宁	1.49	15	2.32	3.09	5.04	5.03	6.24	7.27	8.07	8.88	9.57	6	542.28	−9
吉林	4.04	4	4.11	4.52	4.95	6.69	7.00	7.47	7.92	8.11	8.67	11	114.60	7
黑龙江	0.97	27	1.37	1.97	2.51	3.42	4.16	5.00	5.78	6.17	6.38	18	557.73	−9
上海	5.36	2	6.26	7.41	8.28	9.13	10.69	12.72	14.98	17.42	19.66	2	266.79	0
江苏	1.89	12	2.85	4.22	5.56	6.70	7.91	9.16	9.95	11.83	14.18	4	650.26	−8
浙江	1.91	11	2.67	3.08	3.96	4.97	5.86	6.76	7.20	7.95	8.70	10	355.50	−1

续表

年份	2007		2008	2009	2010	2011	2012	2013	2014	2015	2016		2016比2007增加	
	比例	排名	比例	比例	比例	比例	比例	比例	比例	比例	比例	排名	增加比例	排名
安徽	1.17	22	1.46	2.43	3.45	3.44	3.86	4.55	4.89	5.53	6.27	19	435.90	−3
福建	1.35	18	2.03	2.21	2.84	3.03	3.40	3.76	4.23	4.91	5.41	23	300.74	5
江西	2.03	9	2.41	2.82	3.39	4.01	4.84	5.35	5.94	7.08	7.13	14	251.23	5
山东	1.44	16	1.35	1.83	2.57	3.47	4.49	5.72	6.83	7.65	9.14	9	534.72	−7
河南	2.31	6	2.66	3.28	4.51	5.29	5.88	6.33	7.00	7.60	8.06	13	248.92	7
湖北	1.67	13	2.56	3.22	4.17	5.20	5.38	5.78	6.08	6.63	6.91	16	313.77	3
湖南	0.83	30	0.97	1.23	1.51	1.91	2.62	3.24	3.42	4.09	4.85	26	484.34	−4
广东	2.27	7	3.06	4.02	5.14	5.67	6.30	6.76	7.40	8.41	9.35	8	311.89	1
广西	2.06	8	2.58	3.35	3.82	4.45	5.23	5.30	5.84	5.91	6.41	17	211.17	9
海南	1.01	25	1.87	1.71	2.03	2.21	2.99	3.34	3.97	4.63	5.31	24	425.74	−1
重庆	0.96	28	1.24	1.73	2.31	3.22	4.21	4.79	5.15	5.65	6.21	20	546.88	−8
四川	1.29	20	1.06	1.34	1.79	2.17	2.52	3.26	3.71	4.38	4.77	28	269.77	8
贵州	0.57	31	0.82	0.79	1.06	1.43	1.72	2.33	2.57	3.11	3.34	30	485.96	−1
云南	1.17	23	1.59	1.84	2.17	2.27	2.60	2.90	3.29	3.75	4.09	29	249.57	6

续表

年份	2007		2008	2009	2010	2011	2012	2013	2014	2015	2016		2016 比 2007 增加	
	比例	排名	比例	比例	比例	比例	比例	比例	比例	比例	比例	排名	增加比例	排名
西藏	1.54	14	2.04	2.32	2.68	3.30	3.80	4.80	4.59	4.77	4.97	25	222.73	11
陕西	2.57	5	3.44	3.58	4.53	5.22	5.97	6.58	6.98	8.31	9.37	7	264.59	2
甘肃	0.89	29	1.06	1.47	1.86	2.33	2.93	3.75	4.59	5.23	6.00	21	574.16	-8
青海	1.27	21	1.49	2.14	2.28	2.92	2.90	2.84	3.25	3.81	4.82	27	279.53	6
宁夏	1.42	17	2.60	3.67	5.39	4.65	4.11	4.43	4.20	4.95	5.90	22	315.49	5
新疆	1.09	24	1.02	1.07	1.20	1.65	1.90	1.99	2.24	2.64	3.18	31	191.74	7
标准差	1.50		1.71	2.06	2.36	2.62	2.96	3.48	3.87	4.37	4.86		224.00	
变异系数	0.845		0.776	0.732	0.650	0.609	0.591	0.605	0.608	0.611	0.611		-27.69	
极大值	7.52		8.95	10.80	12.50	14.54	16.54	19.21	21.05	23.52	25.98		245.48	
极小值	0.57		0.82	0.79	1.06	1.43	1.72	1.99	2.24	2.64	3.18		457.89	
极差	6.95		8.13	10.01	11.44	13.11	14.82	17.22	18.81	20.88	22.79		227.91	
极差率	13.24		10.97	13.68	11.79	10.17	9.62	9.65	9.40	8.91	8.16		-38.37	
京津沪三市	5.95		6.90	8.47	9.68	10.93	12.61	15.00	16.74	18.98	20.91		251.43	

续表

年份	2007		2008	2009	2010	2011	2012	2013	2014	2015	2016		2016 比 2007 增加	
	比例	排名	比例	比例	比例	比例	比例	比例	比例	比例	比例	排名	增加比例	排名
东部八省	1.65		2.22	2.95	3.96	4.66	5.52	6.41	7.17	8.13	9.27		461.82	
中部八省	1.69		2.07	2.65	3.46	4.18	4.79	5.43	5.93	6.56	7.07		318.34	
西部十二省(区、市)	1.46		1.70	2.07	2.59	3.09	3.62	4.14	4.57	5.19	5.75		293.84	

注:表中比例及增加比例的单位均为“%”,变异系数、极差率无单位。

资料来源:根据 2007—2016 年《中国教育统计年鉴》中普通高中相关专任教师学历情况原始数据计算整理而得。

（二）2007—2016 年全国普通高中专任教师中具有研究生学历教师比例的极值与位次变化分析

1. 普通高中专任教师中具有研究生学历教师比例的极值分析

由表 5-6 排序可知，全国普通高中专任教师中具有研究生学历教师比例 2016 年最大的 5 个省份为北京 25.98%、上海 19.66%、天津 15.74%、江苏 14.18%、内蒙古 10.74%，最小的 5 个省份为青海 4.82%、四川 4.77%、云南 4.09%、贵州 3.34%、新疆 3.18%（小于 5.00%的还有西藏 4.97%、湖南 4.85%），大于 20%的省份有 1 个，大于 10%的有 5 个，大于 7%的省份有 15 个，在 5%—7%的有 9 个，小于 5%的有 7 个，小于 4%的有 2 个。

这 10 年间全国普通高中专任教师中具有研究生学历教师比例增加幅度最大的 5 省份为江苏 650.26%、河北 614.14%、甘肃 574.16%、山西 563.57%、黑龙江 557.73%，增幅最小的 5 个省份为北京 245.48%、西藏 222.73%、广西 211.17%、新疆 191.74%、吉林 114.60%。这 10 年间，北京、上海、天津、江苏、吉林、内蒙古是专任教师中具有研究生学历教师比例最大的省份，湖南、甘肃、云南、四川、青海、新疆、贵州是专任教师中具有研究生学历教师比例最小的省份，其中北京、上海、天津十年间始终位居前三甲，江苏从 2010 年起连续 7 年位居第四，贵州（2007—2012 年）、新疆（2013—2016 年）为最小，湖南（2007—2008 年）、新疆（2009—2012 年）、贵州（2013—2016 年）为第二小。

由表 5-6 可知，普通高中专任教师中具有研究生学历教师比例的极大值从 2007 年的 7.52%增加到 2016 年的 25.98%，增加了 245.48%，极小值从 0.57%增加到 3.18%，增加了 457.89%，极差从 6.95%上升到 22.79%，增加了 227.91%，极差率从 13.24 下降到 8.16，下降了 38.37%，即虽然极大值、极小值及其绝对差距都在增加，但其相对差距却在减小。

2. 普通高中专任教师中具有研究生学历教师比例的位次变化分析

这10年间全国普通高中专任教师中具有研究生学历教师比例的排名位次没有变化的为北京、上海、天津，分别位居第1、2、3位。排名位次后移的省份有14个，后移大于等于5位的有11个，福建、江西、宁夏均后移了5位，云南、青海均后移了6位，吉林、河南、新疆均后移了7位，吉林从第4位后移到了第11位，后移了7位，四川从第20位后移到了第28位，后移了8位，广西从第8位后移到了第17位，后移了9位，西藏从第14位后移到了第25位，后移了11位，后移的位次越多说明这些省份普通高中专任教师中具有研究生学历教师比例排名下跌越快。有14个省份的位次在前移，前移大于等于5位的省份有9个，其中内蒙古前移了5位，山西及山东均前移了7位，江苏、重庆、甘肃均前移了8位，辽宁从第15位前移到了第6位，前移了9位，黑龙江从第27位前移到了第18位，前移了9位，河北从第26位前移到了第15位，前移了11位，前移的位次越多说明这些省份普通高中专任教师中具有研究生学历教师比例排名上升越快。

（三）2007—2016年全国普通高中专任教师中具有研究生学历教师比例的地区差异分析

由表5-6的相关数据可作出图5-2，图5-2反映了全国普通高中专任教师中具有研究生学历教师比例的地区差异情况。由图5-2可知，京津沪三市专任教师中具有研究生学历教师比例始终是最大的、且远远高出其他地区较大区间，其次是东部八省的（2007年为第三大），再次是中部八省的（2007年为第二大），西部十二省除两年外始终是最低的，全国均值高于中部八省的；即，全

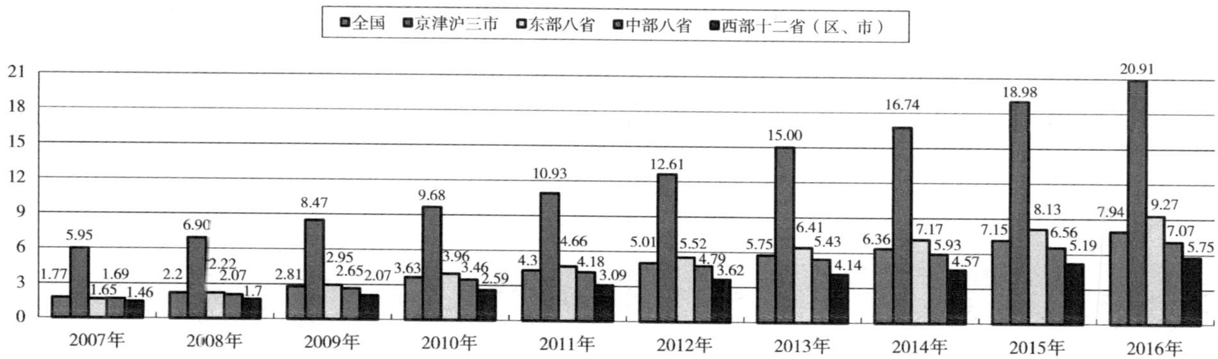

图 5-2 全国普通高中专任教师研究生学历教师比例地区差异图（单位：%）

注：每组柱状从左到右分别代表全国、京津沪三市、东部八省、中部八省、西部十二省（区、市）的统计数据。

国普通高中专任教师中具有研究生学历教师比例从京津沪、东部、中部、西部自东向西呈梯度递减趋势，也就是东强西弱、京津沪远远高于其他地区，截至 2016 年京津沪是东部八省的 2.26 倍、是西部十二省（区、市）的 3.64 倍。如普通高中专任教师中具有研究生学历教师比例京津沪三市 2007 年为 5.95%、西部十二省（区、市）为 1.46%，相差 4.49 个百分点；京津沪三市 2016 年为 20.91%、西部十二省（区、市）为 5.75%，相差 15.16 个百分点，差距相当悬殊。各地均呈逐年增加趋势，东部八省增幅最大（4.62 倍），中部八省次之，京津沪增幅最小（2.51 倍，但增加的绝对值最大）。

由表 5-6 可知，反映全国普通高中专任教师中具有研究生学历教师比例各省份与全国均值的离差情况的标准差在 2007—2016 年的变化趋势是 1.50%↗1.71%↗2.06%↗2.36%↗2.62%↗2.96%↗3.48%↗3.87%↗4.37%↗4.86%，即呈逐年上升趋势，这 10 年间累计增加了 224.00%。反映各省份与全国均值间的差异情况的变异系数在 2007—2016 年的变化趋势是 0.845↘0.776↘0.732↘0.650↘0.609↘0.591↗0.605↗0.608↗0.611→0.611，即这 10 年间全国普通高中专任教师中具有研究生学历教师比例各省份与全国均值的差异在 2012 年之前呈逐年递减趋势，之后呈逐年增加趋势，累计减小了 27.69%，差异相当大。

二、2007—2016 年普通高中专任教师学历达标率的地区差异分析

（一）2007—2016 年全国普通高中专任教师各学历教师数的总量分析

全国普通高中 2007 年专任教师中本科及以上学历有（达标学

历)1288637 人,2016 年有 1697308 人,这 10 年间增长了 31.71%。表 5-7 显示了 2007—2016 年这十年间全国普通高中专任教师中具有达标学历教师比例的变化情况。

由表 5-7 可知,全国普通高中专任教师学历达标率从 2007—2016 年的变化趋势为 89.30%↗91.55%↗93.61%↗94.81%↗95.73%↗96.44%↗96.80%↗97.25%↗97.70%↗97.91%,该比例共增加了 9.64%,增加了 8.61 个百分点,增幅大于全国均值的省份有 15 个,大于 20%的有 1 个,大于 15%的有 4 个,大于 10%的有 14 个,在 5%—10%之间的有 12 个,低于 5%的有 5 个。这 10 年间普通高中专任教师学历达标率高于各年全国均值的省份数从 2007—2016 年的变化趋势为 16↘15→15→15↘14↗15→15→15→15↗18,即截至 2016 年仍有 18 个省份的专任教师学历达标率要高于全国平均水平。

(二) 2007—2016 年全国普通高中专任教师学历达标率的极值与位次变化分析

1. 普通高中专任教师学历达标率的极值分析

由表 5-7 排序可知,全国普通高中专任教师学历达标率 2016 年最大的 5 个省份为上海 99.90%、北京 99.75%、江苏 99.44%、浙江 99.40%、天津 99.22%,最小的 5 个省份为新疆 96.67%、海南 96.53%、甘肃 95.33%、青海 94.98%、江西 92.95%,大于等于 99%的省份有 6 个,大于 98%的省份有 16 个,在 97%—98%之间的有 10 个,小于 97%的有 5 个,小于 95%的有 2 个。

这 10 年间全国普通高中专任教师学历达标率增加幅度最大的 5 个省份为甘肃 23.12%、青海 19.68%、江西 16.51%、新疆 16.04%、陕西 13.16%,增幅最小的 5 个省份为天津 4.62%、吉林 4.49%、浙江 2.64%、北京 2.29%、上海 0.97%。这 10 年间,上海、

表 5-7　2007—2016 年全国普通高中专任教师学历达标率变化情况表

年份	2007		2008	2009	2010	2011	2012	2013	2014	2015	2016		2016 比 2007 增加	
	比例	排名	比例	比例	比例	比例	比例	比例	比例	比例	比例	排名	增加比例	排名
高于全国均值省份数	16		15	15	15	14	15	15	15	15	18		15	
全国	89.30		91.55	93.61	94.81	95.73	96.44	96.80	97.25	97.70	97.91		9.64	
北京	97.52	2	98.21	98.65	98.91	99.10	99.22	99.44	99.51	99.70	99.75	2	2.29	0
天津	94.84	4	95.80	97.02	97.60	97.14	98.21	98.67	98.70	99.13	99.22	5	4.62	1
河北	88.51	19	90.88	92.89	94.38	95.51	96.29	96.70	97.31	97.45	98.05	14	10.78	-5
山西	86.48	25	89.18	92.33	94.04	94.87	95.71	95.91	96.96	97.41	97.77	20	13.06	-5
内蒙古	87.31	22	89.92	92.98	94.18	95.30	96.18	96.71	97.24	97.45	97.96	18	12.20	-4
辽宁	93.19	6	94.27	95.04	97.64	97.97	98.16	98.38	98.54	98.67	98.77	8	5.99	2
吉林	94.82	5	96.04	96.81	97.55	97.94	97.62	98.11	98.22	98.94	99.08	6	4.49	1
黑龙江	91.58	10	92.79	94.98	95.46	96.20	97.30	97.65	98.18	98.44	98.49	10	7.55	0
上海	98.94	1	99.33	99.44	99.64	99.73	99.70	99.60	99.78	99.90	99.90	1	0.97	0
江苏	91.71	8	94.11	96.14	97.50	98.32	98.82	98.93	99.03	99.25	99.44	3	8.43	-5
浙江	96.84	3	97.58	98.16	98.54	98.82	99.02	99.09	99.14	99.25	99.40	4	2.64	1

续表

年份	2007		2008	2009	2010	2011	2012	2013	2014	2015	2016		2016 比 2007 增加	
	比例	排名	比例	比例	比例	比例	比例	比例	比例	比例	比例	排名	增加比例	排名
安徽	89. 33	16	91. 02	93. 21	94. 35	95. 43	96. 26	97. 33	97. 06	98. 06	98. 13	13	9. 85	−3
福建	88. 14	20	91. 23	93. 26	94. 63	95. 26	95. 83	96. 68	97. 12	97. 51	97. 81	19	10. 97	−1
江西	79. 78	29	83. 39	86. 67	88. 29	91. 02	91. 91	92. 29	92. 98	93. 23	92. 95	31	16. 51	2
山东	91. 61	9	94. 44	96. 04	96. 91	97. 47	98. 04	98. 10	98. 50	98. 60	98. 65	9	7. 68	0
河南	88. 67	18	90. 80	93. 98	94. 99	95. 47	96. 53	96. 46	96. 34	97. 12	97. 08	26	9. 48	8
湖北	90. 69	13	91. 68	92. 47	93. 42	94. 49	95. 27	96. 03	96. 63	97. 17	97. 52	22	7. 53	9
湖南	90. 23	15	92. 28	94. 85	96. 02	95. 97	97. 54	97. 35	96. 86	97. 19	97. 74	21	8. 32	6
广东	88. 85	17	91. 09	92. 93	94. 38	95. 50	95. 99	96. 19	97. 82	98. 76	98. 86	7	11. 27	−10
广西	86. 16	27	89. 72	92. 17	93. 44	94. 76	95. 89	96. 60	97. 01	97. 40	97. 42	24	13. 07	−3
海南	86. 22	26	89. 28	90. 98	91. 96	93. 82	95. 12	95. 61	96. 41	96. 71	96. 53	28	11. 96	2
重庆	90. 87	12	93. 34	94. 76	95. 37	96. 94	97. 02	97. 53	97. 87	97. 96	97. 97	17	7. 81	5
四川	86. 57	24	89. 55	91. 98	93. 54	94. 64	95. 44	96. 22	96. 66	97. 19	97. 52	23	12. 65	−1
贵州	87. 55	21	89. 81	91. 62	92. 71	94. 33	95. 43	95. 97	96. 45	97. 09	97. 14	25	10. 95	4
云南	91. 21	11	93. 55	95. 18	96. 13	96. 71	97. 18	97. 22	97. 73	97. 83	98. 02	16	7. 47	5

续表

年份	2007		2008	2009	2010	2011	2012	2013	2014	2015	2016		2016 比 2007 增加	
	比例	排名	比例	比例	比例	比例	比例	比例	比例	比例	比例	排名	增加比例	排名
西藏	90. 56	14	92. 01	94. 56	95. 02	96. 09	96. 80	97. 75	98. 18	97. 54	98. 05	15	8. 27	1
陕西	86. 86	23	89. 59	92. 39	93. 59	95. 59	96. 31	96. 48	96. 69	97. 71	98. 29	11	13. 16	-12
甘肃	77. 43	31	82. 88	87. 16	89. 15	91. 52	92. 58	93. 57	93. 90	94. 46	95. 33	29	23. 12	-2
青海	79. 36	30	81. 21	84. 22	87. 11	87. 43	89. 17	90. 78	93. 04	94. 56	94. 98	30	19. 68	0
宁夏	93. 15	7	93. 99	95. 70	96. 40	96. 73	96. 57	96. 81	97. 52	97. 99	98. 20	12	5. 42	5
新疆	83. 31	28	85. 37	87. 43	89. 29	90. 65	91. 70	93. 43	94. 95	95. 86	96. 67	27	16. 04	-1
标准差	5. 01		4. 21	3. 49	3. 05	2. 62	2. 31	2. 00	1. 66	1. 50	1. 45		-71. 06	
变异系数	0. 056		0. 046	0. 037	0. 032	0. 027	0. 024	0. 021	0. 017	0. 015	0. 015		-73. 21	
极大值	98. 94		99. 33	99. 44	99. 64	99. 73	99. 70	99. 60	99. 78	99. 90	99. 90		0. 97	
极小值	77. 43		81. 21	84. 22	87. 11	87. 43	89. 17	90. 78	92. 98	93. 23	92. 95		20. 04	
极差	21. 51		18. 11	15. 22	12. 53	12. 30	10. 53	8. 82	6. 80	6. 67	6. 95		-67. 69	
极差率	1. 28		1. 22	1. 18	1. 14	1. 14	1. 12	1. 10	1. 07	1. 07	1. 07		-16. 41	
京津沪三市	97. 23		97. 87	98. 44	98. 77	98. 73	99. 08	99. 26	99. 35	99. 59	99. 64		2. 48	

续表

年份	2007		2008	2009	2010	2011	2012	2013	2014	2015	2016		2016 比 2007 增加	
	比例	排名	比例	比例	比例	比例	比例	比例	比例	比例	比例	排名	增加比例	排名
东部八省	90.93		93.16	94.79	96.06	96.81	97.32	97.56	98.18	98.53	98.71		8.56	
中部八省	88.72		90.72	93.12	94.24	95.09	96.03	96.36	96.55	97.12	97.26		9.63	
西部十二省(区、市)	86.34		89.25	91.72	93.15	94.54	95.35	95.98	96.51	97.03	97.12		12.49	

注:表中比例及增加比例的单位均为"%",变异系数及极差率无单位。

资料来源:根据 2007—2016 年《中国教育统计年鉴》中普通高中相关专任教师学历情况原始数据计算整理而得。

北京、浙江、江苏、天津是专任教师学历达标率最大的5个省份,海南、新疆、甘肃、江西、青海是专任教师学历达标率最小的省份,其中甘肃(2007年)、青海(2008—2013年)、江西(2014—2016年)为最小,上海、北京十年间始终位居前两位,浙江前8年、江苏后2年位居第三。

由表5-7可知,普通高中专任教师学历达标率的极大值从2007年的98.94%增加到2016年的99.90%,增加了0.97%,极小值从77.43%增加到92.95%,增加了20.04%,极差从21.51%下降到6.95%,下降了67.69%,极差率从1.28下降到1.07,下降了16.41%,即虽然极大值及极小值都在增加,但其绝对差距及相对差距却在减小。

2. 普通高中专任教师学历达标率的位次变化分析

这10年间全国普通高中专任教师学历达标率的排名位次没有变化的为上海、北京、山东、黑龙江、青海,分别位居第1、2、9、10、30位。排名位次后移的省份有14个,后移大于等于4位的有7个,贵州后移了4位,重庆、云南、宁夏均后移了5位,湖南从2007年的第15位后移到了2016年的第21位,后移了6位,河南从第18位后移到了第26位,后移了8位,湖北从第13位后移到了第22位,后移了9位,后移的位次越多说明这些省份普通高中专任教师学历达标率排名下跌越厉害。有12个省份的位次在前移,前移大于等于4位的省份有6个,其中内蒙古前移了4位,河北、山西、江苏均前移了5位,广东从2007年的第17位前移到了2016年的第7位,前移了10位,陕西从第23位前移到了第11位,前移了12位,前移的位次越多说明这些省份普通高中专任教师学历达标率排名上升越快。

（三）2007—2016年全国普通高中专任教师学历达标率的地区差异分析

由表5-7的相关数据可作出图5-3,图5-3反映了全国普通高中专任教师学历达标率的地区差异情况。由图5-3可知,京津沪三市专任教师学历达标率始终是最大的、且前4年明显高于其他地区,其次是东部八省的,再次是中部八省的,西部十二省(区、市)始终是最低的,全国均值高于中部八省的;即,全国普通高中专任教师学历达标率从京津沪、东部、中部、西部自东向西呈梯度递减趋势,也就是东强西弱、京津沪最高。如普通高中专任教师学历达标率京津沪三市2007年为97.23%、西部十二省(区、市)为86.34%,相差10.89个百分点,差距相当悬殊;京津沪三市2016年为99.64%、西部十二省(区、市)为97.12%,相差2.52个百分点,差距明显缩小,各地均呈逐年增加趋势,西部十二省(区、市)增速最大,中部八省次之,京津沪三市增速最小因其基数已较大。

由表5-7可知,反映全国普通高中专任教师学历达标率各省份与全国均值的离差情况的标准差在2007—2016年的变化趋势是5.01%↘4.21%↘3.49%↘3.05%↘2.62%↘2.31%↘2.00%↘1.66%↘1.50%↘1.45%,即这10年间呈逐年下降趋势,累计下降了71.06%。反映各省份与全国均值间的差异情况的变异系数在2007—2016年的变化趋势是0.056↘0.046↘0.037↘0.032↘0.027↘0.024↘0.021↘0.017↘0.015→0.015,即这10年间全国普通高中专任教师学历达标率各省份与全国均值的差异呈逐年下降趋势,共减小了73.21%,减小到2016年的0.015,差异很小。

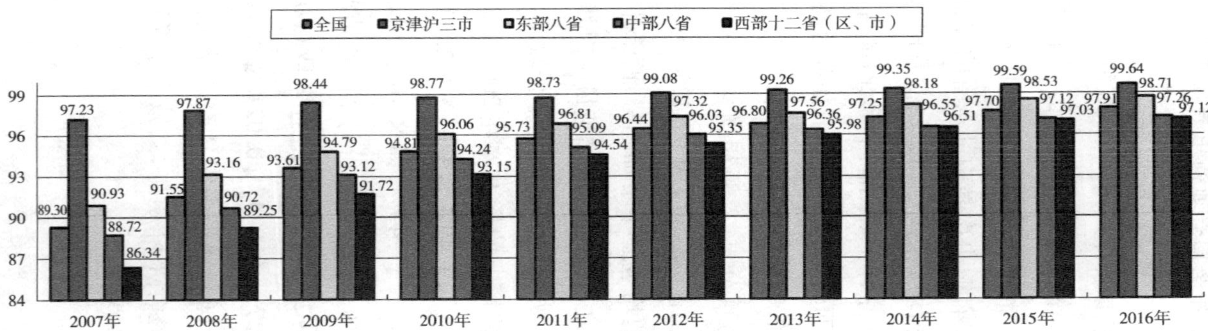

图 5-3　全国普通高中专任教师学历达标率地区差异图（单位：%）

注：每组柱状从左到右分别代表全国、京津沪三市、东部八省、中部八省、西部十二省（区、市）的统计数据。

第四节 2007—2016年普通高中专任教师职称地区差异分析

一、2007—2016年普通高中专任教师中具有高级职称教师比例的地区差异分析

（一）2007—2016年全国普通高中专任教师中具有高级职称教师比例的总量分析

表5-8显示了2007—2016年这十年间全国普通高中专任教师中具有高级（副高/中学高级及以上）职称教师比例的变化情况。

由表5-8可知，全国普通高中专任教师中具有高级职称教师的比例从2007—2016年的变化趋势为21.27%↗22.33%↗23.41%↗24.39%↗25.29%↗25.86%↗26.41%↗26.90%↗27.15%↗27.50%，呈逐年增加趋势，这10年间具有高级职称教师的比例增加了6.23个百分点，该比例共增加了29.29%，增加到2016年的27.50%，增幅大于全国均值的省份有14个，大于70%的有2个，大于50%的有5个，大于40%的有9个，大于30%的有14个，在20%—30%之间的有8个，低于20%的有9个，低于15%的有6个，含其中不增反而下降的为宁夏下降7.23%、新疆下降7.86%。这10年间普通高中专任教师中具有高级职称教师比例高于各年全国均值的省份数从2007—2016年的变化趋势为19↗20→20→20→20↘19→19↘16↗17↘16，即截至2016年仍有16个省份的专任教师中具有高级职称教师比例要高于全国平均水平。

表 5-8　2007—2016 年全国普通高中专任教师中具有高级职称教师比例变化情况表

年份	2007		2008	2009	2010	2011	2012	2013	2014	2015	2016		2016 比 2007 增加	
	比例	排名	比例	比例	比例	比例	比例	比例	比例	比例	比例	排名	增加比例	排名
高于全国平均省份数	19		20	20	20	20	19	19	16	17	16		14	
全国	21.27		22.33	23.41	24.39	25.29	25.86	26.41	26.90	27.15	27.50		29.29	
北京	27.18	7	29.26	31.15	32.31	33.68	34.85	35.34	35.68	34.19	37.75	2	38.89	-5
天津	29.84	2	32.87	34.68	36.06	37.28	37.64	37.37	37.74	35.66	35.82	5	20.04	3
河北	15.49	28	15.84	17.42	19.05	20.29	21.61	23.36	24.64	25.37	25.57	20	65.07	-8
山西	16.40	27	16.89	17.18	17.69	18.22	18.45	18.88	19.10	18.90	19.15	30	16.77	3
内蒙古	23.31	13	26.15	27.86	30.83	32.74	33.56	33.58	32.98	33.37	33.43	7	43.41	-6
辽宁	30.41	1	30.98	32.38	33.25	35.52	37.01	37.48	38.30	38.76	39.77	1	30.78	0
吉林	24.76	10	24.38	24.80	24.76	26.27	26.67	26.43	26.45	27.20	28.26	16	14.14	6
黑龙江	27.40	6	28.56	29.63	30.73	31.76	32.20	33.11	32.89	33.28	33.28	8	21.46	2
上海	28.82	3	30.21	31.13	31.66	31.98	32.57	32.33	32.01	31.34	31.01	11	7.60	8
江苏	21.30	19	22.89	24.82	26.66	28.77	30.38	32.69	34.49	35.99	37.44	3	75.77	-16
浙江	22.50	16	24.05	25.77	27.25	28.51	29.65	30.93	32.24	33.28	33.76	6	50.04	-10

续表

年份	2007		2008	2009	2010	2011	2012	2013	2014	2015	2016		2016 比 2007 增加	
	比例	排名	比例	比例	比例	比例	比例	比例	比例	比例	比例	排名	增加比例	排名
安徽	24.72	11	25.67	26.62	27.00	27.19	28.31	28.34	28.91	29.55	29.85	12	20.75	1
福建	20.82	20	22.52	23.50	24.86	26.59	27.60	29.24	30.62	31.20	31.30	10	50.34	-10
江西	26.68	8	28.59	30.31	32.11	33.80	34.55	35.47	36.39	36.39	36.91	4	38.34	-4
山东	18.13	24	19.07	19.50	20.40	20.89	21.18	21.33	21.53	21.52	21.51	27	18.64	3
河南	17.36	26	17.66	18.14	19.10	20.54	21.29	22.35	22.64	22.95	22.85	24	31.62	-2
湖北	27.55	5	28.31	28.28	28.68	29.50	30.10	31.02	31.75	32.69	33.10	9	20.15	4
湖南	22.25	17	23.66	25.67	27.18	28.62	28.50	28.80	29.59	29.50	29.77	13	33.80	-4
广东	17.78	25	18.32	19.26	20.10	20.16	20.69	21.46	22.22	21.77	21.68	26	21.93	1
广西	14.83	29	15.56	17.14	18.54	19.39	20.10	20.57	21.22	21.33	21.33	28	43.83	-1
海南	22.55	15	23.00	25.12	25.60	26.25	25.84	26.11	26.18	26.77	27.14	18	20.35	3
重庆	20.26	22	22.20	23.14	22.47	21.80	21.17	20.78	20.93	21.68	23.38	23	15.40	1
四川	22.87	14	24.60	26.37	27.07	27.55	28.16	27.77	28.31	28.79	29.25	15	27.90	1
贵州	21.72	18	21.74	22.49	22.94	22.77	21.41	20.57	20.99	21.50	22.27	25	2.53	7
云南	20.38	21	22.38	23.87	25.11	26.44	27.17	27.96	28.18	28.32	28.84	16	41.51	-5

续表

年份	2007		2008	2009	2010	2011	2012	2013	2014	2015	2016		2016 比 2007 增加	
	比例	排名	比例	比例	比例	比例	比例	比例	比例	比例	比例	排名	增加比例	排名
西藏	7.82	31	8.68	8.82	8.17	9.74	9.62	10.00	11.36	12.35	13.34	31	70.59	0
陕西	18.58	23	19.02	19.34	20.39	21.03	21.52	22.37	22.83	23.29	23.52	22	26.59	−1
甘肃	13.95	30	14.90	16.37	16.81	17.34	17.12	17.42	18.05	18.24	19.97	29	43.15	−1
青海	24.32	12	28.93	32.32	33.71	34.84	47.81	32.70	30.67	28.04	27.27	17	12.13	5
宁夏	28.34	4	29.21	29.52	29.29	28.70	28.67	27.93	26.03	25.59	26.29	19	−7.23	15
新疆	25.69	9	26.86	27.73	27.85	27.98	27.72	26.52	24.17	24.28	23.67	21	−7.86	12
标准差	5.26		5.63	5.90	6.14	6.31	7.43	6.49	6.43	6.27	6.38		21.29	
变异系数	0.247		0.252	0.252	0.252	0.250	0.287	0.246	0.239	0.231	0.232		−6.07	
极大值	30.41		32.87	34.68	36.06	37.28	47.81	37.48	38.30	38.76	39.77		30.78	
极小值	7.82		8.68	8.82	8.17	9.74	9.62	10.00	11.36	12.35	13.34		70.59	
极差	22.59		24.19	25.86	27.89	27.54	38.19	27.48	26.94	26.41	26.43		17.00	
极差率	3.89		3.79	3.93	4.41	3.83	4.97	3.75	3.37	3.14	2.98		−23.39	
京津沪三市	28.49		30.62	32.17	33.18	34.19	34.95	34.99	35.13	33.72	35.02		22.92	

续表

年份	2007		2008	2009	2010	2011	2012	2013	2014	2015	2016		2016比2007增加	
	比例	排名	比例	比例	比例	比例	比例	比例	比例	比例	比例	排名	增加比例	排名
东部八省	19.93		20.93	22.15	23.38	24.41	25.33	26.43	27.36	27.72	28.04		40.69	
中部八省	22.76		23.57	24.36	25.20	26.25	26.76	27.35	27.78	28.09	28.31		24.38	
西部十二省(区、市)	24.71		26.11	27.47	23.79	24.33	24.70	24.37	24.41	24.69	31.09		25.82	

注:表中比例及增加比例的单位均为“%”,变异系数及极差率无单位。

资料来源:根据2007—2016年《中国教育统计年鉴》中普通高中相关专任教师职称情况原始数据计算整理而得。

（二）2007—2016 年全国普通高中专任教师中具有高级职称教师比例的极值与位次变化分析

1. 普通高中专任教师中具有高级职称教师比例的极值分析

由表 5-8 排序可知，全国普通高中专任教师中具有高级职称教师比例 2016 年最大的 5 个省份为辽宁 39.77%、北京 37.75%、江苏 37.44%、江西 36.91%、天津 35.82%，最小的 5 个省份为山东 21.51%、广西 21.33%、甘肃 19.97%、山西 19.15%、西藏 13.34%，大于 35%的省份有 5 个，大于 30%的有 11 个，大于 25%的省份有 20 个，小于 25%的有 11 个，小于 20%的有 3 个。

这 10 年间全国普通高中专任教师中具有高级职称教师比例增加幅度最大的 5 个省份为江苏 75.77%、西藏 70.59%、河北 65.07%、福建 50.34%、浙江 50.04%，增幅最小的 5 个省份为青海 12.13%、上海 7.60%、贵州 2.53%、宁夏 -7.23%、新疆 -7.86%。这 10 年间，辽宁、天津、青海、江西、江苏、北京、上海是普通高中专任教师中具有高级职称教师比例最大的省份，贵州、河北、广西、山西、甘肃、西藏是专任教师中具有高级职称教师比例最小的省份，其中西藏这 10 年始终为最小，辽宁有 5 年、天津有 4 年为最大。

由表 5-8 可知，普通高中专任教师中具有高级职称教师比例的极大值从 2007 年的 30.41%增加到 2016 年的 39.77%，提高了 9.36 个百分点，增加了 30.78%，极小值从 7.82%增加到 13.34%，提高了 5.52 个百分点，增加了 70.59%，极差从 22.59%增加到 26.43%，增加了 17.00%，极差率从 3.89 下降到 2.98，下降了 23.39%，即虽然极大值、极小值及其绝对差距都在增加，但其相对差距却在减小。

2. 普通高中专任教师中具有高级职称教师比例的位次变化分析

这 10 年间全国普通高中专任教师中具有高级职称教师比例

的排名位次没有变化的为辽宁、西藏，分别位居第1位、第31位，排名位次后移的省份有16个，后移大于等于4位的有7个，湖北、青海、吉林、贵州分别后移了4、5、6、7位，上海从2007年的第3位后移到了2016年的第11位，后移了8位，新疆从第9位后移到了第21位，后移了12位，宁夏从第4位后移到了第19位，后移了15位，后移的位次越多说明这些省份普通高中专任教师中具有高级职称教师比例排名下跌越快。有13个省份的位次在前移，前移大于等于4位的省份有9个，其中江西、湖南均前移了4位，北京、云南均前移了5位，内蒙古、湖北分别前移了6、8位，浙江从第16位前移到了第6位，前移了10位，福建从第20位前移到了第10位，前移了10位，江苏从第19位前移到了第3位，前移了16位，前移的位次越多说明这些省份普通高中专任教师中具有高级职称教师比例排名上升越快。

（三）2007—2016年全国普通高中专任教师中具有高级职称教师比例的地区差异分析

由表5-8的相关数据可作出图5-4，图5-4反映了全国普通高中专任教师中具有高级职称教师比例的地区差异情况。由图5-4可知，京津沪三市专任教师中具有高级职称教师比例始终是最大的且明显高于其他地区，其次是中部八省，再次是东部八省，西部十二省（区、市）除前四年外（前三年高于中东部、2010年高于东部低于中部）始终是最低的，东部八省低于全国均值且差距不大，西部十二省（区、市）除前三年及2016年外均低于全国均值；即，全国普通高中专任教师中具有高级职称教师比例基本上是从京津沪、中部、东部、西部呈梯度递减趋势，京津沪远远高于其他地区。如普通高中专任教师中具有高级职称教师比例京津沪三市2007年为28.49%、东部八省为19.93%，相差8.56个百分点；京津

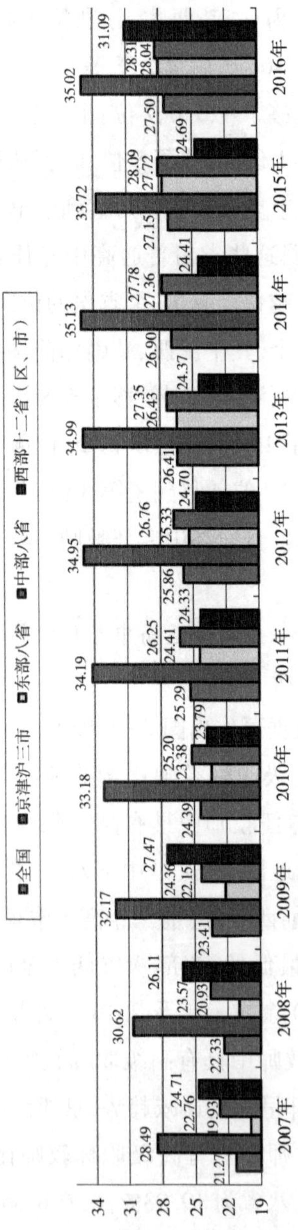

图 5-4 全国普通高中专任教师高级职称教师比例地区差异图（单位：%）

注：每组柱状从左到右分别代表全国、京津沪三市、东部八省、中部八省、西部十二省（区、市）的统计数据。

沪三市 2016 年为 35.02%、东部八省为 28.04%，相差 6.98 个百分点，差距比较明显。各地均呈逐年增加趋势，东部八省增速最大，西部十二省（区、市）次之，京津沪增速最小。

由表 5-8 可知，反映全国普通高中专任教师中具有高级职称教师比例各省份与全国均值的离差情况的标准差在 2007—2016 年的变化趋势是 5.26%↗5.63%↗5.90%↗6.14%↗6.31%↗7.43%↘6.49%↘6.43%↘6.27%↗6.38%，这 10 年间有升有降，累计上升了 21.29%，增加到 2016 年的 6.38%。反映各省份与全国均值间的差异情况的变异系数在 2007—2016 年的变化趋势是 0.247↗0.252→0.252→0.252↘0.250↗0.287↘0.246↘0.239↘0.231↗0.232，即这 10 年间全国普通高中专任教师中具有高级职称教师比例各省份与全国均值的差异是有增有减，共减小了 6.07%，减小到 2016 年的 0.232，差异不是很大。

二、2007—2016 年普通高中专任教师中具有中级职称教师比例的地区差异分析

（一）2007—2016 年全国普通高中专任教师中具有中级职称教师比例的总量分析

表 5-9 显示了 2007—2016 年这十年间全国普通高中专任教师中具有中级职称教师比例的变化情况。

由表 5-9 可知，全国普通高中专任教师中具有中级职称教师的比例从 2007—2016 年的变化趋势为 33.78%↗34.22%↗34.58%↗34.98%↗35.42%↗35.88%↗36.14%↗36.47%↗36.63%↘36.61%，稳定在 36%上下，除 2016 年有所下降之前 9 年均呈逐年增加趋势，这 10 年间增加了 2.83 个百分点，共增加了

表 5-9　2007—2016 年全国普通高中专任教师中具有中级职称教师比例变化情况表

年份	2007		2008	2009	2010	2011	2012	2013	2014	2015	2016		2016 比 2007 增加	
	比例	排名	比例	比例	比例	比例	比例	比例	比例	比例	比例	排名	增加比例	排名
高于全国均值省份数	15		16	11	13	13	14	14	14	14	13		17	
全国	33.78		34.22	34.58	34.98	35.42	35.88	36.14	36.47	36.63	36.61		8.38	
北京	34.75	12	34.58	34.13	33.70	33.50	32.77	32.45	32.65	32.02	32.02	25	-7.86	13
天津	32.14	20	32.72	34.66	37.81	40.38	42.47	43.99	44.44	44.44	43.31	2	34.75	-18
河北	35.90	9	37.54	37.05	37.35	37.81	38.59	39.37	40.07	40.84	41.06	4	14.37	-5
山西	28.33	31	28.13	28.06	27.73	28.02	27.85	28.79	29.28	30.19	30.20	28	6.60	-3
内蒙古	35.23	11	34.32	31.85	30.95	29.89	30.10	31.98	32.96	35.14	36.01	15	2.21	4
辽宁	30.19	27	30.70	31.19	31.64	33.02	33.57	34.19	35.01	34.84	34.90	20	15.60	-7
吉林	40.35	4	40.16	40.76	41.31	42.25	43.22	42.12	41.45	40.86	40.81	5	1.14	1
黑龙江	33.42	17	32.91	32.85	33.57	34.51	36.08	36.52	38.02	38.70	38.89	10	16.37	-7
上海	42.60	2	43.43	44.45	45.03	46.22	46.85	46.90	46.36	45.28	44.71	1	4.95	-1
江苏	31.08	24	31.78	33.59	35.70	37.44	39.27	40.01	40.03	40.40	40.00	8	28.70	-16
浙江	33.40	18	35.15	36.90	38.42	38.81	38.98	38.41	37.98	37.32	36.25	14	8.53	-4

续表

年份	2007		2008	2009	2010	2011	2012	2013	2014	2015	2016		2016 比 2007 增加	
	比例	排名	比例	比例	比例	比例	比例	比例	比例	比例	比例	排名	增加比例	排名
安徽	31. 23	22	31. 17	30. 66	31. 05	31. 50	32. 52	33. 40	34. 56	35. 09	35. 19	18	12. 68	-4
福建	35. 36	10	36. 48	37. 24	37. 08	37. 15	36. 70	36. 31	36. 65	37. 46	38. 48	11	8. 82	1
江西	33. 85	15	34. 79	34. 25	34. 66	34. 74	34. 88	34. 49	34. 28	33. 51	31. 17	26	-7. 92	11
山东	29. 87	28	30. 82	32. 10	32. 77	33. 71	34. 66	36. 01	37. 16	37. 31	37. 66	12	26. 08	-16
河南	29. 29	29	30. 10	30. 99	31. 27	31. 34	31. 97	32. 78	33. 79	33. 84	34. 04	22	16. 22	-7
湖北	37. 43	7	37. 74	37. 06	37. 09	37. 31	38. 78	39. 00	39. 66	40. 51	40. 78	6	8. 95	-1
湖南	41. 05	3	42. 10	42. 68	43. 04	43. 46	43. 49	42. 36	41. 16	40. 31	39. 00	9	-4. 99	6
广东	38. 13	5	38. 02	38. 31	38. 68	40. 09	40. 21	40. 45	41. 37	41. 08	41. 55	3	8. 97	-2
广西	37. 76	6	38. 69	40. 47	42. 04	42. 30	43. 03	42. 42	41. 49	40. 80	40. 32	7	6. 78	1
海南	30. 86	25	29. 18	30. 51	29. 85	29. 52	32. 41	33. 12	31. 74	33. 10	33. 51	23	8. 59	-2
重庆	34. 12	13	34. 37	34. 05	33. 27	32. 63	32. 69	33. 25	34. 39	35. 28	35. 90	16	5. 22	3
四川	33. 55	16	34. 43	34. 55	35. 61	35. 56	36. 14	36. 57	36. 45	36. 87	37. 36	13	11. 36	-3
贵州	31. 98	21	32. 27	33. 15	33. 13	32. 31	30. 68	29. 81	29. 53	29. 09	28. 86	30	-9. 76	9
云南	31. 08	24	30. 29	30. 39	29. 73	30. 26	30. 54	31. 07	31. 10	31. 21	30. 71	27	-1. 19	3

续表

年份	2007		2008	2009	2010	2011	2012	2013	2014	2015	2016		2016 比 2007 增加	
	比例	排名	比例	比例	比例	比例	比例	比例	比例	比例	比例	排名	增加比例	排名
西藏	28.95	30	29.17	32.52	33.02	32.96	36.06	37.97	37.41	35.54	34.78	21	20.14	-9
陕西	30.59	26	30.77	31.59	31.66	31.60	31.69	32.51	33.59	34.91	35.62	17	16.44	-9
甘肃	32.30	19	32.76	32.46	31.75	32.20	31.97	32.52	32.70	33.84	35.03	19	8.45	0
青海	46.14	1	41.90	38.28	37.60	35.50	35.14	33.97	33.98	32.35	32.10	24	-30.43	23
宁夏	37.15	8	35.30	32.95	31.82	30.28	28.65	28.08	27.76	28.65	28.91	29	-22.18	21
新疆	34.11	14	32.65	31.62	30.67	29.46	29.59	27.10	26.13	25.87	26.02	31	-23.72	17
标准差	4.24		4.04	3.89	4.25	4.65	4.91	4.89	4.83	4.63	4.57		7.78	
变异系数	0.125		0.118	0.112	0.122	0.131	0.137	0.135	0.133	0.127	0.125		0.00	
极大值	46.14		43.43	44.45	45.03	46.22	46.85	46.90	46.36	45.28	44.71		-3.10	
极小值	28.33		28.13	28.06	27.73	28.02	27.85	27.10	26.13	25.87	26.02		-8.15	
极差	17.81		15.30	16.39	17.30	18.20	19.00	19.80	20.23	19.41	18.69		4.94	
极差率	1.63		1.54	1.58	1.62	1.65	1.68	1.73	1.77	1.75	1.72		5.52	
京津沪三市	36.63		36.94	37.66	38.60	39.56	40.05	40.36	40.44	39.88	39.45		7.70	

续表

年份	2007		2008	2009	2010	2011	2012	2013	2014	2015	2016		2016 比 2007 增加	
	比例	排名	比例	比例	比例	比例	比例	比例	比例	比例	比例	排名	增加比例	排名
东部八省	33. 43		34. 30	35. 21	36. 02	37. 05	37. 72	38. 21	38. 75	38. 88	39. 00		16. 66	
中部八省	34. 00		34. 31	34. 29	34. 48	34. 77	35. 38	35. 56	35. 99	36. 10	35. 75		5. 15	
西部十二省(区、市)	33. 00		33. 19	33. 30	33. 60	33. 32	33. 38	33. 48	33. 50	33. 90	33. 93		2. 82	

注:表中比例及增加比例的单位均为“%”,变异系数及极差率无单位。

资料来源:根据 2007—2016 年《中国教育统计年鉴》中普通高中相关专任教师职称情况原始数据计算整理而得。

8.38%，增加到2016年的36.61%，增幅大于全国均值的省份有17个，增幅大于20%的有4个，大于10%的有11个，大于5%的有20个，在1%—5%之间的有3个，有8个省份的中级职称教师比例未增加而有所下降，其中青海降幅最大达30.43%。这10年间专任教师中具有中级职称教师比例高于各年全国均值的省份数从2007—2016年的变化趋势为15↗16↘11↗13→13↗14→14→14→14↘13，即截至2016年仍有13个省份的专任教师中具有中级职称教师比例要高于全国平均水平。

（二）2007—2016年全国普通高中专任教师中具有中级职称教师比例的极值与位次变化分析

1. 普通高中专任教师中具有中级职称教师比例的极值分析

由表5-9排序可知，全国普通高中专任教师中具有中级职称教师比例2016年最大的5个省份为上海44.71%、天津43.31%、广东41.55%、河北41.06%、吉林40.81%，最小的5个省份为云南30.71%、山西30.20%、宁夏28.91%、贵州28.83%、新疆26.02%，大于等于40%的省份有8个，大于35%的有19个，在30%—35%之间的有9个，小于30%的有3个。

这10年间全国普通高中专任教师中具有中级职称教师比例增加幅度最大的5个省份为天津34.75%、江苏28.70%、山东26.08%、西藏20.14%、陕西16.44%，增幅最小（降幅最大）的5个省份为江西-7.92%、贵州-9.76%、宁夏-22.18%、新疆-23.72%、青海-30.43%，呈下降的还有云南-1.19%、湖南-4.99%、北京-7.86%。这10年间，上海、天津、湖南、广西、广东、吉林是专任教师中具有中级职称教师比例最大的省份，云南、贵州、内蒙古、海南、宁夏、山西、新疆是专任教师中具有中级职称教师比例最小的省份，其中山西前6年、新疆后4年为最小，上海后9年为最大。

由表5-9可知，普通高中专任教师中具有中级职称教师比例的极大值从2007年的46.14%下降到2016年的44.71%，减少了3.10%，极小值从28.33%下降到26.02%，减小了8.15%，极差从17.81%上升到18.69%，增加了4.94%，极差率从1.63上升到1.72，增加了5.52%，即极大值与极小值在缩小，但其绝对差距与相对差距却在增加。

2. 普通高中专任教师中具有中级职称教师比例的位次变化分析

这10年间全国普通高中专任教师中具有中级职称教师比例的排名位次没有变化的为甘肃，位居第19位，排名位次后移的省份有13个，后移大于等于4位的有8个，内蒙古、湖南、贵州、江西分别后移了4、6、9、11位，北京从2007年的第12位后移到了2016年的第25位、后移了13位，新疆从第14位后移到了第31位，后移了17位，宁夏从第8位后移到了第29位，后移了21位，青海从第1位后移到了第24位，后移了23位，后移的位次越多说明这些省份普通高中专任教师中具有中级职称教师比例排名下跌越快。有17个省份的位次在前移，前移大于等于4位的省份有11个，其中浙江、安徽均前移了4位，河北前移了5位，辽宁、黑龙江、河南均前移了7位，西藏、陕西均前移了9位，江苏从2007年的第24位前移到了2016年的第8位，前移了16位，山东从第28位前移到了第12位，前移了16位，天津从第20位前移到了第2位，前移了18位，前移的位次越多说明这些省份普通高中专任教师中具有中级职称教师比例排名上升越快。

（三）2007—2016 年全国普通高中专任教师中具有中级职称教师比例的地区差异分析

由表 5-9 的相关数据可作出图 5-5，图 5-5 反映了全国普通高中专任教师中具有中级职称教师比例的地区差异情况。由图 5-5 可知，京津沪三市专任教师中具有中级职称教师比例始终是最大的，其次是东部八省（2007—2008 年第二高为中部八省），再次是中部八省（2007—2008 年第三高为东部八省），西部十二省（区、市）始终是最低；即，全国普通高中专任教师中具有中级职称教师比例基本上是从京津沪、东部、中部、西部自东向西呈梯度递减趋势。如普通高中专任教师中具有中级职称教师比例京津沪三市 2007 年为 36.63%、西部十二省（区、市）为 33.00%，相差 3.63 个百分点；京津沪三市 2016 年为 39.45%、西部十二省（区、市）为 33.93%，相差 5.53 个百分点，差距比较大，该比例各地基本呈逐年增加趋势，京津沪三市保持在 40%上下，西部十二省（区、市）始终在 33%—34%之间徘徊，东部八省增幅最大（16.66%）到 2016 年达到 39.00%，京津沪三市次之，西部十二省（区、市）增速最低。

由表 5-9 可知，反映全国普通高中专任教师中具有中级职称教师比例各省份与全国均值的离差情况的标准差在 2007—2016 年的变化趋势是 4.24%↘4.04%↘3.89%↗4.25%↗4.65%↗4.91%↘4.89%↘4.83%↘4.63%↘4.57%，这 10 年间有升有降，累计增加了 7.78%，上升到 2016 年的 4.57%。反映各省份与全国均值间的差异情况的变异系数在 2007—2016 年的变化趋势是 0.125↘0.118↘0.112↗0.122↗0.131↗0.137↘0.135↘0.133↘0.127↘0.125，即这 10 年间全国普通高中专任教师中具有中级职称教师比例各省份与全国均值的差异有增有减，但 2016 年与 2007 年持平，差异较小。

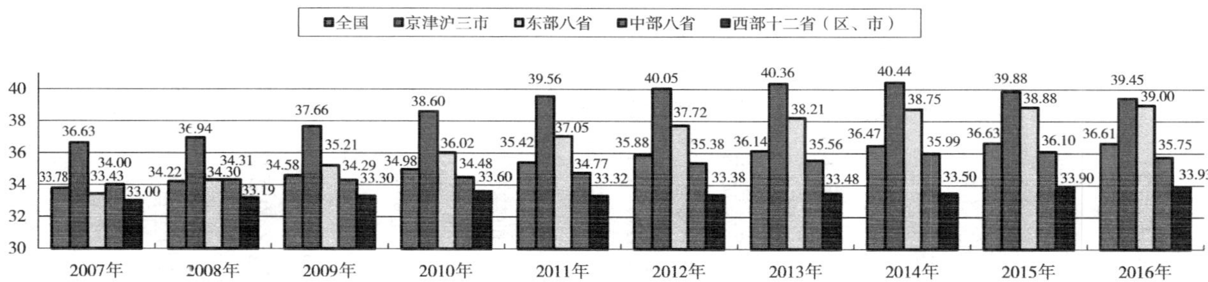

图 5–5　全国普通高中专任教师中级职称教师比例地区差异图（单位：%）

注：每组柱状从左到右分别代表全国、京津沪三市、东部八省、中部八省、西部十二省（区、市）的统计数据。

第五节 小　　结

第一,因全国普通高中专任教师数逐年增加,而在校生数却基本呈逐年下降趋势,故专任教师生师比呈逐年下降趋势,从2007年的17.48下降到2016年的13.65,下降了21.91%;降幅最大的为西藏、安徽、江苏、北京、湖北(在33.54%—37.96%之间,各省份按降序排列,下同),降幅最小的为新疆、广西、青海、云南、江西(在0.29%—11.37%之间)。十年间普通高中专任教师生师比高于全国均值的省份数在11—16个之间,有7年在14个及以下。最大与最小省份截至2016年差距为9.47,相差1.22倍。

这10年间全国普通高中专任教师生师比的排名位次没有变化的为北京、上海、天津、海南;排名位次后移的省份有12个,后移超过10位的有辽宁、内蒙古、西藏、湖北,分别后移了12、13、16、18位,后移的位次越多说明这些省份迅速地减少了专任教师生师比;有15个省份的位次在前移,前移超过10位的有新疆、青海、云南、江西,分别前移了10、12、15、16位,前移的位次越多说明这些省份迅速地提升了专任教师生师比的相对靠前的排位。

全国普通高中专任教师生师比从西部(前3年中部八省最大)、中部、东部、京津沪自西向东呈梯度递减趋势,呈现出西弱东强、京津沪远远甩开其他地区的态势,中西部差距很小;各地均呈逐年下降趋势,京津沪的降幅最大,东部八省次之,西部十二省(区、市)降幅最小;各省份与全国均值间的差异水平较低(变异系数在0.135—0.165之间),呈逐年增加趋势。

第二,全国普通高中专任教师中女教师比例从2007年的45.15%逐年增加到2016年的52.14%,增加了15.48%,增幅最大的为海南、西藏、甘肃、宁夏、江西（在 25.20%—30.18%之间），增幅最小的为吉林、黑龙江、辽宁、天津、北京（在 2.72%—8.40%之间）。这 10 年间普通高中女专任教师比例高于全国均值的省份数量在 13—17 个之间，有 6 年在 14 个及以下。最大与最小省份截至 2016 年差距为 32.74%，相差 0.84 倍。

这 10 年间普通高中女专任教师比例的排名位次没有变化的的省份有 13 个，其中北京、天津、辽宁、上海、吉林分别位居第 1、2、3、4、5 位；排名位次后移的省份有 10 个，其中江苏、山东、青海均后移了 4 位，浙江后移了 5 位，后移的位次越多说明这些省份在女专任教师比例相对位置下降越明显；有 8 个省份的位次在前移，前移了 4 位及以上的有广西、宁夏、海南，分别前移了 4、5、11 位，前移的位次越多说明这些省份在女专任教师比例相对位置上升越明显。

全国普通高中专任教师中女教师比例京津沪最高（在 65.67%—69.30%之间），其次是东部八省（在 48.01%—54.65%之间）、再次是西部十二省（区、市）（在 42.14%—50.20%之间），中部八省始终为最低地区（在 41.76%—49.10%之间），且京津沪明显高于其他地区，它们均呈逐年增加趋势，西部十二省（区、市）增速最快，中部八省次之，京津沪最低。各省份与全国均值间的差异水平不大（变异系数在 0.177—0.233 之间），且呈逐年下降趋势。

第三，全国普通高中每百名学生拥有研究生学历专任教师数从 2007 年的 0.10 人，逐年增加到 2016 年的 0.58 人，增加了 4.8 倍，增幅最大的为江苏、辽宁、山西、甘肃、安徽（在 780.00%—1083.33%之间），增幅最小的为云南、新疆、江西、广西、吉林（在 200.00%—285.71%之间）。这 10 年间普通高中每百名学生拥有研究生学历专任教师数高于全国均值的省份数量在11—14个之间,有9年在13个及以下。最大与最小省份截至2016年差距为3.15人,相差15.34倍,差距甚为悬殊。

这10年间普通高中每百名学生拥有研究生学历专任教师数的排名位次没有变化的为北京、上海、天津、西藏、贵州,分别位居第1、2、3、19、31位;排名位次后移的省份有13个,后移10位及以上的有青海、江西、广西,分别后移了10、12、14位,后移的位次越多说明这些省份在其普通高中每百名学生拥有研究生学历专任教师的相对排位迅速降低了;排名位次前移的省份有13个,前移超过10位及以上的有河北、黑龙江、辽宁、甘肃,分别前移了10、10、12、13位,前移的位次越多说明这些省份在努力增加研究生学历教师数量上成效显著,迅速地提升了其相对排位。

全国普通高中每百名学生拥有研究生学历专任教师数从京津沪、东部、中部、西部自东向西呈梯度递减的趋势,京津沪远高于其他地区,是东部八省的3.17—4.70倍、是西部的6.10—15.26倍,各地均呈逐年增加趋势,东部八省增速最快,中部八省次之,西部十二省(区、市)增速最慢。各省份与全国均值间的差异水平非常大(变异系数在1.109—1.221之间),2013年之前呈逐年下降趋势,之后又有所上升,但2016年仍低于2007年水平。

第四,全国普通高中每百名学生拥有高级职称专任教师从2007年的1.22人,逐年增加到2016年的2.01人,增加了64.75%,增幅最大的为江苏、西藏、北京、河北、内蒙古(在108.87%—175.00%之间),增幅最小的为江西、青海、贵州、宁夏、新疆(在4.02%—38.71%之间)。这十年间普通高中每百名学生拥有高级职称专任教师数高于全国均值的省份数量在14—19个之间,有6年在16个及以下。最大与最小省份截至2016年差距为3.70人,相差

3.17倍,差距较大。

这10年间全国普通高中每百名学生拥有高级职称专任教师数的排名位次没有变化的为北京、天津、辽宁、四川、广东、山西、西藏,分别位居第1、3、5、17、24、25、31位;排名位次后移的省份有12个,后移8位及以上的有青海、贵州、宁夏、新疆,分别后移了8、8、12、17位,后移的位次越多说明这些省份普通高中每百名学生拥有高级职称专任教师数的相对排名较快地滑落了;排名位次前移的省份有12个,前移8位及以上的有河北、安徽、内蒙古、江苏,分别前移了8、10、11、11位,前移的位次越多说明这些省份在增加高级职称教师数量上的相对努力很强,迅速地提升了其相对排位。

全国普通高中每百名学生拥有高级职称专任教师数从京津沪、东部、中部、西部自东向西呈梯度递减的趋势,京津沪明显高于其他地区,是东部八省的近2倍、西部十二省(区、市)的2倍多,各地均呈逐年增加趋势,东部八省增速最快,京津沪次之,西部十二省(区、市)增速最慢。各省份与全国均值间的差异水平较大(变异系数在0.356—0.450之间),2012年达到最大值,之后有所下降但2016年仍高于2007年水平。

第五,全国普通高中专任教师中具有研究生学历教师的比例从2007年的1.77%上升到2016年的7.94%,提升了6.17个百分点,增长了近3.5倍,增幅最大的为江苏、河北、甘肃、山西、黑龙江(在557.73%—650.26%之间),增幅最小的为北京、西藏、广西、新疆、吉林(在114.60%—245.48%之间)。这10年间专任教师中具有研究生学历教师比例于高全国均值的省份数在12—14个之间,有6年在13个及以下。最大与最小省份截至2016年差距为22.79%,相差7.16倍,差距相当大。

这10年间全国普通高中专任教师中具有研究生学历教师比

例的排名位次没有变化的为北京、上海、天津，分别位居第1、2、3位；排名位次后移的省份有14个，后移8位及以上的有四川、广西、西藏，分别后移了8、9、11位，后移的位次越多说明这些省份普通高中专任教师中具有研究生学历教师比例从排名较靠前迅速跌落到较靠后；排名位次前移的省份有14个，前移9位及以上的有辽宁、黑龙江、河北，分别前移了9、9、11位，前移的位次越多说明这些省份普通高中专任教师中具有研究生学历教师比例从排名较靠后迅速爬升到较靠前。

全国普通高中专任教师中具有研究生学历教师比例从京津沪、东部、中部、西部自东向西呈梯度递减趋势，也就是东强西弱、且京津沪远远高于其他地区，截至2016年京津沪是东部八省的2.26倍、是西部十二省（区、市）的3.64倍，各地均呈逐年增加趋势，东部八省增幅最大（4.62倍），中部八省次之，京津沪增速最小（2.51倍）。各省份与全国均值间的差异水平相当大（变异系数在0.591—0.845之间），2012年之前呈逐年递减趋势，之后有所增加，但2016年仍低于2007年水平。

第六，全国普通高中专任教师学历达标率从2007年的89.30%上升至2016年的97.91%，提升了8.61个百分点，增加了9.64%，增幅最大的为甘肃、青海、江西、新疆、陕西（在13.16%—23.12%之间），增幅最小的为天津、吉林、浙江、北京、上海（在0.97%—4.62%之间）。这10年间普通高中专任教师学历达标率高于年全国均值的省份个数在14—18个之间，有8年在15个（7年为15个）及以下。最大与最小省份截至2016年差距为6.95%，相差0.07倍，差距很小。

这10年间全国普通高中专任教师学历达标率的排名位次没有变化的为上海、北京、山东、黑龙江、青海，分别位居第1、2、9、

10、30位；排名位次后移的省份有14个，后移6位及以上的有湖南、河南、湖北，分别后移了6、8、9位，后移的位次越多说明这些省份普通高中专任教师学历达标率从排名较靠前迅速跌落到较靠后；排名位次前移的省份有12个，前移5位及以上的有河北、山西、江苏、广东、山西，分别前移了5、5、5、10、12位，前移的位次越多说明其排名较靠后迅速爬升到较靠前。

全国普通高中专任教师学历达标率从京津沪、东部、中部、西部自东向西呈梯度递减趋势，差距由近11个百分点迅速缩小到2.52个百分点，各地均呈逐年增加趋势，西部十二省（区、市）增速最大，中部八省次之，京津沪三市增速最小。各省份与全国均值间的差异水平相当小（变异系数在0.015—0.056之间），且呈逐年下降趋势。

第七，全国普通高中专任教师中具有高级职称教师的比例从2007年的21.27%提升至2016年的27.50%，提升了6.23个百分点，增加了29.29%，增幅最大的为江苏、西藏、河北、福建、浙江（在50.04%—75.77%之间），增幅最小的为青海、上海、贵州、宁夏、新疆（在-7.86%—12.13%之间）。这10年间普通高中专任教师中具有高级职称教师比例高于全国均值的省份个数在16—20之间，有8年在17及以上。最大与最小省份截至2016年差距为26.43%，相差1.98倍，差距较大。

这10年间全国普通高中专任教师中具有高级职称教师比例的排名位次没有变化的为辽宁、西藏，分别位居第1位、第31位；排名位次后移的省份有16个，后移8位及以上的有上海、新疆、宁夏，分别后移了8、12、15位；后移的位次越多说明这些省份普通高中在增加专任教师中具有高级职称教师比例的努力成效不明显，排名迅速往后跌落；排名位次前移的省份有13个，前移8位及以上的有湖北、浙江、福建、江苏，分别前移了 8、10、10、16 位，前移的位次越多说明这些省份普通高中在增加专任教师中具有高级职称教师比例的努力成效显著，排名迅速往前提升。

全国普通高中专任教师中具有高级职称教师比例从京津沪、中部、东部、西部呈梯度递减趋势，京津沪明显高于其他地区，各地均呈逐年增加趋势，东部八省增速最大，西部十二省（区、市）次之，京津沪增速最小。各省份与全国均值间的差异水平不是很大（变异系数在 0. 231 — 0. 287 之间），差异有增有减，2016 年低于 2006 年的差异水平。

第八，全国普通高中专任教师中具有中级职称教师的比例从 2007 年的 33. 78%上升至 2016 年的 36. 61%，稳定在 36%上下，增加了 8. 38%，增幅最大的为天津、江苏、山东、西藏、陕西（在 16. 44%—34. 75%之间），增幅最小（降幅最大）的为江西、贵州、宁夏、新疆、青海（降幅在 7. 92%—30. 43%之间）。这 10 年间专任教师中具有中级职称教师比例高于全国均值的省份数在 13—16 个之间，有 8 年在 14 个及以下。最大与最小省份截至 2016 年差距为 18. 69%，相差 0. 72 倍，差距不是很大。

这 10 年间全国普通高中专任教师中具有中级职称教师比例的排名位次没有变化的为甘肃，位居第 19 位；排名位次后移的省份有 13 个，后移 9 位及以上的有贵州、江西、北京、新疆、宁夏、青海，分别后移了 9、11、13、17、21、23 位，后移的位次越多说明这些省份普通高中专任教师中具有中级职称教师比例排名下跌越厉害；排名位次前移的省份有 17 个，前移 9 位及以上的有西藏、陕西、江苏、山东、天津，分别前移了 9、9、16、16、18 位，前移的位次越多说明这些省份普通高中专任教师中具有中级职称教师比例的排名上升越快。

全国普通高中专任教师中具有中级职称教师比例基本上是从京津沪、东部、中部、西部自东向西呈梯度递减趋势，各地基本呈逐年（后两年除外）增加趋势，中部八省增幅最大，东部八省次之，西部十二省（区、市）增速最小。各省份与全国均值间的差异水平较小（变异系数在 0.112—0.137 之间），差异有增有减，2016 年与 2007 年处于相同差异水平。

第九，总体来看，在每个教师能服务的最少学生数（生师比虽最小却最有利于教育教学质量提高）、教师职称及学历构成上京津沪三市都远高于其他地区，基本上呈现出从京津沪、东部、中部、西部自东向西梯度递减的态势（除女专任教师比例西部大于中部、高级职称专任教师比例中部大于东部外）。就全国普通高中专任教师配置的各指标的各省份间差异程度而言，各省份与全国均值间的离差水平从高到低依次是：每百名学生拥有研究生学历专任教师数的差异水平非常大（变异系数在 1.109—1.221 之间）、具有研究生学历专任教师比例的差异水平相当大（变异系数在 0.591—0.845 之间）、每百名学生拥有高级职称专任教师数的差异水平较大（变异系数在 0.356—0.450 之间）、具有高级职称专任教师比例的差异水平不是很大（变异系数在 0.231—0.287 之间）、女专任教师比例的差异水平不大（变异系数在 0.177—0.233 之间）、专任教师生师比的差异水平较低（变异系数在 0.135—0.165 之间）、具有中级职称教师比例的差异水平较小（变异系数在 0.112—0.137 之间）、学历达标率的差异水平相当小（变异系数在 0.015—0.056 之间）。

第六章　中职、普高物力资源地区差异分析

本章选择生均图书册数、每百名学生拥有教学用计算机台数、生均固定资产总值三个指标来衡量全国中等职业学校物力资源的配置差异状况。通过比较分析发现，生均图书册数的配置普高要优于中职，每百名学生拥有教学用计算机台数的配置中职要优于普高，生均固定资产总值的配置普高要优于中职；这三个指标在中职与普高间的配置差距均呈增加趋势，生均图书册数、每百名学生拥有教学用计算机台数及生均固定资产总值的配置普通高中均存在中部塌陷现象，中等职业学校西部最低，京津沪三市始终是最大的，远远高于其他地区，且京津沪与其他地区间的差距在迅速扩大。除了教学用计算机外其他两项硬件投入指标来衡量中职的资源投入明显不足，这种明显的低资本投入与中职教育的职业技术技能教育本质需求是不相符合的。

第一节　引　言

一、中职、普高物力资源地区差异的研究回顾

目前对于中职及普高的物力资源部分的研究主要集中在有关学校的各类教育教学设备设施等的管理，仅有一个佚名的数字比较了普通高中教学设施、图书学校达标率，发现普通高中仪器达标

率2000年为65.35%，比1995年增加13.99个百分点；图书馆藏书达标率2000年为64.3%，比1995年增加15.3个百分点；体育器材达标率2000年为60.18%，比1995年增加19.91个百分点①。此外，霍益萍和朱益明还比较了2012—2013年全国普通高中与中等职业学校的生均校舍建筑面积及每百名学生拥有教学用计算机台数的变化情况、2013年各省份普通高中分城乡生均仪器设备值水平的变化情况，发现高中办学条件仍需改善②。

其他关于学校物力资源的建设与管理的研究比较多见，如岳文果认为，普通高中学校硬件资源建设要遵循经济实用、统筹规划、共建共享的原则，要注重组织保障、经费保障和制度保障，以提高普通高中学校硬件资源利用率，建立区域性硬件资源共享机制，加强薄弱高中的硬件资源建设③。杨纯④及李爱华⑤认为，中职及高中学校固定资产管理存在重购置轻管理、管理机构不健全管理人员分工不明确、管理措施不完善管理制度不严格、管理技术手段落后、闲置浪费严重、使用效率低下、资产家底不清账实不符等问题。以及其他一些关于做好图书资料⑥、体育教学设施等管理方面的研究。

---

① 佚名：《1995年与2000年普通高中教学设施、图书学校达标率比较》，《教育发展研究》2001年第12期。

② 霍益萍、朱益明：《中国高中阶段教育发展报告2015》，华东师范大学出版社2016年版，第34—41页。

③ 岳文果：《甘肃省普通高中硬件资源建设的思考》，《科技教育》2009年第5期。

④ 杨纯：《浅谈中职学校固定资产管理》，《经济研究导刊》2012年第11期。

⑤ 李爱华：《高中学校固定资产管理存在的问题分析》，《中国外资》2012年第9下期。

⑥ 汪乐平：《新形势下做好高中图书和资料管理的策略研究》，《教学与管理》2016年第12期。

二、本章研究内容

本章将通过对生均图书册数、每百名学生拥有教学用计算机台数、生均固定资产总值这三个指标在2007—2016年这10年间的地区间的配置差异变化情况来发现中职、普高的物力资源配置差异问题。具体测度差异的指标为极差、极差率、标准差、变异系数。

第二节　2007—2016年中职、普高生均图书册数地区差异分析

一、2007—2016年中等职业学校生均图书册数地区差异分析

（一）2007—2016年全国中等职业学校生均图书册数的总量分析

表6-1显示了2007—2016年这十年间全国中等职业学校生均图书册数的变化情况。

由表6-1可知，全国中等职业学校生均图书册数从2007—2016年的变化趋势为19.9册↘19.3册↘18.7册↗18.9册↗19.8册↗21.4册↗22.8册↗24.1册↗25.1册↗25.6册，2007—2009年呈逐年下降趋势，2010年起呈逐年增加趋势，这10年间中等职业学校生均图书册数增加了5.7册，各年年增长（或下降）率均为个位数，2012年增长率最高达8.08%，其次为2013年6.54%，十年间共增加了28.64%，增幅大于全国均值的省份有18个，大于100%的有2个，大于90%的有3个，大于80%的有7个，大于50%的有10个，在30%—50%之间的有8个，低于30%（且低于16%）的有13个，低于10%的有10个（含下降的），不增反而下

表 6-1　2007—2016 年全国中等职业学校生均图书册数变化情况表

年份	2007		2008	2009	2010	2011	2012	2013	2014	2015	2016		2016 比 2007 增加	
	册数	排名	册数	册数	册数	册数	册数	册数	册数	册数	册数	排名	增加比例	排名
高于全国均值省份数	14		16	15	14	12	12	14	14	16	16		18	
全国	19.9		19.3	18.7	18.9	19.8	21.4	22.8	24.1	25.1	25.6		28.64	
北京	28.7	3	29.2	33.4	33.3	28.3	24.8	30.2	39.6	52.1	58.4	1	103.48	−2
天津	26.9	4	29.1	34.0	38.7	41.5	41.1	36.8	40.0	36.6	35.5	3	31.97	−1
河北	22.5	10	23.6	18.2	18.0	21.7	24.8	25.8	29.6	31.0	29.3	11	30.22	1
山西	17.7	21	16.9	15.6	14.9	16.4	19.1	21.9	24.2	27.1	30.2	9	70.62	−12
内蒙古	20.8	13	21.1	15.6	16.0	16.7	20.3	23.6	26.0	25.9	29.8	10	43.27	−3
辽宁	22.7	9	21.8	22.6	23.1	24.4	24.5	25.6	26.2	26.5	26.1	15	14.98	6
吉林	35.1	1	30.2	21.9	23.6	23.1	27.0	32.7	42.3	41.3	40.6	3	15.67	2
黑龙江	19.5	16	16.9	14.8	15.5	15.7	16.8	17.4	19.9	19.8	19.3	24	−1.03	8
上海	31.6	2	31.9	35.0	38.7	46.6	40.4	42.8	49.6	54.3	56.9	2	80.06	0
江苏	18.5	19	19.8	22.4	23.7	28.7	32.9	33.1	34.7	35.6	35.5	4	91.89	−15
浙江	21.6	11	23.2	22.9	22.7	21.6	24.7	26.3	28.7	30.0	31.1	8	43.98	−3

续表

年份	2007		2008	2009	2010	2011	2012	2013	2014	2015	2016		2016 比 2007 增加	
	册数	排名	册数	册数	册数	册数	册数	册数	册数	册数	册数	排名	增加比例	排名
安徽	16.5	25	15.9	16.9	16.7	23.5	26.4	30.2	30.3	31.0	33.1	5	100.61	−20
福建	19.5	17	20.8	18.6	19.0	18.2	20.1	20.3	23.8	25.9	26.0	16	33.33	−1
江西	17.6	22	20.1	21.1	21.0	19.3	22.3	22.9	22.6	24.3	27.0	14	53.41	−8
山东	19.2	18	19.0	21.7	23.4	21.1	21.9	23.4	24.7	28.1	28.7	12	49.48	−6
河南	21.3	12	20.3	18.9	20.4	21.4	21.4	23.1	23.1	24.5	21.6	21	1.41	9
湖北	15.3	26	14.5	16.9	19.8	19.0	28.1	31.3	30.2	29.7	28.0	13	83.01	−13
湖南	17.8	20	19.0	19.1	19.6	19.0	19.9	20.9	20.3	19.2	18.1	26	1.69	6
广东	25.3	5	22.6	20.7	15.9	16.9	18.1	20.0	21.6	24.2	25.5	17	0.79	12
广西	22.8	8	20.4	20.8	16.6	17.6	17.1	17.1	18.2	19.2	20.9	22	−8.33	14
海南	19.6	15	16.8	12.3	11.4	11.8	13.6	14.0	13.1	16.6	17.0	29	−13.27	14
重庆	13.2	30	12.7	14.5	16.3	17.0	18.7	21.2	21.0	22.7	23.3	20	76.52	−10
四川	16.7	24	13.3	11.6	13.5	14.1	14.3	15.6	16.9	17.5	18.7	25	11.98	1
贵州	13.4	28	13.4	13.7	13.7	15.0	16.2	12.0	12.2	11.8	14.3	31	6.72	3
云南	23.3	6	21.1	18.9	16.7	16.0	16.6	18.5	18.7	18.3	17.6	27	−24.46	21

续表

年份	2007		2008	2009	2010	2011	2012	2013	2014	2015	2016		2016 比 2007 增加	
	册数	排名	册数	册数	册数	册数	册数	册数	册数	册数	册数	排名	增加比例	排名
西藏	13.3	29	12.3	12.3	5.5	8.5	7.3	13.8	18.6	21.9	24.5	18	84.21	-11
陕西	17.4	23	15.1	14.5	15.7	17.6	20.3	22.7	27.2	30.5	32.0	7	83.91	-16
甘肃	23.2	7	20.6	18.5	18.6	21.3	19.4	21.6	23.2	25.4	23.7	19	2.16	12
青海	10.6	31	10.4	11.4	10.5	12.2	14.2	14.9	14.5	13.7	15.2	30	43.40	-1
宁夏	14.9	27	12.8	10.8	11.2	9.7	12.4	15.6	16.5	14.7	19.5	23	30.87	-4
新疆	20.2	14	19.3	19.4	22.5	18.5	19.8	20.5	21.9	19.9	17.6	28	-12.87	14
标准差	5.4		5.4	6.2	7.3	7.9	7.3	7.2	8.8	9.9	10.4		92.59	
变异系数	0.271		0.280	0.329	0.387	0.400	0.340	0.316	0.365	0.393	0.407		50.18	
极大值	35.1		31.9	35.0	38.7	46.6	41.1	42.8	49.6	54.3	58.4		66.38	
极小值	10.6		10.4	10.8	5.5	8.5	7.3	12.0	12.2	11.8	14.3		34.91	
极差	24.5		21.5	24.2	33.2	38.2	33.8	30.9	37.4	42.5	44.1		80.00	
极差率	3.31		3.07	3.24	7.03	5.51	5.60	3.57	4.06	4.59	4.08		23.26	
京津沪三市	29.3		30.1	34.2	36.7	38.2	34.0	36.4	43.5	48.1	50.1		70.99	

续表

年份	2007		2008	2009	2010	2011	2012	2013	2014	2015	2016		2016 比 2007 增加	
	册数	排名	册数	册数	册数	册数	册数	册数	册数	册数	册数	排名	增加比例	排名
东部八省	21.1		21.3	20.7	19.4	21.1	23.1	24.2	26.1	25.2	28.6		35.55	
中部八省	18.8		18.4	18.2	19.1	20.2	22.6	25.0	25.4	25.9	25.7		36.70	
西部十二省(区、市)	18.4		16.4	15.4	16.3	16.2	17.0	17.9	19.0	19.3	20.3		10.33	

注:①表中增加比例的单位为“%”,册数单位为“册”,变异系数、极差率无单位。

②表中统计数据均未含技工学校的数据。

资料来源:根据 2007—2016 年《中国教育统计年鉴》中的中等职业学校的图书册数、在校学生数的原始数据计算整理而得。

降的有 5 个。这 10 年间中等职业学校生均图书册数高于各年全国均值的省份个数从 2007—2016 年的变化趋势为 14↗16↘15↘14↘12→12↗14→14↗16→16，即基本有不到全国一半（12—16 个，其中 2008 年、2015—2016 年均为 16 个除外）省份的生均图书册数要高于全国均值，截至 2016 年仍有 16 个省份的要高于全国平均水平。

（二）2007—2016 年全国中等职业学校生均图书册数的极值与位次变化分析

1. 中等职业学校生均图书册数的极值分析

由表 6-1 排序可知，全国中等职业学校生均图书册数 2016 年最多 5 省份为北京 58.4 册、上海 56.9 册、吉林 40.6 册、天津 35.5 册、江苏 35.5 册，最少 5 省份为云南 17.6 册、新疆 17.6 册、海南 17.0 册、青海 15.2 册、贵州 14.3 册，大于 56 册的省份有 2 个，大于 40 册的有 3 个，大于 30 册的有 9 个，大于 25 册的有 17 个，在 20—25 册之间的有 5 个，小于 20 册的有 9 个，小于 18 册的有 5 个，小于 15 册的有 1 个。2007 年最多 5 省份中的北京、上海、吉林、天津到 2016 年仍位居最大 5 省份且分别为第一至第四大省份，2007 年位居第 5 的广东省在 2016 年被江苏省所取代，青海、贵州于 2007 及 2016 年均位居最少 5 省份之列，其他位居最少 5 省份的都是西部的省份（2016 年海南位居倒数第三除外）。

这 10 年间全国中等职业学校生均图书册数增加幅度最大的 5 省份为北京 103.48%、安徽 100.61%、江苏 91.89%、西藏 84.21%、陕西 83.91%，增幅最小（降幅最大）的 5 省份为黑龙江-1.03%、广西-8.33%、新疆-12.87%、海南-13.27%、云南-24.46%。这 10 年间，上海、北京、吉林、天津、江苏是中等职业学校生均图书册数最大的省份，四川、青海、海南、宁夏、西藏、贵州是中等职业学校生均图书册数最小的省份，其中上海有 6 年、天津有 2 年、北京和吉林各有 1 年为最大，贵州在 2013—2016 年、西藏在 2010—2012 年、宁夏在 2009 年、青海在 2007—2008 年为最小。

由表 6-1 可知，中等职业学校生均图书册数的极大值从 2007 年的 35.1 册增加到 2016 年的 58.4 册，增加了 66.38%，极小值从 10.6 册增加到 14.3 册，增加了 34.91%，极差从 24.5 册上升到 44.1 册，增加了 80.00%，极差率从 3.31 增加到 4.08（中间有降有升），2010 年最大为 7.03，增加了 23.36%，即极大值、极小值都在增加，其相对差距与绝对差距也都在增加。

2. 中等职业学校生均图书册数的位次变化分析

这 10 年间全国中等职业学校生均图书册数的排名位次没有变化的为上海，位居第 2 位。排名位次后移的省份有 14 个，后移大于等于 6 位的有 10 个，湖南、辽宁均后移了 6 位，黑龙江、新疆后移了 8、9 位，甘肃从第 7 位后移到了第 19 位、后移了 12 位，广东从第 5 位后移到了第 17 位、后移了 12 位，新疆从第 14 位后移到了第 28 位、后移了 14 位，海南从第 15 位后移到了第 29 位、后移了 14 位，广西从第 8 位后移到了第 22 位、后移了 14 位，云南从第 6 位后移到了第 27 位、后移了 21 位，后移的位次越多说明这些省份中等职业学校生均图书册数排名下跌越厉害。有 16 个省份的位次在前移，前移大于等于 6 位的省份有 9 个，其中山东、江西、重庆分别前移了 6、8、10 位，西藏从第 29 位前移到了第 18 位、前移了 11 位，山西从第 21 位前移到了第 9 位、前移了 12 位，湖北从第 26 位前移到了第 13 位、前移了 13 位，江苏从第 19 位前移到了第 4 位、前移了 15 位，陕西从第 23 位前移到了第 7 位、前移了 16 位，安徽从第 25 位前移到了第 5 位、前移了 20 位，前移的位次越多说明这些省份中等职业学校生均图书册数排名上升越快。

（三）2007—2016年全国中等职业学校生均图书册数的地区差异分析

由表6-1的相关数据可作出图6-1，图6-1反映了全国中等职业学校生均图书册数的地区差异情况。由图6-1可知，京津沪三市中等职业学校生均图书册数始终是最大的（超过东部八省8.2—22.9册），其次是东部八省（超过全国均值0.1—3.0册），再次是中部八省（除2007—2009年低于全国均值0.5—1.1册外，2010—2016年均超过全国均值0.1—2.2册），西部十二省（区、市）是最低的（低于全国均值0.4—7.1册）；即，全国中等职业学校生均图书册数从京津沪、东部、中部、西部呈梯度递减趋势，也就是东强西弱、京津沪远远高于其他地区且与其他地区差距在迅速扩大，京津沪是东部的1.39—1.91倍、是中部的1.50—1.95倍、是西部的1.59—2.49倍，中部是西部的1.02—1.40倍，截至2016年京津沪三市是东部八省的1.75倍、是中部八省的1.95倍、是西部十二省（区、市）的2.47倍。如中等职业学校生均图书册数京津沪三市2007年为29.3册、西部十二省（区、市）为18.4册，相差0.59倍；京津沪三市2016年为50.1册、西部十二省（区、市）为20.3册，相差1.47倍，差距比较悬殊。各地基本呈逐年增加趋势，京津沪三市增幅最大（0.71倍），中部八省次之（0.37倍），西部十二省（区、市）增幅最小（0.10倍），全国平均增加0.29倍。

由表6-1可知，反映全国中等职业学校生均图书册数各省份与全国均值的离差情况的标准差在2007—2016年的变化趋势是5.4册→5.4册↗6.2册↗7.3册↗7.9册↘7.3册↘7.2册↗8.8册↗9.9册↗10.4册，即呈逐年上升趋势（2012—2013年下降除

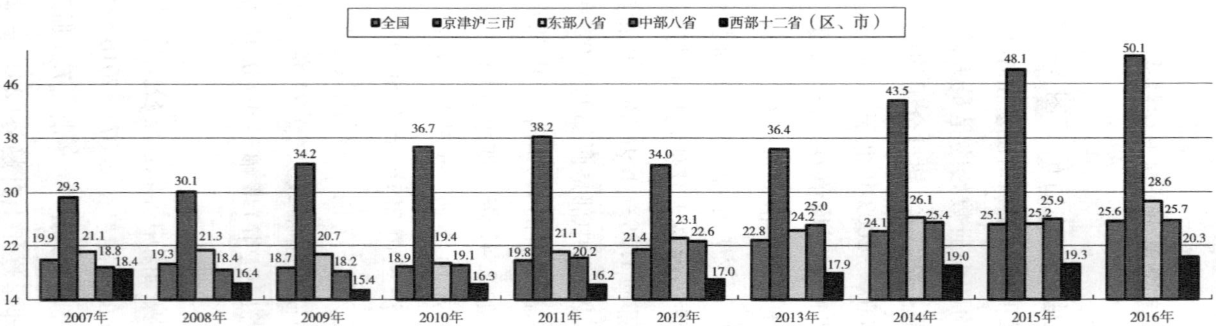

图 6–1　中等职业学校生均图书册数地区差异图（单位：册）

注：每组柱状从左到右分别代表全国、京津沪三市、东部八省、中部八省、西部十二省（区、市）的统计数据。

外），这10年间累计增加了92.59%。反映各省份与全国均值间的差异情况的变异系数在2007—2016年的变化趋势是0.271↗0.280↗0.329↗0.387↗0.400↘0.340↘0.316↗0.365↗0.393↗0.407，即这10年间全国中等职业学校生均图书册数各省份与全国均值的差异有增有减，累计增加了50.18%，差异水平一般。

二、2007—2016年普通高中生均图书册数地区差异分析

（一）2007—2016年全国普通高中生均图书册数总量分析

表6-2显示了全国普通高中生均图书册数在2007—2016年这十年间的变化情况。

由表6-2可知，全国普通高中生均图书册数从2007—2016年的变化趋势为23.3册↗（表示"增加到"，下同）24.2册↗25.3册↗25.8册↗26.6册↗28.3册↗30.3册↗32.8册↗35.2册↗37.1册，呈逐年增加趋势，这10年间生均图书册数增加了13.8册，共增长了59.23%，各年年增长率均为个位数，其中2014年增幅最大为8.25%，2015年次之为7.32%，2010年最小为1.98%。这10年间全国普通高中生均图书册数增加幅度高于全国均值的省份有18个，增幅大于100%的省份有4个，大于90%的有8个，大于80%的有11个，增幅在50%—80%之间的省份有10个，低于50%的有10个，低于40%的有7个，低于30%的有4个，低于10%的有1个。这10年间普通高中生均图书册数高于各年全国均值的省份个数从2007—2016年的变化趋势为10↗12↘10↗11↘8→8↗9↗11→11→11，即始终有不到一半的（8—11个）省份的生均图书册数要高于全国均值，截至2016年仍有11个省份的要高于全国平均水平。

表 6-2 2007—2016 年全国普通高中生均图书册数的地区配置变化情况表

年份	2007		2008	2009	2010	2011	2012	2013	2014	2015	2016		2016 比 2007 增加	
	册数	排名	册数	册数	册数	册数	册数	册数	册数	册数	册数	排名	增加比例	排名
高于全国均值省份数	10		12	10	11	8	8	9	11	11	11		18	
全国	23.3		24.2	25.3	25.8	26.6	28.3	30.3	32.8	35.2	37.1		59.23	
北京	63.7	1	73.5	82.6	86.2	86.6	89.4	95.7	105.1	114.3	119.2	1	87.13	0
天津	31.1	6	32.9	37.0	38.8	44.3	48.0	54.7	62.8	66.1	69.0	4	121.86	−2
河北	19.1	22	19.6	20.1	20.4	22.8	25.7	28.7	30.8	32.9	33.5	16	75.39	−6
山西	21.4	12	21.7	21.8	20.8	21.5	22.1	23.0	26.1	28.1	31.6	19	47.66	7
内蒙古	16.3	27	17.5	18.1	18.3	19.6	21.4	22.7	25.4	27.3	29.6	22	81.60	−5
辽宁	19.0	23	19.4	19.4	19.9	19.1	21.6	22.5	23.9	25.2	25.9	28	36.32	5
吉林	16.6	26	17.6	17.4	17.9	18.2	18.2	18.8	22.1	25.1	26.7	27	60.84	1
黑龙江	14.4	29	13.5	13.8	12.4	12.3	12.1	12.7	13.9	15.4	17.7	30	22.92	1
上海	56.7	2	66.3	71.4	73.7	75.5	83.0	83.8	86.4	89.6	92.7	2	63.49	0
江苏	28.4	7	29.9	33.1	36.0	37.0	42.5	46.1	50.3	53.1	54.7	6	92.61	−1
浙江	36.7	5	39.6	39.8	38.9	38.7	41.5	44.3	48.8	51.0	53.4	7	45.50	2

续表

年份	2007		2008	2009	2010	2011	2012	2013	2014	2015	2016		2016 比 2007 增加	
	册数	排名	册数	册数	册数	册数	册数	册数	册数	册数	册数	排名	增加比例	排名
安徽	19.3	20	20.8	21.1	20.9	22.2	22.7	24.4	27.0	29.5	30.1	20	55.96	0
福建	43.6	3	47.3	53.7	53.2	53.0	59.2	65.1	68.9	71.5	71.5	3	63.99	0
江西	21.4	13	24.3	26.1	26.8	26.4	26.5	26.7	27.5	30.1	33.2	18	55.14	5
山东	17.6	25	19.1	20.9	24.2	23.6	25.8	29.4	31.7	33.3	34.9	13	98.30	−12
河南	15.8	28	16.1	17.2	17.2	16.5	17.3	17.3	17.2	17.0	17.1	31	8.23	3
湖北	14.2	30	13.7	14.6	15.4	15.5	18.7	20.4	21.9	24.0	25.2	29	77.46	−1
湖南	21.4	14	24.9	27.1	26.1	26.0	26.8	26.5	26.5	27.0	27.3	26	27.57	12
广东	39.4	4	37.0	37.0	34.5	39.6	40.3	44.7	50.2	55.1	58.4	5	48.22	1
广西	25.0	10	25.2	24.8	26.5	26.2	25.5	26.4	26.8	27.6	27.6	25	10.40	15
海南	25.1	8	25.1	24.9	68.4	23.0	28.0	30.3	33.9	44.1	46.6	8	85.66	0
重庆	19.3	21	18.9	19.4	18.6	18.9	21.3	22.6	23.2	27.9	33.3	17	72.54	−4
四川	20.6	17	20.5	20.6	22.7	22.8	26.1	28.9	33.7	38.0	42.2	11	104.85	−6
贵州	25.1	9	26.0	26.3	25.4	24.5	25.1	26.0	27.8	29.9	33.7	15	34.26	6
云南	21.0	16	21.9	22.0	24.6	24.4	24.2	25.3	27.1	30.3	34.7	14	65.24	−2

续表

年份	2007		2008	2009	2010	2011	2012	2013	2014	2015	2016		2016比2007增加	
	册数	排名	册数	册数	册数	册数	册数	册数	册数	册数	册数	排名	增加比例	排名
西藏	14.0	31	13.9	18.1	18.8	22.2	24.1	30.7	26.6	27.8	28.6	23	104.29	−8
陕西	20.4	18	22.2	22.5	23.3	24.0	26.3	29.3	34.5	40.4	44.9	10	120.10	−8
甘肃	19.7	19	20.7	20.8	21.0	22.5	22.7	23.5	25.1	27.6	30.0	21	52.28	2
青海	23.0	11	22.9	21.0	22.2	27.6	30.7	37.8	38.5	42.4	45.7	9	98.70	−2
宁夏	18.4	24	21.6	20.8	24.7	24.5	26.0	27.9	30.9	32.9	36.2	12	96.74	−12
新疆	21.1	15	20.5	23.3	23.2	24.0	24.8	25.0	27.6	28.1	28.2	24	33.65	9
标准差	11.8		13.9	15.6	17.6	16.4	17.6	18.7	20.2	21.4	22.0		86.44	
变异系数	0.507		0.574	0.617	0.682	0.617	0.620	0.617	0.617	0.609	0.592		16.77	
极大值	63.7		73.5	82.6	86.2	86.6	89.4	95.7	105.1	114.3	119.2		87.13	
极小值	14.0		13.5	13.8	12.4	12.3	12.1	12.7	13.9	15.4	17.1		22.14	
极差	49.8		60.0	68.9	73.8	74.3	77.3	83.0	91.2	98.9	102.1		105.02	
极差率	4.57		5.44	6.01	6.94	7.05	7.40	7.53	7.57	7.40	6.98		52.74	
京津沪三市	51.4		58.2	64.1	66.5	68.8	73.4	78.3	85.1	90.2	93.6		82.10	

续表

年份	2007		2008	2009	2010	2011	2012	2013	2014	2015	2016		2016比2007增加	
	册数	排名	册数	册数	册数	册数	册数	册数	册数	册数	册数	排名	增加比例	排名
东部八省	28.1		29.2	30.9	31.9	33.0	35.8	39.2	42.6	45.4	47.1		67.62	
中部八省	17.9		18.9	19.7	19.6	19.7	20.7	21.4	22.7	24.1	25.2		40.78	
西部十二省(区、市)	20.9		21.5	21.8	22.8	23.2	24.7	26.4	29.0	32.0	35.1		67.94	

注:增加比例的单位为“%”,册数单位为“册”,极差率及变异系数无单位。

资料来源:根据2007—2016年《中国教育统计年鉴》中的普通高中的图书册数、在校学生数的原始数据计算整理而得。

（二）2007—2016 年全国普通高中生均图书册数的极值与位次变化分析

1. 普通高中生均图书册数的极值分析

由表 6-2 排序可知，全国普通高中生均图书册数 2016 年最多 5 省份为北京 119.2 册、上海 92.7 册、福建 71.5 册、天津 69.0 册、广东 58.4 册，最少 5 省份为吉林 26.7 册、辽宁 25.9 册、湖北 25.2 册、黑龙江 17.7 册、河南 17.1 册，大于 110 册的省份有 1 个，大于 90 册的有 2 个，大于 60 册的有 4 个，大于 50 册的有 7 个，大于 40 册的有 11 个，在 30—40 册（含等于 30 册）之间的有 10 个，小于 30 册的有 10 个，小于 26 册的有 4 个，小于 18 册的有 2 个。2007 年的最多 5 省份中除了浙江外，其余 4 省份仍位居 2016 年的最多 5 省份之列，而 2007 年未位居最多 5 省份的天津至 2016 年位居第四，湖北、黑龙江、河南于 2007 年及 2016 年均位居最少 5 省份之列。

这 10 年间全国普通高中生均图书册数增加幅度最大的 5 个省份为天津 121.86%、陕西 120.10%、四川 104.85%、西藏 104.29%、青海 98.70%，增幅最小的 5 个省份为新疆 33.65%、湖南 27.57%、黑龙江 22.92%、广西 10.40%、河南 8.23%。这 10 年间，北京、上海、福建、天津、广东、浙江、江苏是全国普通高中生均图书册数最大的省份，内蒙古、重庆、西藏、辽宁、吉林、湖北、河南、黑龙江是最小的省份，其中北京、上海始终为最大两地，河南在这十年间始终为最小，黑龙江在 2009—2015 年、西藏及河南分别在 2008 年及 2016 年为最小。

由表 6-2 可知，全国普通高中生均图书册数的极大值从 2007 年的 63.7 册逐年增加到 2016 年的 119.2 册，增加了 87.13%，极小值从 14.0 册增加到 17.1 册，增加了 22.14%，极差从 49.8 册逐年增加到 102.1 册，增加了 105.02%，极差率从 4.57 上升到 6.98（2014

年及以前为逐年上升，2015—2016 年逐年下降），增加了 52.74%，即极大值及极小值都在增大，其绝对差距与相对差距也在扩大。

2. 普通高中生均图书册数的位次变化分析

这 10 年间全国普通高中生均图书册数的排名位次没有变化的为北京、上海、福建、海南、安徽，分别位居第 1、2、3、8、20 位；排名位次后移的省份有 13 个，后移大于等于 5 位的有 7 个，江西、辽宁均后移了 5 位，贵州、山西分别后移了 6、7 位，新疆从 2007 年的第 15 位后移到了 2016 年的第 24 位、后移了 9 位，湖南从第 14 位后移到了第 26 位、后移了 12 位，广西从第 10 位后移到了第 25 位、后移了 15 位，后移的位次越多说明这些省份在增加普通高中生均图书册数数量上的工作成效越不显著，从而迅速地跌落了其普通高中生均图书册数的相对排位。有 13 个省份的位次在前移，前移大于等于 5 位的省份有 7 个，其中重庆前移了 4 位，内蒙古前移了 5 位，河北、四川均前移了 6 位，西藏从 2007 年的第 31 位前移到了 2016 年的第 23 位、前移了 8 位，陕西从第 18 位前移到了第 10 位、前移了 8 位，山东从第 25 位前移到了第 13 位、前移了 12 位，宁夏从第 24 位前移到了第 12 位、前移了 12 位，前移的位次越多说明这些省份在增加普通高中生均图书册数数量上的工作成效越显著，从而迅速地提升了其普通高中生均图书册数的相对靠前的排位。

（三）2007—2016 年全国普通高中生均图书册数的地区差异分析

由表 6-2 的相关数据可作出图 6-2，图 6-2 反映了全国普通高中生均图书册数的地区差异情况。由图 6-2 可知，京津沪三市生均图书册数始终是最大的（高东部八省 23.3—46.5 册，均呈逐年增加趋势），其次是东部八省（高全国均值 4.8—10.2 册），再次

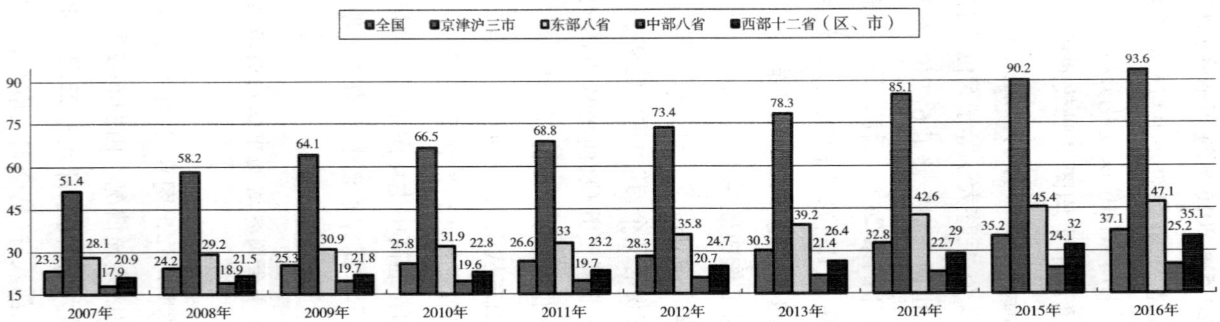

图 6–2　普通高中生均图书册数地区差异图（单位：册）

注：每组柱状从左到右分别代表全国、京津沪三市、东部八省、中部八省、西部十二省（区、市）的统计数据。

是西部十二省(区、市)(低于全国均值2—3.9册),中部八省始终是最低的(低西部十二省(区、市)2.1—9.9册,2016年差距最大、2009年差距最小),京津沪远远高于其他地区(是东部的1.83—2.08倍、是中部的2.87—3.75倍、是西部的2.46—2.97倍),西部是中部的1.11—1.39倍,截至2016年京津沪三市是东部八省的1.99倍、是中部八省的3.71倍、是西部十二省(区、市)的2.67倍;即全国普通高中生均图书册数呈现出中部塌陷现象,京津沪远高于其他地区、且差距越来越大。如普通高中生均图书册数京津沪三市2007年为51.4册、中部八省为17.9册,相差1.87倍;京津沪三市2016年为93.6册、中部八省为25.2册,相差2.71倍,差距相当悬殊。各地均呈逐年增加趋势,京津沪三市的增幅最大(0.821倍),西部十二省(区、市)次之(0.679倍),中部八省增幅最小(0.408倍),全国平均增加0.592倍。

由表6-2可知,反映全国普通高中生均图书册数各省份与全国均值的离差情况的标准差在2007—2016年的变化趋势是11.8册↗13.9册↗15.6册↗17.6册↘16.4册↗17.6册↗18.7册↗20.2册↗21.4册↗22.0册,累计增加了86.44%。反映各省份与全国均值间的差异情况的变异系数在2007—2016年的变化趋势是0.507↗0.574↘0.617↗0.682↘0.617↗0.620↘0.617→0.617↘0.609↘0.592,这10年间增加了16.77%,差异水平比较大。

三、2007—2016年中职、普高生均图书册数配置差距的地区差异分析

(一)2007—2016年全国中职、普高生均图书册数配置差距的总量分析

表6-3显示了2007—2016年这十年间全国高中阶段教育生

均图书册数差距(普通高中-中等职业学校,即普通高中比中等职业学校高出多少)的变化情况。

由表6-3可知,全国高中阶段教育生均图书册数差距(普通高中比中等职业学校高出多少)从2007—2016年的变化趋势为3.4册↗4.9册↗6.6册↗6.9册↘6.8册↗6.9册↗7.5册↗8.7册↗10.1册↗11.5册,除2011年有所下降外,其余年份均保持增长态势,其中2008—2009两年增长率最大分别为44.12%及34.69%,十年间共增加了8.1册、增长了238.24%,增幅大于全国均值的省份有7个,大于1000%的有1个,大于500%的有3个,大于300%的有7个,在100%—300%之间的有5个,低于100%且呈增加的有8个,未有增加而呈下降的有11个,下降超过50%的有9个,下降超过100%(且超过200%)的有5个、超过480%的有2个、超过800%的有1个。这10年间高中阶段教育生均图书册数差距(普高高中职)高于各年全国均值的省份数从2007至2016年的变化趋势为16↘14↘13↗15↗16↘14→14↘12↗13↗14,即全国有不到一半的(12—16个,其中2007年及2011年为16个)省份的高中阶段教育生均图书册数差距要高于全国均值水平,截至2016年仍有14个省份的高中阶段教育生均图书册数差距要高于全国平均差距水平。

(二) 2007—2016年全国高中阶段教育生均图书册数差距的极值与位次变化分析

1. 高中阶段教育生均图书册数差距的极值分析

由表6-3排序可知,全国高中阶段教育生均图书册数差距(普高比中职高)2016年最大的5个省份为北京60.8册、福建45.5册、上海35.8册、天津33.5册、广东32.9册;最小5省为黑龙江-1.6册、湖北-2.8册、安徽-3.0册、河南-4.5册、吉林-13.9

表 6-3　2007—2016 年全国高中阶段教育生均图书册数差距（普高比中职高多少）变化情况表

年份	2007		2008	2009	2010	2011	2012	2013	2014	2015	2016		2016 比 2007 增加	
	册数	排名	册数	册数	册数	册数	册数	册数	册数	册数	册数	排名	增加比例	排名
高于全国均值省份数	16		14	13	15	16	14	14	12	13	14		7	
全国	3.4		4.9	6.6	6.9	6.8	6.9	7.5	8.7	10.1	11.5		238.24	
北京	35.0	1	44.3	49.2	52.9	58.3	64.6	65.5	65.5	62.2	60.8	1	73.71	0
天津	4.2	11	3.8	3.0	0.1	2.8	6.9	17.9	22.8	29.5	33.5	4	697.62	−7
河北	−3.4	25	−4.0	1.9	2.4	1.1	0.9	2.9	1.2	1.9	4.2	22	−223.53	−3
山西	3.7	14	4.8	6.2	5.9	5.1	3.0	1.1	1.9	1.0	1.4	24	−62.16	10
内蒙古	−4.5	28	−3.6	2.5	2.3	2.9	1.1	−0.9	−0.6	1.4	−0.2	25	−95.56	−3
辽宁	−3.7	27	−2.4	−3.2	−3.2	−5.3	−2.9	−3.1	−2.3	−1.3	−0.2	26	−94.59	−1
吉林	−18.5	31	−12.6	−4.5	−5.7	−4.9	−8.8	−13.9	−20.2	−16.2	−13.9	31	−24.86	0
黑龙江	−5.1	29	−3.4	−1.0	−3.1	−3.4	−4.7	−4.7	−6.0	−4.4	−1.6	27	−68.63	−2
上海	25.1	2	34.4	36.4	35.0	28.9	42.6	41.0	36.8	35.3	35.8	3	42.63	1
江苏	9.9	8	10.1	10.7	12.3	8.3	9.6	13.0	15.6	17.5	19.2	11	93.94	3
浙江	15.1	4	16.4	16.9	16.2	17.1	16.8	18.0	20.1	21.0	22.3	9	47.68	5
安徽	2.8	18	4.9	4.2	4.2	−1.3	−3.7	−5.8	−3.3	−1.5	−3.0	29	−207.14	11

续表

年份	2007		2008	2009	2010	2011	2012	2013	2014	2015	2016		2016比2007增加	
	册数	排名	册数	册数	册数	册数	册数	册数	册数	册数	册数	排名	增加比例	排名
福建	24.1	3	26.5	35.1	34.2	34.8	39.1	44.8	45.1	45.6	45.5	2	88.80	−1
江西	3.8	13	4.2	5.0	5.8	7.1	4.2	3.8	4.9	5.8	6.2	20	63.16	7
山东	−1.6	23	0.1	−0.8	0.8	2.5	3.9	6.0	7.0	5.2	6.2	21	−487.50	−2
河南	−5.5	30	−4.2	−1.7	−3.2	−4.9	−4.1	−5.8	−5.9	−7.5	−4.5	30	−18.18	0
湖北	−1.1	22	−0.8	−2.3	−4.4	−3.5	−9.4	−10.9	−8.3	−5.7	−2.8	28	154.55	6
湖南	3.6	15	5.9	8.0	6.5	7.0	6.9	5.6	6.2	7.8	9.2	17	155.56	2
广东	14.1	5	14.4	16.3	18.6	22.7	22.2	24.7	28.6	30.9	32.9	5	133.33	0
广西	2.2	19	4.8	4.0	9.9	8.6	8.4	9.3	8.6	8.4	6.7	18	204.55	−1
海南	5.5	10	8.3	12.6	57.0	11.2	14.4	16.3	20.8	27.5	29.6	7	438.18	−3
重庆	6.1	9	6.2	4.9	2.3	1.9	2.6	1.4	2.2	5.2	10.0	16	63.93	7
四川	3.9	12	7.2	9.0	9.2	8.7	11.8	13.3	16.8	20.5	23.5	8	502.56	−4
贵州	11.7	7	12.6	12.6	11.7	9.5	8.9	14.0	15.6	18.1	19.4	10	65.81	3
云南	−2.3	24	0.8	3.1	7.9	8.4	7.6	6.8	8.4	12.0	17.1	12	−843.48	−12
西藏	0.7	21	1.6	5.8	13.3	13.7	16.8	16.9	8.0	5.9	4.1	23	485.71	2
陕西	3.0	17	7.1	8.0	7.6	6.4	6.0	6.6	7.3	9.9	12.9	14	330.00	−3
甘肃	−3.5	26	0.1	2.3	2.4	1.2	3.3	1.9	1.9	2.2	6.3	19	−280.00	−7

续表

年份	2007		2008	2009	2010	2011	2012	2013	2014	2015	2016		2016比2007增加	
	册数	排名	册数	册数	册数	册数	册数	册数	册数	册数	册数	排名	增加比例	排名
青海	12.4	6	12.5	9.6	11.7	15.4	16.5	22.9	24.0	28.7	30.5	6	145.97	0
宁夏	3.5	16	8.8	10.0	13.5	14.8	13.6	12.3	14.4	18.2	16.7	13	377.14	-3
新疆	0.9	20	1.2	3.9	0.7	5.5	5.0	4.5	5.7	8.2	10.6	15	1077.78	-5
标准差	6.4		8.5	9.4	10.3	8.5	10.3	11.5	11.4	11.5	11.6		81.25	
变异系数	0.236		0.294	0.288	0.295	0.217	0.280	0.301	0.252	0.216	0.185		-21.61	
极大值	35.0		44.3	49.2	57.0	58.3	64.6	65.5	65.5	62.2	60.8		73.71	
极小值	-18.5		-12.6	-4.5	-5.7	-5.3	-9.4	-13.9	-20.2	-16.2	-13.9		-24.86	
京津沪三市	22.1		28.1	29.9	29.8	30.6	39.4	41.9	41.6	42.1	43.5		96.83	
东部八省	7		7.9	10.2	12.5	11.9	12.7	15.0	16.5	20.2	18.5		164.29	
中部八省	-0.9		0.5	1.5	0.5	-0.5	-1.9	-3.6	-2.7	-1.8	-0.5		-44.44	
西部十二省(区、市)	2.5		5.1	6.4	6.5	7.0	7.7	8.5	10.0	12.7	14.8		492.00	

注：表中增加比例的单位为“%”，册数单位为“册”，变异系数及极差率无单位。

资料来源：根据2007—2016年《中国教育统计年鉴》中的普通高中、中等职业学校（不含技工学校）的图书册数及在校学生数的原始数据计算整理而得。

册，均为中职比普高高。2016 年生均图书册数的差距（普高比中职高）大于 60 册的省份有 1 个，大于 45 册的有 2 个，大于 30 册的有 6 个，大于 20 册的有 9 个，在 10—20 册之间的有 7 个（含等于 10 册的），小于 10 册（且普高比中职高）的有 8 个、其中小于 5 册的有 3 个，普高比中职低的省份有 7 个（内蒙古、辽宁、黑龙江、湖北、安徽、河南、吉林，其中除安徽外的 6 个在 2007 年也是中职比普高多），普高比中职低超过（含等于）3 册的有 3 个、低超过 13 册的有 1 个。全国生均图书册数中等职业学校要高于普通高中的省份数在 2007—2016 年间的变化趋势为 8↘7↘6↘5↗6→6↗7→7↘6↗7。

这 10 年间全国高中阶段教育生均图书册数差距（普高比中职高）增加幅度最大的 5 个省份为新疆 1077.78%、天津 697.62%、四川 502.56%、西藏 485.71%、海南 438.18%，增幅最小的 5 个省份为安徽 -207.14%、河北 -223.53%、甘肃 -280.00%、山东 -487.50%、云南-843.48%。这 10 年间，北京、福建、上海、广东、浙江是高中阶段教育生均图书册数差距（普高比中职高）最大的省份，辽宁、黑龙江、安徽、河南、湖北、吉林是高中阶段教育生均图书册数差距（普高比中职高）最小（实际为中职比普高高最大的）的省份，其中北京有 9 年、海南有 1 年为最大（其中海南在 2010 年、北京在 2007—2009 年及 2011—2016 年），福建有 5 年、上海有 4 年、北京有 1 年为第二，吉林在 2007—2010 年及 2013—2016 年、辽宁在 2011 年、湖北在 2012 年为高中阶段教育生均图书册数差距（普高比中职高）最小（实际为中职比普高高最大的）省份。

由表 6-3 可知，高中阶段教育生均图书册数差距（普高比中职高）的极大值从 2007 年的 35.0 册增加到 2016 年的 60.8 册，增长了 73. 71%，高中阶段教育生均图书册数差距（中职比普高高）的极大值从 2007 年的 18. 5 册减小到 2016 年的 13. 9 册，下降了 24. 86%。

2. 高中阶段教育生均图书册数差距（普高比中职高）的位次变化分析

这 10 年间全国高中阶段教育生均图书册数差距（普高比中职高）的排名位次没有变化的为北京、广东、青海、河南、吉林，分别位居第 1、5、6、30、31 位。排名位次后移的省份有 11 个，后移大于等于 3 位的有 8 个，其中贵州、江苏均后移了 3 位，浙江、湖北分别后移了 5、6 位，重庆从 2007 年的第 9 位后移到了 2016 年的第 16 位，后移了 7 位，江西从第 13 位后移到了第 20 位，后移了 7 位，山西从第 14 位后移到了第 24 位，后移了 10 位，安徽从第 18 位后移到了第 29 位，后移了 11 位，后移的位次越多说明这些省份高中阶段教育生均图书册数差距（普高比中职高）排名下跌越厉害。有 15 个省份的位次在前移，前移大于等于 3 位的省份有 10 个，其中河北、内蒙古、海南、陕西、宁夏均前移了 3 位，四川、新疆分别前移了 4、5 位，天津从第 11 位前移到了第 4 位，前移了 7 位，甘肃从第 26 位前移到了第 19 位，前移了 7 位，云南从第 24 位前移到了第 12 位，前移了 12 位，前移的位次越多说明这些省份高中阶段教育生均图书册数差距（普高比中职高）排名上升越快。

（三）2007—2016 年全国高中阶段教育生均图书册数差距（普高比中职高）的地区差异分析

由表 6-3 的相关数据可作出图 6-3，图 6-3 反映了全国高中阶段教育生均图书册数差距（普高比中职高）的地区差异情况。由图 6-3 可知，京津沪三市高中阶段教育生均图书册数差距（普高比中职高）始终是最大的、且明显高于其他地区，其次是东部八

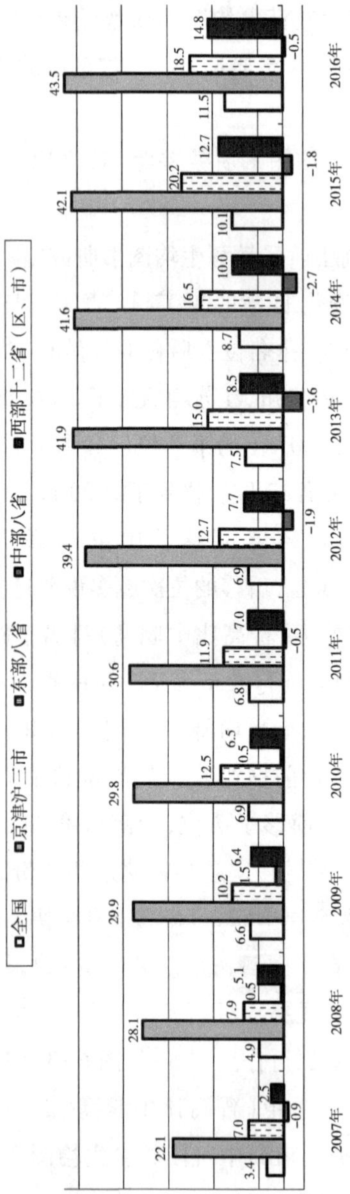

图 6-3　高中教育生均图书册数差距（普高比中职）地区差异图（单位：册）

注：每组柱状从左到右分别代表全国、京津沪三市、东部八省、中部八省、西部十二省（区、市）的统计数据。

省的，再次是西部十二省（区、市）的，中部八省始终是最低的（其中2008—2010年为普高比中职高，2007年及2011—2016年为中职比普高高）；即，全国高中阶段教育生均图书册数差距（普高比中职高）从京津沪、东部、西部、中部呈梯度递减趋势，基本呈中部塌陷态势，也就是东强中弱、京津沪远高于其他地区，京津沪是东部的2.08—3.56倍（高出15.1—26.9册）、是西部的2.94—8.84倍（高出19.6—33.4册）、是中部的19.93—59.60倍（高出27.6—29.3册），西部是中部的4.27—13.00倍（高出4.6—6.0册）。如普高中阶段教育生均图书册数差距（普高比中职高）京津沪三市2007年为22.1册、西部十二省（区、市）为2.5册，相差8.84倍（高出19.6册），差距比较大；京津沪三市2016年为43.5册、西部十二省（区、市）为14.8册，相差2.94倍（高出28.7册），差距相当大，除中部八省外其他各地均呈增加趋势，差距西部十二省（区、市）增幅最大（4.92倍），东部八省次之（1.64倍），京津沪三市增幅最小（0.97倍），全国平均增幅为2.38倍，中部八省的差距下降了44.44%。

由表6-3可知，反映高中阶段教育生均图书册数的各省份与全国均值的离差情况的标准差的差距（普高比中职高）在2007至2016年的变化趋势是6.4册↗8.5册↗9.4册↗10.3册↘8.5册↗10.3册↗11.5册↘11.4册↗11.5册↗11.6册，即这10年间呈逐年增加趋势（2011、2014年下降除外），累计增加了81.25%。反映各省份与全国均值间的差异情况的变异系数的差距（普高比中职高）在2007—2016年的变化趋势是0.236↗0.294↘0.288↗0.295↘0.217↗0.280↗0.301↘0.252↘0.216↘0.185，共下降了21.61%。

第三节　2007—2016 年中职、普高每百名学生拥有教学用计算机台数地区差异分析

一、2007—2016 年中等职业学校每百名学生拥有教学用计算机台数地区差异分析

（一）2007—2016 年全国中等职业学校每百名学生拥有教学用计算机台数的总量分析

表 6-4 显示了 2007—2016 年这十年间全国中等职业学校每百名学生拥有教学用计算机台数配置的变化情况。

由表 6-4 可知，全国中等职业学校每百名学生拥有教学用计算机台数从 2007—2016 年的变化趋势为 12.8 台↗13.4 台↘12.3 台↗12.8 台↗13.2 台↗14.2 台↗16.3 台↗18.2 台↗19.6 台↗20.7 台，呈逐年增加趋势（2009 年有所下降除外），除 2013—2014 年增幅最大分别为 14.79%及 11.66%外，其余年份增幅均在个位数水平，这 10 年间全国中等职业学校每百名学生拥有教学用计算机台数增加了 7.9 台，共增加了 61.72%，增长到 2016 年的 20.7 台，增幅大于全国均值的省份有 19 个，增幅大于 350%的有 1 个，大于等于 150%的有 4 个，大于 100%的有 7 个，大于 70%的有 13 个，在 50%—70%之间的省份有 9 个，小于 50%的有 9 个，小于 30%的有 3 个，小于 2%的有 1 个，广西没有变化。这 10 年间中等职业学校每百名学生拥有教学用计算机台数高于各年全国均值的省份数从 2007—2016 年的变化趋势为 12↗13↘10↗11↘9↗11↗12↗13↗15→15，即这十年间有不到全国一半的（9—15 个）省份的中等职业学校每百名学生拥有教学用计算机台数要高于全国均值，截至 2016 年仍有 15 个省份要高于全国平均水平。

表 6-4 2007—2016 年全国中等职业学校每百名学生拥有教学用计算机台数配置的变化情况表

年份	2007		2008	2009	2010	2011	2012	2013	2014	2015	2016		2016 比 2007 增加	
	台数	排名	台数	台数	台数	台数	台数	台数	台数	台数	台数	排名	增加比例	排名
高于全国均值省份数	12		13	10	11	9	11	12	13	15	15		19	
全国	12.8		13.4	12.3	12.8	13.2	14.2	16.3	18.2	19.6	20.7		61.72	
北京	21.5	2	21.6	24.8	26.7	24.2	22.5	28.1	37.9	49.9	57.6	2	167.91	0
天津	16.8	4	17.5	19.1	21.8	28.0	26.8	25.2	26.0	26.1	27.2	5	61.90	1
河北	13.1	11	14.0	11.5	12.5	11.8	13.1	16.7	20.6	22.3	21.2	15	61.83	4
山西	9.3	28	9.7	9.3	9.4	11.1	12.6	14.8	17.3	19.4	21.8	13	134.41	−15
内蒙古	10.4	22	11.4	9.1	9.7	11.0	13.0	15.6	16.3	17.3	19.9	16	91.35	−6
辽宁	15.3	8	15.9	16.6	17.3	18.9	20.2	21.6	23.0	23.7	24.6	8	60.78	0
吉林	16.6	6	15.9	10.3	11.7	13.1	14.3	17.0	23.8	24.1	26.3	6	58.43	0
黑龙江	13.0	12	12.1	9.2	10.8	11.6	13.5	15.3	17.3	17.7	19.4	18	49.23	6
上海	25.6	1	25.2	30.1	32.6	35.6	37.6	43.3	51.6	57.4	63.9	1	149.61	0
江苏	11.0	21	13.5	14.6	16.1	18.4	20.1	24.1	27.3	28.8	30.2	4	174.55	−17
浙江	16.8	5	19.1	17.8	18.1	18.9	21.7	25.1	28.5	30.5	31.3	3	86.31	−2

续表

年份	2007		2008	2009	2010	2011	2012	2013	2014	2015	2016		2016比2007增加	
	台数	排名	台数	台数	台数	台数	台数	台数	台数	台数	台数	排名	增加比例	排名
安徽	9.6	26	10.3	10.0	10.7	10.6	10.6	11.8	13.4	14.3	16.1	25	67.71	-1
福建	13.2	10	14.1	13.1	14.0	13.2	13.3	15.5	19.6	22.0	23.2	11	75.76	1
江西	11.4	18	13.2	12.1	12.4	11.5	12.7	14.7	14.2	16.0	19.1	20	67.54	2
山东	12.2	15	12.9	12.2	13.0	12.6	13.3	15.2	17.5	20.3	21.9	12	79.51	-3
河南	11.3	19	11.7	10.2	10.4	10.8	12.1	13.7	14.5	15.5	15.5	26	37.17	7
湖北	9.4	27	10.4	9.4	11.6	12.9	19.2	23.4	25.5	25.1	23.5	10	150.00	-17
湖南	16.6	7	18.3	15.8	15.7	16.7	16.1	18.0	17.1	17.2	16.8	23	1.20	16
广东	19.5	3	19.1	16.7	13.7	14.7	15.4	17.6	20.5	23.0	25.2	7	29.23	4
广西	14.5	9	14.7	14.0	11.2	10.5	10.6	11.1	12.5	13.5	14.5	28	0.00	19
海南	10.3	23	10.9	9.7	9.4	9.5	10.6	11.9	14.5	16.9	18.2	21	76.70	-2
重庆	12.8	13	13.5	12.2	14.7	15.1	15.0	16.9	19.3	21.3	23.8	9	85.94	-4
四川	11.1	20	10.5	9.6	10.6	10.1	10.3	11.5	13.3	14.0	15.1	27	36.04	7
贵州	9.3	29	10.4	9.4	11.1	11.7	12.3	11.3	11.1	10.9	12.6	31	35.48	2
云南	12.5	14	12.2	12.0	10.9	11.3	11.7	14.6	15.6	16.1	16.3	24	30.40	10

续表

年份	2007		2008	2009	2010	2011	2012	2013	2014	2015	2016		2016比2007增加	
	台数	排名	台数	台数	台数	台数	台数	台数	台数	台数	台数	排名	增加比例	排名
西藏	4.2	31	4.0	5.4	4.1	6.1	6.0	7.9	11.3	19.7	19.4	19	361.90	-12
陕西	9.8	25	9.9	9.6	10.4	10.4	12.3	14.4	17.6	19.5	21.4	14	118.37	-11
甘肃	11.9	16	12.7	11.3	12.2	13.2	13.6	16.3	18.6	19.9	19.5	17	63.87	1
青海	8.6	30	7.8	7.9	12.0	9.4	9.9	11.0	13.3	13.2	14.5	29	68.60	-1
宁夏	11.5	17	10.7	8.4	7.9	8.9	10.8	12.6	14.8	15.5	17.5	22	52.17	5
新疆	10.2	24	10.1	9.2	10.1	10.5	11.6	12.6	13.9	14.9	14.0	30	37.25	6
标准差	4.2		4.3	5.1	5.5	6.1	6.1	6.9	8.4	9.8	11.2		166.67	
变异系数	0.330		0.317	0.413	0.430	0.463	0.429	0.422	0.459	0.501	0.538		63.03	
极大值	25.6		25.2	30.1	32.6	35.6	37.6	43.3	51.6	57.4	63.9		149.61	
极小值	4.2		4.0	5.4	4.1	6.1	6.0	7.9	11.1	10.9	12.6		200.00	
极差	21.3		21.2	24.6	28.5	29.5	31.6	35.4	40.6	46.5	51.2		140.38	
极差率	6.05		6.25	5.54	8.02	5.81	6.30	5.47	4.66	5.26	5.05		-16.53	
京津沪三市	21.7		21.8	25.2	27.6	29.3	28.8	33.0	39.8	45.4	49.7		129.03	

续表

年份	2007		2008	2009	2010	2011	2012	2013	2014	2015	2016		2016 比 2007 增加	
	台数	排名	台数	台数	台数	台数	台数	台数	台数	台数	台数	排名	增加比例	排名
东部八省	14.0		15.2	14.2	13.7	14.8	15.9	18.7	21.7	23.9	25.1		79.29	
中部八省	11.7		12.3	10.8	11.5	12.1	13.3	15.2	16.3	17.2	18.1		54.70	
西部十二省(区、市)	11.4		11.5	10.6	11.4	11.1	11.6	13.0	14.4	15.2	16.4		43.86	

注:①表中增加比例的单位为“%”,台数单位为“台”,变异系数及极差率无单位。

②统计年鉴中中等职业学校的总计算机台数 10 年间统计的均为教学用计算机台数,表中统计数据均未含技工学校的数据。

资料来源:根据 2007—2016 年《中国教育统计年鉴》中的中等职业学校的教学用计算机台数、在校学生数的原始数据计算整理而得。

（二）2007—2016 年全国中等职业学校每百名学生拥有教学用计算机台数的极值与位次变化分析

1. 中等职业学校每百名学生拥有教学用计算机台数的极值分析

由表 6-4 排序可知，全国中等职业学校每百名学生拥有教学用计算机台数 2016 年最大 5 省份为上海 63.9 台、北京 57.6 台、浙江 31.3 台、江苏 30.2 台、天津 27.2 台，最小 5 省份为四川 15.1 台、广西 14.5 台、青海 14.5 台、新疆 14.0 台、贵州 12.6 台，大于 60 台的省份有 1 个，大于 50 台的有 2 个，大于 30 台的有 4 个，大于 25 台的有 7 个，在 20—25 台之间的有 8 个，小于 20 台的有 16 个，小于 18 台的有 10 个，小于 15 台的有 4 个。

这 10 年间全国中等职业学校每百名学生拥有教学用计算机台数增加幅度最大的 5 省份为西藏 361.90%、江苏 174.55%、北京 167.91%、湖北 150.00%、上海 149.61%，增幅最小的 5 省份为贵州 35.48%%、云南 30.40%、广东 29.23%、湖南 1.20%、广西 0.00%。这 10 年间，上海、北京、天津、浙江、江苏、辽宁、广东是中等职业学校每百名学生拥有教学用计算机台数最大的省份，四川、新疆、山西、海南、广西、青海、西藏、贵州是中等职业学校每百名学生拥有教学用计算机台数最小的省份，其中上海在这 10 年间始终为最大，北京在 2007—2010 年及 2013—2016 年、天津在 2011—2012 年为第二大，西藏在 2007—2013 年、贵州在 2014—2016 年为最小，青海有 6 年、宁夏有 2 年、西藏及新疆各有 1 年为第二小省份。

由表 6-4 可知，中等职业学校每百名学生拥有教学用计算机台数的极大值从 2007 年的 25.6 台逐年增加（2008 年有所下降除外）到 2016 年的 63.9 台，增加了 38.3 台，增长了 149.61%，极小值从 4.2 台增加到 12.6 台，增加了 8.4 台，增长了 200.00%，极差从21.3台逐年增加到51.2台，增加了29.9台，增长了140.38%，极差率从6.05减小到5.05（其中2014年最低为4.66、2010年最高为8.02），下降了16.53%，即虽然极大值、极小值及其绝对差距都在增加，但其相对差距却在减小。

2. 中等职业学校每百名学生拥有教学用计算机台数的位次变化分析

这10年间全国中等职业学校每百名学生拥有教学用计算机台数的排名位次没有变化的为上海、北京、吉林、辽宁，分别位居第1、2、6、8位。排名位次后移的省份有15个，后移大于等于4位的有10个，广东、河北均后移了4位，宁夏后移了5位，新疆、黑龙江均后移了6位，四川、河南均后移了7位，云南从2007年的第14位后移到了2016年的第24位，后移了10位，湖南从第7位后移到了第23位，后移了16位，广西从第9位后移到了第28位，后移了19位，后移的位次越多说明这些省份中等职业学校每百名学生拥有教学用计算机台数排名下跌越快。有12个省份的位次在前移，前移大于等于4位的省份有7个，其中重庆、内蒙古分别前移了4、6位，陕西从2007年的第25位前移到了2016年的第14位，前移了11位，西藏从第31位前移到了第19位，前移了12位，山西从第28位前移到了第13位，前移了15位，江苏从第21位前移到了第4位，前移了17位，湖北从第27位前移到了第10位，前移了17位，前移的位次越多说明这些省份中等职业学校每百名学生拥有教学用计算机台数排名上升越快。

（三）2007—2016年全国中等职业学校每百名学生拥有教学用计算机台数的地区差异分析

由表6-4的相关数据可作出图6-4，图6-4反映了全国中等职业学校每百名学生拥有教学用计算机台数的地区差异情况。由

图 6-4 可知,京津沪三市中等职业学校每百名学生拥有教学用计算机台数始终是最大的,且明显高于其他地区,其次是东部八省的,再次是中部八省的,西部十二省(区、市)始终是最低的,全国均值高于中西部而低于东部,即,全国中等职业学校每百名学生拥有教学用计算机台数基本上是从京津沪、东部、中部、西部自东向西呈梯度递减趋势,京津沪远远高于其他地区,京津沪是东部的1.43—2.01 倍(高出 6.6—24.6 台)、是中部的 1.77—2.75 倍(高出 9.5—31.6 台)、是西部的 1.90—3.03 倍(高出 10.3—33.3 台),京津沪与东中西部的差距基本呈逐年增加趋势。如中等职业学校每百名学生拥有教学用计算机台数京津沪三市 2007 年为 21.7 台、西部十二省(区、市)为 11.4 台,相差 0.90 倍(高出 10.3 台);京津沪三市 2016 年为 49.7 台、西部十二省(区、市)为 16.4 台,相差 2.03 倍(高出 33.3 台),差距相当明显。各地均呈增加趋势,京津沪三市增幅最大(129.03%),东部八省次之(79.29%),西部十二省(区、市)最小(43.86%),全国平均增幅为 61.72%。

由表 6-4 可知,反映全国中等职业学校每百名学生拥有教学用计算机台数各省份与全国均值的离差情况的标准差在 2007 至 2016 年的变化趋势是 4.2 台↗4.3 台↗5.1 台↗5.5 台↗6.1 台→6.1 台↗6.9 台↗8.4 台↗9.8 台↗11.2 台,呈逐年增加趋势,累计增加了 166.67%,增长到 2016 年的 11.2 台。反映各省份与全国均值间的差异情况的变异系数在 2007—2016 年的变化趋势是 0.330↘0.317↗0.413↗0.430↗0.463↘0.429↘0.422↗0.459↗0.501↗0.538,即这 10 年间全国中等职业学校每百名学生拥有教学用计算机台数各省份与全国均值的差异基本呈逐年增加趋势,共增加了 63.03%,上升到 2016 年的 0.538,差异水平一般。

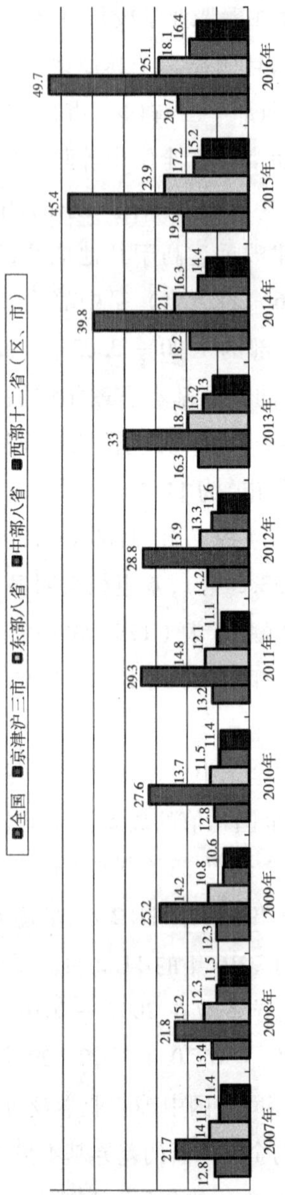

图 6–4　中等职业学校每百名学生拥有教学用计算机台数地区差异图（单位：台）

注：每组柱状从左到右分别代表全国、京津沪三市、东部八省、中部八省、西部十二省（区、市）的统计数据。

二、2007—2016年普通高中每百名学生拥有教学用计算机台数配置的地区差异分析

（一）2007—2016年全国普通高中每百名学生拥有教学用计算机台数配置的总量分析

由于生均教学用计算机台数数值比较小，不便于呈现，故改用每百名学生拥有教学用计算机台数（即分子分母同时放大一百倍）来衡量在计算机配置上的差异情况。表6-5显示了2007—2016年这十年间全国普通高中每百名学生拥有教学用计算机台数配置的变化情况。

由表6-5可知，全国普通高中每百名学生拥有教学用计算机台数从2007—2016年的变化趋势为11.1台↗11.9台↘10.4台↗10.9台↗11.0台↗11.7台↗12.9台↗14.4台↗15.9台↗17.1台，呈逐年增加趋势（2009年有所下降除外，之所以下降是因为统计口径在2007—2008年为含办公用的全部计算机台数，2009年及以后统计的是纯教学用计算机台数，实际的纯教学用计算机台数应是增加的），各年增长率除了2013—2015年为两位数外，其他年份均为个位数，其中2014年增幅高达11.63%、2015年达10.42%，这10年间普通高中每百名学生拥有教学用计算机台数增加了6.0台，共增加了54.05%，增加到2016年的17.1台，增幅大于全国均值的省份有16个，大于150%的省份有1个，大于等于100%的有2个，大于80%的有6个，大于60%的有13个，在50%—60%之间的有7个，低于50%（且低于39%）的有11个，低于30%的有7个，低于20%的有6个，低于10%（且未增加而有所下降）的有1个。这10年间普通高中每百名学生拥有教学用计算机台数高于各年全国均值的省份数从2007—2016年的变化趋势为11→11↗12↗13↘11↘10→10→10↗11→11，即有不到全国一

表 6-5　2007—2016 年全国普通高中每百名学生拥有教学用计算机台数配置的变化情况表

年份	2007		2008	2009	2010	2011	2012	2013	2014	2015	2016		2016 比 2007 增加	
	台数	排名	台数	台数	台数	台数	台数	台数	台数	台数	台数	排名	增加比例	排名
高于全国均值省份数	11		11	12	13	11	10	10	10	11	11		16	
全国	11.1		11.9	10.4	10.9	11.0	11.7	12.9	14.4	15.9	17.1		54.05	
北京	42.5	1	51.5	48.7	53.2	55.8	66.3	73.7	87.5	97.8	106.7	1	151.06	0
天津	20.7	3	22.8	17.3	17.6	18.3	19.4	23.4	27.4	31.0	33.2	3	60.39	0
河北	9.8	20	10.5	9.9	10.8	10.5	11.4	12.5	13.6	15.4	15.8	14	61.22	−6
山西	10.0	17	10.8	10.1	10.2	10.3	10.8	11.3	12.8	14.1	15.6	16	56.00	−1
内蒙古	8.0	28	9.0	8.1	8.6	8.8	8.9	10.3	11.4	12.8	14.7	20	83.75	−8
辽宁	10.8	12	11.5	11.3	11.8	9.0	10.5	11.5	13.3	14.3	14.7	21	36.11	9
吉林	9.6	21	10.2	8.3	8.8	8.2	8.3	8.9	10.3	10.8	11.4	27	18.75	6
黑龙江	10.4	14	10.7	8.8	8.8	9.4	9.5	9.8	10.4	10.8	11.5	26	10.58	12
上海	41.1	2	50.6	48.3	49.9	47.7	53.2	55.5	57.8	60.1	61.9	2	50.61	0
江苏	14.1	8	15.4	14.5	15.3	16.2	18.7	20.8	22.7	25.9	27.9	5	97.87	−3
浙江	18.0	4	19.9	16.1	16.4	16.9	19.4	22.7	25.4	26.6	28.4	4	57.78	0

续表

年份	2007		2008	2009	2010	2011	2012	2013	2014	2015	2016		2016 比 2007 增加	
	台数	排名	台数	台数	台数	台数	台数	台数	台数	台数	台数	排名	增加比例	排名
安徽	9.2	24	9.8	8.4	8.6	9.1	9.3	10.0	11.6	13.0	15.0	19	63.04	−5
福建	15.9	5	17.4	15.1	15.9	16.1	17.3	19.9	22.2	23.1	24.2	7	52.20	2
江西	9.1	25	9.9	9.5	10.4	10.4	10.9	11.4	12.1	12.7	13.8	22	51.65	−3
山东	9.9	19	11.1	9.9	11.6	10.7	10.9	12.3	13.8	14.5	15.6	17	57.58	−2
河南	5.8	31	6.2	5.3	5.8	6.1	6.2	6.7	6.9	7.1	7.1	31	22.41	0
湖北	6.1	29	6.5	5.6	6.0	7.0	7.7	9.0	9.9	10.8	11.8	25	93.44	−4
湖南	10.2	15	11.2	10.3	10.9	10.8	11.0	11.2	11.9	11.9	12.0	24	17.65	9
广东	15.5	6	15.9	12.6	12.0	12.4	13.2	15.4	19.1	22.9	25.8	6	66.45	0
广西	9.5	23	9.7	7.9	8.2	8.0	8.0	8.7	8.9	9.0	9.2	30	−3.16	7
海南	12.8	10	12.8	11.4	30.4	11.3	11.7	12.7	14.6	18.2	21.0	8	64.06	−2
重庆	10.0	18	10.2	8.4	8.8	9.6	10.9	11.8	12.5	15.1	16.5	13	65.00	−5
四川	8.4	27	8.7	6.9	7.9	8.1	9.5	10.7	12.4	14.9	16.8	12	100.00	−15
贵州	9.1	26	8.8	7.5	7.3	6.7	7.0	7.6	8.6	9.9	10.9	28	19.78	2
云南	10.5	13	10.7	9.8	10.8	10.9	11.2	11.6	12.4	13.6	15.8	15	50.48	2

续表

年份	2007		2008	2009	2010	2011	2012	2013	2014	2015	2016		2016 比 2007 增加	
	台数	排名	台数	台数	台数	台数	台数	台数	台数	台数	台数	排名	增加比例	排名
西藏	6.0	30	6.8	6.0	7.1	7.3	8.2	8.1	7.8	9.2	9.8	29	63.33	-1
陕西	9.6	22	10.4	9.8	10.1	10.0	10.7	11.9	13.9	16.6	18.8	10	95.83	-12
甘肃	10.2	16	10.8	9.0	9.2	9.8	9.3	9.6	10.6	12.3	13.5	23	32.35	7
青海	15.5	7	15.6	13.2	12.3	13.7	13.7	16.2	15.5	17.9	20.4	9	31.61	2
宁夏	12.6	11	14.0	13.8	13.8	12.6	12.4	13.0	13.4	15.4	17.4	11	38.10	0
新疆	13.4	9	14.1	12.9	12.7	12.2	12.4	14.1	15.8	16.0	15.1	18	12.69	9
标准差	8.4		10.5	10.0	11.1	10.7	12.7	13.9	15.9	17.5	18.8		123.81	
变异系数	0.756		0.882	0.961	1.012	0.974	1.081	1.076	1.107	1.102	1.100		45.50	
极大值	42.5		51.5	48.7	53.2	55.8	66.3	73.7	87.5	97.8	106.7		151.06	
极小值	5.8		6.2	5.3	5.8	6.1	6.2	6.7	6.9	7.1	7.1		22.41	
极差	36.7		45.3	43.4	47.4	49.7	60.0	67.0	80.5	90.7	99.6		171.39	
极差率	7.30		8.34	9.12	9.24	9.17	10.62	10.95	12.59	13.80	14.95		104.79	
京津沪三市	35.3		42.0	38.2	40.3	40.5	46.5	51.3	58.0	63.3	67.3		90.65	

续表

年份	2007		2008	2009	2010	2011	2012	2013	2014	2015	2016		2016比2007增加	
	台数	排名	台数	台数	台数	台数	台数	台数	台数	台数	台数	排名	增加比例	排名
东部八省	13.1		14.2	12.4	13.2	12.9	11.9	15.8	18.0	20.0	21.6		64.89	
中部八省	8.2		8.8	7.8	8.2	8.5	8.9	9.5	10.3	10.9	11.6		41.46	
西部十二省(区、市)	9.7		10.1	8.8	9.2	9.2	9.7	10.6	11.7	13.3	14.7		51.55	

注:①表中增加比例的单位为“%”,台数单位为“台”,变异系数及极差率无单位。

②统计年鉴中计算机台数普通高中在2008年及以前统计的为总计算机台数,2009年及以后为教学用计算机台数。

资料来源:根据2007—2016年《中国教育统计年鉴》中的普通高中的教学用计算机台数、在校学生数的原始数据计算整理而得。

半的(10—13个)省份的普通高中每百名学生拥有教学用计算机台数要高于全国均值的,截至2016年仍有11个省份要高于全国平均水平。

(二)2007—2016年全国普通高中每百名学生拥有教学用计算机台数的极值与位次变化分析

1. 普通高中每百名学生拥有教学用计算机台数的极值分析

由表6-5排序可知,全国普通高中每百名学生拥有教学用计算机台数2016年最大5省份为北京106.7台、上海61.9台、天津33.2台、浙江28.4台、江苏27.9台,最小5省份为吉林11.4台、贵州10.9台、西藏9.8台、广西9.2台、河南7.1台,大于100台的省份有1个,大于60台的有2个,大于30台的有3个,大于20台的有9个,在15—20台之间(含等于15台)的有10个,低于15台的有12个,低于12台的有7个,低于10台的有3个。

这10年间全国普通高中每百名学生拥有教学用计算机台数增加幅度最大的5个省份为北京151.06%、四川100.00%、江苏97.87%、陕西95.83%、湖北93.44%,增幅最小的5个省份为吉林18.75%、湖南17.65%、新疆12.69%、黑龙江10.58%、广西-3.16%(未增加而是下降了)。这10年间,北京、上海、天津、浙江、江苏是普通高中每百名学生拥有教学用计算机台数最大的省份,四川、广西、湖北、贵州、西藏、河南是普通高中每百名学生拥有教学用计算机台数最小的省份,其中北京、上海始终为第一及第二大,天津除2010年外均为第三大,河南在这10年间始终为最小省份。

由表6-5可知,普通高中每百名学生拥有教学用计算机台数的极大值从2007年的42.5台逐年增加(2009年有所下降除外)到2016年的106.7台,增加64.2台,增长了151.06%,极小值从

5.8 台增加到 7.1 台，提高了 1.3 台，增加了 22.41%，极差从 36.7 台逐年增加（2009 年有所下降除外）到 99.6 台，增加了 171.39%，极差率从 7.30 上升到 14.95，增加了 104.79%，即极大值、极小值及其绝对差距与相对差距都在增加。

2. 普通高中每百名学生拥有教学用计算机台数的位次变化分析

这 10 年间全国普通高中每百名学生拥有教学用计算机台数的排名位次没有变化的为北京、上海、天津、浙江、广东、宁夏、河南，分别位居第 1、2、3、4、6、11、31 位。排名位次后移的省份有 11 个，后移大于等于 6 位的有 7 个，吉林后移了 6 位，甘肃、广西均分别后移了 7 位，新疆从 2007 年的第 9 位后移到了 2016 年的第 18 位，后移了 9 位，湖南从第 15 位后移到了第 24 位，后移了 9 位，辽宁从第 12 位后移到了第 21 位，后移了 9 位，黑龙江从第 14 位后移到了第 26 位，后移了 12 位，后移的位次越多说明这些省份普通高中每百名学生拥有教学用计算机台数排名下跌越快。有 13 个省份的位次在前移，前移大于等于 4 位的省份有 7 个，其中湖北前移了 4 位，安徽、重庆均前移了 5 位，河北前移了 6 位，内蒙古从 2007 年的第 28 位前移到了 2016 年的第 20 位，前移了 8 位，陕西从第 22 位前移到了第 10 位，前移了 12 位，四川从第 27 位前移到了第 12 位，前移了 15 位，前移的位次越多说明这些省份普通高中每百名学生拥有教学用计算机台数排名上升越快。

3. 2007—2016 年全国普通高中每百名学生拥有教学用计算机台数的地区差异分析

由表 6-5 的相关数据可作出图 6-5，图 6-5 反映了全国普通高中每百名学生拥有教学用计算机台数的地区差异情况。由图

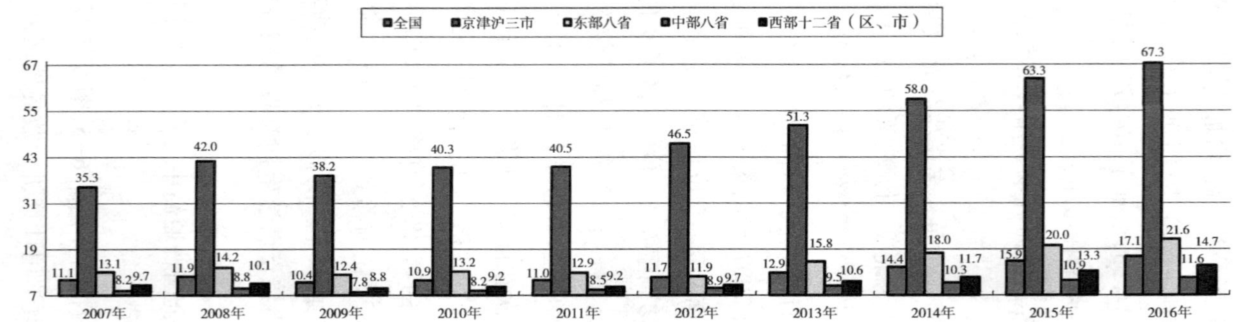

图 6-5　普通高中每百名学生拥有教学用计算机台数地区差异图（单位：台）

注：每组柱状从左到右分别代表全国、京津沪三市、东部八省、中部八省、西部十二省（区、市）的统计数据。

6-5 可知，京津沪三市始终为最大，东部八省次之（高于全国均值）再次是西部十二省（区、市）（低于全国均值），中部八省始终为最小。即，全国普通高中每百名学生拥有教学用计算机台数基本上是从京津沪、东部、西部、中部呈梯度递减态势，呈中部塌陷现象，京津沪远高于其他地区，差距基本是逐年增加趋势，京津沪是东部的 2.69—3.91 倍（高出 22.2—45.7 台）、是西部的 3.64—4.96 倍（高出 25.6—52.6 台）、是中部的 4.30—5.81 倍（高出 27.1—55.7 台）。如普通高中每百名学生拥有教学用计算机台数京津沪三市 2007 年为 35.3 台、中部八省为 8.2，相差 3.30 倍（高出 27.1 台）；京津沪三市 2016 年为 67.3 台、中部八省为 11.6 台，相差 4.80 倍（高出 55.7 台），差距非常明显。各地均呈增加趋势，京津沪三市增幅最大（0.91 倍），东部八省次之（0.65 倍），中部八省最小（0.41 倍），全国平均增加 0.54 倍。

由表 6-5 可知，反映全国普通高中每百名学生拥有教学用计算机台数各省份与全国均值的离差情况的标准差在 2007—2016 年的变化趋势是 8.4 台↗10.5 台↘10.0 台↗11.1 台↘10.7 台↗12.7 台↗13.9 台↗15.9 台↗17.5 台↗18.8 台，这 10 年间有升有降，累计上升了 123.81%，增加到 2016 年的 18.8 台。反映各省份与全国均值间的差异情况的变异系数在 2007—2016 年的变化趋势是从 0.756↗0.882↗0.961↗1.012↘0.974↗1.081↘1.076↗1.107↘1.102↘1.100，即这 10 年间全国普通高中每百名学生拥有教学用计算机台数各省份与全国均值的差异是有增有减，共上升了 45.50%，增加到 2016 年的 1.100，差异水平异常大。

三、2007—2016年中职、普高每百名学生拥有教学用计算机台数差距的地区差异分析

（一）2007—2016年全国中职、普高每百名学生教学用计算机台数差距的总量分析

表6-6显示了2007—2016年这十年间全国高中阶段教育每百名学生拥有教学用计算机台数差距（即中等职业学校比普通高中高出多少）的变化情况。

由表6-6可知，全国高中阶段教育每百名学生拥有教学用计算机台数的差距（中等职业学校比普通高中高多少台，以下内容中该指标的差距均指中职比普高高，不再特别说明）从2007—2016年的变化趋势为1.7台↘1.5台↗1.9台→1.9台↗2.2台↗2.5台↗3.4台↗3.8台↘3.7台↘3.6台，这10年间有增有减（其中2013年增幅最大达36.00%），共增加了1.9台，增长了111.76%，增加到2016年的3.6台，增幅大于全国均值的省份有13个，增幅大于等于1200%的有1个，大于等于750%的有2个，大于200%的有5个，大于150%的有8个，在100%—150%之间的有5个，小于100%且大于零的有5个，有13个省份的高中阶段教育每百名学生拥有教学用计算机台数的差距未增加而有所下降，降幅超过100%的省份有8个，降幅超过300%的有3个，其中山西降幅最大达985.71%。这10年间高中阶段教育每百名学生拥有教学用计算机台数的差距高于各年全国均值的省份数从2007—2016年的变化趋势为15→15↘13↗14↘11↗12→12→12↗15→15，即全国有不到一半的（11—15个）省份高中阶段教育每百名学生拥有教学用计算机台数的差距高于全国均值，截至2016年仍有14个省份要高于全国平均水平。

表 6-6　2007—2016 年全国高中阶段教育每百名学生拥有教学用计算机台数差距（中职比普高）变化情况表

年份	2007		2008	2009	2010	2011	2012	2013	2014	2015	2016		2016 比 2007 增加	
	台数	排名	台数	台数	台数	台数	台数	台数	台数	台数	台数	排名	增加比例	排名
高于全国均值省份数	15		15	13	14	11	12	12	12	15	15		13	
全国	1.7		1.5	1.9	1.9	2.2	2.5	3.4	3.8	3.7	3.6		111.76	
北京	-21.0	31	-29.9	-23.9	-26.5	-31.6	-43.8	-45.6	-49.6	-47.9	-49.1	31	133.81	0
天津	-3.9	28	-5.3	1.8	4.2	9.7	7.4	1.8	-1.4	-4.9	-6.0	30	53.85	2
河北	3.3	7	3.5	1.6	1.7	1.3	1.7	4.2	7.0	6.9	5.4	11	63.64	4
山西	-0.7	20	-1.1	-0.8	-0.8	0.8	1.8	3.5	4.5	5.3	6.2	9	-985.71	-11
内蒙古	2.4	12	2.4	1.0	1.1	2.2	4.1	5.3	4.9	4.5	5.2	14	116.67	2
辽宁	4.5	5	4.4	5.3	5.5	9.9	9.7	10.1	9.7	9.4	9.9	3	120.00	-2
吉林	7.0	1	5.7	2.0	2.9	4.9	6.0	8.1	13.5	13.3	14.9	1	112.86	0
黑龙江	2.6	11	1.4	0.4	2.0	2.2	4.0	5.5	6.9	6.9	7.9	6	203.85	-5
上海	-15.5	30	-25.4	-18.2	-17.3	-12.1	-15.6	-12.2	-6.2	-2.7	2.0	19	-112.90	-11
江苏	-3.1	26	-1.9	0.1	0.8	2.2	1.4	3.3	4.6	2.9	2.3	18	-174.19	-8
浙江	-1.2	22	-0.8	1.7	1.7	2.0	2.3	2.4	3.1	3.9	2.9	16	-341.67	-6

续表

年份	2007		2008	2009	2010	2011	2012	2013	2014	2015	2016		2016 比 2007 增加	
	台数	排名	台数	台数	台数	台数	台数	台数	台数	台数	台数	排名	增加比例	排名
安徽	0.4	17	0.5	1.6	2.1	1.5	1.3	1.8	1.8	1.3	1.1	21	175.00	4
福建	−2.7	25	−3.3	−2.0	−1.9	−2.9	−4.0	−4.4	−2.6	−1.1	−1.0	25	−62.96	0
江西	2.3	13	3.3	2.6	2.0	1.1	1.8	3.3	2.1	3.3	5.3	12	130.43	−1
山东	2.3	14	1.8	2.3	1.4	1.9	2.4	2.9	3.7	5.8	6.3	8	173.91	−6
河南	5.5	3	5.5	4.9	4.6	4.7	5.9	7.0	7.6	8.4	8.4	5	52.73	2
湖北	3.3	8	3.9	3.8	5.6	5.9	11.5	14.4	15.6	14.3	11.7	2	254.55	−6
湖南	6.4	2	7.1	5.5	4.8	5.9	5.1	6.8	5.2	5.3	4.8	15	−25.00	13
广东	4.0	6	3.2	4.1	1.7	2.3	2.2	2.2	1.4	0.1	−0.6	24	−115.00	18
广西	5.0	4	5.0	6.1	3.0	2.5	2.6	2.4	3.6	4.5	5.3	13	6.00	9
海南	−2.5	24	−1.9	−1.7	−21.0	−1.8	−1.1	−0.8	−0.1	−1.3	−2.8	28	12.00	4
重庆	2.8	9	3.3	3.8	5.9	5.5	4.1	5.1	6.8	6.2	7.3	7	160.71	−2
四川	2.7	10	1.8	2.7	2.7	2.0	0.8	0.8	0.9	−0.9	−1.7	27	−162.96	17
贵州	0.2	18	1.6	1.9	3.8	5.0	5.3	3.7	2.5	1.0	1.7	20	750.00	2
云南	2.0	15	1.5	2.2	0.1	0.4	0.5	3.0	3.2	2.5	0.5	22	−75.00	7
西藏	−1.8	23	−2.8	−0.6	−3.0	−1.2	−2.2	−0.2	3.5	10.5	9.6	4	−633.33	−19
陕西	0.2	19	−0.5	−0.2	0.3	0.4	1.6	2.5	3.7	2.9	2.6	17	1200.00	−2

续表

年份	2007		2008	2009	2010	2011	2012	2013	2014	2015	2016		2016比2007增加	
	台数	排名	台数	台数	台数	台数	台数	台数	台数	台数	台数	排名	增加比例	排名
甘肃	1.7	16	1.9	2.3	3.0	3.4	4.3	6.7	8.0	7.6	6.0	10	252.94	-6
青海	-6.9	29	-7.8	-5.3	-0.3	-4.3	-3.8	-5.2	-2.2	-4.7	-5.9	29	-14.49	0
宁夏	-1.1	21	-3.3	-5.4	-5.9	-3.7	-1.6	-0.4	1.4	0.1	0.1	23	-109.09	2
新疆	-3.2	27	-4.0	-3.7	-2.6	-1.7	-0.8	-1.5	-1.9	-1.1	-1.1	26	-65.63	-1
标准差	-4.2		-6.2	-4.9	-5.6	-4.6	-6.6	-7	-7.5	-7.7	-7.6		80.95	
变异系数	-0.426		-0.565	-0.548	-0.582	-0.511	-0.652	-0.654	-0.648	-0.601	-0.562		31.92	
极大值	7.0	23.0	7.1	6.1	5.9	9.9	11.5	14.4	15.6	14.3	14.9		112.86	
极小值	-21.0	-15.0	-29.9	-23.9	-26.5	-31.6	-43.8	-45.6	-49.6	-47.9	-49.1		133.81	
京津沪三市	-13.6		-20.2	-13	-12.7	-11.2	-17.7	-18.3	-18.2	-17.9	-17.6		29.41	
东部八省	0.9		1.0	1.8	0.5	1.9	4.0	2.9	3.7	3.9	3.5		288.89	
中部八省	3.5		3.5	3	3.3	3.6	4.4	5.7	6	6.3	6.5		85.71	
西部十二省(区、市)	1.7		1.4	1.8	2.2	1.9	1.9	2.4	2.7	1.9	1.7		0.00	

注：表中增加比例的单位为“%”，台数单位为“台”，变异系数及极差率无单位。

资料来源：根据2007—2016年《中国教育统计年鉴》中的普通高中、中等职业学校（不含技工学校）的教学用计算机台数、在校学生数的原始数据计算整理而得。

（二）2007—2016年全国高中阶段教育每百名学生拥有教学用计算机台数的差距的极值与位次变化分析

1. 高中阶段教育每百名学生拥有教学用计算机台数的差距的极值分析

由表6-6排序可知，全国高中阶段教育每百名学生拥有教学用计算机台数的差距（中等职业学校比普通高中高多少台）2016年最大的5个省份为吉林14.9台、湖北11.7台、辽宁9.9台、西藏9.6台、河南8.4台，最小（即普高比中职高最多的）的5个省份为四川-1.7台、海南-2.8台、青海-5.9台、天津-6.0台、北京-49.1台，每百名学生拥有教学用计算机台数的差距大于10台的省份有2个，大于8台的有5个，大于7台的有7个，在5—7台之间的有7个，小于5台且大于零的有9个，中职比普高低（即普高比中职高）的省份有8个，中职比普高低超过2台的有4个、低超过6台（含等于6台）的有2个、低超过49台的有1个。2016年每百名学生拥有教学用计算机台数普通高中比中等职业学校高的省份有广东、福建、新疆、四川、海南、青海、天津、北京，其中中西部省份有3个（均为西部省份）。每百名学生拥有教学用计算机台数普通高中高于中等职业学校的省份数从2007—2016的变化趋势为12↗13↘10↘9↘8→8→8↘7↗8→8。

这10年间高中阶段教育每百名学生拥有教学用计算机台数的差距增加幅度最大的5省份为陕西1200.00%、贵州750.00%、湖北254.55%、甘肃252.94%、黑龙江203.85%，增幅最小（降幅最大）的5省份为四川-162.96%、江苏-174.19%、浙江-341.67%、西藏-633.33%、山西-985.71%。这10年间，湖北、吉林、辽宁、湖南、广西、河南是高中阶段教育每百名学生拥有教学用计算机台数的差距最大的省份，新疆、宁夏、青海、福建、上海、海南、北京是高中阶段教育每百名学生拥有教学用计算机台数的差距最小的（却是普高高中职最多的）省份，其中湖北有 4 年、吉林有 2 年、湖南、广西、重庆及辽宁各有 1 年为最大，吉林有 3 年、辽宁、湖南及湖北各有 2 年、天津有 1 年为第二大省份，北京始终为最小（却是普高高中职最大的省份），上海有 7 年、天津有 2 年、海南有 1 年为第二小（却是普高高中职第二大的省份）。

由表 6-6 可知，高中阶段教育每百名学生拥有教学用计算机台数的差距（中职高普高）的极大值从 2007 年的 7.0 台上升到 2016 年的 14.9 台，增加了 112.86%，高中阶段教育每百名学生拥有教学用计算机台数的差距（普高高中职）的极大值从 2007 年的 21.0 台上升到 2016 年的 49.1 台，增加了 133.81%。

2. 高中阶段教育每百名学生拥有教学用计算机台数的差距（中职比普高高）的位次变化分析

这 10 年间全国高中阶段教育每百名学生拥有教学用计算机台数的差距（中职比普高高）的排名位次没有变化的为吉林、福建、青海、北京，分别位居第 1、25、29、31 位。排名位次后移的省份有 13 个，后移大于等于 4 位的有 8 个，海南、安徽、河北均后移了 4 位，云南后移了 7 位，广西从 2007 年的第 4 位后移到了 2016 年的第 13 位，后移了 9 位，湖南从第 2 位后移到了第 15 位，后移了 13 位，四川从第 10 位后移到了第 27 位，后移了 17 位，广东从第 6 位后移到了第 24 位，后移了 18 位，后移的位次越多说明这些省份高中阶段教育每百名学生拥有教学用计算机台数的差距（中职比普高高）排名下跌越厉害。有 14 个省份的位次在前移，前移大于等于 5 位的省份有 9 个，其中黑龙江前移了 5 位，浙江、山东、湖北、甘肃均前移了 6 位，江苏从 2007 年的第 26 位前移到了 2016 年的第 18 位，前移了 8 位，山西从第 20 位前移到了第 9

位，前移了 11 位，上海从第 30 位前移到了第 19 位，前移了 11 位，西藏从第 23 位前移到了第 4 位，前移了 19 位，前移的位次越多说明这些省份高中阶段教育每百名学生拥有教学用计算机台数的差距（中职比普高高）排名上升越快。

（三）2007—2016 年全国高中阶段教育每百名学生拥有教学用计算机台数的差距（中职比普高高）的地区差异分析

由表 6-6 的相关数据可作出图 6-6，图 6-6 反映了全国高中阶段教育每百名学生拥有教学用计算机台数的差距（中职比普高高）的地区差异情况。由图 6-6 可知，中部八省始终是每百名学生拥有教学用计算机台数中职比普高大最多的地区，在 3.0—6.5 台之间（差距的增幅为 0.86 倍），东部八省次之，在 0.9—4.0 台之间（差距的增幅最大，达 2.89 倍），西部十二省（区、市）最小，在 1.4—2.7 台之间（差距未有增加），全国平均差距增幅为 1.12 倍；京津沪三市始终是每百名学生拥有教学用计算机台数普高比中职大最多的地区，在 11.2—20.2 台之间（差距的增幅为 0.29 倍）。

由表 6-6 可知，反映高中阶段教育每百名学生拥有教学用计算机台数的各省份与全国均值的离差情况的标准差差距（普高比中职高）在 2007—2016 年的变化趋势是 4.2 台↗6.2 台↘4.9 台↗5.6 台↘4.6 台↗6.6 台↗7.0 台↗7.5 台↗7.7 台↘7.6 台，这 10 年间有升有降，累计增加了 80.95%，上升到 2016 年的普高高中职 7.6 台。反映各省份与全国均值间的差异情况的变异系数的差距（普高高中职）在 2007—2016 年的变化趋势是 0.426↗0.565↘0.548↗0.582↘0.511↗0.652↗0.654↘0.648↘0.601↘0.562，累计增加了 31.92%。

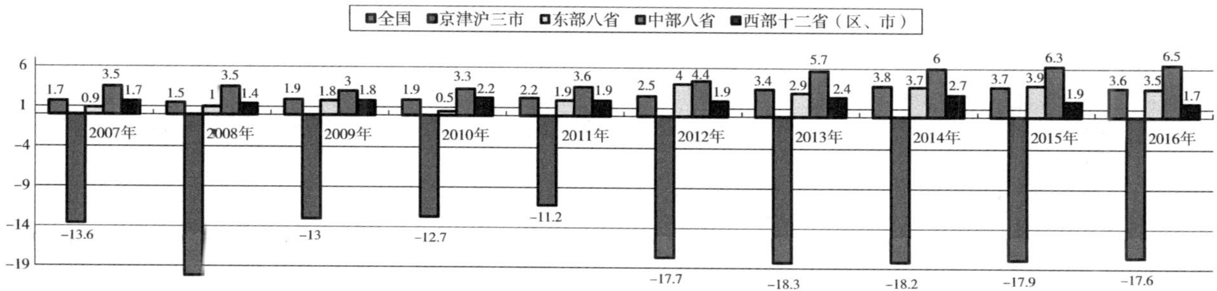

图 6-6　高中教育每百名学生拥有教学用计算机台数差距（中职比普高）地区差异图（单位：台）

注：每组柱状从左到右分别代表全国、京津沪三市、东部八省、中部八省、西部十二省（区、市）的统计数据。

第四节　2007—2016年中职、普高生均固定资产总值的地区差异分析

一、2007—2016年中等职业学校生均固定资产总值的地区差异分析

（一）2007—2016年全国中等职业学校生均固定资产总值的总量分析

表6-7显示了全国中等职业学校生均固定资产总值在2007—2016年这十年间的变化情况。

由表6-7可知，全国中等职业学校生均固定资产总值从2007—2016年的变化趋势为10460元↗10538元↗11024元↗12252元↗13676元↗15361元↗18295元↗23591元↘23041元↗25588元，除2015年有所下降外其余9年均呈逐年增加趋势（从2010年起年增幅均超过两位数、2014年增幅最大达28.95%），这10年间增加了15128元，共增加了144.63%，增加到2016年的25588元，增幅大于全国均值的省份有20个，增幅大于300%的有5个，大于200%的有13个，大于150%的有19个，在100%—150%之间的有7个，低于100%的有5个。这10年间中等职业学校生均固定资产总值高于各年全国均值的省份数从2007—2016年的变化趋势为12↘10↗12→12↘10↗14→14→14↗15↘14，即这十年间有不到全国一半的省份中等职业学校生均固定资产总值高于全国均值，截至2016年仍有14个省份的生均固定资产总值要高于全国平均水平。中职生均固定资产总值始终低于同期普通高中的，从2007年的低3619元增加至2011年的低5871元，之后有所下降，至2016年又增加至低6111元。

表 6-7　2007—2016 年全国中等职业学校生均固定资产总值变化情况表

年份	2007		2008	2009	2010	2011	2012	2013	2014	2015	2016		2016 比 2007 增加	
	总值	排名	总值	总值	总值	总值	总值	总值	总值	总值	总值	排名	增加比例	排名
高于全国均值省份数	12		10	12	12	10	14	14	14	15	14		20	
全国	10460		10538	11024	12252	13676	15361	18295	23591	23041	25588		144.63	
北京	20644	2	23658	25752	26838	26003	24103	31893	45150	64521	82399	2	299.14	0
天津	12101	7	11345	16193	19338	21235	20701	23856	25878	25282	25919	14	114.19	7
河北	12061	9	10180	8024	9111	10716	13328	14886	17420	19214	19160	27	58.86	18
山西	7241	27	8090	7612	7650	9923	12618	16757	17691	20062	24995	16	245.19	−11
内蒙古	7652	26	8938	8227	8521	10923	16445	22336	28659	32524	37557	5	390.81	−21
辽宁	10951	11	11557	12332	15145	16930	18546	25306	25802	29156	33157	8	202.78	−3
吉林	19809	3	11953	9937	11347	15591	16512	20224	27990	29920	29208	10	47.45	7
黑龙江	9063	16	8596	8115	9168	13482	15432	13713	15724	17535	21389	24	136.00	8
上海	24190	1	26525	32407	38506	43836	44118	53129	70179	86415	102132	1	322.21	0
江苏	12064	8	15457	18640	21976	26052	28184	34995	39633	45558	45515	4	277.28	−4
浙江	15266	5	17315	18062	19265	20534	22953	25943	30184	32036	33857	7	121.78	2

续表

年份	2007		2008	2009	2010	2011	2012	2013	2014	2015	2016		2016 比 2007 增加	
	总值	排名	总值	总值	总值	总值	总值	总值	总值	总值	总值	排名	增加比例	排名
安徽	8306	21	8161	9155	10363	13052	15277	18256	18515	20562	23578	21	183. 87	0
福建	8434	19	9227	9828	11448	10689	10841	13722	17043	19154	21166	25	150. 96	6
江西	8176	23	8788	9470	11204	13215	13632	19925	17781	19917	21600	23	164. 19	0
山东	13330	6	12733	14668	16563	17615	18952	21888	23658	26733	28792	11	115. 99	5
河南	7836	24	8087	8049	8284	9262	10774	12819	15020	15181	15483	30	97. 59	6
湖北	7799	25	7638	8313	10120	12739	19820	23111	26089	26667	24480	18	213. 89	−7
湖南	8900	17	10510	12277	13042	14939	16208	16952	18019	17882	18478	28	107. 62	11
广东	16438	4	14314	14069	14730	12914	12856	15202	50133	19735	24115	20	46. 70	16
广西	8814	18	9138	9749	8061	8561	9622	10964	11848	14324	15220	31	72. 68	13
海南	11778	10	11417	14488	13793	12077	10446	14129	17499	21004	24779	17	110. 38	7
重庆	10506	12	9424	12857	15105	17857	18404	20259	24332	26847	31962	9	204. 23	−3
四川	6485	29	7060	7234	8745	9915	11136	12684	14957	17343	20924	26	222. 65	−3
贵州	6198	30	5820	5769	8223	9615	10724	11599	13367	14292	17371	29	180. 27	−1
云南	10419	13	10235	9871	9222	11368	11813	16479	17228	18629	25538	15	145. 11	2

续表

年份	2007		2008	2009	2010	2011	2012	2013	2014	2015	2016		2016 比 2007 增加	
	总值	排名	总值	总值	总值	总值	总值	总值	总值	总值	总值	排名	增加比例	排名
西藏	9452	15	9457	10322	8631	11722	13980	18412	59859	74190	70687	3	647.85	−12
陕西	8215	22	7477	7177	8721	11563	15180	17675	19704	23213	26176	13	218.64	−9
甘肃	8376	20	9644	8945	10173	12037	13902	16642	18200	21749	23359	22	178.88	2
青海	6866	28	7510	6062	7450	9284	22850	24891	25520	28257	34439	6	401.59	−22
宁夏	5774	31	9380	10299	9823	9158	12487	15544	19503	22432	24451	19	323.47	−12
新疆	9681	14	9453	11587	15551	12374	14325	17399	22887	29045	26745	12	176.26	−2
标准差	4424		4525	5724	6643	7105	6828	8338	13768	17069	19432		339.24	
变异系数	0.423		0.429	0.519	0.542	0.519	0.445	0.456	0.584	0.741	0.759		79.43	
极大值	24190		26525	32407	38506	43836	44118	53129	70179	86415	102132		322.21	
极小值	5774		5820	5769	7450	8561	9622	10964	11848	14292	15220		163.60	
极差	18417		20706	26638	31056	35275	34496	42165	58331	72123	86913		371.92	
极差率	4.19		4.56	5.62	5.17	5.12	4.59	4.85	5.92	6.05	6.71		60.14	
京津沪三市	16392		17908	21090	29195	31178	30237	37842	49339	60656	61932		277.82	

续表

年份	2007		2008	2009	2010	2011	2012	2013	2014	2015	2016		2016 比 2007 增加	
	总值	排名	总值	总值	总值	总值	总值	总值	总值	总值	总值	排名	增加比例	排名
东部八省	12946		13136	13799	15396	16093	17364	20792	31971	26708	28848		122. 83	
中部八省	8618		8606	9000	9906	12108	14236	16944	18219	19326	20683		140. 00	
西部十二省(区、市)	8124		8288	8632	9527	10908	12725	14970	17290	19804	23051		183. 74	
普通高中	14079		15269	16821	18003	19547	20501	22950	26152	28594	31699		125. 15	
中职比普高高	-3619		-4731	-5797	-5751	-5871	-5140	-4655	-2561	-5553	-6111		19. 48	

注:表中增加比例的单位为“%”,总值单位为“元”,变异系数及极差率无单位。固定资产总值统计口径为“含非学校产权中独立使用”,即包括学校独立拥有产权的固定资产以及租赁使用的非学校产权独立使用的固定资产。

资料来源:根据 2007—2016 年《中国教育统计年鉴》中的中等职业学校的固定资产总值数、学生数的原始数据计算整理而得。

（二）2007—2016 年全国中等职业学校生均固定资产总值的极值与位次变化分析

1. 中等职业学校生均固定资产总值的极值分析

由表 6-7 排序可知，全国中等职业学校生均固定资产总值 2016 年最大 5 省份为上海 102132 元、北京 82399 元、西藏 70687 元、江苏 45515 元、内蒙古 37557 元，最小 5 省份为河北 19160 元、湖南 18478 元、贵州 17371 元、河南 15483 元、广西 15220 元，大于 10 万元的省份有 1 个，大于 7 万元的有 3 个，大于 3 万元的有 9 个，大于 2.5 万元的有 15 个，在 2 万—2.5 万元之间的有 11 个，小于 2 万元的有 5 个。

这 10 年间全国中等职业学校生均固定资产总值增加幅度最大的 5 个省份为西藏 647.85%、青海 401.59%、内蒙古 390.81%、宁夏 323.47%、上海 322.21%，增幅最小的 5 个省份为河南 97.59%、广西 72.68%、河北 58.66%、吉林 47.45%、广东 46.70%。这 10 年间，上海、北京、江苏、浙江、西藏是中等职业学校生均固定资产总值最大的省份，河南、四川、贵州、青海、广西是中等职业学校生均固定资产总值最小的省份，其中上海十年始终为最大，广西有 5 年、贵州有 3 年、青海及宁夏各 1 年为最小。

由表 6-7 可知，中等职业学校生均固定资产总值的极大值从 2007 年的 24190 元上升到 2016 年的 102132 元，增加了 322.21%，极小值从 5774 元上升到 15220 元，增加了 163.60%，极差从 18417 元上升到 86913 元，增加了 371.92%，极差率从 4.19 上升到 6.71，增加了 60.14%，即极大值与极小值及其绝对差距与相对差距都在增加。

2. 中等职业学校生均固定资产总值的位次变化分析

这 10 年间全国中等职业学校生均固定资产总值的排名位次

没有变化的为上海、北京、安徽、江西，分别位居第1、2、21、23位。排名位次后移的省份有14个，后移大于等于5位的有10个，河南、福建均后移了6位，河南、吉林、天津均后移了7位，黑龙江后移了8位，湖南从2007年的第17位后移到了2016年的第28位，后移了11位，广西从第18位后移到了第31位，后移了13位，广东从第4位后移到了第20位，后移了16位，河北从第9位后移到了第27位，后移了18位，后移的位次越多说明这些省份中等职业学校生均固定资产总值排名下跌越快。有13个省份的位次在前移，前移大于等于4位的省份有8个，其中江苏、湖北、陕西分别前移了4、7、9位，山西从2007年的第27位前移到了2016年的第16位，前移了11位，西藏从第15位前移到了第3位，前移了12位，宁夏从第31位前移到了第19位，前移了12位，内蒙古从第26位前移到了第5位，前移了21位，青海从第28位前移到了第6位，前移了22位，前移的位次越多说明这些省份中等职业学校生均固定资产总值排名上升越快。

（三）2007—2016年全国中等职业学校生均固定资产总值的地区差异分析

由表6-7的相关数据可作出图6-7，图6-7反映了全国中等职业学校生均固定资产总值的地区差异情况。由图6-7可知，京津沪三市中等职业学校生均固定资产总值始终是最大的，且明显高于其他地区，其次是东部八省，再次是中部八省（2015—2016年西部十二省（区、市）为第三高），西部十二省（区、市）始终是最低（2015—2016年中部八省为最低）；即，全国中等职业学校生均固定资产总值基本上是从京津沪、东部、中部、西部自东向西呈梯度递减趋势，京津沪明显高于其他地区，京津沪是东部的1.27—2.15倍、是中部的1.90—3.14倍、是西部的2.02—3.06倍，中部

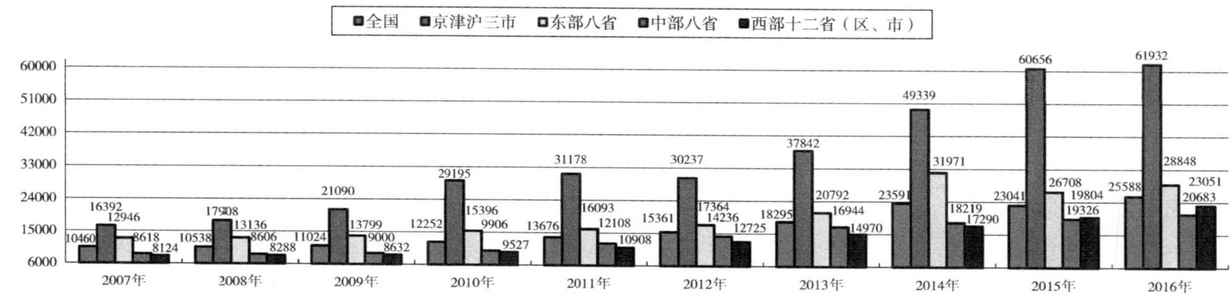

图 6–7　中等职业学校生均固定资产总值地区差异图（单位：元）

注：每组柱状从左到右分别代表全国、京津沪三市、东部八省、中部八省、西部十二省（区、市）的统计数据。

是西部的0.90—1.13倍。如中等职业学校生均固定资产总值京津沪三市2007年为16392元、西部十二省(区、市)为8124元,相差1.02倍;京津沪三市2016年为61932元、中部八省为20683元,相差1.99倍,差距比较大,生均固定资产总值各地呈逐年增加趋势(东部八省2015年有所下降除外、但其2016年上升后仍低于2014年的水平),京津沪三市增幅最大(2.78倍),西部十二省(区、市)次之(1.84倍),东部八省最低(1.23倍),全国平均增加1.45倍。

由表6-7可知,反映全国中等职业学校生均固定资产总值各省份与全国均值的离差情况的标准差在2007—2016年的变化趋势是4424元↗4525元↗5724元↗6643元↗7105元↘6828元↗8338元↗13768元↗17069元↗19432元,这10年间呈逐年增加趋势(2012年有所下降除外),累计增加了339.24%,上升到2016年的19432元。反映各省份与全国均值间的差异情况的变异系数在2007—2016年的变化趋势是0.423↗0.429↗0.519↗0.542↘0.519↘0.445↗0.456↗0.584↗0.741↗0.759,即这10年间全国中等职业学校生均固定资产总值各省份与全国均值的差异有增有减,总体呈增加趋势,到2016年变异系数上升到0.759,差异相当大。

二、2007—2016年普通高中生均固定资产总值的地区差异分析

(一)2007—2016年全国普通高中生均固定资产总值的总量分析

表6-8显示了2007—2016年这十年间全国普通高中生均固定资产总值的变化情况。

表 6-8　2007—2016 年全国普通高中生均固定资产总值变化情况表

年份	2007		2008	2009	2010	2011	2012	2013	2014	2015	2016		2016 比 2007 增加	
	经费	排名	经费	经费	经费	经费	经费	经费	经费	经费	经费	排名	增加比例	排名
高于全国均值省份数	10		11	12	12	13	11	12	13	13	15		15	
全国	14079		15269	16821	18003	19547	20501	22950	26152	28594	31699		125. 15	
北京	42294	2	49530	61647	68262	73864	77215	93435	107695	123588	143945	1	240. 34	-1
天津	15974	8	20026	22313	23539	25478	29829	33408	36168	41068	47659	6	198. 35	-2
河北	11464	20	12206	13446	14032	15139	17252	19625	20941	21627	22594	26	97. 09	6
山西	12693	15	13766	15079	16376	18652	19955	20510	25024	27082	32627	14	157. 05	-1
内蒙古	8905	28	11834	12367	14952	16234	19778	25599	31807	37799	41611	9	367. 28	-19
辽宁	11866	17	11776	13704	15297	15704	16731	20373	21361	24078	25308	24	113. 28	7
吉林	11145	21	10401	11501	13752	13206	13345	14412	17885	19639	21670	28	94. 44	7
黑龙江	10278	23	10636	12378	12089	12947	14914	16131	19055	20212	21753	27	111. 65	4
上海	53781	1	69010	73698	79323	87967	87735	94971	100582	110704	117770	2	118. 98	1
江苏	21410	5	22121	26404	30086	34524	37994	44604	50735	55913	61004	3	184. 93	-2
浙江	26740	3	29221	31376	31273	33078	36259	40115	45242	47159	52872	4	97. 73	1

续表

年份	2007		2008	2009	2010	2011	2012	2013	2014	2015	2016		2016 比 2007 增加	
	经费	排名	经费	经费	经费	经费	经费	经费	经费	经费	经费	排名	增加比例	排名
安徽	11765	18	12476	13709	15195	16172	17889	19311	23616	26600	29639	18	151. 93	0
福建	19844	6	21709	24218	22672	23764	25722	29844	33578	37976	42289	7	113. 11	1
江西	10818	22	11356	13578	14679	14480	14599	17129	18189	19919	21292	29	96. 82	7
山东	13593	13	15050	17208	18944	21148	19577	20660	23712	26307	29529	19	117. 24	6
河南	8681	29	9502	9325	10180	11149	10974	12597	13533	14634	15955	31	83. 79	2
湖北	10217	24	11445	12112	14495	17195	18374	22586	26612	28996	32710	13	220. 15	−11
湖南	13769	12	16612	19240	20553	21796	22418	23218	24671	24654	27481	21	99. 59	9
广东	19690	7	21296	21321	21213	21150	22737	24491	30531	32504	37153	10	88. 69	3
广西	8410	31	9373	9740	10296	12334	11703	12839	14183	15311	16355	30	94. 47	−1
海南	23381	4	21820	28249	27432	20045	26785	28778	35735	41921	49211	5	110. 47	1
重庆	14586	9	16173	16890	18591	19956	19363	21489	21842	25103	27239	22	86. 75	13
四川	12586	16	13701	15297	16661	17528	19182	20974	23754	27126	30362	17	141. 24	1
贵州	9322	27	9139	9804	9942	14914	11938	16395	20000	23995	27099	23	190. 70	−4
云南	13976	11	14951	15938	17774	20754	21051	21996	23494	26548	30936	16	121. 35	5

续表

年份	2007		2008	2009	2010	2011	2012	2013	2014	2015	2016		2016比2007增加	
	经费	排名	经费	经费	经费	经费	经费	经费	经费	经费	经费	排名	增加比例	排名
西藏	13270	14	14905	16952	23310	26907	27386	27801	31975	32909	37119	11	179.72	-3
陕西	10029	25	9774	10996	12065	15090	15673	18984	22934	26982	29408	20	193.23	-5
甘肃	9382	26	9561	11783	11602	12958	13172	14752	17731	20358	22649	25	141.41	-1
青海	8481	30	9610	9696	9893	12387	20289	22246	22577	25287	41841	8	393.35	-22
宁夏	14129	10	16799	16241	17529	18480	20059	20884	26865	30945	36512	12	158.42	2
新疆	11601	19	12676	15903	15722	17526	20052	25799	31208	30804	32101	15	176.71	-4
标准差	9875		12441	14124	15265	16631	16888	19244	21197	23917	26920		172.61	
变异系数	0.701		0.815	0.840	0.848	0.851	0.824	0.839	0.811	0.836	0.849		21.11	
极大值	53781		69010	73698	79323	87967	87735	94971	107695	123588	143945		167.65	
极小值	8410		9139	9325	9893	11149	10974	12597	13533	14634	15955		89.71	
极差	45371		59871	64373	69430	76818	76761	82374	94162	108954	127991		182.10	
极差率	6.39		7.55	7.90	8.02	7.89	7.99	7.54	7.96	8.45	9.02		41.16	
京津沪三市	38076		46231	52437	56656	61489	64202	73663	81433	91753	102868		170.16	

续表

年份	2007		2008	2009	2010	2011	2012	2013	2014	2015	2016		2016 比 2007 增加	
	经费	排名	经费	经费	经费	经费	经费	经费	经费	经费	经费	排名	增加比例	排名
东部八省	17570		18878	20945	21910	23236	24710	27451	31394	33846	37437		113.07	
中部八省	10940		11939	13009	14325	15522	16269	18003	20540	22005	24412		123.14	
西部十二省(区、市)	11053		11999	13230	14301	16392	16982	19560	22488	25532	28454		157.43	

注:表中增加比例的单位为“%”,总值单位为“元”,变异系数及极差率无单位。

资料来源:根据 2007—2016 年《中国教育统计年鉴》中的普通高中的固定资产总值数、学生数的原始数据计算整理而得。

由表6-8可知，全国普通高中生均固定资产总值从2007—2016年的变化趋势为14079元↗15269元↗16821元↗18003元↗19547元↗20501元↗22950元↗26152元↗28594元↗31699元，呈逐年增加趋势，其中2014年增长率最大为13.95%、其次为2013年11.95%、2012年增幅最小为4.88%，这10年间增加了17620元，共增加了125.15%，增加到2016年的31699元，增幅大于全国均值的省份有15个，增幅大于300%的有2个，大于200%的有4个，大于150%的有13个，大于100%的有22个，低于100%的有9个。这10年间普高生均固定资产总值高于各年全国均值的省份数从2007—2016年的变化趋势为10↗11↗12→12↗13↘11↗12↗13→13↗15，即有不到全国一半的(10—15个)省份普通高中生均固定资产总值要高于全国均值的，截至2016年仍有15个省份要高于全国平均水平。

（二）2007—2016年全国普通高中生均固定资产总值的极值与位次变化分析

1. 普通高中生均固定资产总值的极值分析

由表6-8排序可知，全国普通高中生均固定资产总值2016年最大5省份为北京143945元、上海117770元、江苏61004元、浙江52872元、海南49211元，最小5省份为黑龙江21753元、吉林21670元、江西21292元、广西16355元、河南15955元，大于10万元的省份有2个，大于5万元的有4个，大于4万元的有9个，在3万—4万元之间的有8个，小于3万元的有14个，小于2.5万元的有7个，小于2万元的有2个。

这10年间全国普通高中生均固定资产总值增加幅度最大的5省份为青海393.35%、内蒙古367.28%、北京240.34%、湖北220.15%、天津198.35%，增幅最小的5省份为广西94.47%、吉林

94.44%、广东 88.69%、重庆 86.75%、河南 83.79%。这 10 年间，北京、上海、江苏、浙江、海南、天津是普高生均固定资产总值最大的省份，黑龙江、吉林、甘肃、江西、青海、贵州、广西、河南是普高生均固定资产总值最小的省份，其中北京、上海始终位居前两位（北京在 2014—2016 年为最大、上海在 2007—2013 年为最大），河南在 2009 年及 2011—2016 年、广西在 2007 年、贵州在 2008 年、青海在 2010 年为最小。

由表 6-8 可知，普通高中生均固定资产总值的极大值从 2007 年的 53781 元增长到 2016 年的 143945 元，增加了 167.65%，极小值从 8410 元增长到 15955 元，增加了 89.71%，极差从 45371 元上升到 127991 元，增加了 182.10%，极差率从 6.39 上升到 9.02，增加了 41.16%，即极大值与极小值及其绝对差距与相对差距都在增加。

2. 普通高中生均固定资产总值的位次变化分析

这 10 年间全国普通高中生均固定资产总值的排名位次没有变化的为安徽，位居第 18 位，排名位次后移的省份有 17 个，后移大于等于 4 位的有 9 个，黑龙江、云南分别后移了 4、5 位，山东、河北均后移了 6 位，江西、吉林、辽宁均后移了 7 位，湖南从第 12 位后移到了第 21 位，后移了 9 位，重庆从第 9 位后移到了第 22 位，后移了 13 位，后移的位次越多说明这些省份普通高中生均固定资产总值排名下跌越快。有 13 个省份的位次在前移，前移大于等于 4 位的省份有 6 个，其中贵州，新疆均前移了 4 位，陕西前移了 5 位，湖北从 2007 年的第 24 位前移到了 2016 年的第 13 位，前移了 11 位，内蒙古从第 28 位前移到了第 9 位，前移了 19 位，青海从第 30 位前移到了第 8 位，前移了 22 位，前移的位次越多说明这些省份普通高中生均固定资产总值排名上升越快。

（三）2007—2016年全国普通高中生均固定资产总值的地区差异分析

由表6-8的相关数据可作出图6-8，图6-8反映了全国普通高中生均固定资产总值的地区差异情况。由图6-8可知，京津沪三市普高生均固定资产总值始终是最大的，其次是东部八省，再次是西部十二省（区、市），中部八省始终是最低的，全国均值高于中西部而低于东部；即，全国普通高中生均固定资产总值基本上是从京津沪、东部、西部、中部呈梯度递减趋势，呈现出中部塌陷现象（2010年西部十二省（区、市）最小除外），京津沪三市远高于其他地区的，且与其他地区的差距在明显增大，京津沪三市是东部八省的2.17—2.75倍（高出20506—65431元）、是西部十二省（区、市）的3.44—3.96倍（高出27023—74414元）、是中部八省的3.48—4.21倍（高出27136—78456元），西部十二省（区、市）为中部八省的1.01—1.17倍（高出60—4042元，其中2010年中部八省比西部十二省（区、市）高24元）。如普通高中生均固定资产总值京津沪三市2007年为38076元、中部八省为10940元，相差2.48倍（高出27136元）；京津沪三市2016年为102868元、中部八省为24412元，相差3.21倍（高出78456元），差距相当大，普通高中生均固定资产总值各地均呈逐年增加趋势，京津沪三市增幅最大（1.70倍），西部十二省（区、市）次之（1.57倍），东部八省增幅最小（1.13倍），全国平均增幅为1.25倍。

由表6-8可知，反映全国普通高中生均固定资产总值各省份与全国均值的离差情况的标准差在2007—2016年的变化趋势是9875元↗12441元↗14124元↗15265元↗16631元↗16888元↗19244元↗21197元↗23917元↗26920元，呈逐年增加趋势，累计增加了172.61%，上升到2016年的26920元。反映各省份与全国均值间的差异情况的变异系数在2007—2016年的变化趋势是

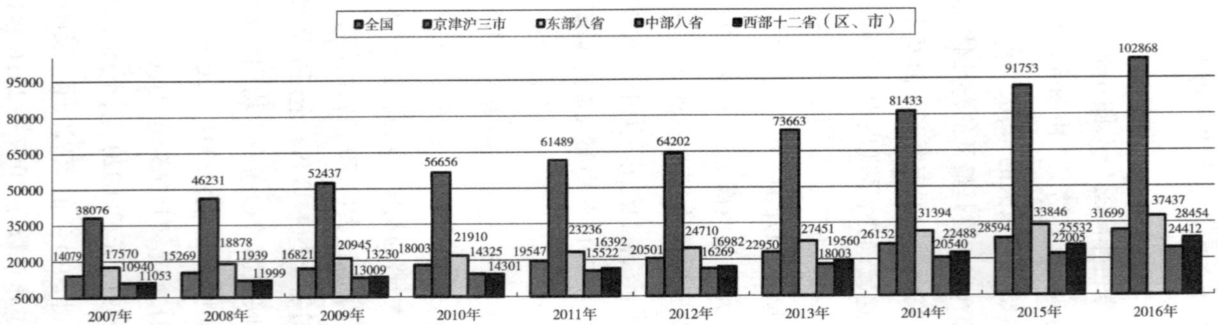

图 6-8　普通高中生均固定资产总值地区差异图（单位：元）

注：每组柱状从左到右分别代表全国、京津沪三市、东部八省、中部八省、西部十二省（区、市）的统计数据。

0.701↗0.815↗0.840↗0.848↗0.851↘0.824↗0.839↘0.811↗0.836↗0.849，即这10年间全国普通高中生均固定资产总值各省份与全国均值的差异有增有减，总体呈增加趋势，累计增长了21.11%，上升到2016年的0.849，差异相当大。

三、2007—2016年中职、普高生均固定资产总值差距的地区差异分析

（一）2007—2016年全国中职、普高生均固定资产总值差距（普高比中职高）的总量分析

表6-9显示了2007—2016年这十年间全国高中阶段教育生均固定资产总值差距（普通高中与中等职业学校固定资产总值相减后的数值，即普通高中比中等职业学校高出多少）的变化情况。

由表6-9可知，全国高中阶段教育生均固定资产总值的差距从2007—2016年的变化趋势为3619元↗4731元↗5797元↘5751元↗5871元↘5140元↘4655元↘2561元↗5553元↗6111元，这10年间有增有减（其中2007—2009年逐年增加，2010—2014年逐年下降至差距最低的为2561元，2015—2016年又逐年回升），共增加了2492元、增长了68.86%，增加到2016年的6111元，增幅大于全国均值的省份有14个，增幅大于400%的有1个，大于300%的有3个，大于200%的有6个，大于100%的有10个，在50%—100%之间的有8个，小于50%且大于零的有2个，有11个省份的高中阶段教育生均固定资产总值的差距（普高比中职高）未增加而有所下降，降幅超过100%的省份有7个，降幅超过200%的有5个，其中西藏降幅最大达979.20%。这10年间高中阶段教育生均固定资产总值的差距高于各年全国均值的省份数

表 6-9　2007—2016 年全国高中阶段教育生均固定资产总值差距（普高比中职高出的数值）变化情况表

年份	2007		2008	2009	2010	2011	2012	2013	2014	2015	2016		2016 比 2007 增加	
	总值	排名	总值	总值	总值	总值	总值	总值	总值	总值	总值	排名	增加比例	排名
高于全国均值省份数	13		14	14	14	13	15	16	19	15	15		14	
全国	3619		4731	5797	5751	5871	5140	4655	2561	5553	6111		68. 86	
北京	21650	2	25872	35895	41424	47861	53112	61542	62545	59067	61546	1	184. 28	-1
天津	3873	12	8681	6120	4201	4243	9128	9552	10290	15786	21740	3	461. 32	-9
河北	-597	30	2026	5422	4921	4423	3924	4739	3521	2413	3434	20	-675. 21	-10
山西	5452	9	5676	7467	8726	8729	7337	3753	7333	7020	7632	14	39. 99	5
内蒙古	1253	23	2896	4140	6431	5311	3333	3263	3148	5275	4054	19	223. 54	-4
辽宁	915	26	219	1372	152	-1226	-1815	-4933	-4441	-5078	-7849	30	-957. 81	4
吉林	-8664	31	-1552	1564	2405	-2385	-3167	-5812	-10105	-10281	-7538	29	-13. 00	-2
黑龙江	1215	24	2040	4263	2921	-535	-518	2418	3331	2677	364	25	-70. 04	1
上海	29591	1	42485	41291	40817	44131	43617	41842	30403	24289	15638	6	-47. 15	5
江苏	9346	6	6664	7764	8110	8472	9810	9609	11102	10355	15489	7	65. 73	1
浙江	11474	4	11906	13314	12008	12544	13306	14172	15058	15123	19015	5	65. 72	1
安徽	3459	15	4315	4554	4832	3120	2612	1055	5101	6038	6061	16	75. 22	1

续表

年份	2007		2008	2009	2010	2011	2012	2013	2014	2015	2016		2016 比 2007 增加	
	总值	排名	总值	总值	总值	总值	总值	总值	总值	总值	总值	排名	增加比例	排名
福建	11410	5	12482	14390	11224	13075	14881	16122	16535	18822	21123	4	85. 13	-1
江西	2642	18	2568	4108	3475	1265	967	-2796	408	2	-308	26	-111. 66	8
山东	263	28	2317	2540	2381	3533	625	-1228	54	-426	737	23	180. 23	-5
河南	845	27	1415	1276	1896	1887	200	-222	-1487	-547	472	24	-44. 14	-3
湖北	2418	19	3807	3799	4375	4456	-1446	-525	523	2329	8230	13	240. 36	-6
湖南	4869	10	6102	6963	7511	6857	6210	6266	6652	6772	9003	12	84. 90	2
广东	3252	16	6982	7252	6483	8236	9881	9289	-19602	12769	13038	8	300. 92	-8
广西	-404	29	235	-9	2235	3773	2081	1875	2335	987	1135	22	-380. 94	-7
海南	11603	3	10403	13761	13639	7968	16339	14649	18236	20917	24432	2	110. 57	-1
重庆	4080	11	6749	4033	3486	2099	959	1230	-2490	-1744	-4723	28	-215. 76	17
四川	6101	8	6641	8063	7916	7613	8046	8290	8797	9783	9438	11	54. 70	3
贵州	3124	17	3319	4035	1719	5299	1214	4796	6633	9703	9728	10	211. 40	-7
云南	3557	14	4716	6067	8552	9386	9238	5517	6266	7919	5398	17	51. 76	3
西藏	3818	13	5448	6630	14679	15185	13406	9389	-27884	-41281	-33568	31	-979. 20	18
陕西	1814	21	2297	3819	3344	3527	493	1309	3230	3769	3232	21	78. 17	0
甘肃	1006	25	-83	2838	1429	921	-730	-1890	-469	-1391	-710	27	-170. 58	2

续表

年份	2007		2008	2009	2010	2011	2012	2013	2014	2015	2016		2016 比 2007 增加	
	总值	排名	总值	总值	总值	总值	总值	总值	总值	总值	总值	排名	增加比例	排名
青海	1615	22	2100	3634	2443	3103	-2561	-2645	-2943	-2970	7402	15	358.33	-7
宁夏	8355	7	7419	5942	7706	9322	7572	5340	7362	8513	12061	9	44.36	2
新疆	1920	20	3223	4316	171	5152	5727	8400	8321	1759	5356	18	178.96	-2
标准差	5451		7916	8400	8622	9526	10060	10906	7429	6848	7488		37.37	
变异系数	0.278		0.386	0.321	0.306	0.332	0.379	0.383	0.227	0.095	0.09		-67.63	
极大值	29591		42485	41291	41424	47861	53112	61542	62545	59067	61546		107.99	
极小值	-8664		-1552	-9	152	-2385	-3167	-5812	-27884	-41281	-33568		287.44	
京津沪三市	21684		28323	31347	27461	30311	33965	35821	32094	31097	40936		88.78	
东部八省	4624		5742	7146	6514	7143	7346	6659	-577	7138	8589		85.75	
中部八省	2322		3333	4009	4419	3414	2033	1059	2321	2679	3729		60.59	
西部十二省(区、市)	2929		3711	4598	4774	5484	4257	4590	5198	5728	5403		84.47	

注:表中增加比例的单位为"%",生均固定资产总值单位为"元",变异系数及极差率无单位。

资料来源:根据 2007—2016 年《中国教育统计年鉴》中的普通高中、中等职业学校(不含技工学校)的固定资产总值、在校学生数的原始数据计算整理而得。

2007—2016 年的变化趋势为 13↗14→14→14↘13↗15↗16↗19↘15→15，即全国除 2013—2014 年外有不到一半的（13—15 个）省份高中阶段教育生均固定资产总值的差距高于全国均值，截至 2016 年仍有 15 个省份要高于全国平均水平。

（二）2007—2016 年全国高中阶段教育生均固定资产总值的差距的极值与位次变化分析

1. 高中阶段教育生均固定资产总值的差距的极值分析

由表 6-9 排序可知，全国高中阶段教育生均固定资产总值的差距（普通高中比中等职业学校高出的金额）2016 年最大的 5 个省份为北京 61546 元、海南 24432 元、天津 21740 元、福建 21123 元、浙江 19015 元，最小（即普高比中职高最少或普高比中职低最多的）5 个省份为甘肃-710 元、重庆-4723 元、吉林-7538 元、辽宁-7849 元、西藏-33568 元，生均固定资产总值的差距大于 2 万元的省份有 4 个，大于 1.2 万元的有 9 个，大于 8 千元的有 13 个，在 3 千—8 千元之间的有 8 个，小于 2 千元且大于零的有 4 个，中职比普高高（即普高比中职低）的省份有 6 个（除前述差距最小的 5 省外，生均固定资产总值江西的普高比中职低 308 元），中职比普高高超过 4700 元的省份有 4 个，其中西藏中职比普高多 33568 元。生均固定资产总值普通高中高于中等职业学校超过 1 万元的省份数 2007—2016 的变化趋势为 5→5→5↗6↘5↗6↘5↗7↗8↗9。

生均固定资产总值普通高中低于中等职业学校的省份数从 2007—2016 的变化趋势为 3↘2↘1↘0↗3↗6↗8→8→8↘6。生均固定资产总值的差距吉林有 8 年是中职比普高高的，其中 2015 年中职比普高高 10281 元，最低的 2008 年也要高出 1552 元，有 5 年要高出 5 千元以上，有 2 年高出 1 万元，普高比中职高的 2 年分别高出1564、2405元；辽宁有6年是中职比普高高的，高出1226—7849元，有4年高出4400元以上，普高比中职高的4年中，最高的为2009年普高比中职高1372元，其他3年在152—915元之间，且有2年是低于220元的；甘肃也有6年是中职比普高高的，高出83—1890元，普高比中职高的4年中，最高为2009年普高比中职高2838元，其他3年在921—1429元之间。生均固定资产总值中职比普高高2年的省份有江西、广西、山东、湖北，高3年的省份有河南、重庆、西藏，高4年的有青海，高1年的省份有河北、广东。

这10年间高中阶段教育生均固定资产总值的差距增加幅度最大的5个省份为天津461.32%、青海358.33%、广东300.92%、湖北240.36%、内蒙古223.54%，增幅最小（降幅最大）的5个省份为重庆-215.76%、广西-380.94%、河北-675.21%、辽宁-957.81%、西藏-979.20%。这10年间，北京、上海、海南、福建、浙江是高中阶段教育生均固定资产总值的差距最大的省份，河南、甘肃、广西、青海、辽宁、吉林是高中阶段教育生均固定资产总值的差距最小的（含普高低于中职最多的）省份，其中北京在2010—2016年及上海在2007—2009年始终为差距最大省份，上海在2010—2015年、北京在2007—2009年及海南在2016年为差距第二大省份，吉林有5年、西藏有3年、辽宁及广西各有1年为生均固定资产总值差距最小（含普高比中职低最多）省份。

由表6-9可知，高中阶段教育生均固定资产总值的差距（普高高中职）的极大值从2007年的29591元上升到2016年的61546元，增加了107.99%，高中阶段教育生均固定资产总值的差距（普高高中职）的极小值（实际为普高比中职低最多）从2007年的-8664元上升到2016年的-33568元，增加了287.44%。

2. 高中阶段教育生均固定资产总值的差距（普高比中职高）的位次变化分析

这10年间全国高中阶段教育生均固定资产总值的差距（普高比中职高）的排名位次没有变化的为陕西，位居第21位。排名位次后移的省份有15个，后移大于等于3位的有8个，云南、四川均后移了3位，辽宁后移了4位，上海、山西均后移了5位，江西从2007年的第18位后移到了2016年的第26位，后移了8位，重庆从第11位后移到了第28位，后移了17位，西藏从第13位后移到了第31位，后移了18位，后移的位次越多说明这些省份高中阶段教育生均固定资产总值的差距（普高比中职高）排名下跌越快，也就是从普高高中职较多迅速下降为普高高中职较少或变为中职比普高高。有15个省份的位次在前移，前移大于等于3位的省份有10个，其中河南、内蒙古、山东、湖北分别前移了3、4、5、6位，广西、贵州、青海均前移了7位，广东从2007年的第16位前移到了2016年的第8位、前移了8位，天津从第12位前移到了第3位、前移了9位，河北从第30位前移到了第20位、前移了10位，前移的位次越多说明这些省份高中阶段教育生均固定资产总值的差距（普高比中职高）排名上升越快，即从普高比中职高较少（或普高比中职低）的位置迅速前移至普高比中职高较多的位置。

（三）2007—2016年全国高中阶段教育生均固定资产总值的差距（普高比中职高）的地区差异分析

由表6-9的相关数据可作出图6-9，图6-9反映了全国高中阶段教育生均固定资产总值的差距（普高比中职高）的地区差异情况。由图6-9可知，京津沪三市始终是生均固定资产总值普高比中职高最多的地区，高出21684—40936元（差距的增幅为0.89

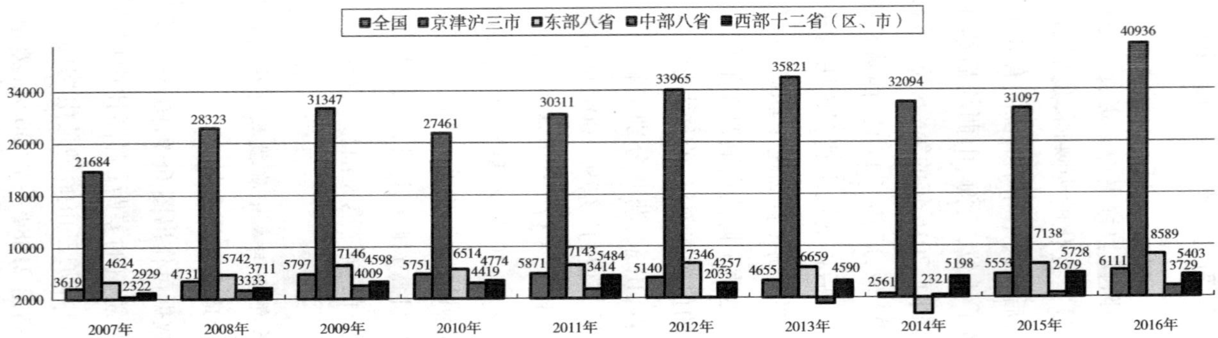

图 6–9　高中教育生均固定资产总值差距（普高比中职）地区差异图（单位：元）

注：每组柱状从左到右分别代表全国、京津沪三市、东部八省、中部八省、西部十二省（区、市）的统计数据。

倍），东部八省次之，高出 4624—8589 元（2014 年中职比普高高 577 元除外，差距的增幅为 0.86 倍），西部十二省（区、市）再次之，高出 2929—5728 元（差距的增幅为 0.84 倍），中部八省最小，高出 1059—4419 元（差距的增幅为 0.61 倍），全国平均差距增幅为 0.69 倍。生均固定资产总值的差距（普高高中职）京津沪三市远远高于其他地区，京津沪三市是东部八省的 4.22—5.38 倍（高出东部 17060—32671 元）、是西部十二省（区、市）的 5.53—7.98 倍（高出西部 18755—35533 元）、是中部八省的 6.21—33.83 倍（高出中部 19362—37207 元），西部十二省（区、市）是中部八省的 1.08—4.33 倍（高出中部 355—3531 元），全国均值低于京津沪及东部，而高于中西部（2014—2015 年西部高于全国均值除外）。

由表 6-9 可知，反映高中阶段教育生均固定资产总值的各省份与全国均值的离差情况的标准差差距（普高比中职高）在 2007—2016 年的变化趋势是 5451 元↗7916 元↗8400 元↗8622 元↗9526 元↗10060 元↗10906 元↘7429 元↘6848 元↗7488 元，这 10 年间有升有降，累计增加了 37.37%，上升到 2016 年的普高高中职 7488 元（最高年份为 2013 年的 10906 元）。反映各省份与全国均值间的差异情况的变异系数的差距（普高比中职高）在 2007—2016 年的变化趋势是 0.278↗0.386↘0.321↘0.306↗0.332↗0.379↗0.383↘0.227↘0.095↘0.090，累计下降了 67.63%。

第五节　小　　结

第一，全国普通高中生均图书册书从 2007 年的 23.3 册逐年增加至 2016 年的 37.1 册，增长了 59.23%，增幅大于全国均值的省份有 18 个。这 10 年间始终有不到一半的(8—11 个)省份的普高生均图书册数要高于全国均值水平。这 10 年间全国普通高中生均图书册数的排名位次没有变化的为北京、上海、福建、海南、安徽,分别位居第 1、2、3、8、20 位;排名位次后移的省份有 13 个,其中新疆、湖南、广西后移最多,分别后移了 9、12、15 位;有 13 个省份的位次在前移,其中西藏、陕西、山东、宁夏前移最多,分别前移了 8、8、12、12 位。

全国普通高中生均图书册数京津沪三市始终是最大的(在 51.4—93.6 册之间),远高于其他地区,且与其他地区的差距越来越大,呈现出中部(仅在 17.9—25.2 册之间)塌陷现象,中部八省比西部十二省(区、市)要低 2.1—9.9 册。反映普通高中生均图书册数各省份与全国均值间的差异情况的变异系数在 0.507—0.682 之间,呈先增加后下降趋势,但 2016 年比 2007 年仍增加了 16.77%,差异水平比较大。

第二,全国中等职业学校生均图书册数从 2007 年的 19.9 册增加至 2016 年的 25.6,增长了 28.64%,增幅大于全国均值的省份有 18 个。这 10 年间基本有不到全国一半(12—16 个,其中 2008、2015—2016 年均为 16 个除外)省份的中职生均图书册数要高于全国均值水平。这 10 年间全国中等职业学校生均图书册数的排名位次没有变化的为上海,位居第 2 位;排名位次后移的省份有 14 个,其中甘肃、广东、新疆、湖南、广西、云南后移最多,分别后移了 12、12、14、14、14、21 位;排名位次前移的省份有 16 个,其中重庆、西藏、山西、湖北、江苏、陕西、安徽前移最多,分别前移了 10、11、12、13、15、16、20 位。

全国中等职业学校生均图书册数京津沪三市始终是最大的(在 29.3—50.1 册之间),远远高于其他地区,且京津沪与其他地区间的差距在迅速扩大，呈现出从京津沪、东部、中部、西部（西部最小在18.4—20.3册之间）自东向西梯度递减的趋势。反映中等职业学校生均图书册数各省份与全国均值间的差异情况的变异系数在0.271—0.407之间，总体呈增加趋势，差异水平一般。

第三，全国高中阶段教育生均图书册数差距（普高高中职）从2007年的3.4册逐年增加（2011年有所下降除外）至2016年的11.5册，增长了238.24%，增幅大于全国均值的省份有7个，差距未有增加而呈下降的有11个。这10年间全国有不到一半的（12—15个，其中2007及2011年为16个除外）省份的生均图书册数差距（普高高中职）要高于全国均值水平，这10年间全国生均图书册数中等职业学校要高于普通高中的省份数在5—8个之间，其中各有4年分别为6个及7个。这10年间全国高中阶段教育生均图书册数差距（普高高中职）的排名位次没有变化的为北京、广东、青海、河南、吉林，分别位居第1、5、6、30、31位；排名位次后移的省份有11个，其中重庆、江西、山西、安徽后移最多，分别后移了7、7、10、11位；排名位次前移的省份有15个，其中天津、甘肃、云南前移最多，分别前移了7、7、12位。

全国高中阶段教育生均图书册数差距（普高高中职）京津沪三市始终是最大的（在22.1—43.5册之间）、且远高于其他地区，从京津沪、东部、西部、中部呈梯度递减趋势，基本呈中部塌陷态势，除中部八省外其他各地均呈增加趋势。反映高中阶段教育生均图书册数的各省份与全国均值间的差异情况的变异系数的差距（普高高中职）在0.185—0.301之间，即普高生均图书册数的差异情况要大于中职的。

第四，全国普通高中每百名学生拥有教学用计算机台数从2007年的11.1台增加至2016年的17.1台，增长了54.05%，增幅大于全国均值的省份有 16 个。这 10 年间有不到全国一半的（10—13 个）省份的普通高中每百名学生拥有教学用计算机台数要高于全国均值水平。这 10 年间全国普通高中每百名学生拥有教学用计算机台数的排名位次没有变化的为北京、上海、天津、浙江、广东、宁夏、河南，分别位居第 1、2、3、4、6、11、31 位；排名位次后移的省份有 11 个，其中新疆、湖南、辽宁、黑龙江后移最多，分别后移了 9、9、9、12 位；排名位次前移的省份有 13 个，其中内蒙古、陕西、四川前移最多，分别前移了 8、12、15 位。

普通高中每百名学生拥有教学用计算机台数京津沪三市始终为最大（在 35.3—67.3 台之间，高出东部 22.2—45.7 台），且京津沪远高于其他地区，从京津沪、东部、西部、中部呈梯度递减态势，呈中部塌陷现象，各地均呈增加趋势，京津沪增幅最大，中部增幅最小。反映普通高中每百名学生拥有教学用计算机台数各省份与全国均值间的差异情况的变异系数在 0.756—1.107 之间，呈增加趋势，差异水平异常大。

第五，全国中等职业学校每百名学生拥有教学用计算机台数从 2007 年的 12.8 台增加至 2016 年的 20.7 台，增长了 61.72%，增幅大于全国均值的省份有 19 个。这 10 年间有不到全国一半的（9—15 个）省份的中等职业学校每百名学生拥有教学用计算机台数要高于全国均值水平。这 10 年间全国中等职业学校每百名学生拥有教学用计算机台数的排名位次没有变化的为上海、北京、吉林、辽宁，分别位居第 1、2、6、8 位；排名位次后移的省份有 15 个，其中云南、湖南、广西后移最多，分别后移了 10、16、19 位；排名位次前移的省份有 12 个，其中陕西、西藏、山西、江苏、湖北前移最多，分别前移了 11、12、15、17、17 位。

中等职业学校每百名学生拥有教学用计算机台数京津沪三市

始终是最大的(在 21. 7—49. 7 台之间)、且远高于其他地区(高出东部 6. 6—24. 6 台),从京津沪、东部、中部、西部自东向西呈梯度递减趋势,各地均呈增加趋势,京津沪增幅最大,西部增幅最小。反映中等职业学校每百名学生拥有教学用计算机台数各省份与全国均值间的差异情况的变异系数在 0. 317—0. 538 之间,基本呈逐年增加趋势,差异水平一般(2014—2016 年稍微偏大点)。

第六,全国高中阶段教育每百名学生拥有教学用计算机台数的差距(中职高普高)从 2007 年的 1. 7 台增加至 2016 年的 3. 6 台,增长了 111. 76%,增幅大于全国均值的省份有 13 个,有 13 个省份的差距未增加而有所下降。这 10 年间全国有不到一半的(11—15 个)省份高中阶段教育每百名学生拥有教学用计算机台数的差距高于全国均值水平。这 10 年间每百名学生拥有教学用计算机台数普通高中高于中等职业学校的省份数在 7—13 个之间,其中有 5 年为 8 个,有 3 年为 10—13 个。这 10 年间全国高中阶段教育每百名学生拥有教学用计算机台数的差距(中职高普高)的排名位次没有变化的为吉林、福建、青海、北京,分别位居第 1、25、29、31 位;排名位次后移的省份有 13 个,其中广西、湖南、四川、广东后移最多,分别后移了 9、13、17、18 位;排名位次前移的省份有 14 个,其中江苏、山西、上海、西藏前移最多,分别前移了 8、11、11、19 位。

高中阶段教育每百名学生拥有教学用计算机台数的差距(中职高普高)中部八省始终是最大的地区(在 3. 0—6. 5 台之间),西部十二省(区、市)最小(在 1. 4—2. 7 台之间),京津沪三市始终是普高比中职大最多的地区,高出 11. 2—20. 2 台。反映高中阶段教育每百名学生拥有教学用计算机台数的各省份与全国均值间的差异情况的变异系数的差距(普高高中职)在 0. 426—0. 654 之间,即普高的差异明显高于中职的。

第七，全国中等职业学校生均固定资产总值从 2007 年的 10460 元基本逐年增加至 2016 年的 25588 元，增长了 1.446 倍，增幅大于全国均值的省份有 20 个，有不到一半的省份（10—15 个）生均固定资产总值要高于全国均值。中职的生均固定资产总值始终要低于同期普通高中，低 2561—6111 元，中职比普高低的差距有所增加。这 10 年间全国中职生均固定资产总值的排名位次没有变化的为上海、北京、安徽、江西，排名位次后移的省份有 14 个、前移的有 13 个，其中湖南、广西、广东、河北后移最多分别后移了 11、13、16、18 位，山西、西藏、宁夏、内蒙古、青海前移最多分别前移了 11、12、12、21、22 位。

全国中职生均固定资产总值基本上呈现出从京津沪、东部、中部、西部自东向西呈梯度递减趋势，京津沪明显高于其他地区，京津沪是东部的 1.27—2.15 倍、是中部的 1.90—3.14 倍、是西部的 2.02—3.06 倍，各地基本呈逐年增加趋势，京津沪三市增幅最大、东部八省最低（1.23 倍）。生均固定资产总值各省份与全国均值间的差异比较大且基本呈逐年增加趋势，差异系数在 0.423—0.759 之间，2016 年高达 0.759。

第八，全国普通高中生均固定资产总值从 2007 年的 14079 元逐年增加至 2016 年的 31699 元，增长了 1.252 倍，增幅大于全国均值的省份有 15 个，有不到一半的（10—15 个）省份生均固定资产总值要高于全国均值，十年间增幅最大的为青海 393.35%、最小的为河南 83.79%。这 10 年间全国普高生均固定资产总值的排名位次没有变化的为安徽，排名位次后移的省份有 17 个、前移的有 13 个，其中江西、吉林、辽宁、湖南、重庆后移最多分别后移了 7、7、7、9、13 位，陕西、湖北、内蒙古、青海前移最多分别前移了 5、11、

19、22 位。

全国普高生均固定资产总值基本上是从京津沪、东部、西部、中部呈梯度递减趋势，呈现出中部塌陷现象（2010 年西部十二省（区、市）最小除外），全国均值高于中西部而低于东部，京津沪三市远高于其他地区的，且与其他地区的差距在明显增大，京津沪三市是东部八省的 2.17—2.75 倍、是西部十二省（区、市）的 3.44—3.96 倍、是中部八省的 3.48—4.21 倍，西部十二省（区、市）为中部八省的 1.01—1.17 倍（其中 2010 年中部八省比西部十二省（区、市）高 24 元），各地均呈逐年增加趋势，京津沪三市增幅最大、东部八省最小。生均固定资产总值各省份与全国均值间的差异相当大，总体呈增加趋势，差异系数在 0.701—0.851 之间（2007 年为最小、2011 年为最大），至 2016 年高达 0.849。

第九，全国高中阶段教育生均固定资产总值的差距（普高高中职）从 2007 年的 3619 元增加至 2016 年的 6111 元，增长了 68.86%，增幅大于全国均值的省份有 14 个，有 11 个省份的差距未增加而有所下降，这 10 年间全国除 2013—2014 年（分别为 16、19 个）外有不到一半的（13—15 个）省份生均固定资产总值的差距（普高高中职）要高于全国均值水平。这 10 年间生均固定资产总值普高高出中职超过 1 万元的省份数在 5—9 个之间，其中有 5 年为 5 个，有 2 年为 6 个；这 10 年间生均固定资产总值普高比中职低的省份数在 0—8 个之间，其中有 3 年为 8 个，有 2 年分别为 3 个和 6 个，生均固定资产总值吉林有 8 年是中职比普高高的，辽宁、甘肃均有 6 年是中职比普高高的。这 10 年间全国生均固定资产总值差距（普高比中职）的排名位次没有变化的为陕西，位居第 21 位；排名位次后移的省份有 15 个，其中江西、重庆、西藏后移最多，分别后移了 8、17、18 位；排名位次前移的省份有 15 个，其中广东、天津、河北前移最多，分别前移了 8、9、10 位。

高中阶段教育生均固定资产总值的差距（普高高中职）京津沪三市始终是最大的地区（高出 21684—40936 元），京津沪三市远远高于其他地区（京津沪是东部的 4.22—5.38 倍、是西部的 5.53—7.98 倍、是中部的 6.21—33.83 倍）、且与其他地区的差距在逐渐增大，中部八省的差距始终是最低的（普高高出中职 1059—4419 元），生均固定资产总值的差距（普高高中职）呈中部塌陷现象（西部是中部的 1.08—4.33 倍）。反映生均固定资产总值的各省份与全国均值间的差异情况的变异系数的差距（普高高中职）在 0.090—0.386 之间，即生均固定资产总值普高的差异要大于中职的，但其差距在减小。

第七章　中职、普高教育资源配置的主要问题与对策建议

第一节　中职、普高教育资源配置的主要问题

其一，高中阶段教育总教育经费相对于其所负担的学生比例来说是不足的，而中等职业学校的经费相对于普通高中来说更显得不足。高中阶段教育经费支出占总教育经费支出的比例从2007年的18.88%下降至2016年的15.60%，下降了3.28个百分点，这与教育经费的使用要补短板的要求不相符。

就普通高中的总教育经费而言在2007年占初、中、高等三级教育总经费的比例为12.653%，到2016年降至11.719%，而同期普通高中在校生总数占初、中、高三级教育总学生数的比例却从10.670%上升至10.855%，可见普通高中的总教育经费支出相对于其学生比例来说是不足的，其经费学生指数从1.186减小至1.080，下降了8.94%。就中等职业学校的总教育经费而言在2007年占初、中、高等三级教育总经费的比例为7.732%，到2016年下降至6.619%，而同期中等职业学校在校生总数占初、中、高三级教育总学生数的比例却从8.405%下降至7.334%，可见中等职业学校的总教育经费支出相对于其学生比例来说也是不足的，其经费学生指数从0.920减小至0.903，下降了1.85%；而整个高中阶段教育的经费学生指数也从2007年的1.069下降至2016年的

1.008,下降了5.71%。可见,中等职业学校的经费相对于普通高中来说更显得不足。

其二,高中阶段教育的经费投入过于依靠政府财政投入,多元投入体制建设效果不明显,存在财政性教育经费投入一家独大的情况,以前政府投入不足,普通高中经济负担过重的情况已得到极大改善。普通高中财政性经费占其总经费的比例从2007年的57.04%逐年增加至2016年的81.61%,同期中等职业学校财政性经费占其总经费的比例从60.13%逐年增加至87.67%;整个高中阶段教育的财政性经费投入在2007年为1307.015亿元,占其总经费2245.303亿元的58.211%,到2016年财政性教育经费投入为5157.840亿元,占其总经费6155.212亿元的83.796%。可见,高中教育经费投入仍然是国家财政性经费投入一家独大,占绝对数量(超过80%),远高于2004年全国普通高中财政预算内教育经费仅占普通高中教育经费总数的42.3%的水平①。虽然可以解释为这与教育事业属于公益性事业的总体定位是一致的,但国家倡导多年的"多元投入体制"并未真正实现,非财政性经费投入的其他多元主体的投入比例总和逐年下降至低于20%的水平。

其三,全国中职生均教育经费虽从2007年的4549元逐年增加到2016年的14860元,但始终比同期普通高中的生均教育经费要低682—2011元,如果按中职生均教育经费(成本)应为普高的2—3倍计算,则中职教育经费投入相对普高来说严重不足。中职及普高的各类生均经费基本呈现出中部塌陷态势,京津沪远高于其他地区,且与其他地区的差距在增大,生均预算内经费能得到财

① 中国普通高中教育发展战略研究课题组:《中国普通高中教育发展战略研究》,教育科学出版社2011年版,第48页。

政较强有力的保障(中职高达88.07%,普高达82.50%),生均公用经费占生均事业经费的比例较高(中职为45%左右,普高前8年保持在42%左右,后两年迅速下降至34.26%)、学校一般运转能得到有效保障,但可能挤占了用于教师的工资福利及学生奖助学金的支出。

其四,总体来看,在高中阶段教育每个教师能服务的最少学生数、教师职称及学历构成上京津沪三市都远高于其他地区,基本上呈现出从京津沪、东部、中部、西部自东向西梯度递减的态势(中职除中级职称教师比例中部大于东部外,普高除女专任教师比例西部大于中部、高级职称专任教师比例中部大于东部外)。中等职业学校的教师队伍在数量、质量以及生均占有量上均不如普通高中的。

一方面,在数量上中等职业学校专任教师仍然比较稀缺,好多地方还存在不少缺编情况,这十年间全国中职专任教师中还存在13%左右的外聘教师,各省份在增加中职教师编制解决专任教师数量不足上还有很大的努力空间。

另一方面,在质量上,中等职业学校专任教师中研究生学历教师比例较低,至2016年仅为7.16%,低于普高的7.94%;平摊到学生身上则更显得不足,中职每百名学生拥有研究生学历教师至2016年仅为0.36人,低于普高的0.58人。中等职业学校的生师比也比较大,校本部专任教师生师比2016年仍高达19.84,高于普高的13.65。中等职业学校专任教师学历达标率也不够高,校本部专任教师学历达标率至2016年仅为90.83%,低于普高的97.91%。中等职业学校专任教师中具有高级职称教师的比例逐年增加至2016年的25.06%(低于普高的27.50%),中级职称教师比例这10年间基本稳定在四成上下(高于普高的36%左右)。

其五，在物力资源配置方面，就生均图书册数的配置而言，普高（2016 年为 37.1 册）要强于中职（2016 年为 25.6 册），且这种差距呈增加趋势；就每百名学生拥有教学用计算机台数的配置而言，中职（2016 年为 20.7 台）要强于普高（2016 年为 17.1 台）（京津沪三市除外），且差距呈增加趋势；就生均固定资产总值的配置而言，普高（2016 年为 31699 元）要明显强于中职（2016 年为 25588 元），且这种差距呈增加趋势，这与中职教育的资本密集型投入要求是不相符的。

生均图书册数、每百名学生拥有教学用计算机台数及生均固定资产总值的配置普通高中均存在中部塌陷现象，中等职业学校西部均最低，京津沪三市始终是最大的，远远高于其他地区，且京津沪与其他地区间的差距在迅速扩大。

第二节 中职、普高教育资源配置的对策建议

其一，要加大对高中阶段教育的投入力度，扭转其经费学生指数下降的趋势，尤其是要尽快提高中职的经费比例以达到与其学生比例相当的水平，甚至要比普高的经费学生指数更高，才能确保中职教育的资本密集型投入的要求。为此，要在 2020 年实现高中教育的全面普及（毛入学率达到 90%及以上），则高中阶段教育的经费投入需要有更多的刚性约束，增加的经费应更多地往中职教育投放。就增加经费的投入地区而言，虽从近些年高中教育的普及率来看，在 2020 年实现全面普及是不成问题的，但民族与贫困地区尤其是集中连片贫困地区、“三区三州”应是高中经费投入需要重点补齐的短板。

其二，高中阶段教育在未纳入义务教育保障范畴前，可以适度

加强其经费的“多元投入体制”的建设。由于经济发展进入新常态，尽管政府提出了保证“两个只增不减”（一般公共预算教育支出逐年只增不减，生均一般公共预算教育支出逐年只增不减）以及国家财政性教育经费占GDP比例不低于4%，经济发展乏力时期除了比较艰难地维持增加政府财政投入外，积极吸纳社会多元主体的投入就显得非常重要了。而学校事业收入中所占比例最大的是学费收入，要从学费收入等学校事业收入去增加多元投入的比例是不太现实的，只有通过各种税收减免与财政配套等鼓励民办学校举办者投入及社会捐赠投入，这个可以作为一个整个教育经费“多元投入体制”建设的一个突破口，但也似乎很难改变这些年的下降趋势，除非在引导民间资本投入与捐赠上有特别力度的支持政策或捐赠氛围与文化的逐渐成熟。

但鉴于中等职业学校随着近年来国家免费及资助力度的加大，相对于“中国制造”的品质提升与培养大量的中等职业技术人才的需求而言，其公益性应得到逐步加强，在国家财政经费的投入保障上也得到了体现，而普通高中的公益性或公共产品属性没有中等职业学校的强，故如果高中阶段教育的经费多元投入体制仍要推进的话，应该以普通高中为突破口，而中职教育需进一步加强政府的财政投入保障，以进一步确保其公益性的实现。

其三，要亟待加强对中职的经费投入，尽快改变目前这种中职生均经费比普通高中低的状况，各地应尽快制定出台中职生均经费拨款标准，首先从生均公用经费标准开始，且切实做到中职要高于普高1.5倍乃至2倍以上。此外，还需逐步加大中职教师工资的地市级甚至省级财政统筹力度，加快提高中职的生均经费标准，保障中职有足够的经费投入以提高教育教学质量以及提高实操训练效能。

在增加经费投入时，中部地区的增量投入力度应更大，逐步改变目前这种生均经费的中部塌陷现象。东中西部均需加快发展步伐，不至于被京津沪远远甩在后面。在经费使用上应重软件、重人员，在公用经费与人员经费的比例配置上需要均衡合理，避免因过多的公用经费而挤占了人员经费，以免影响教师工资待遇的提升影响其工作积极性，以及影响对学生的奖助学金补助，同时对民族、农村地区及薄弱学校也需要加大基建投入力度，改善办学条件，尽快达到标准化办学。

其四，在教师队伍建设上，不仅要重视质量提升，也要补足数量上的不足，尤其是中等职业学校需要增加教师编制数量以解决兼职教师较多的问题，虽然教育部要求有提高兼职教师比例的要求，但要切实做到请那些企业等联合培养或实训单位的具有较高技能技术的人来担任“双师型”教师。

要加大对现有中职教师的学历提升或高学历人才的引进力度，以提高其学历达标率及高学历、高职称教师的比例及生均占有量。中职专任教师中中级职称教师比例较大，应尽快允许其中一部分优秀教师晋升为高级职称教师。且应尽快取消现在这种以普高的标准来要求中职的生师比配置及职称晋升，建立符合中职学校职业技术办学特质的评价与配置标准。

其五，在物力资源配置方面，中部地区的普通高中需要加强硬件建设力度，而西部地区则在硬件建设投入上应更侧重对中等职业学校的投入，以弥补中部普高的中部塌陷以及西部中职的西部短板。就固定资产投入而言，除京津沪外，各地均要加大对中等职业学校的投入力度，以确保中职有足够并高于普高的资源、设备用于正常的教育教学，逐步改变目前这种生均固定资产总值中职低于普高且差距逐渐增大的趋势。在高中阶段教育的物力资源投入建设上，东中西部均需加大力度，以免被京津沪远远甩在后面。

参 考 文 献

1. 专著及年鉴

霍益萍、朱益明:《中国高中阶段教育发展报告 2015》,华东师范大学出版社 2016 年版。

王善迈、孙志军:《普及高中阶段教育保障条件研究》,知识产权出版社 2015 年版。

中国普通高中教育发展战略研究课题组:《中国普通高中教育发展战略研究》,教育科学出版社 2011 年版。

教育部财务司、国家统计局社会和科技统计司:《中国教育经费统计年鉴 2008》,中国统计出版社 2009 年版。

教育部财务司、国家统计局社会和科技统计司:《中国教育经费统计年鉴 2009》,中国统计出版社 2010 年版。

教育部财务司、国家统计局社会和科技统计司:《中国教育经费统计年鉴 2010》,中国统计出版社 2011 年版。

教育部财务司、国家统计局社会科技和文化产业统计司:《中国教育经费统计年鉴 2011》,中国统计出版社 2012 年版。

教育部财务司、国家统计局社会科技和文化产业统计司:《中国教育经费统计年鉴 2012》,中国统计出版社 2013 年版。

教育部财务司、国家统计局社会科技和文化产业统计司:《中国教育经费统计年鉴 2013》,中国统计出版社 2014 年版。

教育部财务司、国家统计局社会科技和文化产业统计司:《中国教育经费统计年鉴 2014》,中国统计出版社 2015 年版。

教育部财务司、国家统计局社会科技和文化产业统计司:《中国教育经费统计年鉴 2015》,中国统计出版社 2016 年版。

教育部财务司、国家统计局社会科技和文化产业统计司:《中国教育经费统计年鉴2016》，中国统计出版社2017年版。

教育部财务司、国家统计局社会科技和文化产业统计司：《中国教育经费统计年鉴2017》，中国统计出版社2018年版。

教育部发展规划司：《中国教育统计年鉴2007》，人民教育出版社2008年版。

教育部发展规划司：《中国教育统计年鉴2008》，人民教育出版社2009年版。

教育部发展规划司：《中国教育统计年鉴2009》，人民教育出版社2010年版。

教育部发展规划司：《中国教育统计年鉴2010》，人民教育出版社2011年版。

教育部发展规划司：《中国教育统计年鉴2011》，人民教育出版社2012年版。

教育部发展规划司：《中国教育统计年鉴2012》，人民教育出版社2013年版。

教育部发展规划司：《中国教育统计年鉴2013》，人民教育出版社2014年版。

教育部发展规划司：《中国教育统计年鉴2014》，人民教育出版社2015年版。

教育部发展规划司：《中国教育统计年鉴2015》，中国统计出版社2016年版。

教育部发展规划司：《中国教育统计年鉴2016》，中国统计出版社2017年版。

2. 论文

白云飞：《重庆中职教师学历情况与地区经济指标的关系分析——就失业率与地区生产总值二指标来谈》，《科学咨询（科技管理）》2017年第40期。

柴葳、高靓、赵秀红、万玉凤、柯进：《"普及高中阶段教育"意味着什么?》，《中国教育报》2015年10月31日。

陈秋桔：《中华人民共和国成立后普通高中教育经费问题研究》，华东师范大学2004年硕士学位论文。

陈思:《河南省普通高中教育经费投入保障机制研究》,《经济研究导刊》2012年第34期。

崔梦恬:《普及高中阶段教育的理性思考》,《教育导刊》2016年第21期。

邓钲凡:《普及高中教育,遏制未成年人犯罪低龄化——未成年人犯罪低龄化问题探寻》,《山东省团校学报》2011年第1期。

董俊燕、刘泽云:《普通高中政府生均投入影响因素研究——基于省级面板数据的实证分析》,《教育与经济》2014年第3期。

董俊燕:《地方政府普通高中教育投入偏好研究——省级及市县级政府视角的实证分析》,《教育与经济》2016年第5期。

高鹏:《民族地区期盼高中教育免费》,《中国民族报》2013年1月8日。

郭海清、查吉德:《广州市普通高中教师队伍发展报告(2011—2015)》,《教育导刊》2017年第9期。

胡茂波、朱丽红:《农村经济发展视野下中职教育免费的法理依据》,《职业技术教育》2011年第1期。

黄成:《浙江四类学生可免费读到高中》,《农村百事通》2004年第2期。

黄欢:《加快普及高中教育》,《江淮时报》2016年3月4日。

黄云振、潘健、黄春秀:《普通高中教师资源配置机制优化路径研究》,《基础教育研究》2017年第17期。

姜大源:《职业教育投入须"刚柔并举"》,《中国文化报》2009年3月3日。

蒋夫尔:《学生数量大幅增加,教师编制数量却常年不变——"缺编"成西部普及高中拦路虎》,《中国教育报》2016年8月12日。

景如月、刘军:《内蒙古今年全面实现高中阶段免费教育》,《中国青年报》2012年1月6日。

李爱华:《高中学校固定资产管理存在的问题分析》,《中国外资》2012年第9下期。

李录琴、常宝宁:《我国综合高中发展的价值、态势与路径》,《当代教育科学》2015 年第 12 期。

李楠:《我国高中教育普及化进程中教育成本分担问题研究》,河南大学 2011 年硕士学位论文。

李宁、林婷:《教育公平视域下中职经费投入的问题与对策析》,《职教通讯》2015 年第 7 期。

李小红、王璞:《西部贫困地区普通高中教师资源配置调查与分析》,《现代教育科学》2005 年第 1 期。

李晓东、危兆盖:《四川率先实行“中职全免费”》,《光明日报》2012 年 12 月 4 日。

刘建民、刘建发、吴金光:《强化普通高中教育经费政府投入责任的路径探讨》,《教育研究》2012 年第 9 期。

刘建民、唐婷、吴金光:《教育经费投入与支出对普通高中发展的影响——基于湖南省的分析》,《中国教育学刊》2012 年第 12 期。

刘丽群、彭李:《普职融通:我国高中阶段教育改革与发展的整体趋向》,《湖南师范大学教育科学学报》2013 年第 5 期。

刘利民:《普及高中教育首先应该做什么?》,《光明日报》2015 年 11 月 17 日。

刘敏、胡浩、郑天虹、王海鹰:《高中负债 1600 亿:“教育 GDP”惹的祸》,《新华每日电讯》2014 年 3 月 8 日。

刘荣秀:《基于产教融合的中职教师配置与管理研究——以广州市为例》,《教育导刊》2016 年第 13 期。

刘显泽:《以发展中职为重点普及高中阶段教育》,《云南教育视界》2015 年第 12 期。

刘育锋:《结构性矛盾——中职教师配置急需关注的重大问题——2004—2007 年中职校(机构)教师队伍状况分析》,《中国职业技术教育》2009 年第 4 期。

刘泽云:《我国普通高中经费政府分担比例问题研究》,《教育与经济》2009 年第 1 期。

马庆发:《综合高级中学:普及高中阶段教育的最佳选择》,《上海教育科研》1998 年第 10 期。

梅洁:《广西农村高中阶段教育普及水平对城乡收入差距的影响》,

《高等函授学报(哲学社会科学版)》2009 年第 5 期。

普及高中阶段教育工程研究课题组:《关于实施普及高中阶段教育工程的若干思考》,《辽宁教育研究》2004 年第 6 期。

齐林泉:《如何有质量高水平地普及高中教育》,《中国教育报》2016 年 3 月 17 日。

谯健、王迎新:《中职经费投入要调动社会投入的积极性》,《现代教育》2012 年第 5—6 期。

邱小健:《我国中等职业教育财政公平问题研究——兼论中职教育免费政策及其改进》,《职教论坛》2011 年第 6 期。

冉云芳:《我国中职教育经费探析:总量不足与结构性失衡》,《教育与经济》2011 年第 3 期。

邵亚萍、沈亚强:《我国中等职业教育经费投入分析及思考》,《职教通讯》2015 年第 7 期。

沈百福:《我国普通高中预算内教育经费及学费的地区差异分析》,《上海教育科研》2006 年第 9 期。

沈有禄、范先佐:《各地高中生均经费配置不平等状况分析》,《教育科学》2010 年第 4 期。

沈有禄、谯欣怡:《全国分地区普通高中教师资源配置差异分析》,《现代教育管理》2009 年第 11 期。

沈有禄:《各地中等职业教育生均经费配置差异分析》,《职教通讯》2010 年第 11 期。

沈有禄:《普及高中阶段教育,为精准扶贫提供造血机制》,《光明日报》2018 年 1 月 20 日。

沈有禄:《全国分地区普通高中生均经费差异分析》,《现代教育管理》2010 年第 7 期。

沈有禄:《全国中等职业教育生均经费配置差异及地方财政投入贡献》,《职业技术教育》2010 年第 15 期。

沈有禄:《我国高中阶段教育普及与投入保障机制探析》,《教育与经济》2017 年第 5 期。

石中英:《以问题为抓手推动高中阶段教育普及》,《中国教育报》2015 年 11 月 6 日。

史宁中:《普及高中阶段教育,为十二年义务教育奠基》,《教育研究》2008年第5期。

孙百才:《高中阶段教师队伍建设公共经费需求预测——基于实现教育投入占GDP4%目标的背景》,《中国教育学刊》2012年第12期。

孙传才、刘荣举:《农村高中教师队伍现状及对策》,《巢湖日报》2007年12月6日。.

覃利春、沈百福:《OECD成员国普通高中财政投入及其启示》,《教育发展研究》2011年第7期。

谭俊英、邹媛;《省域内普通高中教育投入差距测度与分析——基于西部A省3县的调查》,《教育导刊》2016年第10期。

通采:《陕西吴起县全民享免费教育:从幼儿园到高中全免费,45岁以下农民免费培训技能》,《中国财经报》2010年6月29日。

汪乐平:《新形势下做好高中图书和资料管理的策略研究》,《教学与管理》2016年第12期。

王喜娟:《美国高中教育普及化的进程及影响因素简析》,《外国教育研究》2010年第11期。

王媛博:《我国现行普通高中国家投入问题探究》,东北师范大学2008年硕士学位论文。

魏海政:《山东将督导评估中职教育,财政投入列入一级指标》,《中国教育报》2014年1月4日。

吴杭民:《免费高中教育是践行"穷人教育学"》,《中国改革报》2008年7月30日。

吴小广:《关于加大普通高中经费投入的思考》,《价值工程》2013年第10期。

吴长汉、曹晔:《中等职业学校与普通高中教师队伍比较分析》,《职业技术教育》2017年第17期。

熊丙奇:《普及高中阶段教育并非延长义务教育》,《中国教育报》2015年11月3日。

徐力群:《普及高中教育是消除大规模贫困人口发生的最优途径》,《中国党政干部论坛》2016年第5期。

薛海平、唐一鹏:《我国普通高中教育经费投入:现状、问题与建议》,

《教育学报》2016 年第 4 期。

闫志利、蔡云凤:《关于建立中等职业教育经费稳定投入机制研究》,《改革与开放》2014 年第 17 期。

杨纯:《浅谈中职学校固定资产管理》,《经济研究导刊》2012 年第 11 期。

杨红霞、杨兴芳、胡朝阳:《我国普通高中教育经费现状、存在的问题及建议——基于对湖北省两县的调查》,《教育财会研究》2015 年第 4 期。

杨亮:《中职学校 90%学生享受免学费政策》,《光明日报》2013 年 8 月 20 日。

杨小敏、杜育红、赵佳音:《国家免费基础教育向高中阶段延伸的前瞻研究》,《中国教育学刊》2015 年第 11 期。

叶红英:《重庆市中职教师队伍建设现状、问题与对策》,《职业技术教育》2008 年第 34 期。

佚名:《1995 年与 2000 年普通高中教学设施、图书学校达标率比较》,《教育发展研究》2001 年第 12 期。

于素红:《上海市普及智力障碍儿童高中阶段教育的必要性与可行性》,《中国特殊教育》2009 年第 12 期。

虞典墨:《西藏今秋实行高中免费教育:每学年增加投入 5056 万,6 万多学生受益》,《中国教育报》2011 年 8 月 26 日。

岳文果:《甘肃省普通高中硬件资源建设的思考》,《科技教育》2009 年第 5 期。

翟帆、周仕敏:《全国职教师资工作会议召开——全面规划“十二五”职教师资建设,部署职校教师素质提高计划》,《中国教育报》2011 年 12 月 29 日。

张晨、郭文富:《职业教育经费投入水平的地区差异分析》,《职教论坛》2011 年第 25 期。

张传军、汪际、刘军明:《贵州省普通高中经费现状及资金不足带来的思考》,《教育前沿》2015 年第 9 期。

张德伟、刘彦尊:《试论中等职业教育在高中教育普及化进程中的作用——国际比较视阈中的考察》,《西南大学学报(社会科学版)》2009 年第 5 期。

张力:《“十三五”时期教育改革发展宏观政策方向解读》,《中国高等教育》2016年第1期。

张力:《促进城乡义务教育均衡发展,加快普及农村高中阶段教育》,《人民教育》2009年第1期。

张秋杰:《浅论未来十年我国高中教育发展路径——基于十二省市〈教育规划纲要〉文本分析》,《吉林省教育学院学报》2012年第2期。

张万朋:《对我国中等职业教育经费现状的分析及相关思考》,《清华大学教育研究》2010年第2期。

张滢:《新增高中教育投入要集中在最困难的地方——访中国教育学会教育经济学分会理事长、北京师范大学教育经济研究所所长杜育红》,《中国民族教育》2018年第1期。

赵俊婷、刘明兴:《我国普通高中经费筹措体制回顾与评析1980—2016》,《教育学报》2017年第3期。

赵永辉、高金岭:《我国中等职业教育经费投入分析》,《教育与经济》2009年第2期。

中共中央、国务院:《中共中央国务院关于2009年促进农业稳定发展农民持续增收的若干意见》,《人民日报》2009年2月2日。

朱洁:《我国中等职业教育经费投入的地区差异分析》,《科技风》2017年第19期。

朱茂勇、张新平:《普通高中教育经费配置效率研究——基于DEA-Malmquist和Tobit模型实证分析》,《天津师范大学学报(基础教育版)》2017年第3期。

朱益明:《论我国普及高中阶段教育的认识问题》,《基础教育》2014年第4期。

3. 网络资源

教育部:《2015年全国教育事业发展统计公报》,2019年11月27日,见http://www.moe.gov.cn/srcsite/A03/s180/moe_633/201607/t20160706_270976.html。

教育部:《面向21世纪教育振兴行动计划》,2019年11月27日,见http://www.moe.gov.cn/jyb_sjzl/moe_177/tnull_2487.html。

教育部:《新闻发布会散发材料——2016 年中国学生资助发展报告》,2019 年 11 月 27 日,见 http://www.moe.gov.cn/jyb_xwfb/xw_fbh/moe_2069/xwfbh_2017n/xwfb_170228/170228_sfcl/201702/t20170228_297543.html。

教育部:《2015 年全国教育事业发展统计公报》,2019 年 11 月 27 日,见 http://www.moe.gov.cn/srcsite/A03/s180/moe_633/201607/t20160706_270976.html。

中国共产党第十七届中央委员会:《中共中央关于推进农村改革发展若干重大问题决定》,2019 年 11 月 27 日,见 http://www.gov.cn/jrzg/2008-10/19/content_1125094.htm。

中国共产党第十八届中央委员会:《中共中央关于制定国民经济和社会发展第十三个五年规划的建议》,2019 年 11 月 27 日,见 http://news.cnr.cn/native/gd/20151103/t20151103_520379989.shtml。

韩洁、刘奕湛:《袁贵仁:"十三五"期间我国仍维持九年免费义务教育》,2019 年 11 月 27 日,见 http://www.moe.gov.cn/jyb_xwfb/moe_2082/zl_2016n/2016_zl15/201603/t20160311_232988.html。

责任编辑:杨　谭

图书在版编目(CIP)数据

中职、普高教育资源地区差异研究/沈有禄 著. —北京:
人民出版社,2019.12
ISBN 978－7－01－021617－1

Ⅰ.①中…　Ⅱ.①沈…　Ⅲ.①职业高中-教育资源-区域差异-研究-中国 ②高中-教育资源-区域差异-研究-中国
Ⅳ.①G719.2 ②G639.2

中国版本图书馆 CIP 数据核字(2019)第 279220 号

中职、普高教育资源地区差异研究

ZHONGZHI PUGAO JIAOYU ZIYUAN DIQU CHAYI YANJIU

沈有禄　著

人民出版社 出版发行
(100706　北京市东城区隆福寺街 99 号)

北京建宏印刷有限公司印刷　新华书店经销

2019 年 12 月第 1 版　2019 年 12 月北京第 1 次印刷
开本:880 毫米×1230 毫米 1/32　印张:14.875
字数:410 千字

ISBN 978－7－01－021617－1　定价:55.00 元

邮购地址 100706　北京市东城区隆福寺街 99 号
人民东方图书销售中心　电话 (010)65250042　65289539